ISMAEL MEJÍA DERAS

LOS COQUIMBOS

(LA HISTORIA DE LOS SOLDADOS DEL GENERAL MORAZÁN)

ERANDIQUE
COLECCIÓN

LOS COQUIMBOS. (LA HISTORIA DE LOS SOLDADOS DEL GENERAL MORAZÁN)
ISMAEL MEJIA DERAS

©Colección Erandique
Supervisión Editorial: Óscar Flores López
Diseño de portada: Andrea Rodríguez—Mariana Turcios
Administración: Tesla Rodas—Jessica Cordero
Director Ejecutivo: José Azcona Bocock
Primera Edición
Tegucigalpa, Honduras—Marzo 2025

UNA BREVE EXPLICACIÓN

En aquel pequeño velero, El Coquimbo, regresaron a El Salvador. Derrotados, con el corazón roto, hambrientos, sin esperanza. Algunos decidieron renunciar a luchar por el sueño de la Federación Centroamericana. Otros juraron mantener viva la llama de la unión hasta el último día de sus vidas.

Entre las pertenencias: mil fusiles y una pequeña barca, propiedad del general Francisco Morazán.

Fue un viaje triste, el más triste de la historia. Nadie deseaba recibirlos.

Antes de ser fusilado, el paladín unionista pidió ser enterrado en suelo salvadoreño. Ese fue el destino que escogieron 207 hombres, entre jefes, oficiales y soldados, que zarparon de Puntarenas, Costa Rica, el 3 de diciembre de 1842.

Juan José Guzmán, jefe de Estado de El Salvador, recibió a quienes serían conocidos, a partir de esa fecha, como LOS COQUIMBOS.

"La balanza se inclinó a El Salvador, a pesar de que aquí el ambiente era también peligroso, pero donde esperaban no ser tratados con tanta hostilidad", narra Ismael Mejía Deras en esta obra.

Varios se quedaron en El Salvador; otros se dispersaron al resto de países centroamericanos. Muchos fueron perseguidos, humillados, asesinados. Otros, sin embargo, se convirtieron en personajes importantes y continuaron luchando por la patria grande de Morazán.

A pesar de los peligros, Los Coquimbos se multiplicaron. Ismael Mejía Deras nos cuenta qué fue de ellos y quiénes fueron los caudillos conservadores que los persiguieron.

Agradezco profundamente al Doctor y poeta Livio Ramírez, presidente del Instituto Morazánico, por permitir a Colección Erandique la publicación de este libro.

Óscar Flores López/Editor Colección Erandique

MORAZÁN

MARCOS LÓPEZ PONCE

El genio de Francisco Morazán es tan extraordinario, tan envidiable su gloria de Caudillo, tan eminente su obra de civilizador, tan fecunda su labor de estadista, tan avanzada su ideología de reformador, tan excelso su ejemplo de patriota, héroe y mártir, tan eximio el complejo de sus virtudes en la vida privada, que tras largo y severo enjuiciamiento, ventilado en el espacio de un siglo, la Historia no ha podido menos de consagrar a aquel varón egregio como el primero entre los centroamericanos ilustres, como uno de los primeros entre los americanos prominentes, como hombre notable en los fastos de todos los tiempos y de todas las razas. Morazán, el ínclito hondureño, es gloria de la América Central, honor de nuestro Continente, ejemplo dignificante de la humanidad.

(Diario LA ÉPOCA, Martes, 4 de Octubre de 1955).

PRESENTACIÓN

Don ISMAEL MEJÍA DERAS, originario de San Marcos de Ocotepeque, alto exponente de la intelectualidad hondureña, profesó inmenso cariño a sus estimados padres: don Ponciano Mejía y doña Julia Deras de Mejía.

Hombre de elevados principios morales, formó su hogar con la culta dama doña MARÍA RODRÍGUEZ SALGADO. Hijos de ese matrimonio son: OSWALDO, LAVINIA Y SILVIO.

Don ISMAEL SOBRESALIÓ COMO PERIODISTA Y ESCRITOR. CULTIVÓ EL GÉNERO DE LA NOVELA. Suya es la Biografía del Doctor don Policarpo Bonilla, la que dio a la luz pública con su seudónimo de ARO SANSO. Entre sus novelas inéditas figura LIANA ERA SU NOMBRE.

Como historiador, su obra está dispersa en revistas y periódicos. El distinguido jurista y diplomático, don MAX VELÁSQUEZ DÍAZ, como un tesoro guardaba LOS COQUIMBOS, estudio de admirable y paciente investigación sobre todos aquellos hombres que con valentía acompañaron en su extraordinaria cruzada unionista al Héroe, Benemérito General FRANCISCO MORAZÁN. Este trabajo es de calidad y coloca consagratorios laureles en la frente de su ilustre autor.

Gracias a la generosidad del Abogado VELÁSQUEZ DÍAZ y autorización expresa de OSWALDO, LAVINIA Y SILVIO MEJÍA, el INSTITUTO MORAZÁNICO tiene la oportunidad de publicar, sin costos de derecho de autor, el valioso libro del escritor e historiador MEJÍA DERAS. Este notable hombre de letras cerró sus ojos para siempre en San Salvador el 24 de septiembre de 1975.

Con la gratitud del caso, queda esta publicación como un obsequio a la nación hondureña; también como un aporte a las magnas celebraciones del Bicentenario del nacimiento del General MORAZÁN.

Es un legado para la juventud centroamericana, que tanto quiso el insigne General MORAZÁN.

3 de octubre de 1989.

LOS COQUIMBOS

Morazán se fue para el Sur partiendo del puerto de La Libertad, en el bergantín Izalco (5 de abril de 1840) y se embarcaron con él:

Diego Vigil,
José María Silva,
Isidro Menéndez,
Trinidad Cabañas,
Gerardo Barrios,
Doroteo Vasconcelos,
T. Cordero Alfaro,
Miguel Álvarez Castro,
Manuel Irungaray,
Felipe Molina,
Pedro Molina,
Manuel Ángel Molina,
Carlos Salazar,
Enrique Rivas,
Indalecio Cordero,
Máximo Cordero,
José Miguel Saravia,
Manuel A. Suazo,
Máximo Orellana,
José A. Osejo,
Antonio Rivera Salazar,
Domingo Asturias,
José María Cacho,
Manuel Merino,
Rafael Padilla,
Guillermo Quintanilla,
José Antonio Milla,
Dámaso Souza,
José María Prado,
José Rosales,
José María Cañas,
Agustín Guzmán,

José Antonio Ruiz,

Francisco Gravel,

Antonio Lazo, etcétera.

Arribaron al puerto de Calderas en Costa Rica en busca de asilo, pero el Presidente don Braulio Carrillo solamente permitió entrar a los hombres que creyó idóneos para ponerlos a su servicio: el doctor Pedro Molina, Felipe y Manuel Ángel Molina, Manuel Irungaray, el doctor Isidro Menéndez, Carlos Salazar, José María Cañas, Enrique Rivas, Doroteo Vasconcelos, Gerardo Barrios, Indalecio Cordero, José María Prado, Dámaso Souza y otros. En total, 23.

Encomendó al doctor Isidro Menéndez la redacción del Código de Procedimientos; y éste redactó, además, un formulario de actuaciones y cartulación. A Felipe Molina y al mismo doctor Menéndez les confió la sistematización de la Policía rural y urbana. Nombró a Enrique Rivas Comandante de Puntarenas; a Indalecio Cordero, Instructor del Ejército; a Manuel Ángel Molina, Comandante de Guanacaste y Jefe Político del mismo a José María Prado; y a José María Cañas, Comandante del puerto de Moín, obra reciente del señor Carrillo, de la que se sentía muy orgulloso.

A Gerardo Barrios le dio en préstamo la suma de 2,000 pesos, para que implantara en la hacienda Las Ánimas el cultivo y beneficio del jiquilite (añil), por entonces desconocidos en Costa Rica. Cañas se casó allá con una hermana de Juan Rafael Mora y ya no abandonó aquel país.

La admisión de esos hombres no prueba bondad o centroamericanismo en el señor Carrillo, aunque haya tenido esas cualidades, sino la necesidad que tenía de hombres capacitados para la sustentación y eficiencia de su régimen. En Costa Rica no había, por entonces, universidad ni colegios, por lo tanto, el país se veía carente de profesionales y el analfabetismo era crudo. El señor Carrillo era abogado, formado fuera de allí, por lo tanto, tenía la facultad inteligente de ver aquello de lo que carecía y la de proveer a sus necesidades.

De estos elementos fue expulsado don Doroteo Vasconcelos, porque cuando se desarrollaba un acto público en la plaza, tuvo la ocurrencia de reírse de lo que veía y oía. Cuentan que, para notificarle la expulsión, fue llamado a casa del señor Carrillo y lo recibió la esposa de éste, una señora de muy mal talante y de cara muy agria.

Morazán y los demás continuaron rumbo al Sur; y el señor Carrillo recibió informes (11 de julio de 1840) bastante inquietantes con respecto a las actividades de Morazán. Por lo tanto, determinó dirigir una comunicación al gobierno de Nueva Granada, para decirle que Morazán, emigrado de El Salvador y residente en la provincia de Veraguas, estaba intentando reunir fuerzas para revolucionar en Costa Rica; por lo tanto, pedía que se le reconcentrase o expulsase para evitar una contingencia que sería desastrosa para el país.

En los restantes Estados centroamericanos se quedó conspirando contra los partidarios de Morazán, y la emigración fue intensa. De Guatemala vinieron a El Salvador los comisionados Rafael Carrera y Joaquín Durán con 200 hombres de escolta para obligar al Jefe del Estado, don Antonio J. Cañas, a entrar en un convenio de seguridad mutua que suscribirían también Nicaragua y Honduras contra los liberales. Se amenazaba al señor Cañas, entre tanto, con un ejército que se hallaba asomando la cabeza por sobre los linderos del territorio.

Carrera se mostró exigente en San Salvador con el Jefe del Estado y el pueblo. Exigió del señor Cañas el pago de viáticos y éste tuvo que acudir, quizás avergonzado, a la muletilla del préstamo. Pero Carrera, no satisfecho aún con esa humillación, ordenó a sus oficiales, según se dijo, o les consintió la incautación de bestias de silla donde quiera y como quiera que las hubiesen, de quienesquiera fuesen. Se metieron en los establos y los potreros para haber las mejores de ellas, sin respeto a la propiedad privada y se las llevaron sin recibir siquiera las protestas de sus dueños y del Jefe del Estado, por aquel abuso. Pero los calvareños se indignaron contra el insolente huésped al tener conocimiento del convenio y de los abusos; y una noche, armados con los fusiles de las luchas morazánicas, pasaron profiriendo amenazas y haciendo tiros al aire, frente a la transitoria residencia de Carrera.

Francisco Malespín, impuesto por Carrera, fue nombrado (mayo de 1840) comandante general del ejército y había llegado con aquel a San Salvador. Según se dice, se había separado de Morazán por desestimación de éste, después de haber sido sustituido del cargo de comandante del Castillo de Omoa por Nicolás Angulo, a quien una orden para ese puesto alcanzó en el camino cuando se dirigía a los Estados Unidos. Malespín se puso una borrachera por eso y descargó la furia de su lanza, su arma favorita de combate, contra los muros del castillo.

Sin embargo, continuó al servicio de Morazán, pero un día en que éste llamó a uno de sus oficiales en San Salvador, acudió Malespín, por no hallarse aquel.

—"No lo he llamado a usted", —les dijo Morazán con tono destemplado.

Malespín dio la vuelta, sintiendo en lo más hondo de su ser aquel desaire, y trató desde entonces de separarse de Morazán y abrazar otra causa. Entró al servicio del Jefe del Estado, don Joaquín San Martín, quien, en choque con Morazán, fue derrotado en Jiquilisco y emigró con Malespín.

Este volvió a San Salvador (1839) y como Morazán no se aviniese con su presencia, volvió a emigrar. Fue acogido por Rafael Carrera y con él anduvo por Los Altos en gira despiadada y sangrienta.

El señor Cañas era una persona culta y honrada y no se prestó a sostener en sus manos el papel de servil que se quería imponer, y si lo toleró fue para no ver el país invadido por las tropas de Carrera y sus aliados.

Malespín se incomodó por la actitud amanerada del señor Cañas y empezó a actuar. Así, una noche (20 de septiembre de 1840), elementos de la guarnición a su mando y algunos vecinos afiliados a su causa se reunieron en el edificio municipal y desconocieron la autoridad del Jefe del Estado y de su secretario general. Simultáneamente, otros pasaron frente a la casa del señor Cañas, procedentes de la plaza, y gritaron:

—"¡Muera el jefe pastelero!"

Malespín ordenó el registro de la casa del señor Cañas y casi enseguida su arresto, ultraje que no se efectuó por algún remanente de respeto que aún hacia él quedaba. Como el señor Cañas se hallaba además enfermo, según manifestó, tuvo por conveniente renunciar para alejarse de una situación ominosa (25 de septiembre de 1840) y fue sustituido interinamente, con la presión militar de Malespín, por el Lic. don Norberto Ramírez.

Este Jefe de Estado dio entonces la primera ley sobre alumbrado público de San Salvador y demás ciudades del país (7 de octubre de 1840), que por cierto lleva el número 1, libro 4°, título 5° de la Recopilación del padre Menéndez, según la cual:

"La iluminación será por ahora, costeada por los dueños o arrendatarios de casas, poniendo una luz en cada una de ellas, en los términos siguientes: la casa que tenga puerta o balcón de esquina, tendrá una luz en ella y las que estuvieren situadas en el intermedio de la cuadra, pondrán una luz en su puerta principal o ventana".

Se prevenía, además, que los jueces de policía en San Salvador y en los otros departamentos, los agentes que señale el jefe respectivo, cuidarían bajo su responsabilidad de que todas las casas estuviesen iluminadas desde las siete a las diez de la noche; y que a este fin, llevarían los agentes de policía las luces que creyeran necesarias, para situarlas inmediatamente en cada una donde no las hubiese, dando cuenta al día siguiente al jefe político o alcalde primero, para la imposición de la multa que mereciere el que contraviniese el decreto.

Se imponía a los contraventores una multa de dos reales a cinco pesos.

A propósito, se usaba la manteca de cerdo como combustible. Posteriormente, se hizo un experimento en San Salvador y Sonsonate sin resultado positivo alguno, con aceite de coco. Se atribuye a Malespín esta innovación. Se volvió al uso de la manteca. Este material estuvo usándose hasta 1862, más o menos.

El 13 de septiembre de ese año, se inauguró el alumbrado público en San Salvador con faroles de gas traídos de Nueva York, los cuales se instalaron en las esquinas de la plaza y eran encendidos cada noche por los serenos, que aparecían armados de espadas huacalonas y provistos de un candil y una escalera, más el recipiente del combustible. Al principio se vieron rodeados por los curiosos en actitud burlona y malintencionada. Alguna vez los cipotes apedrearon a los serenos y otra trizaron los faroles.

Con respecto a la iluminación privada, prevaleció por mucho tiempo el uso de las velas de cera y el candil; y en las poblaciones rurales, el campesino industrioso usaba para la iluminación la cera de chumelo. Con esta cera derretida se revestía una cuerda de algodón de tres o cuatro varas de largo y se hacía con ella un rollo en forma de cilindro, llamado cerillo, el cual se iba desenrollando a medida de su consumo. Daba una luz tristona desde una esquina, pero suficiente para las necesidades del hogar.

La renuncia del señor Cañas no fue admitida, sin embargo, sino mucho tiempo después (7 de enero de 1841) por la Asamblea Constituyente convocada para el 10 de octubre anterior por el jefe Ramírez, la cual nombró Jefe provisional a don Juan Lindo, y éste tomó posesión el mismo día para terminar el período del señor Cañas.

Esa Constituyente declaró (2 de febrero de 1841) a El Salvador, República soberana e independiente, decretó la fundación de un colegio y universidad nacionales (16 de febrero de 1841) a iniciativa del presidente Lindo; y dio la Constitución del país (18 de febrero de 1841), según la cual el gobierno es republicano, popular, representativo, ejercido por tres poderes distintos: legislativo, ejecutivo y judicial. También declara la profesión de la fe católica como la única verdadera, protegida por el gobierno, pero al mismo tiempo garantiza la libertad de conciencia, sin que haya ley, orden o mandato de cualquiera naturaleza que sea, válidos para perturbar o violentar las conciencias privadas.

Malespín se entusiasmó con el proyecto de universidad y colegio e hizo algunos aspavientos en ese sentido, por lo que se le atribuye alguna influencia, aunque aparatosa; pero además de don Juan Lindo, hay quienes mencionan al presbítero Narciso Monterrey y a don Antonio José Cañas como verdaderos promotores del proyecto en el seno de la asamblea. Se proveyó, por entonces, una clase de gramática latina y castellana, de filosofía y moral; y el poder ejecutivo cuidaría de ir estableciendo las más que correspondiesen a otros ramos científicos a proporción de los progresos que se hicieran y del estado de los jóvenes educandos.

Esa ley disponía que todos los doctores, licenciados y bachilleres, vecinos del Estado, son miembros natos de la Universidad y tendrán asiento en el claustro cuando se hallen en la capital; podrán establecer donde quiera la enseñanza de sus respectivas profesiones, bajo la inspección de la junta directiva; propondrán cuanto conduzca a generalizar la instrucción pública; y sus discípulos, cuando tengan la conveniente y hayan cursado el tiempo necesario, podrán optar a los grados de bachiller con certificaciones de aquellos.

Para el establecimiento de la Universidad y colegio, se destinó el Convento de San Francisco; y el colegio se puso después (decreto legislativo de 28 de febrero de 1844) bajo la advocación de Nuestra Señora de la Asunción, su patrona titular, al darle estatuto, cuya imagen se conservaría, con el mayor cuidado, en la capilla o altar del colegio. Se destinaron al mismo tiempo 70 pesos para los gastos de su función anual.

El presidente decretó (3 de febrero de 1841) el establecimiento de escuelas de primeras letras en todos los pueblos y valles de más de 150 almas, para la enseñanza de la lectura y escritura.

Se produjo constante agitación política en todos los lugares, promovida por elementos liberales que resistían la presencia de don Juan Lindo como presidente, alentados sus promotores por las garantías constitucionales, mediante las cuales podían quedar en impunidad, apelando a la Corte Suprema de Justicia. Don Juan Lindo, el presidente, convocó (1° de septiembre de 1841) la asamblea para el 1° de octubre siguiente, a fin de imponerla de tantos males y hallar un medio para remediarlos.

En esa ocasión manifestó que la horrorosa revolución que iba a estallar y que afortunadamente fue descubierta y sofocada, tenía, entre otros, por objeto separar el departamento de San Miguel para constituirlo en Estado independiente y para tomar el poder contra el tenor de los medios que establece la Constitución para adquirirlo.

Sin embargo, los liberales continuaron conspirando en San Miguel para proclamar como presidente del Estado a Miguel Espinoza, quien después sería uno de los coquimbos; y en San Salvador trabajaba con la misma inteligencia Nicolás Angulo.

Pero este nuevo movimiento fue igualmente desbaratado por el vigilante presidente don Juan Lindo.

Una noche (4 de octubre de 1841), el comandante general de las armas del Estado, Malespín, allanó la casa de don Tomás Alfaro para prender a Nicolás Angulo y capturó a algunas personas que en la casa se hallaban, pero no pudo haber a aquel contra quien iba.

Don Juan Lindo determinó renunciar (22 de octubre de 1841) ante el Poder Legislativo, que se había constituido en sesiones extraordinarias el día anterior para ver la manera de resolver los reclamos de los ingleses por la deuda federal, porque los Estados de la rota federación se habían escudado hasta entonces diciendo que no existía un gobierno general que la atendiese; y se había exigido a El Salvador la liquidación de lo que le correspondiese pagar para antes del 1° de diciembre (1841). Se había tenido para el caso una formal reclamación del superintendente de Belice, J. MacDonal.

Al mismo tiempo, la asamblea resolvería otros asuntos, en cuenta las renuncias de don Juan Lindo y don Norberto Ramírez. El primero de ellos había comprendido que los hechos los provocaba particularmente su persona. Manifestó que había venido de Honduras con el carácter de convencional y lo encargaron del ministerio (Ministerio de Relaciones y Gobernación del Supremo Gobierno del Estado). Acababa de dejar éste cuando la asamblea constituyente lo eligió Presidente de El Salvador.

Por disgusto de ocupar el cargo, solicitó licencia por dos meses y en mayo (1841) salió de San Salvador, resuelto a no volver, para ir a Honduras a arreglar sus propios negocios. Pero quien lo sustituyó, don Pedro Arce, le exigió volver.

Con esa ocasión, dijo que el mandatario, para hacer el bien, debe tener cualidades de que él carecía y debe ser hijo o vecino del Estado para merecer la confianza de sus compatriotas. Además, su salud no era buena. Necesitaba de paz. Rogó, pues, acordar la admisión, como el primer punto de conveniencia para el Estado; y en una palabra, deseaba convencer a sus conciudadanos de su aversión decidida al poder, bajo cualquier nombre y aspecto que fuese; y, además, su conciencia sufría el peso de la atroz calumnia levantada por los que estaban deseando un nuevo orden de cosas en el país.

Lo acusaban de maquinación para perpetuarse en el poder.

El Poder Legislativo (4 de noviembre de 1841), en atención al dictamen de la comisión de poderes y excusas, determinó no aceptársela, porque, como lo manifestó esa comisión, la persona que actualmente ejerce la presidencia "ha hecho progresar el Estado en su administración, fundando escuelas de primeras letras hasta en lo más recóndito de él, ha planteado la Universidad y otras cosas que no es posible enumerar".

Pero las dificultades continuaron, porque Nicolás Angulo apeló ante la Corte Suprema de Justicia sin resultado, en solicitud de las garantías constitucionales; y la asamblea se dirigió a ese mismo alto tribunal (5 de noviembre de 1841), ordenándole que se las hiciera efectivas, ya que se hallaba perseguido por el "gobierno", según se dijo. (Aludía al Presidente).

Por esta orden, Malespín amenazó al cuerpo legislativo y éste se declaró en sesión permanente y mandó al presidente Lindo una comisión de dos senadores y un diputado para que inquiriesen de él si tenían libertad para las deliberaciones y seguridad en sus personas.

Lindo les ofreció ambas cosas; pero durante la noche de ese día, escoltas militares allanaron las casas de senadores, diputados y magistrados.

Fueron capturados y encarcelados varios de ellos y expulsados hacia México a pie, a través del territorio guatemalteco, los señores Gregorio y Simón Pino, José Santiago Milla, Lucas Resuleu, Francisco Saldaña, Sixto Pineda y Lic. Manuel Montoya.

Al pasar por territorio guatemalteco, fueron arrebatados por Rafael Carrera y puestos en libertad; e hicieron uso libremente de la prensa en aquel país para atacar al señor Lindo.

Estos elementos expulsados fueron repuestos mediante una elección, y la asamblea así integrada se reunió (1° de febrero de 1842) en San Vicente.

Había habido una elección de presidente y, como no resultara mayoría a favor de ninguno de los candidatos, la asamblea eligió al Lic. don Juan José Guzmán para que sustituyese a don Juan Lindo.

Este manifestó ese día que, como su mandato terminara el 31 de enero (1842), había hecho depósito del poder en el consejero don Escolástico Marín por mientras llegaba el señor Guzmán, que se hallaba ausente.

Como viera que la situación se había puesto peligrosa para su tranquilidad, por los sucesos que él mismo, sin éxito, había provocado, Nicolás Angulo se alejó de San Salvador y fue capturado en Zacatecoluca.

Si no volvió a San Salvador forzado por una escolta, fue porque en Olocuilta decidió fugarse por la noche de la casa del cura del lugar, que lo aconsejó y animó para que diese ese paso.

Fue perseguido con diligencia y una noche la pasó metido en un pantano de la costa, oyendo las voces ansiosas de sus perseguidores;

y cuando éstos se alejaron, siguió su camino y llegó a Nicaragua, pasando por peripecias y dificultades mil.

Noticias:

Los calvareños recibieron con júbilo, solapado por el temor, la noticia del regreso de Morazán y su desembarco en La Unión, dudosos, sin embargo, en cuanto a los propósitos de éste, pero inclinados hacia la creencia de que la batalla se daría en suelo cuscatleco.

Seguros de que Malespín, que se había trasladado a San Miguel, los forzaría a combatir a Morazán, resolvieron ocultarse con sus armas en las faldas del volcán de San Salvador y allí esperaron la oportunidad de correr al lado de éste, quien decía que su regreso obedecía a su deseo de ofrecer sus servicios contra Inglaterra que, metida en la Mosquitia, extendería desde allí su dominación sobre todo el istmo centroamericano.

Pero Morazán, por alguna circunstancia desventajosa para sus armas, posiblemente la liga que contra él habían formado tres Estados en manos enemigas y arrastrado a El Salvador para eslabonarlo a ella, por lo cual se vería rodeado en caso de guerra, dispuso regresar de San Miguel a La Unión y dirigirse de este último lugar a La Libertad y Acajutla, para hacerles su llamamiento y lanzarse enseguida contra don Braulio Carrillo de Costa Rica, llamado por los enemigos de éste; y con un pie puesto en Centroamérica, hallaría la posibilidad de la restauración, sólo que Costa Rica no era el país apropiado para una movilización militar.

LLEGADA DE MORAZÁN A COSTA RICA

Malespín se dirigió rápidamente a San Miguel para batir a Morazán y de allí siguió hacia La Unión. Debió adquirir el convencimiento de que huía de él y lamentó posiblemente haber llegado a aquel puerto con menos de una hora de retraso cuando aún los barcos no se habían perdido de vista en el mar.

A su regreso a San Miguel descargó su furia contra el Alcalde don Manuel Bahamonde, que había hospedado a Morazán y a sus acompañantes, y lo asesinó.

Nicaragua y Honduras alistaron fuerzas para ser enviadas a suelo cuscatleco y a San Miguel llegaron las del segundo país dicho, al mando de Santos Guardiola.

En esa ocasión, Guardiola, como un ave rapaz, cayó sobre don Juan Ángel Arias, morazánico, originario de Goascorán.

El señor Arias se había establecido en San Miguel para ponerse fuera del alcance de Francisco Ferrera (el sacristán de Cantarranas), ganarse la vida como jurista y educar a sus hijos, entre los cuales se contaba Céleo Arias, que fue después ilustre Presidente de Honduras.

Guardiola despreció la ancianidad del señor Arias y, sin consideración a su falta de salud, lo trasladó, vejándolo y torturándolo, a la cercana población de Quelepa y allí le dio muerte al pie de un árbol de tempisque.

Don Céleo tenía doce años a la muerte de su padre y, corrido mucho tiempo, se llegó la oportunidad de vengarlo, pero no lo hizo porque no tenía un alma ruin como el asesino; y así, Guardiola pudo vivir sin inquietud alguna hasta el momento en que una mano se alzó contra él para abatirlo.

Vuelto a San Salvador, Malespín se dirigió enseguida a la sección occidental del país por haber sospechado el desembarco de Morazán en La Libertad o Acajutla.

En Izalco, su lugar de nacimiento, asesinó al diputado Francisco Saldaña y a Pioquinto Hernández. En Sonsonate, a otros. Pero no pudo haber a ninguno de los que acudían a la costa con simultaneidad concertada, entre ellos los calvareños que habían permanecido ocultos en las faldas del volcán de San Salvador.

La mayor parte de estos elementos se hallaban reunidos en Mizata, en espera de las embarcaciones de Morazán, y las vieron aparecer con júbilo. Allí fueron recogidos:

Joaquín Rivera,
Antonio Asturias,
Guillermo Merino,
Juan Orozco,
José Antonio Vigil,
Rafael Osorio,
José Estanislao Pérez,
Francisco Rovira,
José María Estupiñán,
Isidoro Saget,
Magdaleno Berríos,
Señor Galdámez,
Nicolás Espinoza,
Felipe Bulnes,
Cruz Lozano,
Miguel Ángel Castro,
Pitico Molina,
Manuel Lara,
Felipe Uribal,
Francisco Díaz,
Manuel Romero,
Etc.

Morazán, hallándose en la América Meridional, consideró con inquietud que Centroamérica estaba corriendo el peligro de ser absorbida, pues en ella Inglaterra ya había puesto el pie con marcada codicia y el centinela del Hemisferio Occidental, los Estados Unidos, que ponía en juego la doctrina de Monroe, observaba a aquella potencia con recelo, considerando quizás si no sería preferible sacarla antes de que se afianzase.

Las dos potencias rivales en el mundo consideraban que estos países no habían alcanzado la madurez necesaria para gobernarse por sí mismos.

Desechó la petición de servicios que se le hiciera para no hallarse atado a extraños intereses en tales circunstancias y poderlos prestar a estos países uniéndolos, aunque consideraba que no sería oído por ninguno de sus gobernantes: los de El Salvador y Honduras, por hallarse bajo el influjo del de Guatemala y quizás también el de Nicaragua, a pesar de que ya tenían a los ingleses a sus puertas.

En esas circunstancias, se le iteraron las sugestiones de los enemigos del Lic. Braulio Carrillo, gobernante de Costa Rica, que se hallaba rigiendo el país sin más guía que su caletre; y se apercibió para acudir a su llamamiento, calculando que con un pie en territorio centroamericano tendría fuerza suficiente para avanzar sobre los demás Estados y convertirlos en un haz difícil de doblegarse ante las ambiciones encontradas de los Estados Unidos e Inglaterra.

Los hombres que había recogido en Mizata, los que con él se hallaban, más él, llegaron en dos barcas (21 de marzo de 1842) a la isla de Martín Pérez, en el Golfo de Fonseca. Allí organizaron y se dirigieron después (7 de abril de 1842) hacia el puerto de Calderas, en Costa Rica, en número de 500 hombres.

Al tener noticias de su desembarco, corrieron hacia él el salvadoreño General Enrique Rivas y el guatemalteco Teniente Coronel Manuel Ángel Molina, hijo del prócer Dr. Pedro Molina, quienes se hallaban al servicio del Señor Carrillo como comandante en Puntarenas y Guanacaste, respectivamente, y eran, por ese hecho, depositarios de su confianza. Molina fue situado en Las Cañas con 500 hombres.

La noticia causó en el Sr. Carrillo sobresalto y empezó a organizar una fuerza para detener el desenvolvimiento de la tragedia de su vida, y muy pronto esa fuerza se hallaba compuesta de 700 hombres, en la cual se incluyó a los más ricos propietarios de Costa Rica, tales como Vicente Aguilar, Francisco y Mariano Montealegre, Rafael Barroeta y otros, y puso al frente de ella al Gral. Vicente Villaseñor.

A esa fuerza se agregarían sobre la marcha otros 200 hombres, organizados en La Garita de Río Grande, bajo el comando de Matías Granados.

En el punto denominado El Jocote se hallaron frente a frente Villaseñor y Morazán, y éste, deseando economizar hombres, propuso al primero un avenimiento.

A Villaseñor se le ocurrió rápidamente sondear el ánimo de su ejército. Los hombres bajo su mando, con ligeras excepciones, dieron muestras de hallarse compenetrados por un sentimiento de repudio contra el Sr. Carrillo.

En consecuencia, Villaseñor aceptó las proposiciones de Morazán y se redactó un tratado desconociendo la autoridad del Sr. Carrillo y proclamando como Presidente de Costa Rica al Gral. Francisco Morazán.

Este tratado fue suscrito por Francisco Morazán, Vicente Villaseñor, Isidoro Saget, J. Miguel Saravia, Francisco Ignacio Rascón, Nicolás Angulo, Manuel Bonilla, Máximo Cordero y A. Escalante.

La fuerza aliada (22 de abril de 1842) llegó a Alajuela y desde lejos se oyó el clamor jubiloso de la bienvenida que daba el pueblo y las autoridades de esa ciudad al redentor de Costa Rica; y en seguida, lo mismo ocurrió en Heredia.

Al hallarse en esta última ciudad, Morazán comisionó al General J. Miguel Saravia para que fuese a entrevistarse con el Señor Carrillo y con él conferenciara.

Como se viese abandonado, el Señor Carrillo no tuvo otra puerta de escape que aceptar los hechos consumados y prepararse para salir del país dejando a su familia en San José, la cual no sufriría agravios, y no los sufrió.

La caída de Carrillo fue vista en Guatemala como una catástrofe, en El Salvador con disgusto, con prevención en Honduras y en Nicaragua como la caída de un baluarte.

Desde ese momento, las relaciones con Costa Rica quedaron interrumpidas, y en el primero de esos países, la élite empezó a dar pasos para afirmar, aún más si cabe, los entendimientos subsistentes y promover una acción conjunta para lo futuro inmediato.

Con la llegada de la fuerza redentora a San José, Costa Rica se tornó en asilo de todos "los que por hechos políticos se hallasen perseguidos en los otros Estados de la República de Centroamérica, sea cualquiera que fuese el partido a que hayan pertenecido anteriormente", con el objeto indudable de agrupar todos esos elementos y agregarlos al ejército que marcharía de allí hacia el Norte.

Fue nombrado Ministro General el General José Miguel Saravia.

A petición del pueblo de Costa Rica, se nombró una Junta de Notables para que indicara las leyes que debían derogarse y, de conformidad con su dictamen, se derogaron:

El decreto de 8 de marzo de 1841, por el que el Sr. Carrillo se declaraba Jefe perpetuo e inamovible de Costa Rica, con la facultad de derogar la ley fundamental del Estado y de dar al país leyes a su arbitrio.

La ley que prohibía la exportación de mulas.

La prohibición de que nadie debía salir de su casa después de las diez de la noche, salvo casos de fuerza mayor.

La ley que establecía que los caminos nacionales debían tener treinta varas de ancho, a menos que pasasen por terrenos acotados, pues no existía el establecimiento y pago de derechos de vía (esta ley fue reformada).

La disposición que obligaba a los presidiarios a trabajar en obras públicas para que pagasen así la manutención que recibían durante el tiempo de su condena.

La regulación que establecía que, en las moliendas, la jornada de trabajo debía hallarse circunscrita entre las cinco de la mañana y las siete de la noche.

Durante los meses de mayo y junio, Morazán hizo aprestos bélicos, decretó empréstitos forzosos e hizo reclutamientos con el propósito de llevar la guerra a los demás Estados centroamericanos, lo cual causó alarma entre los costarricenses.

En efecto, viendo que el sentimiento popular que lo aclamó al principio se tornaba en disgusto, declaró al país (30 de mayo de 1842) en estado de guerra para gobernarlo militarmente.

Se juzgaría, conforme a las leyes militares, a todos aquellos que conspirasen contra el orden y la paz.

Ordenó, además, que todos los habitantes, desde la edad de catorce años hasta la de cincuenta, se presentasen dentro de tres días de notificados a tomar las armas; y los propietarios debían contribuir a esa movilización en proporción a sus haberes.

Los que se negasen serían considerados como enemigos del Estado.

Lo anterior concierne a un reglamento de milicias, conforme al cual, en Heredia, Cartago, San José y Alajuela, se creaban cuerpos de milicias, debiendo tomarse los jefes, oficiales y soldados entre los principales propietarios.

Estos cuerpos se llamarían "guardias del orden", y se compondrían de una o dos compañías de 80 hombres cada una.

En esas ciudades se hallaban depositadas las armas del gobierno y, al ponerlas en manos de los milicianos, cada hombre se hacía responsable por la conservación de la suya.

Se convocó a elección de diputados a una asamblea (11 de junio de 1842) y ésta se instaló con trece (10 de julio de 1842):

Tres por Cartago, entre los cuales se hallaba el Sr. Francisco Peralta, elegido Presidente.

Cuatro por San José, entre ellos el Presbítero Isidro Menéndez, elegido Vicepresidente.

Tres por Heredia.

Uno por Alajuela.

Uno por Escazú.

Uno por El Paraíso.

Esta asamblea (15 de julio de 1842) eligió a Morazán como Presidente de Costa Rica por unanimidad; y decretó la reorganización general de la República de Centroamérica por cuantos medios fuesen posibles.

Decretó, asimismo, que Guanacaste, disputado por Nicaragua (25 de agosto de 1842), era parte integrante del territorio de Costa Rica.

El Congreso Federal (9 de diciembre de 1825) había anexado dicho departamento al país últimamente mencionado.

En cumplimiento de la ley de la asamblea, Morazán movilizó su ejército y el primer país que sufriría su invasión sería Nicaragua.

Guatemala y El Salvador, que habían estado observando los aprestos bélicos de Morazán, llegaron a un convenio secreto a fin de auxiliarse mutuamente en caso de agresión.

Pero el pueblo de Costa Rica no se prestó a servir de punto de apoyo para la reorganización de la República de Centroamérica por medio de las armas, y se inició una deserción general, no dejando a Morazán otra fuerza que la del contingente salvadoreño.

Comisionó entonces a Gerardo Barrios para que marchase a Heredia, como Jefe de una comisión, y apresase a las familias de los desertores, confiscase sus bienes y los vendiese, como así lo hizo, por lo cual, según se dice, muchos quedaron en la miseria.

EL PAGO QUE SE DA A MORAZÁN

A la deserción se agregó un hecho anómalo e imprevisto dentro de las filas que se preparaban para la reorganización.

El Teniente Coronel Manuel Ángel Molina, enloquecido a consecuencia de unos amores frustrados con una joven de Liberia, llamada Josefa Elisondo, embistió una noche con diez de sus secuaces, por creerlo responsable de su desgracia, al General Enrique Rivas, Comandante del Guanacaste.

A consecuencia de la ciega embestida, fueron muertos el General Rivas y su ayudante, un tal Eduviges Guillén; y Molina resultó herido en un brazo.

El escándalo produjo desazón en Morazán, quien envió una fuerza al Guanacaste para restablecer el orden, capturar a Molina y a los que con él se hallasen comprometidos y procesarlos.

Manuel Ángel Molina fue hallado en Calderas, donde había buscado refugio juntamente con uno de sus cómplices, José María Guerrero.

Aquel fue llevado a Puntarenas y éste a Liberia.

Ambos fueron sentenciados a muerte y fusilados por el delito de insurrección.

La noticia de la muerte de su hijo Manuel Ángel le fue llevada al Dr. Pedro Molina por su hijo político, Manuel Irungaray.

Desde ese momento, se desvaneció en aquel el sentimiento de veneración que guardaba por Morazán y, cuando regresó a Guatemala, lo transían el dolor y el desencanto.

Florentín Alfaro, de quien se decía "este es el hombre", había reunido en Alajuela algo así como 350 reclutas del departamento y 100 de Cartago, cuando pasó por allí un convoy conduciendo 13 carretas cargadas con 130 quintales de pólvora enviados por Morazán al General Isidoro Saget, que se hallaba en Puntarenas con unos 45 oficiales y más o menos 200 soldados, todos salvadoreños, quienes se preparaban para partir hacia Nicaragua, posiblemente desconocedores de los sucesos que se desenvolvían vertiginosamente en la alta meseta.

Los de la insurrección desarmaron a los del convoy, los apresaron y se apropiaron de la pólvora.

El mentado Alfaro, que inspiraba todo el movimiento, dio en Alajuela (11 de septiembre de 1842) el grito de insurrección y todos marcharon a San José, reuniéndoseles en el camino 1,000 hombres más o menos de Heredia.

Alfaro atacó a Morazán.

Este contaba sólo con 40 salvadoreños de su guardia de honor y, habiendo aumentado la fuerza de sus atacantes hasta llegar a 5,000, según se dice, armados de palos, machetes, fusiles y piedras, en la que tomaron parte hasta las mujeres, se vio precisado a retirarse a su cuartel general, llevando consigo a su señora y a sus dos hijos.

Allí, con 80 hombres más, salvadoreños y texiguats en su mayor parte, y esperando inútilmente la llegada de Saget, a quien había enviado sucesivamente tres correos llamándolo con urgencia, resistió por algún tiempo el nutrido fuego de sus enemigos, con algún saldo de muertos y heridos, entre estos últimos el propio Morazán y uno de sus hijos, José Antonio Ruiz.

Viendo, pues, que Saget no llegaba, quizás porque sus llamamientos hubiesen sido interceptados; y después de haber resistido un tercer ataque, dispuso Morazán poner a salvo a su señora y romper el cerco en seguida.

Así, bajo un fuego nutrido, la señora, sin llevar efectos, atravesó la calle con intención de refugiarse en casa de unos señores Escalantes.

En la calle fue capturada y llevada a la de Antonio Pinto, el Jefe Supremo de la insurrección (12 de septiembre de 1842), pero luego se la dejó libre y pudo dirigirse a la del padre Blanco, hermano de don Luz.

Hecho eso, Morazán dispuso una retirada estratégica el mismo día y rompió el cerco por la noche con todos los jefes y oficiales que con él se hallaban, más 80 calvareños, ya que los cartagineses, no habiendo podido soportar la prueba a que se vieron sometidos, habían desertado.

Al iniciar la retirada, Cabañas, los jefes, oficiales y los calvareños se colocaron a la retaguardia.

Morazán, con Villaseñor, se dirigió a Tártoles, en cuya dirección debía hallar al tal Saget; pero Villaseñor se opuso a esa intención y le sugirió dirigirse a Cartago para buscar refugio en casa de Pedro Mayorga, tanto para descansar como para que se curase de la herida.

Pero al llegar a las cercanías de esta ciudad, Morazán tuvo el propósito de esperar a Cabañas y a los otros jefes, oficiales y soldados, lo mismo que a su hijo Francisco.

Mas, por segunda vez, se interpusieron los consejos de Villaseñor y no se detuvo, llevado por éste, hasta llegar a la casa de Pedro Mayorga, en quien Villaseñor tenía la mayor confianza, ya que era su amigo y había sido nombrado por Morazán Comandante de esa plaza.

Se ignoraba que Mayorga se había dedicado, respondiendo al espíritu de rebeldía que sacudía a su pueblo como una racha de locura, a sublevar a Cartago y, en consecuencia, habiéndolos recibido fementidamente, pretextó, para salir, que iría en busca de un cirujano para que atendiese a Morazán.

La señora Mayorga, ad interim, advirtióles que su esposo los traicionaba y los instó para que se alejasen del peligro en el acto; y éstos habían montado ya cuando Mayorga regresó con una escolta para prenderlos.

Cuando aparecieron Francisco Morazán hijo y el General Saravia, que se habían desprendido de Morazán en Tres Ríos, la captura se había consumado ya, y, en lugar de ocultarse, prefirieron ponerse en manos de sus enemigos y ser llevados a la misma prisión.

Una vez reunidos en la cárcel, Saravia sufrió un síncope cardíaco, según Montero Barrantes, o se envenenó, como dijo en su informe Antonio Pinto, y cayó muerto.

Villaseñor intentó suicidarse haciendo uso de un puñal, pero no lo consiguió por la intervención de Morazán, aunque sí se hirió gravemente.

Cabañas hubiera llegado a tiempo para evitar el desastre; pero hubo de por medio un tal Buenaventura Spinach, quien se presentó a Morazán en la prisión pidiéndole una orden para Cabañas y Saget a fin de que disolviesen sus fuerzas y evitar roces sangrientos; pero, habiendo sido rechazado, montó a caballo para ir al encuentro del primero de ellos.

Lo encontró en Chomogo, le dijo que Morazán se disponía a salir del país por el lado de Matina y le había dado instrucciones verbales para decirle que disolviese su fuerza.

Así lo hizo Cabañas sin sospechar el engaño.

De allí, los soldados y algunos jefes se dirigieron a Puntarenas, mientras Cabañas, con el propósito de unirse a Morazán, se encaminó solo a Matina, y al llegar se dio cuenta de que había sido engañado vilmente.

Fue capturado y llevado a San José.

No lejos de Matina, cayeron prisioneros Barrios, Rascón, Máximo Orellana, González, Manuel Zepeda, García del Río, dos señores Pintos de San Salvador, Nicolás Angulo, el Dr. Isidro Menéndez, José Antonio Vigil, Cruz Lozano, Esteban Travieso, Máximo Cordero, etc.; y los heridos José Antonio Ruiz, hijo de Morazán, Ignacio Zepeda, Felipe Bulnes y otros, quienes fueron llevados a San José, pero poco después de la muerte de Morazán, se vieron libres.

En seguida, algunos de ellos, José María Cacho, Antonio Milla, General José Antonio Ruiz, Antonio Rivera Cabezas, Mariano Quesada, Esteban Prado, Dr. Isidro Menéndez, Nicolás Angulo y otros, se vinieron a Nicaragua y fueron acogidos en Granada por don Dionisio Chamorro; y como arrostrasen, tanto como su huésped, las iras del gobierno de ese país que se hallaba dispuesto a prenderlos, fueron escondidos mientras tales iras se aplacaban en la hacienda San Rafael.

Algún tiempo después pudieron verse libres, y el Dr. Menéndez abrió bufete y amparó, por necesitarlo más, a Nicolás Angulo, a quien enseñó el manejo de las leyes.

Morazán y Villaseñor, éste en una hamaca, y Francisco Morazán hijo, fueron llevados a San José; y el primero, lo mismo que su hijo, sufrieron las vejaciones del comandante de la escolta, un tal Benavides, quien los obligó, desde Las Moras, a que se desmontasen.

Al llegar, el populacho obligó, según se dice, a Antonio Pinto a dar la orden de fusilamiento contra Morazán y Villaseñor.

Cuando se le notificó a Morazán, éste se apresuró a hacer su testamento y en él dijo que había invertido fondos propios en la empresa y 18,000 pesos que, a rédito, recibiera del General Pedro Bermúdez.

Francisco Morazán hijo quiso morir al lado de su padre y acompañó a éste a la plaza, sitio del fusilamiento, y a tal grado se aferró a su propósito, que fue difícil hacerlo desistir.

Morazán se presentó sereno ante el pelotón del fusilamiento (15 de septiembre de 1842), alentó a Villaseñor y hasta corrigió la puntería de uno de sus asesinos, que quizás la desviaba porque no lo era.

Los cuerpos cayeron y quedaron allí; pero cuando la noche llegó, el pueblo, quizás avergonzado de su hazaña, se retiró y cerró sus puertas, dejando desiertas calles y plaza; y los que no eran de San José marchaban a los lugares de su domicilio.

No se presentaron a recoger el cadáver de Morazán la esposa y los hijos de éste, porque se hallaban imposibilitados de moverse aún, presos como Barrios, Cabañas, Angulo, el Dr. Isidro Menéndez, etc.

Luego apareció don Juan Mora Fernández, primer jefe que había sido del Estado libre de Costa Rica, llevando en un brazo dos sábanas dobladas y apoyándose en su bastón, seguido por su hermano don Joaquín.

Contempló en silencio largo rato, inclinado hacia ella, la cara ensangrentada de Morazán.

"¡Ay, dolor!".

Después desdobló las sábanas y cubrió con ellas su cuerpo como el de Villaseñor.

Apareció, en seguida, una escolta llevando unas angarillas, pusieron en ellas los cadáveres y tomaron el camino del cementerio, seguidos por don Juan Mora Fernández, su hermano don Joaquín, el Coronel Rafael García Escalante, don Mariano Montealegre Fernández y otros.

De San Miguel llegó la noticia a Guatemala y los balandranes se agitaron regocijadamente en calles y plazas, sonaron jubilosas las campanas y se prepararon tedeums y misas en acción de gracias.

EL REGRESO

Los morazánidas se vieron desamparados. Isidoro Saget se hizo cargo de ellos en Puntarenas y la idea de salir de Costa Rica se posesionó de ellos.

La balanza se inclinó a El Salvador, a pesar de que aquí el ambiente era también peligroso, pero donde esperaban no ser tratados con tanta hostilidad.

Isidoro Saget inició gestiones con los hombres del nuevo orden de cosas en Costa Rica y ofreció las armas y las embarcaciones, con excepción de la Coquimbo, a cambio de vituallas.

Se aceptaron esas proposiciones y el convenio fue firmado en la isla de San Lucas (11 de octubre de 1842), suscrito por José María Castro y Rafael Ramírez por un lado, y Miguel Álvarez Castro y Miguel Espinoza por el otro.

Pero el gobierno lo paró en seco por haber los coquimbos cometido actos de violencia, acentuados con el incendio y saqueo de algunas casas.

Fueron contenidos por el propio Saget y, al fin, se embarcaron en la Coquimbo, trayéndose las armas que habían prometido ceder.

Llegaron a La Libertad, vencidos, rotos, sucios y hambrientos, como después de una desaforada lucha sin éxito.

Eran 207 hombres entre jefes, oficiales y soldados.

Se cuenta que, al tener conocimiento de su llegada, Francisco Malespín envió carta urgente al Jefe del Estado, don Juan José Guzmán, que se hallaba en Chinameca, para darle cuenta de aquel suceso y llamándolo.

Y don Juan José Guzmán montó en su mula y se vino.

Francisco Malespín, según se asegura, no esperó al Señor Guzmán para que dispusiese lo que debía hacerse y se fue con su señora al puerto.

Se agrega que, impaciente, saltó a la barca y abrazó a los coquimbos, dándoles la bienvenida.

Los Coquimbos ofrecieron al gobierno de El Salvador los 1,000 fusiles que traían, lo mismo que la barca de propiedad del General Morazán.

A este respecto se especuló un poco, porque la propiedad de la barca no estaba muy bien puesta en claro y, por lo menos, parte de aquellos fusiles pertenecían al gobierno de El Salvador, porque de aquí mismo, en forma clandestina, los habían llevado y a los calvareños correspondía buena parte de esa responsabilidad.

El Señor Guzmán no demoró, al llegar a San Salvador, en dar instrucciones para que se recibiese a los coquimbos como al hijo pródigo.

Ordenó a las autoridades y al pueblo, rogó que se les diesen comodidades, ropas y alimentos, y nunca el pueblo atendió tan bien un ruego como ese.

Sin embargo, no se libraron de ser residenciados, unos en Sonsonate, otros en San Miguel, para atemperar la situación en que se colocaba El Salvador en relación con Guatemala, Honduras y Nicaragua; ya que el recibimiento de los coquimbos, además con demostraciones tan afectuosas, significaba la violación de los términos de un convenio suscrito no mucho tiempo antes.

Porque se amaba tanto la paz, que cualquier precio que se diese por ella, aún el de la dignidad personal, era poco.

Por la anterior razón, el jefe Guzmán se apresuró a poner en conocimiento de los vecinos que se había visto obligado a recibir a los coquimbos, compadecido de ellos por la desastrosa condición en que habían llamado a su puerta.

El sacristán de Cantarranas, así llamado Francisco Ferrera, se salió de quicio y tan ciego se puso que no leyó bien la comunicación.

Lo revela la respuesta que dio, lacónica y mal pergeñada, en que dice quedar entendido de que los coquimbos habían desembarcado en La Unión.

El guatemalteco, en cambio, se produjo con tono admonitorio.

Este debe de haber pensado largamente en Malespín como en una fiera indómita poco a fiar, por la clase de recibimiento que diera a los coquimbos como para obligarlos a su favor.

Y ciertamente, un principio de desconfianza con respecto a aquel se extendió bien pronto en los círculos políticos chapines.

Malespín podía darle en cualquier momento un susto a Carrera.

Y en él se pensaba cuando este último se tornaba insoportable para el clero y los elementos civiles de la élite que se inquietaban a cada removida del fondo sucio del estanque, se sentían inseguros y sólo pensaban hallarse cómodos con el establecimiento de un régimen absolutista.

Vivieron conspirando a favor del sistema monárquico hasta el año de 1871, en que recibieron las clases privilegiadas golpe de muerte; y por lo mismo se explican sus recelos con respecto a El Salvador.

Por esos días, la situación del pueblo guatemalteco era de hambre y miseria, pero no la sufrían por los diezmos, los privilegios y las prebendas, el clero y los nobles.

Los puestos de la administración eran un privilegio de estos últimos. Ningún talento que no proviniese de su clase podía obtenerlos, ni ser protegido ni alentado en ninguno de sus propósitos y esfuerzos.

Alejandro Marure, el historiador, murió en la miseria y se conspiró en el sentido de que sus libros fuesen destruidos, porque arrojaban luz sobre lo indigno, lo asqueroso y lo servil.

De ese modo mataron torpemente el entusiasmo y la alegría de vivir y, por consecuencia, las fuentes de la riqueza, por miedo, aunque parezca absurdo, de perderlas.

La situación llegó a tal extremo que, más o menos por el mismo tiempo en que nos hallamos situados, se repitió en Guatemala, tres veces, la elección de Jefe de Estado para sustituir a Mariano Rivera Paz, y nadie aceptó el cargo por falta de emolumentos, por lo que hubo de continuar aquel

Juzgamos la situación en Honduras peor con Francisco Ferrera.

Este decretó los diezmos a favor del clero y así mató una incipiente agricultura y comercio, porque los hombres prefirieron no poseer nada a tener que pagarlos poseyendo algo; y, no obstante eso, llegaron a ser tan jugosos los de la región de Olancho, que se hicieron proverbiales.

Así, cuando una cosa era muy cara, decíase que valía o que se pedía por ella más que los diezmos de Olancho o tanto como ellos.

La santa de no sé qué nombre llegó a poseer en Olancho una vasta hacienda.

Ese estúpido gobernante, por lo general, paró en seco la ganadería del país de Hibueras, llamada a poner en marcha su economía; y desde entonces Honduras quedó atrás con respecto a El Salvador.

En tal coyuntura como esa, el pueblo olanchano se tornó rebelde y díscolo e inició una carrera de alzamientos armados con cualquier pretexto y contra cualquier régimen.

Nadie pudo considerar por entonces, ni ahora, su causa.

Las revueltas no terminaron en Olancho sino con el exterminio impuesto por otra bestia oriunda de los valles de Sensenti, José María Medina, quien envió allá a un hombre de apellido Zúñiga con la orden de que cortara el mal de raíz; y este hombre sembró la desolación en las vastas florestas olanchanas.

Ante un espectáculo de tanto horror, hubo una general dispersión de familias y muchas de éstas fueron a parar al país de Nicaragua, de donde jamás volvieron.

El Salvador dejó muy pronto atrás a esos dos infortunados países que se hallaban en semejantes manos.

No faltaron las calamidades para matar su impulso; pero siempre tuvo, desde el principio, algo que vender a los demás para sostener su economía.

El ambiente del trabajo y de los derechos del hombre es la libertad, y los hombres se vuelven celosos por mantenerlos mediante las leyes inspiradas en sus propias necesidades y sostenidas por su conducta.

El Dr. Isidoro Menéndez volvió al país y gestionó para que se permitiese el regreso de Nicolás Angulo, Gerardo Barrios, Trinidad Cabañas y otros que habían quedado en Nicaragua.

El primero se fue a Zacatecoluca y estableció la primera destilería con alambiques modernos.

Barrios, Cabañas, Domingo Asturias, José Antonio Ruiz, José Antonio Vigil y José Antonio Milla se quedaron en San Miguel.

Los coquimbos quedaron en observación, cansados y desencantados, como para observar desde lejos la llegada fastuosa y ruidosa del primer obispo de San Salvador, Jorge Viteri y Ungo, con su comitiva, en la que se destacaban dos sacerdotes.

Cuentan que era de bella e imponente figura y de maneras elegantes, muy amado de la beatería, pero de carácter díscolo y arrebatado, lo que le hacía incurrir en actos violentos y en graves faltas de apreciación.

A la llegada del Obispo se volvió a legislar sobre los diezmos.

Primero se había mandado a cobrar el diezmo como se había cobrado antes; después se hicieron, en la manera de pagarlo, algunas modificaciones, entre las cuales figura la de don Juan José Guzmán (10 de marzo de 1843), que dice que:

"Se pagarán los diezmos en lo sucesivo, quedando en su vigor y fuerza el precepto eclesiástico que dispone su satisfacción por los católicos; mas su cobro no será coactivo ni se exigirá por otros medios que no sean los de influir piadosamente en su pago, moviendo a los cristianos a que cumplan con él, sin dejar de considerar como tales a los que no lo hagan y menos concitar contra ellos el odio público, puesto que la conducta de la Iglesia es y debe ser siempre caritativa, humilde y sufrida, según lo han sido los varones que ella venera".

Como el diezmo no producía así cosa alguna, se estableció la obtación religiosa.

Todos los varones de 18 a 60 años pagarían un real anualmente para el culto (1846) y esa disposición se amplió posteriormente (1850), en el sentido de que:

Los proletarios pagarían un real al año.

Los pequeños propietarios de hasta 500 pesos, dos reales.

Los de 500 a 1,000 pesos, cuatro reales.

Los de 1,000 a 3,000 pesos, ocho reales.

Los de 3,000 a 5,000 pesos, tres pesos.

Los de 5,000 a 10,000 pesos, cinco pesos.

Los de 10,000 hasta cualquier otra cantidad, ocho pesos.

Esto no dio tampoco resultado satisfactorio.

Se volvió al diezmo, exigiéndolo siempre sin coacción.

Por fin, todas esas leyes fueron olvidándose en los archivos y allí se pudrieron.

Lo que prueba que el pueblo era reacio a darles vida y que eran perniciosas, porque, en lugar de dar alientos, metían en las actividades una como molesta espina con sólo ver que los eclesiásticos, aún sin los diezmos, gozaban de amplias comodidades.

La ley sobre diezmos (administración Guzmán) no plugo al Obispo a todas luces, y él y sus asistentes se dieron a pronunciar una serie de sermones en las iglesias.

En uno de ellos, si no en todos, se atacaron a fondo las libertades del hombre por corruptoras de la conciencia y a su mantenedor, un periódico llamado El Amigo del Pueblo, fundado por don Francisco Dueñas y don Enrique Hoyos, quizás para combatir a Malespín.

Este periódico invitó al Obispo a descender del púlpito para tener una libre discusión.

El Obispo, echando mano de razones espaciosas, no descendió de él, porque dijo que las cuestiones religiosas no se discutían ni entre profanos ni con ellos, y que únicamente tenían la palabra acerca de ellas la gente de Iglesia.

Ciertamente se cogía así de soslayo la materia, ya que se le invitaba a discutir, no las cuestiones religiosas propiamente, sino lo que había de profano en los sermones.

Sin embargo, como la religión toca a todos los que se encuentran dentro de ella —cuius regio, eius religio—y llama a su alma, todos, por lo tanto, podemos discutir sobre ella, valiéndose de lo que surge del alma misma; y no existe en el mundo fuerza válida alguna que, sin herir la libertad en nosotros mantenida por Dios mismo, pueda imponernos ninguna razón si choca con nuestra facultad de juicio.

El Amigo del Pueblo, redactado por los coquimbos, era una tea encendida en aquella oscuridad cerrada del medioevo centroamericano, que terminó con el advenimiento de Justo Rufino Barrios, a cuyo empuje se derrumbó el castillo feudal de los Pavón, los Batres, los Aycinena y otros, cargados de privilegios.

La hoja, sacudiéndose en sus rostros que no conocían el sol, los hería, aunque no los mencionase por sus nombres, al sostener los fueros de la dignidad humana y de los derechos del hombre.

Sus soplos libertarios sacudían sus ropones que silueteaban vampiros escapados del ambiente colonial.

Pidieron que se impidiese su circulación allá.

Su circulación no se impidió.

El periódico siguió apareciendo y, astuta e irónicamente, era llevado al escritorio de alguno o algunos de aquellos indignos nobletes que venían conspirando para que se volviese a poner el yugo monárquico sobre la cerviz del pueblo centroamericano.

Iba hasta allá en las valijas de los diplomáticos.

Pero, por fin, se abusó en abrir las valijas y El Amigo del Pueblo, vejado y ensuciado, ya no pudo llegar a su destino.

Pero no es fácil hacer desaparecer un mal con siglos de existencia —la explotación del hombre por el hombre— e implantar el principio de la libertad e igualdad humanas.

Si bien es verdad que la esclavitud fue abolida (17 de abril de 1824), ésta reapareció bajo otro tipo, enmascarada, por lo menos de tiempo en tiempo; y todavía no hace muchos años que se ejercía para la explotación del indio guatemalteco, cuando los finqueros contrataban con los gobernadores el número de braceros que necesitaban, por cierto tiempo y a tanto por cabeza.

Éstos eran recogidos y enviados a las fincas sin tomarles parecer alguno y sin oír sus reclamos por el pago de sus jornales, mucho menos por alimentación, tratamiento digno y asistencia médica, que prácticamente no existía.

Inglaterra se vio aludida (1843) por ese periódico en términos poco favorables para ella, por la ocupación de las Islas de la Bahía pertenecientes a Honduras; y el cónsul inglés Federico Chatfield protestó por el ataque y exigió al gobierno salvadoreño la supresión del periódico.

El Jefe del Estado, señor Juan José Guzmán, dio instrucciones a su ministro, don Agustín Morales (10 de junio de 1843), para que dirigiese al cónsul Chatfield una comunicación en la que le decía:

"En el Estado de El Salvador, lo mismo que en la Gran Bretaña, hay libertad de imprenta, sin que por eso se diga que los gobiernos son conniventes con los individuos que suscriben lo que sienten y piensan; que por lo mismo mi gobierno extraña de un súbdito y agente de una nación libre la delicadeza que ostenta al ver ejercer en otros países el elemento de la civilización y la libertad de las naciones; que en hora buena remita a su soberana cuantos papeles quiera con los informes que estime convenientes en la confianza de que ellos serán vistos con el desagrado que los gobiernos ilustrados muestran contra todo aquello que se opone a la cultura del siglo y que envuelve ideas oscuras y retrógradas y que el de El Salvador lo que desearía es que igualmente remitiese las contestaciones que le da en defensa de los derechos del Estado contra sus avances e ingerencia en cosas y negocios que no le corresponden y haciendo el elogio de sus principios que profesa el gobierno británico y que el señor cónsul contraría y deshonra ante el gobierno y pueblo que padecen y hacen esfuerzos para elevarse al rango de las primeras naciones del globo en cultura e instituciones".

Uno de los redactores de ese periódico, el poeta Miguel Álvarez Castro, coquimbo él, sabedor de las indignas exigencias del cónsul Chatfield y de la contestación que le fue dada, escribió y publicó un soneto burlón:

"Tembló el averno y de su seno inmundo
nació Chatfield...".

El cónsul Chatfield no perdonaría esto a El Salvador y pronto empezaría a hostilizarlo con cualquier pretexto.

Lo tomó del hecho de que, por lo menos, ciertos comerciantes ingleses, si no todos en El Salvador, metían mercaderías de contrabando y cuando se les enjuiciaba por esta causa y se les condenaba al pago de los derechos de importación y demás, elevaban sus protestas al cónsul con asiento en Guatemala.

Lo estuvo hostilizando por cerca de diez años, bloqueando sus puertos, causándole perjuicios considerables por esta causa y obligándolo a reconocer una deuda, como se verá a su tiempo.

Las burlas de los estudiantes llevaron al Obispo a meterse en el colegio de La Asunción con algún cargo, para desarraigar de ese centro todo cuanto creyese que era lesivo para los intereses de la Iglesia.

Puede también que lo haya inspirado cierta tendencia vengativa.

Produjo, desde el primer momento, una desbandada de estudiantes que volaron en todas direcciones.

Empezó por establecer el espionaje y supo que muchos alumnos leían libros de aquellos que había lanzado por el mundo la Francia de la Revolución y que tenían discusiones y conversaciones privadas en que se expresaban convicciones muy contrarias a las creencias religiosas.

El Obispo anunció una expulsión en masa, pero antes de que esto ocurriese, los alumnos se retiraron espontáneamente y no volvieron más.

Por lo contrario, el Rector, Presbítero don Narciso Monterrey, oriundo de Nicaragua, con conocimiento de aquellas lecturas y discusiones entre sus alumnos, llamaba a éstos con cristiana mansedumbre, platicaba con ellos y, usando un lenguaje moderado y persuasivo, sin acrimonia ni malos tratamientos, los hacía transigir, por lo menos en la forma.

Los alumnos quedaban contentos.

La contestación dada al cónsul Chatfield hacía ver al Obispo un clima en el cual sus tendencias serían estériles si él mismo no lo remediaba y creaba uno que le fuese propicio, a fin de poner todos los intereses de la República en sus manos.

El hombre indicado para esa revolución solapada era Malespín, comandante de las armas del Estado, con quien tenía frecuentes pláticas.

Inspirado por la palabra persuasiva del Obispo, Malespín empezó a crearle dificultades al Jefe del Estado, señor Guzmán.

Para contrarrestar esa perniciosa acción, se le ocurrió a don Juan José Guzmán hacer del ejército —que en realidad no existía organizado mediante ninguna ordenanza— cuatro divisiones, cada una de ellas con jefes que serían independientes entre sí y tendrían igual categoría, todas ellas sujetas al mando del Jefe del Estado.

Como viera Malespín que de ese modo quedaba sin el poder que tenía en sus manos, presentó serias oposiciones y una de ellas con la advertencia de que no entregaría las armas.

Al Jefe del Estado se le hizo insoportable la situación y dispuso irse para San Miguel, con el intento de adquirir fuerza allí para anular la del otro.

El acto en sí era una inhibición impolítica, agravada cuando, al pasar por San Vicente, se le ocurrió enviar orden a Malespín para la captura del padre Fray Eduardo Vásquez O.P., originario de Colombia, uno de los dos sacerdotes enardecidos del Obispo, hombre de gran elocuencia, inquieto y gran enredador, que venía soliviantando los ánimos del pueblo desde el púlpito.

Al conocer el Obispo la orden, de la que el propio Malespín le hablara, pidió a éste por escrito una escolta para salir del país, porque la orden de captura dada contra el padre Vásquez era como si contra él se hubiera librado, por lo cual prefería irse antes de que lo echaran.

Malespín le hizo ruegos muy elocuentes para que no dejara en orfandad la Diócesis y se comprometió por sí mismo a entrevistarse con el señor Guzmán, a efecto de pedirle que levantara la orden de captura.

Partió, pues, hacia San Miguel, llevando una multitud de propósitos y de ardides fermentados por la levadura que en él pusiera el Obispo.

Presente Malespín en San Miguel, recibió una orden del señor Guzmán de que se retirara y de él se ocultó.

Malespín leyó el papel y soltó una risa burlesca y destemplada. Luego se dirigió en busca del señor Guzmán.

Este, molesto, le dijo que le había dado orden de que se reconcentrase.

Malespín volvió a reír y preguntó burlonamente al señor Guzmán por qué se ocultaba de él.

La entrevista fue tensa y, como el señor Guzmán, inerme, viera que Malespín arrastraba toda su autoridad por los suelos, dispuso venirse para San Vicente.

Allí convocó a la asamblea para exponerle la penosa situación en que se hallaba y renunciar.

Pero los diputados desestimaron la citación y se abstuvieron de concurrir.

El señor Guzmán se trasladó entonces a San Salvador con el propósito de hacer frente a la crisis.

Sin embargo, Malespín había trabajado en la sombra y acumulado una gran cantidad de armas.

Creía que siempre le habían faltado para la culminación de ambiciosos proyectos.

No los tuvo en esa ocasión, pues, a pesar de haber desarrollado procedimientos impositivos a su favor, al efectuarse una elección popular para dar sucesor al señor Guzmán, en la cual tomó parte ilegalmente como candidato, con las armas en la mano, no hubo mayoría absoluta a su favor.

La caída del señor Guzmán fue celebrada en Comayagua con salvas de artillería y se reimprimió el manifiesto de Malespín para que fuese conocido ampliamente.

Se aprovechó esa ocasión para arrojar lodo a la memoria de Morazán, a quien se llamaba Chico Ganzúa.

Lupáreo Romero, Jefe Político del departamento de Choluteca, se distinguió pronunciando un discurso laudatorio para Francisco Malespín.

En esa oportunidad, Malespín apagó una antorcha y calló una voz, El Amigo del Pueblo, que había tenido como garante al señor Guzmán.

Capturó (9 de diciembre de 1843) a sus redactores: Máximo Orellana, Miguel Álvarez Castro, José María Espínola y Eduardo Avilés.

Los dos primeros, coquimbos, fueron expulsados, por lo cual el Obispo debió haberse hallado de plácemes.

Cuando la asamblea se preparaba para proceder a la elección de Presidente y Vicepresidente, el Obispo anduvo solícito y persuasivo entre los representantes, a fin de inclinarlos a favor de Malespín.

De este modo, Malespín fue elegido Presidente y recibió el cargo de don Fermín Palacios, que lo tenía en su carácter de senador designado.

Al mismo tiempo, fue elegido el señor Luis Ayala como Vicepresidente, quien, por no verse al lado de Malespín, renunció.

En su lugar fue escogido don Joaquín Eufrasio Guzmán, quien también renunció.

Pero como la asamblea no quiso esta vez aceptar una renuncia más, el señor Guzmán se plegó a los hechos.

Con lo cual se ve muy a las claras, como se explicará después, que si el Diablo puso el mal, Dios puso al mismo tiempo el remedio.

Apareció con grave continente, cubierto de entorchados, para prestar ante la asamblea el juramento de ley en tan solemne ocasión y leer su discurso inaugural.

"La elección nominal que acabáis de hacer en mí", dijo, "y por la cual me ponéis al frente de la sanción (sanción, dice el original) y de la ejecución de las leyes, me ha constituido en este lugar que veneraré siempre como el santuario de la paz y el templo augusto de la concordia. En él os acabo de prestar mi juramento solemne de entregarme única y exclusivamente al bien de la sociedad. Del cumplimiento de esta promesa os he puesto como fiador al Ser Supremo, porque la rectitud de mi espíritu y la pureza de mis deseos en orden al procomunal dependen de su singular y extraordinaria asistencia; tanto más cuanto que vosotros ¡oh mandatarios incorruptibles de un pueblo heroico!, en vez de llamar al influyente y sabio, habéis elegido al ignorante y débil y me habéis designado a mí para gobernarle, a mí que lejos de estar bastante imbuido en los principios y máximas de la ciencia difícil del gobierno, estoy determinado a formar el conveniente aprendizaje de las reglas que estatuyen entre los de mi profesión la más exacta obediencia. Mas, puesto que aún no acabo de volver de la sorpresa que me ha causado vuestra nominación, antes de entregarme al análisis de los riesgos y peligros a que quedo expuesto aceptando el alto destino con que habéis querido honrarme, deseo en el arrebato de la gratitud que me transporta al mundo de las ilusiones, ofreceros como lo hago en fe de mi sinceridad, que jamás dejaré extinguir en mi alma el sagrado fuego del noble y santo amor de la patria: que la paz será por siempre el ideal a quien se consagrarán mis inciensos; que mis inocentes placeres, mi descanso y mi propia vida se emplearán constantemente en el afiance del orden, de la tranquilidad común y en el fomento de la enseñanza e instrucción de la juventud; en los adelantos de la industria, del comercio y de la agricultura; en el desarrollo de las fuentes de la riqueza pública y en todo cuanto tenga relación estrecha con el aumento de las fortunas y de la seguridad general; para lo que espero me ayudaréis con vuestros consejos y dirección. Si tal no hiciere, yo os concito, en nombre de los pueblos, de quienes sois los representantes, a que volváis a las imprentas y por medio de ellas os dirijáis a la opinión: que provoquéis un juicio y descarguéis sobre mi cabeza la más inflexible severidad, pues antes de dejar de corresponder a los votos que inmerecidamente me han prodigado mis consocios, quiero verme sometido al tremendo fallo de los tribunales; y quisiera más bien tener que sufrir la muerte que no manchar mi honor y mi fama póstuma y ser execrado con justicia de la más remota posteridad".

Ese discurso, mal pergeñado y peor escrito, cuyas ideas son escasas y mal aprehendidas, dice mucho del hombre que revela así un sentimiento de culpa tan embozado que posiblemente ni el mismo Malespín tuvo de él conciencia.

El Obispo ganaba su segunda batalla y campaba por sus respetos en un ambiente propicio, llevando a Malespín por los vericuetos como de la mano, y éste lo asentaba sobre la asamblea.

No se hizo esperar mucho, como hombre que había estudiado sus pasos en espera de una oportunidad para darlos, puesto que un mes después de hallarse en el poder Malespín, se sintieron.

El primero de ellos fue aquel reglamento que dio nombre al colegio nacional, llamándolo de La Asunción.

El segundo (1° de marzo de 1844) se manifestó en un decreto legislativo que restableció el fuero eclesiástico al clero de El Salvador, bajo la autoridad eclesiástica, con inmunidades de que había sido privado por ley del 26 de agosto de 1830.

Ya gozaba el Obispo de una renta igual a la del Presidente y de diezmos conciliables con las ideas reinantes sobre esa materia en El Salvador; y sustentaba la mira de ir igualmente restableciendo una contribución que hacía años no se pagaba.

Eso lo conseguiría el Obispo dando un tercer paso.

Se consagró desde ese momento a preparar un proyecto de Constitución teocrática sobre el concepto de que el gobierno ejercido por tres poderes era dispendioso y más barato resultaba para la economía nacional el de una sola persona con colaboradores, en cuyo plano tendrían libre acceso los elementos de la curia.

De este modo, cualquier clérigo, en un momento dado, podría ascender a la sede del Ejecutivo.

Simultáneamente, se armó un tinglado para ostentar que las municipalidades pedían a cabildo abierto la reforma de la Constitución.

En atención a esas peticiones, las cámaras legislativas convocaron a los pueblos a elección de diputados, y posiblemente el Obispo hubiera ganado su batalla más gloriosa, a no ser un hecho intercalar.

ROCES CON GUATEMALA

Las relaciones entre El Salvador y Guatemala se habían roto a consecuencia de que en aquel país se alimentaban revoluciones contra su vecino.

Ocurría que el gobierno de Guatemala no estaba a gusto por la acogida fraterna que se diera a los coquimbos, de lo cual Malespín era principal responsable, por considerarlos elementos perturbadores.

Las rancias clases sociales de aquel Estado tampoco estaban en ese momento contentas con Carrera, un individuo indócil que a veces se plantaba fuera de su ruedo, se burlaba de ellas y no vacilaba en increparlas y echarles en cara sus bajezas y sus crímenes.

Además de eso, temían la Confederación Centroamericana formada por Nicaragua, Honduras y El Salvador, cuyo gobierno se había instalado en San Vicente (29 de marzo de 1844), bajo la presidencia del delegado de Honduras, don Juan Lindo.

En ese acto fue designado por la suerte don Frutos Chamorro como supremo delegado, como presidente del consejo don Juan Lindo, y como secretario don Justo José Herrera.

Vieron en ese momento la posibilidad de desbaratar la Confederación y deshacerse de Carrera al mismo tiempo, con un solo golpe, si hallaban a la mano los elementos que pudieran servir su propósito, sin que se sospechase de su intención; y los hallaron: Manuel José Arce y Francisco Malespín.

Lanzarían al primero contra el segundo, seguros de que éste lo derrotaría y se echaría en seguida contra Carrera, derrotándolo también, pues lógicamente lo supondría responsable de la agresión.

En efecto, asomó por la frontera de Guatemala el señor Arce, armado a todas luces por los chapines.

Este se situó en Atiquizaya.

Allí hizo un llamamiento a los salvadoreños para que acudiesen a tomar las armas que traía.

Nadie respondió con su presencia.

En cambio, respondieron —aunque parezca extraño— los coquimbos al de Malespín.

Malespín llamó a filas a todo hombre comprendido entre los 16 y los 40 años, levantó un empréstito forzoso de 40,000 pesos, nombró mayor general del ejército a Isidoro Saget, comandante en jefe de la primera división a Cabañas, segundo de Cabañas a Gerardo Barrios; depositó el poder en don Joaquín Eufrasio Guzmán y marchó con el propósito de invadir Guatemala, desoyendo las instrucciones que en contra le diera el gobierno confederado de San Vicente.

La vanguardia, al mando de Pedro Escalón, obligó a Arce a abandonar precipitadamente sus posiciones en el Chingo y, a causa posiblemente de no contar con los medios necesarios para una rápida movilización en presencia del enemigo, se le capturaron:

10 tercios de fusiles,
5 cajas de parque,
3 tercios de cartucheras,
1 saco de piedras de chispa,
1 saco de pólvora gruesa,
24 carabinas y
1 tercio de varias piezas de fusil.

El ejército de Malespín ocupó Jutiapa y las haciendas Quezada y El Sitio, pertenecientes a capitalistas de Guatemala, y Cabañas se apoderó poco después de Chiquimula.

Al mismo tiempo, la goleta salvadoreña Amistad bloqueó el puerto de Istapa de Guatemala, por donde se suponía que Arce podía recibir más elementos bélicos.

El gobierno confederado declaró a Guatemala país agresor y ordenó levantar un ejército de 5,000 hombres, de los cuales 3,000 corresponderían a El Salvador, 1,000 a Honduras y otros tantos a Nicaragua; pero Malespín se tomó la defensa por sus propias manos, por lo que el reclutamiento y la movilización de ese ejército confederado sólo servirían para crear recelos y producir sangrientos roces entre Honduras y Nicaragua, como se dirá después.

Rafael Carrera, cauto y previsor, no se movió de Guatemala, porque dijo que prefería ser atacado allí.

Por su parte, Malespín, sospechando posiblemente que se trataba de atraerlo a una trampa—aunque ésta no hubiese existido—se estableció en Jutiapa con disgusto de los coquimbos que con él iban, como de la élite chapina.

Esta aparentó indignación y difundió la idea de que la invasión era un acto de represalia por la venida de Carrera a El Salvador en 1840.

Ocultamente, había anhelo de que Malespín pasase a más.

Así, pues, Malespín y Carrera parecían estar de acuerdo, como lo estaban coquimbos y chapines en eliminar al último:

los primeros, para abrirse paso hacia la reconstrucción de la nacionalidad centroamericana;

los segundos, para encontrar un mejor baluarte que se opusiera a esos anhelos o un elemento adecuado que a la reconstrucción llevara, pero bajo su égida, con el sistema monárquico, ideal que lograron sus elementos mantener vivo hasta el advenimiento de Justo Rufino Barrios.

En Jutiapa o Chiquimula se celebraron consejos de oficiales con Malespín, Barrios, Cabañas, Saget y los otros.

Se urgió a Malespín a atacar a Carrera en Guatemala.

Este nunca se decidió a hacerlo y permitió a las tropas salvadoreñas actos de violencia, depredaciones, etc., principalmente en las propiedades de los Nájera y otros grandes terratenientes que vivían en la ciudad de Guatemala.

Mariano Rivera Paz reprobó oficialmente el movimiento revolucionario de Arce al ver el giro nada digno que tomaba el acontecimiento y afirmó que no tuvo conocimiento de él y que el gobierno adoptó, tan pronto como le fue posible, medidas para contrarrestarlo.

Dijo, además, que Carrera apoyó el movimiento por haber sido engañado.

Dio a El Salvador y a los otros Estados de la Confederación las necesarias explicaciones del caso y, para hacer ver que era sincero, expulsó de Guatemala a Manuel José Arce.

La empresa era superior a las capacidades de Malespín y la inacción le fue fatal.

El ejército empezó a desbandársele y, antes de quedar solo en territorio enemigo, ordenó la retirada con el pretexto de que los coquimbos se hallaban conspirando contra él en el interior del país.

Sin embargo, nombró (16 de julio de 1844) gobernador y comandante del departamento de San Miguel a dos de ellos: Barrios y Cabañas, respectivamente.

Por entonces ya se daba la denominación de coquimbos a todos los de la expedición a Costa Rica, aunque no todos hubiesen vuelto en la barca que les dio su nombre.

Cerró ese evento (5 de agosto de 1844) un tratado, el de la hacienda Quezada, entre representantes de los Estados confederados, por una parte, y del de Guatemala, por la otra, por el cual se estableció que:

Los gastos de guerra quedaban compensados por una y otra parte.

El Salvador devolvería los bienes muebles que habían sido llevados a Santa Ana, o pagaría su valor.

La paz quedaba restablecida.

Guatemala enviaría a un representante cerca del supremo delegado para estrechar los vínculos de unión y fraternidad.

Esa incursión a Guatemala hubiera podido ser brillante y decisiva, menos con Malespín a la cabeza: torpe y vacilante, sin un propósito razonablemente concebido y puesto en claro.

Ambiente intranquilo y de sospechas. Obscuro. No precisamente por Malespín. Se intuía una regresión funesta a un medioevo regional y extemporáneo. Se miraba al obispo con recelo y se le temía mientras Malespín se hallara en el poder, puesto que lo tenía, por entero en sus manos. Malespín era versátil, temperamental, sin principios y, en manos del obispo que continuaba manteniendo propósitos de largo alcance, podía llevar el país a colocarlo como estrado de sus pies. Se había ya restablecido el fuero eclesiástico, gozaba el obispo de un sueldo igual al del presidente y había diezmos, si bien no exigibles. Pronto habría comunidades religiosas que ahogarían la naciente economía del país.

El presupuesto de ese año de 1844 era de 118,713 pesos y, allá por el mes de septiembre, se pudo ver, quizás sin sorpresa, que la renta del aguardiente había producido por sí sola casi lo calculado: 109,189 pesos. El año siguiente esa misma renta produjo 117,153 pesos, como para pensar que el pueblo tendía a ahogar sus penas y con ellas hundirse.

Barrios no podía ver esto con indiferencia, Cabañas conocía las impaciencias de Barrios, su temperamento explosivo, sus ideas, sus proyectos. Le daba su asentimiento. Estaría siempre hombro a hombro con él en la lucha. No había otra puerta de salida que la rebelión y por allí se irían.

En esas circunstancias supo Malespín que Barrios, gobernador, y Cabañas, comandante de San Miguel, se hallaban secretamente preparando una rebelión. Entonces nombró en sustitución de ellos a Ramón Belloso. Este tomó el camino de Zacatecoluca y en Usulután dejó la escolta de 200 hombres que llevaba, para no infundir en aquellos recelo alguno.

Se presentó solo, por la mañana, ante Barrios y Cabañas. "Vengo", les dijo, "a recibir la comandancia y gobernación. Vean mi nombramiento. No hay prisa. Por la tarde tendremos tiempo de hacer el inventario". Dichas estas palabras, se retiró a su posada.

Barrios y Cabañas pensaron rápidamente. El primero se movía de una parte a otra, nervioso, intranquilo. Pedía acción. Cabañas, más sereno, más reposado, sugirió apoderarse de Belloso. "Para eso necesitamos de un hombre", añadió.

Ese hombre era el coronel Basilio Muñoz. Este recibió rápidas instrucciones de Barrios y, seguido por varios soldados del cuartel, se dirigió a la posada de Belloso. Lo sorprendió, lo acorraló y lo intimó para que se diese preso.

Belloso se apoderó de una espada, hirió a Muñoz, saltó hacia el patio y huyó por el portón hacia Usulután para regresar con los 200 hombres que allí había dejado. Cuando volvió a San Miguel, dispuesto a batirse, halló el cuartel vacío.

Barrios y Cabañas iban camino de La Unión con hombres y armas y allí se embarcaron hacia Nicaragua. Mas, por extraño que parezca, ese fue el primer acto de una tragedia que culminaría con el derrumbamiento de Malespín, y en la cual los coquimbos mantuvieron la representación de los papeles estelares.

A León llegaron los coquimbos, en un momento en que un antagonismo irracional entre liberales y conservadores sostenía desaforada lucha y se desbordaba como una espuma perniciosa para caer fuera de su propio solar. Ocurría lo mismo en Honduras.

En Guatemala los conservadores chapines luchaban asimismo para afirmar su posición y hubiese en El Salvador y en Honduras quien los sustentase; y siendo esto así, se veía con recelo hacia Nicaragua si allí había ambiente liberal.

Los hombres eran hojas que, agitadas por el viento perturbador, se corrían de una parte a otra; y a veces se producían remolinos de muerte en que todo se hundía. Se hacían levas bruscas, arrancando al pobre campesino de su labor y lanzándolo a la pelea sin preparación alguna.

No se enseñaba al soldado a defenderse e iba contra él un alto porcentaje de probabilidades de muerte. De modo que éste lo sabía y entraba en combate con la amenaza del jefe a la espalda.

Los poetas enardecidos e irreflexivos han exaltado con más torpeza que sublimidad el arrojo del soldado, y eso de "morir por la patria" apareció en himnos y otras composiciones poéticas de carácter heroico y se divulgó; insensato en contraposición al saber vivir por ella, que es lo cuerdo, para ser por más largo tiempo defendida con los productos de la inteligencia, lo mismo que al deber de educarse y alimentarse bien y defenderse de las enfermedades y curarse de ellas.

Por donde se ve que la insensatez puede infestar cualquier inteligencia y hacerla cantar. "Morir por la patria es vivir", dijo uno, y se irguió lleno de un viento insuperable.

En ese tiempo aparecían generales tales como José Trinidad Muñoz -educado en México-, Francisco Ferrera, Santos Guardiola, Francisco Malespín, Tomás Martínez, etc., que en ocasiones, con motivo de alguna celebración tan torpe como ellos, aparecían con aire majestuoso cubiertos de entorchados, de gran uniforme, como ellos decían, pero que no veían la miseria que los circundaba en ambiente de ignorancia.

Es decir, pues, que el talento militar no existía y ninguno de esos señores, tanto como otros, quizás con dos o tres excepciones, debió haberse llamado general, lo que no debe asombrar a nadie si en nuestros días los vemos ocupando las mismas posiciones que antes.

En ese medio lleno de agitaciones y de sombras, hubieran podido destacarse por la inteligencia, aún en los grados más humildes, pero no bastaba a contenerlos ni el grado de general por parecerles poco, y así surgieron los Capitanes Generales (Tomás Martínez, Rafael Carrera, etc.), los grandes mariscales (Casto Fonseca) y, (modestia aparte), aquellos que salían de las universidades de León o Guatemala, también de un modo insensato y torpe, aplicaban sus luces comparándolos con Milcíades, Aquiles, Epaminondas, Napoleón, y siempre les parecía poco, cuyas sombras deben de haberse removido en el Hades ante esa osadía de micos engalonados en grotesca zarabanda.

Pero si esos señores se hubiesen hallado en esa época ante un psicoanalista, éste habría llegado a la conclusión de que tenía frente a sí la faz pintoresca del complejo de inferioridad.

A pesar de todo eso, sus entorchados les daban un poder pavoroso, pues Carrera ordenó que se descuartizara -y unos dicen que Viteri y Ungo, el que después llegó a ser el primer obispo de San Salvador, entonces ministro de José Rivera Paz-, en la plaza de Guatemala, el cadáver de un hombre, José María Andrade, llamado el Marimbero, por haber atacado desafortunadamente una noche, armado de puñal, al propio Carrera; y ¡ay! de quien dijera que Malespín era un borracho, como le ocurrió en León a Dionisio Ángeles de Sonsonate, que, a pesar de haber sido dos veces absuelto por un consejo de guerra, fue muerto en pago de su osadía.

Los coquimbos, pues, buscaron refugio en León, donde se hallaban otros expulsados de El Salvador por Malespín.

Este se trasladó a San Miguel con todos los elementos del gobierno, según se dijo, nombró comandante general de las armas del Estado a su hermano, el también General Ignacio Malespín, después sustituido por el otro hermano, también General, Calixto Malespín, y jefe de la plana mayor al Brigadier Indalecio Cordero, coquimbo desviado temporalmente. Observó la situación.

Nicaragua estaba apoyando a revolucionarios hondureños que trataban de botar a su aliado Francisco Ferrera para colocar al coquimbo Joaquín Rivera, jefe que había sido de aquel Estado. En realidad, la comuna de Texíguat había desconocido el régimen del General Francisco Ferrera y otro tanto habían hecho Comayagüela y los habitantes del común de La Plazuela, en Tegucigalpa, pero no había habido más pronunciamientos.

Las armas se las había dado a los texíguats -200 fusiles-, el comandante general de las armas del Estado de Nicaragua, gran mariscal Casto Fonseca; pero los texíguats fueron prontamente derrotados por Santos Guardiola en El Corpus y allí, este jefe capturó correspondencia que comprometía gravemente a don Joaquín Rivera en relación con la ayuda prestada por el gran mariscal; y para no seccionar este asunto, diré aquí que los elementos derrotados tomaron el camino de León y allí se hallaron don Joaquín Rivera, don Máximo Orellana, don Miguel Álvarez Castro, exredactor de "El Amigo del Pueblo", como se sabe, y otros, cuando esta plaza fue sitiada por hondureños y salvadoreños, a quienes se agregaron los nicaragüenses de Granada; pero antes de que León cayera en poder de los sitiadores, habían salido nuevamente hacia Honduras para continuar la lucha contra Ferrera, pensando que de este modo no sólo contribuían a debilitar la ayuda que éste daba a los sitiadores para atender a su propia defensa, sino que, al mismo tiempo, se tendía a subvertir aquel régimen ominoso con la vuelta al poder del propio señor Rivera.

Pero al ser éste atacado en Danlí por 400 salvadoreños al mando de Escolástico Marín, la suerte le fue desfavorable y cayó en manos de sus enemigos juntamente con Calixto Landay, Miguel Álvarez Castro y Máximo Orellana, todos los cuales fueron conducidos a Choluteca.

Por ese tiempo, León había caído ya y Santos Guardiola, orgulloso e inflamado por lo que pudo haber llamado la gloria, más enriquecido con los despojos de la ciudad mártir, víctima de una matonería colectiva de primarios instintos, pudo volver los ojos a don Joaquín Rivera y sus amigos.

Estos fueron fusilados allí en febrero de 1845, los primeros coquimbos en caer, según parece, mientras otros como Isidoro Saget y Nicolás Espinoza continuaban al lado de Malespín y a él ligaron su suerte.

La sangre del asesinato de don Joaquín Rivera y compañeros cayó a torrentes sobre la cabeza ya manchada de Santos Guardiola. Asesino, porque don Joaquín Rivera y compañeros habían estado haciendo uso del derecho de insurrección tan natural en todo hombre que desea quitar obstáculos para mejorar las condiciones de su país.

El régimen de Francisco Ferrera era sencillamente vergonzoso.

Malespín dirigió al gobierno de Nicaragua comunicaciones desprovistas de estilo diplomático. "El gobierno de Nicaragua", decía, "levanta con pretextos de auxilios 2,000 hombres en lugar de 500 ó 1,000 que se le habían pedido y lejos de destinarlos al auxilio que se prestaba, los dirige a la conquista de Honduras.

Según la proclama del General Valladares que los mandaba en jefe y los papeles tomados en la derrota de los texíguats, acreditan que después de reforzados en aquel Estado, debían venir a efectuar la de éste; y con todo esto tienen todavía el descaro los que extravían a ese gobierno de exigir que no se haga la paz con Guatemala y que, en caso que se efectúe, proteste los gastos hechos en levantar los 2,000 hombres del llamado auxilio.

Es harto sensible a este gobierno que ese se haya aprestado a tan absurdas sugestiones.

Pues es bien sabido que ese auxilio fue el que pidió la confederación, cuyo gobierno tenía su asiento en San Vicente; y se dispuso enviarlo por tierra a través del territorio de Honduras para llegar a El Salvador.

Puesto que Nicaragua se le mostraba enemiga al dar acogida a los hondureños que, con los expulsos de El Salvador, formaban una misma causa, Francisco Ferrera se tornó hostil al paso de sus tropas por el territorio de Honduras y, por lo tanto, sugirió que se transportasen en barcas por el Golfo de Fonseca, para lo cual ofreció ayuda.

Pero al tener conocimiento de que el cónsul Federico Chatfield (21 de agosto de 1844) había en efecto ordenado a la corbeta de guerra Dafne el bloqueo de La Unión para obligar al gobierno salvadoreño a reconocer y pagar cierta parte que le tocaba de la deuda federal, aunque se dijo que se había retirado poco después, reglamentó la operación y notificó de ella a Nicaragua.

Mediante la reglamentación, las tropas nicaragüenses debían entrar a territorio hondureño en grupos de 200 hombres, y para entrar el siguiente debía esperarse a que el anterior, pasando por Choluteca y Nacaome, alcanzase el territorio salvadoreño, bajo la vigilancia -naturalmente hostil- de los jefes militares hondureños.

Esta advertencia se hizo cuando las tropas nicaragüenses se hallaban en camino en territorio hondureño y les era imposible o, cuando menos, sumamente inconveniente regresar.

J. Trinidad Muñoz, destacado en Nacaome al servicio del gobierno hondureño, recibió orden del gobierno confederado de San Vicente de no estorbar el paso del ejército nicaragüense; y le contestó que no podía prestarle obediencia porque debía observar la que tenía del suyo inmediato, diferente a aquella; al mismo tiempo, se dirigió desde la misma ciudad a José María Aguado, jefe de las fuerzas nicaragüenses situadas ya en Choluteca, diciéndole que no sólo no debía dar un paso más hacia adelante, sino que de allí debía retirarse a Nicaragua a riesgo de ser atacado.

En efecto, lo fue y vio sus fuerzas desbaratadas.

En Honduras, la prensa se mantenía muy activa alrededor de esta agitación de sucesos, por lo cual la sombra de Morazán se vio ultrajada, como de quien más allá de la tumba mantenía aún intranquilos a los recalcitrantes elementos que lo combatieran.

Santos Guardiola llegó a concebir por esto el asesinato de Casto Fonseca como de aquel que era el principal responsable de la agitación y no lo perdonaría jamás, a la par de don Joaquín Rivera y otros.

Llegó a decirse que la muerte de don Juan Mata Picado y Marcos Mayorga en los Jobos, jurisdicción de Choluteca, se debió a tal intento de asesinato, como significando que éstos y otros eran los asesinos llamados por Guardiola para que diesen muerte a Casto Fonseca; pero éste lo supo antes de que aquellos tuviesen la oportunidad de llegar a su destino y fueron sorprendidos por una escolta nicaragüense encargada de su captura; y como hicieran resistencia y uno de ellos se lanzase hacia el jefe para quitarle el arma, fueron muertos.

Luego había de decir Casto Fonseca que si la escolta se internó en territorio hondureño, para lo cual no tenía orden alguna, fue porque el jefe ignoraba dónde se hallaba la línea fronteriza que divide ambos países.

Dio ese informe en vista de una reclamación del gobierno de Honduras firmada por Coronado Chávez; y a la queja de que se apoyaba a los coquimbos para trastornar la paz de Honduras, respondió "que eran tres o cuatro desgraciados de éstos, a quienes se ha dado asilo en el Estado, por puros sentimientos de humanidad, apenas se les ve en las calles y no se mezclan absolutamente en la cosa pública; mientras, por lo contrario, el gobierno supremo del Estado de Honduras, no solamente ha dado asilo, sino que ha empleado a enemigos acérrimos del gobierno de Nicaragua", como J. Trinidad Muñoz.

El ataque y la derrota de que fue víctima José María Aguado en Choluteca indignó al gran mariscal Casto Fonseca y dispuso por lo tanto desde ese momento escarmentar al hondureño.

Dio principio a la organización de un ejército; pero, sea porque no tuviese por de pronto los elementos necesarios para la empresa o sea porque se viese compelido a allanar el camino venciendo alguna resistencia, el ejército no pudo ponerse en marcha sino con la fatal dilación de un mes.

Puesto en camino el ejército, en el que se veían jefes coquimbos, se dirigió a Nacaome, donde por entonces se hallaba Francisco Ferrera alentando a Malespín para que se le uniese en la empresa de lanzarse contra León; y aquel no tardaría en reunírsele, impulsado por su propia causa que tenía muchos puntos de semejanza con la suya: castigar una ciudad que acogía a los liberales extrañados de tres países.

Por lo tanto, Ferrera había guarnecido la plaza, difícil, por otra parte, de tomar por hallarse situada en una planicie de plano suavemente inclinado hacia el río, a cuya orilla derecha se asienta, a menos que se haga a pecho descubierto, lo cual es siempre mortal para cualquier atacante y en aquel tiempo no se disponía de ningún conocimiento estratégico.

Así, pues, el ejército nicaragüense atacó la plaza de Nacaome y fue repelido con pérdidas considerables.

Ese combate no tiene nada de extraordinario. Es como uno de tantos de cualquier tiempo.

Pero dio ocasión para que se manifestase el genio burlón de un individuo llamado Juan Morales, el defensor de la plaza, quien por otra parte había ofrecido sus servicios a Malespín; y la aprovechó, además, para darle a saber de lo que era capaz su persona.

Relegó al "héroe" Francisco Ferrera a la postdata:

"Comandancia General del Estado de Honduras. D.U.L. Cuartel General en Nacaome, octubre 24 de 1844.

Señor Ministro de Guerra del Supremo Gobierno del Estado del Salvador:

Para su conocimiento del Supremo Gobierno de ese Estado, tengo la honra de participar a usted el glorioso triunfo que se ha alcanzado hoy contra las tropas enemigas del Estado de Nicaragua, que en número de 1,100 y tantos hombres se presentaron el día de ayer como a cuatro leguas de distancia de esta ciudad y hoy como a las ocho del día se presentaron en acción contra las tropas de mi mando, compuestas de 700 soldados.

El fuego que rompió el enemigo fue muy vivo a las orillas de esta ciudad y duró dos horas, en las cuales, no pudiendo ya sufrir el denuedo con que fueron batidos, huyeron vergonzosamente dejando en el campo de batalla 152 hombres que por lo pronto se han reconocido, dos prisioneros, ocho cargas de parque, dos banderas y algunas armas que se han reunido en el primer reconocimiento que se ha hecho en el campo; y el resto de aquellos inquietadores es perseguido por número considerable de la división que tengo el honor de mandar.

Sírvase usted, señor Ministro, manifestar a su gobierno que, tan luego como se explore el campo con la escrupulosidad que corresponde, tendré el honor de comunicarle, por el honroso conducto de usted, el pormenor de la acción de este día, indicándole por último que, por nuestra parte, sólo hemos tenido 6 muertos y 36 heridos.

Esta ocasión me da el placer de renovarle a usted mis servicios antes ofrecidos y que acepte el aprecio de su atento servidor,

Juan Morales.

Se me olvidaba manifestar a usted que el señor General Presidente de este Estado, que aún por las circunstancias permanece en esta ciudad, tuvo la gloria de dirigir la acción indicada con el más feliz resultado".

Juan Morales, como defensor de la plaza de Nacaome, hubiese pasado inadvertido. La carta maligna que dirigió al gobierno de Malespín lo salvó. No se le dio ninguna condecoración por la batalla.

Pero, en cambio, el Consejo de Ministros de Honduras -y lo irónico continuó manifestándose ampliamente hasta rebasar sus prudentes límites- se apresuró a condecorar a Francisco Ferrera con una medalla de oro, y en la medalla había esta leyenda: "A la heroicidad del General Ferrera en la batalla de Nacaome", lo cual una persona de sentido común habría visto con tristeza, en virtud de que toda contienda armada entre individuos que difieren de pasión no puede dar gloria para nadie, ni puede haber allí héroes en defensa de nada que sea sagrado; por lo tanto, asimismo, ningún grado militar adquirido en tales circunstancias podría ser legítimo, a no ser quizás como un reconocimiento a una inteligencia insuperable.

Quizás Malespín no hubiera pasado de San Miguel sin ese hecho y sin las incitaciones de Ferrera. Pero antes de hacerlo quiso reafirmar su demanda. Por lo tanto, se dirigió nuevamente al supremo director de Nicaragua:

"El proceso adjunto", dijo, "impondrá a ese Supremo Gobierno la rebelión cometida en esta ciudad (San Miguel) por los jefes militares Trinidad Cabañas, Gerardo Barrios y los demás militares que los siguieron la noche del 5 del presente (septiembre). Toda rebelión es un crimen capital en todos los gobiernos regularizados, pero las circunstancias que acompañan a la cometida por Cabañas y Barrios la hacen de las más escandalosas que pueden haberse visto. La autoridad y la fuerza que les habían sido dadas para sostener y defender al Gobierno y para mantener la tranquilidad pública, las hicieron servir contra el mismo Gobierno, intentando su aniquilación y destrucción; y contra la tranquilidad, queriendo arrastrar al pueblo en su desorden, atropellando a las autoridades que se oponían a él y cometiendo otros excesos contra particulares".

Y llevando adelante su traición, se valieron Barrios y sus oficiales del nombre del Supremo Gobierno del Estado para hacer cumplir sus propias órdenes de rebelión, como todo aparece justificado del proceso. En conformidad con las leyes, principios y razones expuestos, el Gobierno de El Salvador se cree con derecho a reclamar los reos que resultan del proceso y obligado ese gobierno a entregarlos.

Pero no quiere exigir cosas que la humanidad más delicada pudiera repugnar. No pretende que se les entreguen, solicita sólo que ese Supremo Gobierno, consultando su propia conveniencia y la de los Estados todos de la Confederación, no los adopte en su territorio".

Seguía hablándose de confederación y, si bien existió un gobierno suyo en San Vicente, sobre él pasaban Malespín y Ferrera acatándolo mucho menos que si fuese un espantajo inconsistente y fútil, hecho de pura paja; por lo que no tardó en disolverse para no verse por más tiempo tenido con menosprecio.

Pero los coquimbos siguieron en León, acogidos por el propio gran mariscal Casto Fonseca y no por humanidad.

Humanidad, decía Casto Fonseca, un hombre que encarcelaba, destrozaba y azotaba en la calle a sus propios enemigos, odiado por Granada; humanidad, decía Malespín, odiado por sus compatriotas a causa de sus torpes memasías, fuerza descontrolada y peligrosa que no respetaba vidas.

Los coquimbos continuaron en León porque la situación creada había avanzado a un punto desde donde ya no era posible volver y desde el cual debía dar sus frutos por sí misma, sin mayor impulso.

Barrios y Cabañas, iniciada aquella al rebelarse en San Miguel, habían logrado prever todas sus derivaciones. Cabañas servía los propósitos de Barrios y éste le hablaba en momentos de excitación con reticencias y apóstrofes. A veces las imprecaciones llegaban quizás a la execración, como para verse muerto antes de seguir soportando una dilación peligrosa, según aquel que ve venir en ella un trastorno de sus previsiones.

Un día supieron que Guardiola había llegado a Nacaome para reforzar a Malespín y que este último y Ferrera, el Presidente de Honduras, se habían reunido en la villa de San Antonio del Sauce.

En León hubo, casi simultáneamente, una reorganización de elementos, se revisaron las fortificaciones y los leoneses se prepararon para resistir un asedio.

El ejército se puso (27 de noviembre de 1844) bajo el mando supremo de Francisco Malespín, autorizado legalmente por su gobierno en manos de don Joaquín Eufrasio Guzmán.

Posiblemente sin convicción personal, arrastrado por circunstancias inevitables, Guzmán había nombrado General Jefe del ejército de El Salvador a Malespín para que marchase a atacar al gobierno de Nicaragua y para que "use sin limitación alguna de todo el poder y facultades del gobierno".

Malespín nombró a sus fuerzas combinadas "Ejército Protector de la Paz", sin ironía, puesto que esa sal no se hallaba en su temperamento.

Poco antes, en la hacienda Zatoca, en tierras de Nicaragua, se le había pedido la paz, y el jefe del ejército que la paz defendía no quiso darla, sino con tales condiciones que a la guerra se fue por considerarlas inaceptables el gobierno.

El gran mariscal era comandante general de las armas de Nicaragua, el mismo cargo, temible en sus manos, de Francisco Malespín en El Salvador poco antes, y de Rafael Carrera en Guatemala.

En El Salvador, donde la razón florecía y se pensaba mejor, más bien dicho, donde únicamente se pensaba, con el aliento de hombres que vivían las ideas republicanas de que se habían nutrido a favor de un ambiente de libertad de pensamiento -José Antonio Cañas, Juan José Guzmán, Joaquín Eufrasio Guzmán, Fermín Palacios, Eugenio Aguilar, Doroteo Vasconcelos, Rafael Campo, Miguel Santín del Castillo, Francisco Dueñas-, sólo una destacada situación de fuerza se produjo: la de Francisco Malespín, propiciada por el obispo Viteri y Ungo y por corto tiempo.

A Guatemala no llegó la propaganda de la Revolución Francesa. Allí estaban los curas para incautar libros peligrosos como El Contrato Social, etc.; y con ellos, la élite con privilegios que no hacía nada porque vivía de la cómoda explotación de las masas indígenas analfabetas, que siempre la han, por eso, odiado sordamente y resistido la catequización y el alfabeto.

De ese modo se comprende fácilmente la falta de industrias y la lucha por conservar la única posible: el poder público.

Un espectáculo semejante, quizás con mayor acentuación, se presentaba, por el mismo tiempo, en Honduras.

Malespín, con Santos Guardiola a su lado, justifica su actitud diciendo que Nicaragua es una amenaza para la seguridad y el reposo de sus vecinos, ya que por tres veces ha invadido Honduras y pretendía hacerlo una vez más, al mismo tiempo que preparaba una invasión por agua para atacar San Miguel.

Sitian a León y, después del fracaso del primer ataque, las fuerzas agresoras se acobardaron. Guardiola, Manuel Quijano y Nicolás Espinoza propusieron "dejar aquello" y retirarse. Flaqueó Malespín, pero logró reanimarlo el nicaragüense José Trinidad Muñoz y el asedio continuó.

Mas, después de cuatro días de lucha, Malespín flaqueó de nuevo, aceptó discutir con los delegados de León y se pergeñó un proyecto de convenio en los suburbios de la ciudad para hacer la paz, pero, como se considerasen inaceptables las cláusulas de extrañamiento del gran mariscal y entrega a El Salvador de los coquimbos, continuó la lucha.

Entre los que resistían el ataque de Malespín, se empezó a concebir un plan tendiente a llamar la atención del enemigo en su propio terreno, revolucionando simultáneamente en El Salvador y Honduras, a cuyo efecto don Joaquín Rivera y algunos coquimbos se dirigieron a Danlí, y ya hechos a este respecto han sido relatados.

Los demás se embarcaron en El Realejo (primeros días de diciembre), en un buque inglés, hacia La Unión, para provocar un movimiento popular contra Malespín, diciendo que éste había sido derrotado y que había perpetrado en Nicaragua hechos atroces.

Se celebró en San Miguel, a vuelo de campanas y con otras demostraciones, la llegada de los coquimbos y éstos indujeron a la esposa del Vicepresidente a que le escribiese dándole cuenta del caso, a fin de inclinarlo a que desconociese a Malespín diciéndole que éste había sido derrotado y se apresurase a hacer la paz con Nicaragua.

Cabañas, enemigo de la simulación y la mentira, objetó el plan, ya que Malespín no había sido vencido, y se plegó al proyecto con disgusto.

Lo ocurrido en San Miguel fue conocido en todo el país y alentó al pueblo a manifestarse en contra de Malespín.

Superfluidad de la carta al señor Guzmán, ya que no podía éste ignorar que Malespín continuaba sitiando la ciudad de León y aún le sobraban fuerzas para contener los planes de don Joaquín Rivera, contra quien destacaron a 400 salvadoreños.

Pero alzarse en contra de él era un acto necesario, obligado por las circunstancias. Además, lo estaba exigiendo la opinión pública, de modo que el desconocimiento de Malespín estaba ya en la mente del señor Guzmán; y así se explica que no haya dictado ninguna providencia contra los coquimbos llegados de León y aparentase creer lo que éstos habían enviado a decirle.

Se produjo en todo el país una turbulencia extraordinaria contra Malespín y hubo serios pronunciamientos en Cojutepeque, Santa Ana, Sensuntepeque y San Vicente. En San Salvador se inducía al Vicepresidente a dar un paso decisivo.

Lo dio (2 de enero de 1845), después de haber preparado e instruido secretamente a algunos ciudadanos del barrio del Calvario en quienes tenía mayor confianza y a quienes armó con pistolas y ocultó en su casa.

En seguida llamó a Calixto Malespín, comandante general de las armas del Estado; a Antonio Arévalo, mayor de plaza; y a Ciriaco Choto, comandante departamental.

Al tenerlos en su presencia, brotaron de un cuarto los hombres armados de pistolas, cayeron sobre ellos y los capturaron. En seguida, con la facultad que tenía como Jefe del Estado, asumió el cargo de Calixto Malespín y pasó al cuartel a darse a reconocer.

El pueblo de la capital se levantó en masa para apoyar al Vicepresidente y las mujeres del barrio del Calvario, encabezadas por doña Micaela Mariona, cuyos maridos habían librado muchas batallas por la unidad centroamericana, se organizaron para dar a don Joaquín Eufrasio Guzmán su calurosa enhorabuena.

Este recibió de los oficiales del cuartel su reconocimiento.

El coronel José Rosales y el teniente coronel Ruperto Trigueros le manifestaron espontáneamente y con simpatía que lo reconocían como "gobierno", que ese era su deber y que morirían en su defensa.

Bernardino Vaquero, en cambio, guardó silencio y una actitud sospechosa y hostil durante aquel acto y, como se hallaba de servicio y tuviese a su mando una escolta, salió subrepticiamente en rebeldía con ella del cuartel.

Vaquero cavilaba entonces. Su cabeza era un hervidero.

Se sentía indignado y se creía leal.

Lo primero que se le ocurrió al llegar a la plaza fue hacer fuego contra la guardia del Principal, la cárcel del cabildo, pero no descargó las armas.

Sus propios soldados participaban de sus vacilaciones, sin convencimiento de que su jefe estuviese actuando cuerdamente.

Mientras los hombres de Guzmán corrían al cuartel para organizar una fuerza contra Vaquero, éste se dirigió a la casa del Vicepresidente y facilitó la fuga de Calixto Malespín y de Antonio Arévalo.

Lo consiguió, pero en seguida fue abandonado por la patrulla al ser perseguido por el pueblo y capturado.

Arévalo apareció herido y fue también recapturado.

Calixto huyó y Ciriaco Choto determinó plegarse a las circunstancias.

Después de esa acción tan decisiva y tan elocuente para todos, se desarrolló, de menor a mayor resonancia, una serie de sucesos:

Don Joaquín Eufrasio Guzmán (2 de febrero de 1845) desconoció a Francisco Malespín como Presidente de la República y redujo a prisión a las hermanas de éste, Indalecia, Florencia, Guadalupe, Julia y María Josefa, a fin de ponerlas fuera de todo contacto con sus enemigos y no fuesen a disponer de sus bienes.

Removió del mando del ejército que sitiaba León (7 de febrero de 1845) a Francisco Malespín y ordenó que lo tomase J. Trinidad Muñoz y, en su defecto, Ramón Belloso; y que jefes, oficiales y soldados acatasen esta disposición.

Estos deberían presentarse a su gobierno legítimo -se refiere indudablemente a los soldados salvadoreños- dentro de 20 días, bajo pena de ser perseguidos y juzgados de conformidad al Código Penal.

Dispuso además que cualquiera de los jefes que se hiciese cargo del ejército debería manifestar en el acto al gobierno de Nicaragua el cese de las hostilidades.

La Municipalidad de San Salvador desconoció a Malespín. Simultáneamente hicieron lo mismo otras municipalidades del país, horrorizadas al tener conocimiento de los brutales desmanes de aquél, inteligentemente divulgados a priori, si se me permite decirlo así, por Barrios y Cabañas.

Estos se trasladaron a San Salvador.

Después de 59 días de asedio, a partir del 27 de noviembre anterior, las fuerzas salvadoreñas y hondureñas, auxiliadas por nicaragüenses, entraron a saco en León (24 de enero de 1845), y ese día nefasto se recrudeció y culminó en torrentes de sangre y en regueros de llamas que más bien alentaban los rugidos de una soldadesca desenfrenada, impulsada por el ejemplo de sus jefes y la serie de horrores que se habían iniciado antes:

1. Se ordena el saqueo de León.
2. De la mayor parte de los excesos, incendios, robos, violaciones y asesinatos, se acusó como responsables a las fuerzas auxiliares nicaragüenses, principalmente de Granada; y de allí surgió el rencor que había de contribuir a una hostilidad feroz entre esas dos poblaciones, que no

se extinguiría ni aún confrontando en común los mayores peligros y vergüenzas.

3. Santos Guardiola fue de una iglesia a otra, impulsado por una fuerza satánica, con el propósito desenfrenado, sabiéndose impune, de apoderarse de todas sus joyas. Los guardianes de los templos no sospecharon que los impulsos de rapiña llegaron a tanto exceso.

4. Ramón Belloso se había alzado del seno proletario de una familia humilde del barrio de Candelaria de San Salvador y, horrorizado ante las oleadas rugientes de un salvaje desenfreno, extendió su brazo protector sobre los desamparados. Muchos le debieron a él la salvación de su vida. Belloso había tomado la fortaleza del Subtiava y decidido con ese golpe el colapso del enemigo. Cuando se le pidió que tomase esa fortaleza, no puso condiciones, como las habían puesto otros jefes.

5. El padre Manuel (Pedro o Dionisio) Crespín se opuso inútilmente a la entrada de una soldadesca inflamada por el odio al hospital San Juan de Dios, del que era capellán, a fin de que los heridos fuesen respetados. De allí fue llevado, casi en volandas, ante Malespín, y éste ordenó que fuese "pasado por las armas". Simultáneamente fue capturado otro sacerdote, presbítero José María o canónigo Desiderio Cortés, y éste pudo salvar la vida a condición de ir ante Malespín a pedirle perdón de rodillas. Intervino a su favor, bajo esas condiciones, el cónsul inglés Thomas Manning.

6. Malespín fusiló al supremo director de Nicaragua, Emiliano Madrid; al gran mariscal Casto Fonseca, que huía cuando fue aprehendido en la costa; al licenciado Crescencio Navas, encargado del ministerio; al coronel Balmaceda, al capitán Valle, a José María Osegueda (salvadoreño) y a otros. Un testigo presencial dijo que fueron 24 las víctimas del furor de Malespín. Antes (24 de diciembre de 1844), había asesinado a Simón González y Lucas Alas, capturados por Isidoro Saget; y a Dionisio Ángeles de Sonsonate, a pesar de haber sido éste absuelto

dos veces por un consejo de guerra, acusado de decir que Malespín era un borracho. Escaparon de una suerte igual Manuel Bonilla y Clemente Reyes, por haberse fugado cuando se hallaban bajo la custodia de Manuel Las Casas. Reducido éste a prisión por eso, sufrió vejaciones y estuvo a punto de ser fusilado también.

7. A la salida de Malespín, se organizó en Masaya un nuevo gobierno, encargándose del Poder Ejecutivo Blas Antonio Sáenz y de la comandancia general de las armas, J. Trinidad Muñoz.

Malespín desembarcó en el puerto de La Unión (2 ó 3 de febrero de 1845) de las goletas Agustina, Constitución y Carolina.

Al llegar a San Miguel con las armas y una imprenta que había llegado de allí mismo, expidió un decreto (7 de febrero de 1845) por medio del cual reasumía la presidencia que había depositado en don Joaquín Eufrasio Guzmán y declaró a éste traidor.

Por ese tiempo, Barrios y Cabañas se hallaban en San Salvador conferenciando con el vicepresidente y éste dio a Cabañas 700 hombres para contener el avance de Malespín hacia el interior, con los cuales aquel jefe marchó a Oriente.

Varios hechos se produjeron en seguida de eso:

1. Coronado Chávez, el Presidente de Honduras, se indignó. No supo comprender por qué el pueblo salvadoreño le volvía las espaldas a su aliado, que él consideraba legítimo Presidente de El Salvador. Decidió ayudarlo. Lanzó manifiestos a salvadoreños y hondureños e hizo suya la causa del Presidente espurio, derrocado por las argucias de los coquimbos antes de que por sus armas y, sobre todo, por la serena decisión de un hombre como Joaquín Eufrasio Guzmán. Al mismo tiempo declaró que haría marchar fuerzas por el lado de Gracias y Goascorán a fin de restablecer a su patrocinado.

2. Don Joaquín Eufrasio Guzmán invitó al obispo de Honduras (12 de febrero de 1845), Francisco Campoy, por medio de los oficios de Viteri y Ungo, para que viniese a El Salvador a imponerse por sí mismo de la situación del país y poder acordar, contando con suficientes elementos

de juicio, el restablecimiento de una amistad tradicional por entonces hollada.

3. El ejército comandado por Cabañas, 700 hombres, chocó con un destacamento encabezado por Ramón Belloso (14 de febrero de 1845) en Quelepa y Cabañas fue derrotado, a pesar de la superioridad numérica de sus fuerzas. Se culpó de este desastre a Cabañas por su natural atolondramiento, quien, como tenía por costumbre, se mezcló dando gritos, espada en mano, entre los soldados y descuidó la dirección del combate. Fue en esa ocasión herido, según dicen. El licenciado Tadeo Luna partió a San Salvador para dar las noticias del descalabro y se presentó ante el Vicepresidente, sudoroso y cubierto de polvo. El Vicepresidente se repuso pronto de su consternación y, resuelto a ganar la batalla contra Malespín, urgió al Senado para que diese el decreto de enjuiciamiento que se hallaba en trámite y se preparó para ir al encuentro de sus enemigos con los pocos elementos que pudo haber a mano.

4. La Asamblea había aceptado una acusación contra Malespín (15 de febrero de 1845), por excesos durante su administración. Con este motivo, se examinaron las circunstancias de la elección y la declaró nula por haber sido así desde su principio y por no reunir las cualidades prevenidas por el Art. 11 de la Constitución, que estatuye que para ser Presidente se requiere: haber cumplido 32 años y no exceder de 60, ser natural de Centroamérica, con vecindad de 5 años en El Salvador, inmediatos a la elección, estar en el ejercicio de los derechos de ciudadano y poseer una propiedad raíz que no baje de 4,000 pesos, situada en cualquiera de los departamentos del mismo. Asimismo, se estimó la elección al tenor literal del Art. 28 de la ley provisional de elecciones, el cual establece que no tendrán voto activo los ministros del gobierno ni los militares que estén en actual servicio. Malespín no contaba con bienes raíces cuyo valor ascendiese a 4,000 pesos y, cuando se efectuó la elección, se hallaba con el cargo de comandante general de las armas del Estado, por lo cual

pudo, además, ejercer presión militar en los electores; y sin embargo de todo, no obtuvo los sufragios necesarios para ser declarado Presidente mediante una elección popular. Por medio de un decreto legislativo, pues (17 de febrero de 1845), se le declaró cesante en la autoridad que obtuvo y "el gobierno lo llamará, donde quiera que se halle, con arreglo al título 12 de la Carta Fundamental del Estado. Y caso que desconozca a las autoridades legítimas de estos pueblos y use de la fuerza armada contra ellas, se le tendrá como faccioso y como tal se le castigará con todo el rigor de las leyes. Mas, siendo constante que el mencionado Malespín tiene contraídas diferentes responsabilidades pecuniarias y, mientras que tiene lugar el juicio que corresponde, el gobierno hará secuestrar, por los medios legales, todos los intereses que se reconozcan por de propiedad del indicado Malespín."

5. El Congreso dictó, por medio de decreto, amnistía general (16 de febrero de 1845), a favor de los salvadoreños que habían estado combatiendo al lado de Malespín. Al tener conocimiento del perdón y el olvido que los cubría, los soldados de Belloso se desvanecieron en la Cuesta de Monteros y lo dejaron solo. Se vio obligado a regresar a San Miguel.

6. Don Fermín Palacios (16 de febrero de 1845), encargado de la Presidencia, declaró traidoras a todas las personas y autoridades que auxiliasen al que llamó faccioso Malespín o a quienes impidiesen el reclutamiento de tropas para combatirlo; y don Joaquín Eufrasio Guzmán se puso al frente de un ejército improvisado con los restos del de Cabañas y se dirigió a marchas forzadas hacia el Oriente del país.

7. Al tener conocimiento de que don Joaquín Eufrasio Guzmán marchaba sobre San Miguel, Malespín abandonó esta ciudad y, perseguido por Nicolás Angulo, se embarcó en La Unión con todos sus bagajes, armas, imprenta e instrumentos de viento de su banda de guerra. Según se dijo, Nicolás Angulo había recibido instrucciones para

perseguir a Malespín más allá de la frontera, pero no quiso hacerlo. Cuando dio su informe al señor Guzmán, éste aceptó la argumentación de Angulo y lo dejó tranquilo, con disgusto de Barrios, ya que, según éste, su acto de rebeldía era merecedor de un proceso en consejo de guerra. Guzmán disimuló el incidente y habría de decir después que sus generales no habían tenido instrucciones de perseguir a los enemigos de la República más allá de los límites territoriales. Mientras Malespín se alejaba, hizo proposiciones de paz al señor Guzmán; pero en San Lorenzo se retractó, sin duda porque, al llegar a ese puerto en donde depositó las armas que llevaba, después reclamadas por El Salvador, fue alentado por Coronado Chávez. Y éste se opuso, por lo mismo, a una negociación entre representantes del señor Guzmán y Malespín, tenida en Jocoro a primeros días de marzo (1845) -Nicolás Angulo y licenciado Tadeo Luna, por el primero, y licenciado Braulio Carrillo, el expresidente de Costa Rica, por el segundo-, mediante la cual Malespín entregaría las armas y se alejaría de El Salvador.

8. El obispo Viteri y Ungo había ya excomulgado a Malespín (23 de febrero de 1845) por el asesinato en León del sacerdote Manuel (Pedro Dionisio) Crespín, con la excomunión mayor, sobrecogedora y solemne. "Fulminamos contra él", dice el acta, "la terrible pena del anatema y mandamos se declare con el espantoso aparato con que la Iglesia acostumbra hacerlo en tan tristes y dolorosos casos, y con entrañable dolor de nuestro corazón lo separamos del gremio de los fieles y lo entregamos a la potestad de Satanás para la condenación de su carne, a fin de ganar por este medio al infeliz que se atrevió a poner manos violentas en los Cristos que Dios nos manda respetar como a las niñas de sus ojos; y lo hacemos así, repetimos, para que su espíritu se salve en el día de nuestro Señor Jesucristo, como lo verificó el apóstol San Pablo con el incestuoso de Corinto." Así pues, el Obispo protestó por el cariz de beligerancia que virtualmente se concedía

a Malespín y amenazó (5 de marzo de 1845) con abandonar la diócesis, muy a pesar suyo.

BARRIOS Y CABAÑAS

Don Victoriano Castellanos, diputado, hizo, en ambiente de emoción de los grandes eventos históricos, moción para que se le concediera el grado de General de División a Santos Guardiola, en reconocimiento de su cooperación decisiva al mando de las fuerzas hondureñas que sitiaron y entraron a saco en León; y la actitud de Coronado Chávez, de franca hostilidad y de apadrinamiento de la causa de Malespín, que soliviantaba los ánimos de salvadoreños y hondureños para lanzarlos contra el gobierno de don Joaquín Eufrasio Guzmán, preocupaba a éste y a todos los que con él se hallaban.

Barrios era de opinión que se tomase la ofensiva. Guzmán prefería esperar un acto de agresión. Prevaleció la opinión de Barrios.

Decidió entonces el señor Guzmán llamar a las armas nuevamente al mejor General de esa época, Nicolás Angulo

Angulo se opuso a la ofensiva, excusándose mediante una argumentación de derecho, e hizo esfuerzos para inclinar al señor Guzmán a un arreglo del "diferendum" por medio de negociaciones diplomáticas.

Debe de haber provocado una sorda indignación en Barrios, jefe de la plaza de San Miguel, el cambio de posición del Jefe del Estado, influenciado por Angulo.

Volvió sus ojos hacia Cabañas.

Lo armó y situó en El Sauce.

Lo indujo, además, a buscar un pretexto para invadir Honduras con la mayor prontitud, a fin de adelantarse a cualquier arreglo al que pudiera ser inducido el señor Guzmán; y el honesto, acrisolado y puntilloso Cabañas tuvo que acudir a la patraña, cohonestando su acción con sus escrúpulos.

Ordenó a un oficial situado en la frontera le informase qué patrullas hondureñas se internaban en territorio salvadoreño para cometer depredaciones y le exigió que le diese cuenta del número de hombres, el día y la hora de su entrada.

Esperaba poder justificar de este modo la invasión; pero, dudoso, indeciso, dejaba pasar el tiempo.

Como comandante militar de San Miguel, Barrios le enviaba pertrechos y lo urgía.

*"Mi amigo (le escribió un día de marzo de 1845), por la que adjunto a usted que acabo de escribir, verá todo el peligro que hemos corrido con la invasión a Honduras, porque las cámaras iban a decretar nuevos tratados.

Mi correo, que aseguró que usted se marcharía al día siguiente, nos ha salvado.

Usted no ignora todo esto, pues se lo tengo escrito, y yo no sé qué diablos hace usted en El Sauce.

Amigo, usted nos va a perder, no hay remedio, porque no aprovecha el tiempo.

Digo esto porque otro hubiera salido arrastrándose sobre Goascorán y usted, a la vista del peligro, todavía hoy ha amanecido clavado en El Sauce.

Si usted no conoce todo lo que arriesga la patria y sus amigos con su estadía, sepa que es la existencia de una y otra cosa.

¿Y usted todavía está sentado en El Sauce?

Permítame decirle que si por su inactividad le llega la orden de no traspasar el territorio de Honduras, usted es el criminal más grande de la República, que lo convida para mejorarla y que usted no quiere hacerlo.

Sus amigos lo mirarán con todo el odio que debe inspirar su falta de energía y pusilanimidad.

Ya comienza a ser criminal su silencio.

Nada dice usted del ejército, si sube o baja, etc., y mucho menos del enemigo.

¿En qué demonios se entretiene usted?

Dígame, ¿qué es esto?

Yo me quejo, el gobierno se queja de que no escribe.

¿Por qué en estas circunstancias comete esta falta?

Por Dios, amigo, haga un esfuerzo.

Yo me incomodo porque de veras soy su amigo, quiero su honor y su gloria y soy muy enterado en las cosas.

Se ha dicho aquí que el enemigo invadió a Saco.

¿Por qué no lo ha hecho usted?

Si usted no sale al instante para Honduras, se pierde y nos funde para siempre y quedaremos con justicia de petates.

Se trabaja ya con descaro por botarnos y usted trabaja por dejarse caer.

Yo no he visto en mi vida cosa igual.

Cuando le falta plata o totoposte, escribe usted solamente pidiendo.

¡Válgame Dios, amigo!

¿Qué le ha entrado?

Ayer puse un correo diciendo que sabía positivamente que los hondureños habían entrado a Saco a insultar a los vecinos y que usted, que aún se hallaba en El Salvador por pura contingencia, aguardando las tiendas de campaña y otras cosas que yo le había remitido, salió sobre el enemigo y que no detendría más su marcha, que avisaría yo el resultado.

¡Marche, marche, marche, se lo lleva el Diablo, se lo lleva el Diablo, se lo lleva, se lo lleva, se lo lleva!

Conozca el interés de la República, amigo, se la lleva Judas por usted, por usted y sólo por usted".

Esta demora fue fatal para el expresidente de Costa Rica don Braulio Carrillo, cuya residencia, cerca de Sociedad, sufrió el asalto de Domingo Lagos, alias Diablo Prieto, destacado allí a las órdenes inmediatas de Indalecio Cordero.

Lagos era enemigo del señor Carrillo porque había habido entre los dos agrias y peligrosas diferencias al disputarse la propiedad de una mina de la región.

El señor Carrillo creyó salvar su vida ocultándose fuera de su residencia al tener conocimiento de la llegada de Lagos, pero dejó en ella a un criado conocedor del sitio elegido por él para ocultarse y éste fue capturado por Lagos y obligado, con amenazas y torturas, a revelar el escondite del señor Carrillo, que fue sorprendido (15 de mayo de 1845) en él y asesinado.

Lagos fue aprehendido, procesado sumariamente y condenado a muerte por un consejo de guerra, pero logró fugarse y no fue habido después.

Los Estados centroamericanos volvieron la vista hacia El Salvador por ese asesinato y vertieron hirientes y amargas censuras contra el señor Guzmán, que alcanzaron a Barrios y a Cabañas, a pesar de no tener ninguno de ellos implicación alguna en la muerte del señor Carrillo.

Cabañas movilizó a Indalecio Cordero hacia Chalatenango con instrucciones de invadir Honduras por el Valle de Sensenti y dirigió al señor Guzmán (22 de mayo de 1845) una carta que pone de manifiesto al hombre y que, por lo tanto, no necesita de comentarios.

Le dice en ella que ha emprendido la marcha sobre Honduras y teme que el gobierno desapruebe esta resolución; que debido a que el gobierno de Honduras recluta, fusila y destruye la propiedad de todos, ha resuelto declarar la guerra y que lo que está hecho no tiene remedio; pero que se apruebe porque no volverá atrás.

"Se funde el Estado".

Cabañas, pues, invadió Honduras sin autorización del gobierno del señor Guzmán, dando a éste posiblemente una sorpresa.

Se dirigió hacia Comayagua al frente de 1,500 hombres, equipado con los elementos que Barrios pusiera a su disposición e impulsado por éste.

Se batió con Santos Guardiola, que sólo tenía 400 hombres, y fue derrotado, cosa que bien pudo haber previsto su instigador con suficientes elementos de juicio y que debe haber tenido en cuenta el señor Guzmán para no darle autorización alguna.

Indalecio Cordero fue también derrotado en Sensenti y los dos, Cabañas y éste, se vinieron sin más, haciendo marchas forzadas a través de un terreno sumamente montañoso y estéril, cubierto de pinos.

Este hecho trajo consigo peligros que hubo necesidad de superar.

1) Enfurecido, Guardiola se puso en marcha en seguimiento de Cabañas y desembarcó en La Unión con 350 hombres, posiblemente más. El puerto se hallaba indefenso y la soldadesca, tolerada por Guardiola, que se inclinaba por naturaleza a los excesos, se entregó al pillaje. El señor Barrios acudió de San Miguel con 600 hombres y Guardiola huyó en su presencia. Se repuso en Honduras y volvió a la carga.

2) Guardiola llegó esta vez hasta San Miguel y allí se estuvo entretenido en hacer pequeñas incursiones de pillaje a los lugares circunvecinos.

3) Ferrera, situado en Nacaome, hizo proposiciones deshonestas al señor Guzmán. Le dijo que El Salvador debía pagarle 100,000 pesos para el cese de las hostilidades y que, de salir victoriosas en cambio las armas hondureñas, la guerra se prolongaría por tiempo indefinido. A cambio de los 100,000 pesos, le pidió ceder a Honduras toda la zona comprendida entre la frontera y la margen izquierda del río Lempa. Guardiola habría dado seguridades a Ferrera de sacar sus armas victoriosas y Ferrera tenía confianza en la capacidad de ese jefe, digno de su admiración.

4) Se libró la batalla de Obrajuelo (15 de agosto de 1845) entre Santos Guardiola y Nicolás Angulo.

Al situarse este último en esa hacienda, Guardiola, temeroso, no se movió de San Miguel a fin de ser atacado allí, pero la astucia de Angulo lo sacó de esa plaza donde la victoria de las armas salvadoreñas habría sido extremadamente difícil y costosa.

A ese efecto, por medio de incursiones sorpresivas de su caballería, Angulo estuvo hostilizando a Guardiola: los piquetes de la caballería de Angulo entraban al galope en San Miguel tocando a degüello, hacían descargas con sus carabinas, lanzaban gritos de guerra y se alejaban al galope.

Como la situación no cambiara y los retos herían los nervios de Guardiola, se aventuró éste a salir de su cubil y atacó a Angulo en el Obrajuelo.

La batalla fue desastrosa para Guardiola, pues se hizo en sus hombres horrible carnicería y él tuvo que buscar su salvación en la fuga, perseguido muy de cerca por Angulo.

Nicolás Angulo, exsoldado de Morazán, pudo muy bien ser comparado con Milcíades por esa decisiva victoria que convirtió la angustia de todo un país en demostraciones de júbilo; pero no lo fue, porque el mérito verdadero no es arrogante, en contra de lo que ocurre en Honduras con respecto a Guardiola y Ferrera, ambos alabados ruidosamente y elevados a la altura de los héroes griegos para vergüenza del país que los vio nacer.

5) Ferrera, asustado, acogió en Nacaome a Guardiola y decretó, el día siguiente de la derrota, una suspensión de armas. Es decir, ofreció abrir pláticas con el señor Guzmán. Se dispuso, en consecuencia, enviar delegados, entre ellos al propio Angulo, los cuales firmaron un

armisticio en un punto del Sumpul, que sirve de línea fronteriza entre los dos países.

6) Durante el desarrollo de estos sucesos, algún periódico oficial de Honduras, manejado por escritores irresponsables, de los llamados plumarios, desató una campaña de descrédito contra el señor Guzmán, a cuyo gobierno se achacó la tortura y el asesinato de los prisioneros, y se citaron nombres tales como los de Rafael Ordóñez, capturado en La Unión; Juan Torrealba, de Olanchito, capturado en el Obrajuelo; los correos Pedro Guevara, de Camasca, capturado en San Miguel, y Castro. Se aludió también a un tal Antonio Rodríguez y a otros.

7) Ferrera violó el armisticio.

Ansioso de quitarse el estigma de su derrota en el Obrajuelo, Guardiola invadió nuevamente El Salvador por el puerto de La Unión, donde desembarcó con 350 hombres.

Uno de los jefes salvadoreños, Carballo, con sólo 39 hombres bajo su mando, se atrevió a acercársele en ese puerto y fue sorprendido, capturado y asesinado.

Francisco Ferrera dio cuenta de ese hecho al Congreso de Honduras y el Congreso glorificó a Guardiola.

Pero Guardiola no tardó en ser atacado, esta vez por 200 hombres al mando de un oficial de apellido Estévez.

Fue batido y perseguido hasta la frontera y no se siguió adelante porque los salvadoreños tenían orden de no ir más allá.

8) Guatemala intervino como mediadora para poner término a las hostilidades sin razón y sin fruto.

Al mismo tiempo que el señor Barrios empujaba a Cabañas hacia Honduras, lanzaba contra Nicaragua a José María Valle (alias el Chelón), un indio analfabeto, pero inteligente conocedor de su medio y de sus hombres.

El señor Barrios odiaba los regímenes hondureño y nicaragüense, el primero presidido por Francisco Ferrera, que tanto se había complacido con la muerte de Francisco Morazán y que apadrinaba a Francisco Malespín, el asesino de Casto Fonseca.

Era el segundo un producto espurio del nuevo orden de cosas surgido a la caída de León en manos de sus victimarios, uno de ellos José Trinidad Muñoz, actualmente comandante general de las armas del Estado.

Tenía que considerar con dolor la muerte de un hombre que había acogido, auxiliado y protegido a los coquimbos y a todos los elementos perseguidos y hostilizados por Malespín; y por lo mismo era lógico que se interesara por ver castigados a sus asesinos en Honduras y Nicaragua.

Y fueron implantados en esos dos países gobiernos liberales con los cuales hacer factible la reconstrucción de la patria grande, cuyos pedazos sangraban todavía cara a cara, y era suficiente para ello acercarlos y fusionarlos.

Lo malo era que el señor Barrios actuaba a espaldas del señor Guzmán y éste se vio obligado a acoger las quejas y a comprometerse, muy a pesar de aquel, en impedir que se continuara apoyando y armando a José María Valle.

El señor Guzmán envió a Nicaragua a los señores Pedro Gotay y Nicolás Angulo.

El segundo fue rechazado al desembarcar en El Realejo, según consta en comunicación, porque "mi gobierno ha proscrito justamente a los sectarios del General Morazán, conocidos con el nombre de coquimbos, porque ellos harán siempre la ruina de la patria"; pero siguió su camino el primero y la representación de El Salvador se consideró suficiente.

El tratado que se celebró dejó claramente establecido que subalternos del gobierno de El Salvador, sin orden ni conocimiento, habían auxiliado a los facciosos que perturbaron el orden público de Nicaragua durante los meses de julio y agosto de ese año de 1845 y, por lo tanto, se comprometió el comisionado y ofreció que serían castigados ejemplarmente como revolucionarios los que resultaran cómplices, en vista de los datos que suministrase el gobierno de Nicaragua y de los que se recabasen por el de El Salvador.

Se comprometió, además, a dictar todas las providencias y "precauciones más exactas para que por ningún punto marítimo ni terrestre de sus fronteras se repitan iguales atentados a los anteriores, ya sea protegiendo de cualquiera manera revoluciones interiores en Nicaragua o auxiliando a los facciosos de Texíguat que hoy comanda José María Valle y han agredido por la frontera de Honduras el territorio de Nicaragua", que quedaba expedita para unir, combinar y mover sus fuerzas con las de Honduras para el objeto exclusivo de destruir los mencionados facciosos de Texíguat, una comunidad de indios en el departamento de El Paraíso, República de Honduras, por ser enemigos comunes de los dos regímenes.

Ese tratado fue ratificado por el Poder Legislativo de El Salvador con las modificaciones de que "los tribunales y jueces respectivos de El Salvador juzgarán, con arreglo a la Constitución y leyes vigentes, a los autores y cómplices de los auxilios dados a la facción de José María Valle cuando obraba contra la administración de Nicaragua, y el gobierno los excitará y hará cuanto esté de su parte para que terminen prontamente las causas que se instruyan".

Posteriormente (27 de noviembre de 1845) se firmó en Sensenti la paz entre Honduras y El Salvador.

Concurrieron don Juan Lindo, don Carlos Herrera y don Joaquín Aguiluz, como representantes del primero; y don José Antonio Jiménez y don Cayetano Bosque, del segundo país.

Se halló presente el licenciado Joaquín Durán como representante del mediador, Guatemala.

Por medio de dicho tratado se concluyeron las diferencias y se arregló el procedimiento de los pasos subsiguientes sobre prisioneros, licenciamiento de tropas e indemnización de perjuicios causados; y así el señor Guzmán hizo devolución a Honduras de los prisioneros en buena salud, los mismos que se decía haber asesinado y otros muchos.

Pero Francisco Malespín y Nicolás Espinoza -coquimbo este último, pero pasado a las filas de sus enemigos- no podrían volver a El Salvador "hasta que su gobierno estimase conveniente darles salvoconductos; ofreciendo el de Honduras que, mientras existan en su territorio, estarán concentrados y sin permitirles entrar en los departamentos limítrofes del mismo Estado con el de El Salvador, ni levantar armas contra éste y que observarán una vida pacífica; y el de El Salvador dejará en entera libertad a sus familias para que vivan en donde quieran, dentro o fuera del Estado, devolviéndoles los bienes existentes que les hayan tomado e indemnizándoles los que se hubiesen vendido".

Con respecto a las armas, se estableció por parte de Honduras "que en la traslación del armamento que se vio precisado a hacer (Ferrera) de la capital a otro punto, con motivo de la invasión del 2 de julio último (la de Cabañas), había perdido muchas armas"; así que "el gobierno de El Salvador, por vía de indemnización, le deja las que le corresponden en el depósito de Nacaome y los demás objetos comprendidos en el de su pertenencia, quedando a su favor 700 fusiles que del mismo depósito se obliga a entregarle el gobierno de Honduras".

Mediante ese tratado, "los gobiernos de los Estados de El Salvador y Honduras se ligan y confederan en perpetua amistad y alianza y se comprometen a mantener un comisionado de un Estado en el del otro y viceversa para proceder de acuerdo sobre la organización del gobierno nacional", momento en el cual los comisionados cesarán en sus funciones.

El Salvador quedó obligado "a desarmar a todo individuo que pise su territorio y pertenezca a la facción de José María Valle alias el Chelón, y se compromete además a prestar al gobierno de Honduras su auxilio, cuando lo necesite, para destruir dicha facción, obrando en su territorio, con cuya mira podrá el mismo gobierno conservar en Choluteca", un destacamento.

El señor Aguilar: Después de haberse efectuado una elección para dar sucesión al señor Guzmán, sin resultado alguno positivo, éste hizo depósito del poder, al finalizar su tiempo, en el senador don Fermín Palacios (2 de febrero de 1846).

A fines del mencionado mes, las cámaras eligieron a don Eugenio Aguilar, licenciado en medicina.

El señor Aguilar se negó al principio a hacerse cargo del poder porque constitucionalmente no era hábil, pues carecía de bienes que alcanzasen a 4,000 pesos; pero las mismas cámaras allanaron el obstáculo y el señor Aguilar tomó posesión de la Presidencia.

La administración del señor Aguilar, conocedor de las necesidades del país, que había sufrido tan recientemente honda perturbación durante más de un año, tendía a fomentar la agricultura cuando algo lo demoró.

En ese momento llama la atención del señor Aguilar el cultivo del café:

La introducción de este cultivo en El Salvador se debe a don Antonio J. Coelho (1833 ó 1834), un mentor distinguido.

El mentor Coelho había estado en Chiquimula enseñando primeras letras por el método de Lancáster y fue llamado por el gobierno para que abriese una escuela.

Llegó a San Salvador a principios de 1833 e inmediatamente empezó a trabajar.

Llamó a su escuela Aurora del Salvador.

Se cuenta que antes de su llegada era tal el analfabetismo, que muy pocas, pero pocas personas sabían cuántas eran las letras del alfabeto; y que, pocos años después, alguna ilustración se iba derramando por el país, estimulando el intelecto y haciéndolo florecer.

Como era aficionado a la agricultura y conocía varios cultivos, entre ellos el del café, compró una chacra al norte de la ciudad.

La llamó La Esperanza.

El barrio capitalino actual, sito en el mismo punto, lleva su nombre.

Allí el señor Coelho enseñó el cultivo del café y entusiasmó a muchas de las personas que llegaban a visitarlo para que lo adoptasen; y su finca La Esperanza se convirtió, al mismo tiempo, en lugar de atracción.

Era su dueño una persona simpática, muy atractiva, bondadosa, de palabra fácil y de conocimientos cuyo nivel no alcanzaban sino los egresados de la Universidad de San Carlos de Guatemala, muy pocos por cierto.

Pues como se dijera -administración Aguilar- que en el Estado había terrenos aparentes para el cultivo del café, se puntualizaron esos terrenos (estamos utilizando el mismo lenguaje de la época) y se amplió el interés público sobre esa materia.

Se hicieron, pues, esfuerzos para que continuaran extendiéndose las plantaciones de café ya existentes.

Los primeros esfuerzos hechos por propia iniciativa con miras a la exportación del grano son, pues, anteriores a 1846, puesto que ese año el cultivo del café se hacía notar ya para competir en carrera de beneficios económicos con el algodón y el añil; y don Eugenio Aguilar, el Presidente, estimuló su cultivo (28 de mayo de 1846), disponiendo que:

Todos los que se dediquen al cultivo del café y tengan un plantío de 5,000 arbustos arriba, quedan exceptuados por 10 años de cargos concejiles.

Los operarios que se ocupen en ese trabajo quedan igualmente exceptuados del servicio militar por 10 años.

La extracción del café cosechado será libre por siete años de todo derecho e impuesto y a los que causen los efectos que con su producto se traigan de retorno de cualquier punto que sea, justificando de una manera legal el producto íntegro de dicho café, se les rebajará un cuatro por ciento de importación.

Lo estimuló también vigorosamente el Presidente don Rafael Campo (1° de diciembre de 1856), declarando que los terrenos de la hacienda Santa Tecla habían sido adquiridos por el gobierno en parte para propender al establecimiento allí de la nueva capital del país y en parte para ser dedicados al cultivo del café.

Por lo tanto, acordó en esa fecha, con presencia de los planos elaborados por un señor Fitsher, que de los terrenos no designados para la población, se hiciera un reparto de lotes desde 6 hasta 20 manzanas, cuyos adjudicatarios debían destinar las dos terceras partes del área de sus lotes a aquel cultivo.

Se dispuso que a los seis meses se debía cercar y que al año de haberse cercado, las dos terceras partes deberían estar cultivadas con café y se harían nuevas plantaciones seguidamente, si se perdían las anteriores.

La autoridad local quedó encargada de dar los títulos.

En enero de 1847 se exportaron por el puerto de Acajutla algunos sacos de café cosechados en el país y, en diciembre de ese mismo año, el maestro Antonio J. Coelho escribió un opúsculo sobre el cultivo, que empezó a publicarse el 24 de diciembre en La Gaceta, órgano de información del Supremo Gobierno del Estado de El Salvador.

Principia diciendo que "como la agricultura comenzaba a desarrollarse y se hacían grandes plantaciones de café, creía un deber facilitar a los agricultores la instrucción en el cultivo de ese importante grano, etc.".

Si damos por sentado que la exportación de enero de 1847 era la primera, forzoso nos es admitir que las siembras de café en escala mayor que la requerida para el consumo local se iniciaron algunos años antes de entonces.

El café debe de haberse estado cultivando, pues, para el consumo local mucho antes; y es posible que, hacia la fecha de independencia, haya habido ya arbustos plantados en los predios de las casas solariegas.

Si se retardó la extensión de su cultivo, fue por el estado de agitación en que se mantuvo el país a partir de la indicada fecha.

Si no hubiera sido por eso, las plantaciones de café habrían adquirido en pocos años mayor extensión.

Las primeras plantaciones de café para la exportación se hicieron en el departamento de Sonsonate, que comprendía los actuales de Ahuachapán y Santa Ana.

Figura como exportador en Sonsonate don José Campo, posiblemente su primer cultivador, y en Santa Ana unos maestros de primeras letras decidieron abandonar su carrera docente, de escasos rendimientos, para dedicarse a ese cultivo en las faldas del volcán, arriesgando su bienestar económico en la aventura, porque no había seguridad aún de que fuese a prosperar y constituir fuente de riqueza para el país.

Quizás no arriesgaban gran cosa, porque el sueldo de un maestro escolar en ese tiempo muy raras veces ascendía a más de 20 pesos en las mejores escuelas.

Por lo regular, la enseñanza era sencilla, sencillísima.

Se concretaba a la lectura y escritura, caligrafía, aritmética y moral.

A la escuela de Suchitoto concurría un promedio de 83 alumnos y el maestro ganaba 30 pesos.

En Cedro, así se llamaba por entonces San Rafael Cedros, el maestro tenía un sueldo de 8 pesos.

El de Ilobasco gozaba de una mensualidad de 10.

Basta de ejemplos.

7) Hay otras circunstancias determinantes que inclinaron al país al cultivo del café, a pesar de dudas y vacilaciones muy naturales, ya que el ambiente de la época no era propicio a la tranquilidad necesaria para las empresas agrícolas y comerciales, entonces en su fase de tanteos y experimentación:

Las actividades textiles sufrieron de pronto un paro a consecuencia de la importación de hilos a precios con los cuales los del país (el dumping) no pudieron competir.

Quedaron muchos brazos caídos por la falta de protección a la industria nacional.

Se volvieron los ojos a otras actividades, entre ellas, el cultivo del café.

Los señores Campo, del departamento de Sonsonate, recibieron una carta altamente halagadora del Havre, Francia, relacionada con sus primeras exportaciones de café, las de 1847.

El café de Costa Rica se había adelantado a aquella fecha, pero esas primeras remesas de El Salvador lo botaron o, por lo menos, lo hicieron por entonces vacilar peligrosamente.

Los agentes del Havre de los señores Campo dijeron que "hemos quedado maravillados de la hermosura y aroma exquisito de esta clase de café".

La suerte estaba echada.

El hijo de las cenizas volcánicas había pasado el Rubicón.

El territorio salvadoreño, en gran parte, se halla regado de cenizas volcánicas y éstas probablemente le dan al grano el gusto exquisito que notó el agente del Havre en 1847.

Además, son un gran fertilizante, como quedó evidentemente demostrado en 1902.

Ese año hizo erupción el volcán de Santa María, en Guatemala, y sus abundantes cenizas, cubriendo una extensa región de ese país y México, hacia el lado del Pacífico, alcanzaron en ciertos puntos un espesor de 10 pulgadas.

Si bien la cosecha de ese año fue nula por haberse chamuscado las plantaciones, para desesperación de los caficultores, el año siguiente se produjo con creces.

Las ramillas se quebraban con el peso del abundante grano.

Se notó, además, que la vegetación en general se tornó lujuriosa y espesa.

Por consecuencia de esto, las lluvias se hicieron recias y las fuentes aumentaron su caudal.

¡Cuántos beneficios como consecuencia de la erupción de un volcán!

8) Hubo, sin embargo, adversarios del café que le achacaron trastornos estomacales.

Estos intentaron mantener el prestigio del cacao.

Otros se inclinaron por la intensificación de los cultivos del algodón para levantar la industria dispersa de los hilos y tejidos.

Se estimuló también el cultivo del nopal para la extracción de la grana, que prometía rendimientos.

A pesar de cualquier pronóstico, se impuso temporalmente la industria del añil, que no logró, a pesar de todo, anular los primeros impulsos que había recibido el cultivo del café.

El añil se mató por su propia mano, al propender en temprana edad a las adulteraciones con sustancias terrosas o vegetales.

Lo evidencia el hecho de que en 1840 se dio una ley imponiendo sanciones contra ese vicio, pero las adulteraciones prevalecieron y el descrédito, principalmente en Inglaterra, se impuso.

No obstante, en algunas partes del país, los obrajes se mantuvieron en actividad, aunque poco prometedora, hasta la primera década del presente siglo.

Paró el impulso que le diera don Carlos III aproximadamente dos siglos antes, porque este monarca envió familias enteras de canarios, principalmente, según se ha dicho, para que cultivaran el jiquilite y buena parte de éstos se establecieron en lo que es hoy el departamento de Chalatenango.

Se habrá observado que en ese departamento no hay indios, como no los hay en los de Copán y Santa Bárbara, República de Honduras, aunque allí los inmigrantes iberos llegaron como simples pobladores, arrojados por el clima hostil de la Costa del Norte, adonde fueron llevados primeramente.

La raza blanca se ha mantenido en tales departamentos casi pura.

9) El beneficio del añil no se intensificó en la zona occidental en que se empezó el cultivo del café.

Las exportaciones de añil, muy activas hacia 1858 -y en su elaboración Gerardo Barrios era experto-, se hacían por el puerto de La Unión, muy raras veces por el puerto de Acajutla.

En este último, una exportación esporádica de añil representaba el 7% de las hechas por aquel -La Unión-, por el cual salían otros productos, tales como arroz, baquetas (cueros curtidos), rebozos, pimienta, madera, cueros crudos (al pelo), tabaco y puros.

Por el de Acajutla salían, además del café, almidón, grana, jaleas, frijoles, tumbillas y canastillos, bálsamo, azúcar, sombreros, petates, etc.

Un poco más tarde, se manufacturaron chancacas que se empacaban en zurrones para la exportación.

Al tomarse en cuenta la exportación de los productos agrícolas, se pensó en la apertura de dos caminos para el tránsito de carretas, uno de ellos hacia La Unión a partir de San Miguel, y el otro hacia Acajutla a partir de Santa Ana, que conectase las plazas de Sonsonate y Ahuachapán, para dar salida al café principalmente, que ya era una promesa de óptimos rendimientos; y los caminos alentaron de tal modo las plantaciones de café, que un censo levantado en 1857 revela que en el departamento de Santa Ana, de reciente creación, se contaban 439,450 arbustos en plena producción; mientras que en el de San Vicente, las plantaciones eran escasas por la falta de vías de transporte.

10) Por último, el general Barrios, en su tiempo, dio un impulso más al cultivo del café, obligando arbitrariamente, según se dice, a unos a su siembra y concediendo a la municipalidad de Santa Tecla la posesión de los terrenos comunales y baldíos, tanto para poner coto a su monopolio por personas que no los trabajaban, como para que se extendiesen las plantaciones de ese arbusto.

El general Barrios poseyó fincas propias e importó la primera máquina despulpadora.

La actitud levantisca del obispo Viteri y Ungo trastornó la administración Aguilar.

Empezó con expresión de descontento contra los coquimbos, que habían dominado toda la actuación durante el período servido por don Joaquín Eufrasio Guzmán y que, con la ascensión del señor Aguilar, según se reveló en los primeros meses, continuarían a todas luces privando en los negocios públicos.

De pronto, un día del quinto mes de gobierno del señor Aguilar, sin ser precedida por ningún indicio, el Presidente recibió del prelado (11 de julio de 1846) una carta.

"Son ya muy repetidas", le decía, "las denuncias que se me hacen de que varias personas allegadas al gobierno tratan de repetir conmigo la escena bárbara, sacrílega, escandalosa e injustísima que en Guatemala hicieron con el Excmo. e Ilmo. Sr. Obispo Casaus, ayer cabalmente hizo diecisiete años, deportándolo a medianoche como a un criminal, sin juicio ni solemnidad legal".

"Si estoy", sigue diciendo, "dispuestísimo a sufrir cuando la Divina Providencia quiera que padezca, no lo estoy menos a sostener mi dignidad a todo trance, porque no es mía, es de la Iglesia en general, es del Estado de El Salvador. Como Delegado Apostólico, puedo hoy mismo emitir un decreto consistorial, uniendo el territorio de este Estado a su antiguo arzobispado de Guatemala, y si no lo he verificado (como quizás hubiera debido hacerlo), es porque amo a mi patria y quiero alejarla de un cisma que le causaría guerras sangrientas, lo mismo que anularía su independencia".

Sorprendió al señor Aguilar el contenido de esa carta, porque el gobierno no tenía más personas allegadas que sus empleados existentes en la capital y no hubiera sido posible que ignorase quiénes de ellos estaban tratando de deportar al obispo, por necesitar para ello de fuerzas y recursos del Estado.

No imaginó, no pudo imaginar, que se trataba de un invento del propio obispo, por inverosímil, impracticable y ridículo en un prelado digno de la consideración y el respeto de todos.

El señor Aguilar no contestó esa carta.

Optó por ir esa misma tarde a ver al obispo y pedirle explicaciones.

Lo acompañó don Román Montoya, quien le había informado ya que las mujeres se hallaban agitadas y coleaban sus faldas frente a la casa episcopal.

En el zaguán había, efectivamente, una multitud de mujeres atraídas por la voz que el obispo había hecho circular.

Había también hombres, pero no muchos todavía.

En la sala hablaba el obispo con los alcaldes de los barrios y vecinos de Candelaria, La Vega y San Jacinto.

El Presidente preguntó a éstos cuál era el motivo de aquella reunión; y le contestaron que se les había mandado a decir que se trataba de desterrar al obispo.

Les dijo el Presidente que esa especie era falsa, que el gobierno, lejos de atentar contra su persona, le dispensaba aprecio y consideraciones.

Les ordenó que se retirasen y desvaneciesen aquella especie para calmar la inquietud suscitada en el pueblo.

En seguida, el Presidente se dirigió al obispo, con tanto mayor interés cuanto que se hallaba sorprendido de que la multitud aumentaba con todos los caracteres de una agitación popular.

Durante una larga y agitada conferencia, trató el Presidente de saber por boca del obispo el nombre, por lo menos, de una de las personas que le habían dicho que se trataba de expulsarlo.

El obispo le contestó primero que eran unos empleados del Ministerio de Gobierno.

Aseguró el Presidente, en vista de esa denuncia, que al día siguiente cambiaría a todo su personal, porque no quería tener calumniadores cerca de sí.

Entonces el obispo le dijo que, propiamente, no eran empleados, sino personas que llegaban al ministerio, y se negó rotundamente a denunciar a una sola de ellas, a pesar de que el Presidente le aseguró, de modo enfático, que sólo haría uso de este aviso para satisfacerlo.

Le rogó, en seguida, que saliese para calmar a la multitud, la cual aumentaba, rumoraba temerosamente y se arremolinaba llena de agitación, dentro y fuera de la casa episcopal.

El señor Aguilar se hallaba nervioso.

El obispo dijo a la multitud, como inducido a ello, unas cuantas cosas, sin elocuencia, pues no tenía voluntad para hacerlo.

Esto aumentó el desorden y la gritería se hizo ensordecedora.

Entonces el Presidente habló a la multitud para pedir que le explicasen la causa de la conmoción y se dio cuenta de que nadie sabía nada acerca de su propia actitud.

Unos le dijeron que se trataba de sacar al obispo, otros se declararon contra los coquimbos, a quienes denominaban herejes, otros se manifestaban contra algunos forasteros y le pidieron que los expulsase, otros, en fin, le dijeron que deseaban que pusiese preso al general Indalecio Cordero.

El Presidente, temeroso y confundido, se despidió y, en el zaguán, al verlo, graznó una mujer, desafiante y torva la mirada:

"No queremos gobierno, sino obispo".

Fue coreada por otra.

El Presidente se volvió indignado hacia la primera, la observó a la cara y ordenó al señor Román Montoya su captura.

El obispo corrió para interponerse entre ella y el Presidente.

"En mi casa no se captura a nadie", dijo con desafiante actitud y voz francamente retadora.

Sin embargo, para él era lícito insultar allí al Jefe del Estado y prorrumpió en voces sediciosas.

Encaminóse el Presidente a la plaza y vio que el portal del cabildo se hallaba lleno por una multitud gris, murmuradora, de hombres y mujeres agitados.

No oyeron al Presidente, que se dirigió a ellos para calmarlos y hacerse cargo de sus pretensiones.

Perdió toda esperanza de restablecer la cordura en la multitud y, viendo cómo se le omitía con desprecio de su dignidad y de su autoridad como Jefe del Estado, fuése al cuartel, resuelto a defenderlo hasta morir, ordenar lo conveniente para disolver la multitud tumultuaria y asegurar el armamento; y allí pasó la mayor parte de la noche.

A eso de las cinco de la tarde cayó una lluvia torrencial que ahuyentó a mucha gente.

Sin embargo, quedaron en la calle algunos hombres y otros se acogieron a la casa del obispo, donde pernoctaron.

Se les mantuvo enardecidos mediante libaciones de aguardiente de un garrafón lleno que el obispo proveyó o proveyeron otros con su beneplácito.

Sin la lluvia, los acontecimientos de aquel día de revuelta episcopal habrían sido cruentos y vergonzosos.

Como quien considera la batalla ganada, el obispo envió al Presidente un ultimátum de viva voz que fue recibido entre las 10 y 11 de la noche, de los comisionados doctor Manuel Muñoz y don José Meléndez, a quienes acompañaban cuatro individuos más.

Les encargó el obispo que hablasen a nombre del pueblo para exigirle la renuncia y depósito del poder en el senador don Fermín Palacios.

Con eso, todo quedaría concluido y se restablecería la calma.

El Presidente no debió haber recibido esa comisión, pero era un hombre muy culto, se le había criado y educado en el temor religioso y las potestades de la Iglesia eran para él dignas de todo respeto.

Vaciló por las consideraciones debidas a sus amigos, la sangre derramada, los sacrificios de quienes lo rodeaban y temía caer en el ridículo.

Era, pues, la parte opuesta del prelado, un hombre inescrupuloso e irreflexivo, si bien ilustrado, que aplicaba toda una palabrería exaltada e hiriente, como inflamada por un espíritu diabólico, dentro de las situaciones desatinadas provocadas por él mismo.

La lucha por el poder.

Los comisionados amenazaron al Presidente, si no renunciaba, con una invasión de pueblos y concretamente hablaron de que el padre Manuel Serrano tenía listos, por de pronto, a 7,000 indígenas de Cojutepeque para lanzarlos sobre San Salvador.

El Presidente pidió a los comisionados que se retirasen y les dio seguridades de que todo se arreglaría el día próximo.

Es decir, les pidió la noche para reflexionar.

Los comisionados deben de haber entendido que esto significaba su promesa de renuncia.

El Presidente se retiró a su casa.

El 12, el señor Aguilar llamó a su ministro, a varios empleados, a los propietarios y a los individuos del supremo tribunal, para pedirles consejo sobre si convenía o no su renuncia de la presidencia; y en vista de que le llegaban noticias de que la agitación aumentaba y el peligro de un desbordamiento popular se hacía cada vez más inminente, determinó dirigir una comunicación al obispo para pedirle que "interpusiese sus respetos con los amotinados, antes de estrechar al gobierno a emplear medidas enérgicas para restablecer el orden".

El Presidente había recibido el aliento de todos aquellos a quienes había convocado.

Cuando escribió esa carta, el Presidente ya tenía conocimiento, posiblemente, de que los calvareños, por otra parte dispuestos a darle su apoyo, estaban movilizándose para rodearlo y exigirle que se mantuviese en su puesto.

Poco después, el Presidente supo que en igual sentido recibiría el apoyo de vecinos de los barrios de San José, Santa Lucía y Concepción, determinados a seguir el ejemplo de los primeros.

También se le aseguró el apoyo de los empleados, de los comerciantes y de los artesanos.

La carta para el obispo dio a entender a éste que la situación del Presidente había mejorado, por lo cual decidió, antes de que empeorara la suya, precipitar los acontecimientos y se adelantó a la hora señalada en su ultimátum verbal, las diez de la mañana, momento en que deberían hallarse en la capital los supuestos contingentes de los pueblos vecinos, para lanzarlos contra la guarnición.

El choque se produjo.

La masa de hombres mal armados, sin experiencia y sin dirección, se arrojó en tumulto contra la guarnición de la cárcel del cabildo, el Principal.

Lograron tomar algunas armas y fracturar la reja de la prisión para sacar de allí a los criminales; pero no consiguieron su objeto plenamente: se les opuso la valentía y decisión del oficial de guardia, quien repelió a los asaltantes e impidió la fuga de los reos.

Como viera el subinspector del cuartel que la guardia del Principal estaba siendo atacada, dispuso enviar refuerzos con el oficial Eduvigis Angelino.

Este marchó hacia allá con 12 soldados e instrucción de no hacer fuego sino en caso necesario; pero al llegar a la esquina de la plaza, vio a un grupo de hombres en la del cabildo y no quiso seguir adelante dejándolos atrás, por lo cual los requirió para que se retirasen, pero no habiendo obedecido su orden, siguió avanzando a través de la plaza y lo que había temido se produjo.

Es decir, que al dejarlos atrás, se arrojaron sobre él, desarmaron a sus hombres, que le habían pedido permiso de hacer fuego sin obtenerlo, y a él lo hirieron, le quitaron la espada, lo golpearon y lo llevaron a presencia del obispo.

Un tal Quirino Clara dijo al prelado que le llevaban a Angelino, quien tenía el encargo de dar muerte a su señoría ilustrísima.

El obispo era de naturaleza dispuesta a absorber cualquier patraña.

Habló al prisionero con acrimonia, diciéndole que era un pícaro, y luego con enfado lo entregó a la chusma para que dispusieran de él a su talante.

Lo sacaron, pues, a la calle, y posiblemente hubiera sido linchado; pero el cura Manuel Serrano, viendo la desdichada situación del oficial avanzado, de no poder valerse por sus propios medios, le dio su protección y lo llevó al interior de la casa.

Para entonces, la lucha se había generalizado.

Los calvareños, secundados por la gente de los otros barrios, decididos y curtidos por las luchas pasadas, cargaron sobre los amotinados, los desalojaron de la plaza y calles adyacentes y los obligaron a replegarse al puente de La Vega.

Fueron allí seguidamente acosados y dispersados totalmente, de tal manera que quedaron sin el ánimo de reorganizarse y volver a la carga.

No se había llegado aún a la mitad del día.

Tenía, pues, el Presidente la batalla ganada.

Sin embargo, renunció en contra del caluroso sentimiento expresado por los calvareños, cuyos esfuerzos y adhesión defraudaba con ese paso; de la opinión de los militares y el disgusto de los empleados del gobierno y de todos sus amigos.

Hizo el depósito, por mientras se le aceptaba la renuncia, en el senador don Fermín Palacios, no porque así se lo pidiera el obispo, sino porque la ley llamaba a éste a hacerse cargo del poder en caso de licencia o renuncia del Presidente.

Alegó el señor Aguilar que deseaba evitar nuevas desgracias a su pueblo, que seguramente se producirían con una nueva tentativa de los facciosos, lo cual era improbable.

No habían asomado los 7,000 indios de Cojutepeque ni llegado al obispo los auxilios de ningún pueblo circunvecino; y, además de esto, se habían dado vivas al excomulgado Malespín, dentro y fuera de la propia casa episcopal, lo que, por incoherente y contradictorio, aflojó los lazos de la cohesión entre aquella gente.

El señor Aguilar, manejado más por su timidez que por sus convicciones cívicas, cedió con ese paso su legítima victoria al obispo, indigno de ella, quien debe de haberse preparado para entrar en manejos con don Fermín Palacios; pero este hombre, tan justo como decidido, lo desilusionó con su primera providencia: un decreto por el cual se prohibieron las reuniones públicas o los grupos en las calles.

De este modo, el obispo ya no podía enviar mensajeros para citar y concitar a los vecinos como lo había hecho, en ejercicio de un juego con ulteriores fines: la patraña de que se le quería expulsar, a riesgo de provocar en el gobierno una acción violenta.

Quedó flotando en el ambiente la conjetura de los motivos reales que tuvo el obispo para provocar una agitación popular.

Es evidente, a primera vista, que todo su conato iba endilgado a deshacerse del Presidente para el logro de una finalidad ulterior, como la de prevalecer sobre el gobierno.

Pronto habría de saberse por boca del propio obispo.

Para expresar su conducta, hizo circular una hoja suelta impresa en su propia casa, en la cual, dentro de un puñado de falsedades, expresó que al tomar posesión de la Presidencia el señor Aguilar, éste ofreció en su discurso guiarse en el desempeño de su cargo por sus consejos (los del obispo) y que no lo cumplió ni tuvo la intención de hacerlo; y aunque no correspondía que lo aconsejase, ni él (el obispo) pretendía hacerlo, siempre esperó que lo consultase en lo tocante a su ministerio (el del obispo) y que, no habiéndolo hecho, era el señor Aguilar responsable del desacuerdo y no otra persona alguna.

Concluyó diciendo:

"...Sufrimos con paciencia sólo por amor de nuestros diocesanos, el hambre y la miseria; pues no sólo no se nos paga la renta que nos señala la ley, sino que aún no se nos dan los necesarios alimentos a la vida".

El señor Aguilar retiró su renuncia y no tardó mucho tiempo en reasumir el poder que había puesto en manos del señor Palacios.

La opinión pública se lo pidió y exigió claramente, manifestada por la actitud de apoyo que siempre sostuvieron los vecinos del barrio del Calvario.

Con motivo de las quejas del obispo, manifestó el Presidente que:

"El señor Viteri es la persona que más gasta en lujo, en su casa, haciendas, etc. La Tesorería General del Estado podrá informar", decía, "a las personas que guste, de las gruesas sumas que se le han entregado por cuenta de sus sueldos, viaje a Roma, etc., y el público quedará abrumado, al ver que no hay empleado en el Estado, ni el mismo Presidente, que haya recibido tanto dinero como él".

En los escritos que circularon en esa época, se dejó establecido que en dos años y nueve meses que permaneció en el Estado el señor Viteri, se le suministraron, por cuenta de su sueldo, viaje a Roma, etc., 19,000 pesos, más bien más que menos, y por toda cuenta sólo se le debían 5,397, debiendo deducirse de esta suma los derechos de enterramiento que se apropió, cuartas de colegio y el valor del ganado, bestias y víveres que colectó de diezmos.

Se puso en claro, además, que el Estado le había pagado 3,893 pesos por gastos de la elección del obispado y expedición de las primeras bulas, según cuenta que pasó, siendo así que únicamente había gastado 1,400, por lo que quedaron a su favor 2,493.

Este discípulo de Jesús, en contra del ejemplo de humildad y pobreza que dio su maestro, que no poseía ni una piedra en que reposar su divina cabeza, era muy apegado a los bienes materiales y mostraba tener una voracidad inaudita.

En esa ocasión, el nombre de coquimbos se oyó frecuentemente, como el de elementos perturbadores, que obstruían, según el parecer del obispo, su plan de dominio.

Los atacó en sus sermones; y el Presidente, tan sereno generalmente y tan práctico en los negocios de la administración pública, se volvió contra él, diciéndole que había tenido muy buena amistad con varias personas que llevaban el nombre de coquimbos; que los había visitado; que les había prodigado consideraciones y afecto y que había mantenido con ellos una correspondencia epistolar llena de toda especie de deferencias.

Terminada la revuelta, muy bien pudo haberse pensado que la paz volvería al seno perturbado de la nación.

Pero no fue así.

Salida del obispo de San Salvador

El obispo salió de San Salvador (24 de julio de 1846) pretextando que iba a continuar su visita al departamento de Sonsonate; pero sus verdaderos propósitos eran los de irse a Guatemala, llevándose al deán don Tomás Miguel Pineda y Saldaña, que ejercía el provisorato, para alejarlo de este suelo donde se encomiaban sus virtudes y se hacían comparaciones que no debieron ser muy gratas para el obispo.

Lo llevó con él hasta Jutiapa y de allí lo envió a Guatemala, simulándole estimación y confianza para encubrir su perfidia.

Entonces lo despojó del provisorato y nombró en su lugar, con carácter interino, al cura de Santa Ana, don Manuel María Zeceña; y el Presidente no protestó por eso, en vista de que el señor Zeceña era merecedor de su confianza.

Este sacerdote, sin embargo, renunció y, como no le fuera admitida su renuncia por el obispo, se resignó a ejercer el cargo.

El obispo se hallaba, mientras tanto, ora en Jutiapa, ora en Mita, ora en Esquipulas; pero, como luego de eso no se le permitiera seguir residiendo en territorio guatemalteco, se dirigió a Honduras.

En Honduras se puso al habla con don Juan Lindo, por cuya intercesión, según parece, se reconcilió con Francisco Malespín, a quien levantó la excomunión. En seguida, ciertos elementos importantes, Ramón Belloso en Granada, trasladado a Honduras, Ciriaco Choto en Guarita, Nicolás Espinoza e Ignacio Malespín, se movilizaron secretamente, no bien convencidos de su actitud, para invadir El Salvador y colocar a Malespín (Francisco), ahijado de don Juan Lindo, en la presidencia, de quien el obispo tendría todo lo que quisiese.

Pero el gobierno del señor Aguilar, con activo servicio de inteligencia, veía desde San Salvador los movimientos de sus enemigos y adivinaba sus intenciones, de modo que mucha correspondencia cayó en su poder. Así, los mozos del comisionado de Honduras, Mónico Buezo, fueron capturados (3 de septiembre de 1846) al salir con su señor por una de las garitas de la ciudad, y éste quedó solo allí, valiéndose por sí mismo de sus propios medios, por lo cual hubo de protestar con vehemencia e indignación, presentar quejas y decir que ya una vez, en febrero del año anterior, se había hecho con él lo mismo al pasar por San Miguel como comisionado de Honduras igualmente, con rumbo a Nicaragua. Entonces se le había despojado de dinero y muebles. Uno de los mozos del señor Buezo, de nombre Manuel Hernández, llevaba correspondencia para Ramón Belloso, que se hallaba en Granada, y para Ciriaco Choto en Guarita. A Belloso le decía un señor de apellido Colorado que el obispo Viteri y Ungo corrió el peligro de ser expulsado por el puerto de La Libertad y que el encargado de esa misión había sido un francés de apellido

Mercher; y Francisco Choto le decía a Ciriaco que en San Miguel los coquimbos habían apresado a algunos hombres de bien para quitarles lo que tenían y que los traerían a San Salvador. A Hernández se le siguió proceso, pero fue puesto en libertad en vista de no haber mérito para su detención, por Nicolás Angulo, subinspector general de las armas del Estado.

Como todo revelara la agresión en la que se creía que se hallaba comprometido Coronado Chávez, el gobernante hondureño, el señor Aguilar ordenó la movilización de sus efectivos con jefes coquimbos: Nicolás Angulo, Trinidad Cabañas, Domingo Asturias, Gerardo Barrios, Indalecio Cordero y otros. José María San Martín se organizó en Cojutepeque y la mayor parte de esos elementos establecieron su cuartel general en Suchitoto.

Malespín había aparecido de incógnito en casa de don Esteban Aguilar en Citalá, un caudillo o cacique de la localidad, para pedirle contribución de dinero y hombres; y éste lo mantuvo encerrado en su cuarto a oscuras mientras permaneció allí, y, lo haya auxiliado o no, Malespín se dirigió a Nacaome y Belloso, si no había llegado, llegaría a Choluteca y sería nombrado comandante general del departamento por Chávez, como medida de precaución para oponerlo a Guardiola y Jáuregui, en caso de que éstos tratasen de botarlo.

El comandante Vicente Gollenaga facilitó en Nacaome a Malespín 15 retacos y un cajón de parque, y en Tegucigalpa le dio otros Bernardo Lara, comandante de la plaza. El señor Aguilar manifestó con indignación que Malespín había reunido a los más perversos de sus oficiales, porque los menos malos no lo auxiliaron sino muy bajo cuerda, y con ellos y la recluta que por medio de don Juan Lindo se le reunió en los pueblos de Sensenti y Guarita, atacó la plaza de Chalatenango y recorrió en seguida los pueblos y aldeas fronterizos.

Después de lo de Chalatenango, Malespín se dirigió a Dulce Nombre de María y, como quiera que ya alguna fuerza se moviera en su busca, el alcalde de esa localidad denunció su presencia. Pero por desgracia para el alcalde, Malespín derrotó a sus atacantes allí y, en represalia, asesinó al alcalde y reorganizó la corporación edilicia. El poblado quedó a su disposición, aterrado. Esto creó un ambiente de pánico que se propagó rápidamente a las demás comunidades de campesinos de la región, que han vivido labrando tierras ingratas y casi improductivas con grande esfuerzo, para obtener escasos rendimientos.

La reorganizada corporación edilicia de Dulce Nombre de María fue obligada a enviar con uno de los miembros al obispo en Corquín una comunicación en la que se le urgía su traslado al territorio de su diócesis para animar a los pueblos a pronunciarse en su favor. La comunicación fue llevada (5 de noviembre de 1846) por el regidor José Landaverde y sin duda en ella se daban seguridades al obispo de que las poblaciones de Ojos de Agua, Tejutla, La Palma, Rodeo, Citalá, Metapán, Texis, Santa Ana, Coatepeque, Guaymoco, Izalco, Sonsonate y Sonzacate, y posiblemente otras, estaban pidiendo lo mismo. Se dirigió el obispo a ellas (8 de noviembre de 1846) por medio de una pastoral para darles cuenta de aquel hecho, pues:

"Se halla en ese pueblo, Dulce Nombre de María, el Excmo. Señor General don Francisco Malespín, destinado por la Providencia Divina para defender a la vez la religión del Estado y los derechos de los salvadoreños, vilmente conculcados por un puñado de criminales impíos que se han usurpado el gobierno de nuestra querida patria y oprimen sin cesar a los heroicos hijos de El Salvador; la causa no puede ser más santa ni más justa y yo me glorío de ser salvadoreño; yo que muriera mil veces por el último de los salvadoreños, volaría hoy mismo si no tuviera que contar con el supremo gobierno de Honduras, que generosamente me ha acogido en su territorio con la mayor generosidad; dado este paso que es debido al mismo gobierno supremo de Honduras, a mí mismo y al gran pueblo salvadoreño a que pertenezco, ofrezco a ustedes que volaré inmediatamente al seno de mis muy amados diocesanos a sostener sus derechos y a defenderlos con firmeza. Mientras llegan tan deseados momentos, yo conjuro por lo más sagrado a esos pueblos y a todos los del Estado a que se unan al General Libertador, a que lo auxilien como es debido; porque la causa que él defiende y los valientes que lo acompañan es la de la religión del Estado, la de la verdadera libertad, la de la civilización y el orden".

Un oficial de Malespín, Juan o Julián Meliz, natural de Londres, y otros oficiales, capturados y llevados a declarar, no hicieron alusión al asesinato del alcalde de Dulce Nombre de María; y el primero de ellos, por el contrario, dijo que tanto los alcaldes como los particulares, allá donde tocó la fuerza de Malespín, los auxiliaron y se prestaron voluntariamente a cuanto se les exigió; pero que no recibieron ningún auxilio de las demás poblaciones del Estado. Por las declaraciones de esos oficiales se comprobó que la correspondencia entre el obispo y Francisco Malespín era abundante y veían llegar a los correos de aquel al campamento de éste.

Don Juan Lindo se situó estratégicamente en El Ingenio de la jurisdicción de La Labor, hoy departamento de Ocotepeque; y una de las medidas del obispo disgustó a éste profundamente, la de fijar en las banderolas de las lanzas una cruz negra como signo de exterminio; por lo que se apresuró a enviar a Malespín un correo expreso para sugerirle "que no le pusiese a la tropa la señal que le dice el obispo de la cruz". La actitud de Lindo hacia su amado ahijado es paternal, lo considera hasta la temeridad arrojado y se cree en el deber de mantenerlo dentro de los límites de una prudente moderación. "No sea arrojado", le dice, "poco importa el ganar si usted nos falta, y la audacia es conveniente en ciertos casos, no para todos los lances de la guerra".

En Dulce Nombre de María fue Francisco Malespín atacado y derrotado por uno de los coquimbos, Nicolás Angulo. Al ocurrir este desastre, se desbandaron en todas direcciones los soldados de Malespín y 20 o 25 de éstos aparecieron en Gracias. Malespín quedó solo y hambriento apareció vagando por las lomerías ocotalosas del departamento de Chalatenango, vecinas al territorio hondureño, con un inconsistente propósito de dirigirse en busca de don Juan Lindo, pero contenido fuertemente por el descrédito en que lo colocara como uno de sus más viejos y enconados enemigos, ante cuya superioridad debió sentirse humillado e impotente.

Al aproximarse a la aldea de San Fernando, por caminos fragosos y casi impracticables, encontró a un humilde campesino de la mencionada aldea, vestido de manta, con un racimo de guineos al hombro, armado únicamente de un machete de fabricación casera que llaman de gavilán, según tradición que se ha perpetuado entre los campesinos de una ríspida comarca que comprende tierras de Honduras y El Salvador, y en la cual se hallan situadas las poblaciones de Dulce Nombre de María, San Fernando, Ojos de Agua, Arcatao, Guarita, Cololaca, Mercedes y otras. Y el racimo era para el lugareño inapreciable, un producto de la tierra arrancado a ella con esfuerzo, por árida e ingrata en esa región, y no lo comen frecuentemente sus héticos habitantes que no cuentan sino con escasos cereales para su sostenimiento; y entonces la carne no era frecuente verla en el puchero y el café se sustituía muchas veces por la infusión del zacate de limón.

El hambriento Malespín le pidió unos guineos al campesino y éste se los negó porque eran para su madre. La negativa enfureció a Malespín y arrebató unos al campesino. Este se indignó a su vez, puso el racimo en tierra y retó al, para él hasta entonces desconocido, Malespín, diciéndole: "Ahora te los vas a comer todos". Agregó una expresión insultativa y corriente. Malespín paró la masticación, miró al campesino de camiseta de manta cruda con asombro e indignación y, más enfurecido que al principio, desmontó y lo atacó; pero éste resultó ser un contendor de extraordinaria, casi diabólica agilidad, puesto que sólo pudo inferirle cuatro heridas leves y, en cambio, recibió numerosos golpes que, con la agitación y la cólera cada vez más ciega, lo hicieron caer varias veces y llegar a la exhaustez. Al campesino le fue fácil quitarle la espada, si es que era espada, y rematarlo con ella.

Sobre la aridez de los campos pedregosos muy bien pudieron haber resonado las palabras encendidas del obispo Viteri y Ungo: "Y lo entregamos a la potestad de Satanás para la condenación de su carne, a fin de ganar por este medio al infeliz que se atrevió a poner sus manos violentas en los Cristos que Dios nos manda respetar", etc.; consignadas en el acta de excomunión por haber asesinado en León al sacerdote católico Manuel (Pedro o Dionisio) Crespín, que había osado convertirse en ángel guardián de los heridos que se hallaban en el hospital de aquella ciudad, castigada por haber dado asilo a los coquimbos.

La noticia se esparció en la aldea de San Fernando casi en el acto mismo y las autoridades y vecinos acudieron al sitio del suceso para reconocer el cadáver y dar parte. El occiso resultó ser Francisco Malespín y su matador, Fernando Galdámez, de la misma aldea. Con esto, la novedad se extendió a las poblaciones vecinas y se congregó rápidamente exaltada multitud de hombres y mujeres en San Fernando, que consideraron con admiración y asombro a Galdámez;

y éste sería tenido no sólo como un héroe de la aldea sino de todo el país. Fue traído a Chalatenango y, por la noche de su llegada (30 de noviembre de 1846), fue curado de sus heridas en casa de Julián Ruiz, quien ofreció venir con él a San Salvador para presentarlo al señor Aguilar y ser recompensado.

Posteriormente, la municipalidad de Concepción Quezaltepeque acordó (6 de diciembre de 1846) levantar una contribución entre los vecinos a favor de Galdámez y reunió seis pesos seis reales, que fueron enviados al gobierno para que él los entregase. Los tejutlas trajeron la cabeza de Malespín ensartada en una lanza a San Salvador y recibieron, de manos de un militar de alta, José Rosales, una gratificación de noventa pesos.

Este José Rosales era un individuo arbitrario, puesto que, sin autorización alguna, una noche, por esos días, allanó la casa del magistrado José Eustacio Cuéllar para impedir una fiesta que se daba a Trinidad Cabañas, en la que se hallaban Indalecio Cordero y otros. Poco después lo vemos en la cárcel. Allí, la cabeza de Malespín fue colocada en una jaula y quedó en exhibición por algún tiempo cerca de una de las garitas de la ciudad situada al norte, fuera de la primitiva población, por lo cual aquel lugar recibió espontáneamente el nombre de "La Calavera", con el que es conocido hasta hoy, a inmediaciones de La Rábida.

La noticia de la muerte de Malespín llegó a los países europeos y un periódico de Inglaterra dijo que había muerto batiéndose como un tigre, sin conocer posiblemente la naturaleza de la lucha.

Malespín no era un hombre a quien siguieran muchos con su voluntad, y si entre los emigrados pudo reunir alguna gente en Honduras, aparentando escurrirse de la supuesta vigilancia del gobierno, fue por el engaño de él y la necesidad de éstos, pues algunos de ellos que allí se encontraban de alta recibieron la baja, a fin de ponerse en oportunidad creada artificialmente de seguir a Malespín; y éste les dijo que no venían a pelear contra el gobierno, sino a presentarle las armas "para de esta manera obtener una garantía que les permitiese volver a sus casas; pero que se fueron comprometiendo", declaró uno de ellos, "hasta el caso de batirse con las fuerzas del mismo gobierno y ser derrotados en Dulce Nombre de María". A otros había dicho en Comayagua que era tiempo ya de volver a sus casas, puesto que todas las poblaciones y aldeas de El Salvador estaban a favor del obispo Viteri.

Combinada con Malespín la invasión al Estado de El Salvador —fracasada como hemos visto—, el obispo depuso al cura don Manuel María Zeceña de la Vicaría General, ejerciendo de este modo a larga distancia el gobierno eclesiástico, sin duda porque se negó a cooperar en sus miras revolucionarias con Ignacio Malespín; y si volvió a nombrarlo fue con disgusto, a instancias del metropolitano, pero en una forma tan restringida que Zeceña no pudo considerarse Vicario General ni aun provisorio, ya que apareció al lado de él otro sacerdote, con escándalo, omnímodamente facultado por el obispo, el cura Doroteo Alvarenga, "eclesiástico que a su ignorancia, a su falta de cultura y maneras civiles, reúne crímenes perpetrados con reincidencias notorias contra la libertad del Estado".

Así se dijo entonces. Al volverse a la paz, después de todas esas cosas, se nombró (bula de 4 de julio de 1848) Vicario del Obispado de San Salvador al padre Pineda y Saldaña; y el obispo Viteri y Ungo lo encargó en tal virtud (22 de enero de 1849) del gobierno de su diócesis, por lo cual hizo renuncia el padre Zeceña. El padre Pineda y Saldaña fue nombrado después (bula de 27 de octubre de 1849) administrador apostólico de San Salvador; y posteriormente (bula de 4 de noviembre de 1849) se le concedieron facultades extraordinarias por dos años, mientras se elegía nuevo obispo, pues se había tomado la resolución de trasladar a Viteri y Ungo a Nicaragua.

Por último, el padre Pineda y Saldaña (bula de 22 de septiembre de 1854) fue elegido obispo de San Salvador. Las bulas eran cobradas por el Vaticano y pagadas por el gobierno, y como la Iglesia corría al Estado agregada, proveía éste a beneficio de ella en ejercicio de un patronato en los mismos términos de los Reyes Católicos, porque la Constitución de 1841 establecía que la Religión Católica, Apostólica, Romana, verdadera, se profesa en El Salvador y el gobierno la protegerá con leyes sabias, justas y benéficas, pero sin coartar la libertad de conciencia.

El obispo gozaba de sueldo como cualquier empleado público, el clero tenía rentas producto de la alcabala y el diezmo. Este no era exigible, pero a pesar de eso, y de que de su producto líquido se deducían las llamadas cuartas de colegio, que en realidad era un porcentaje bastante bajo que a veces no se pagaba, su producto no era despreciable y tenía colectores y tesoreros. Había también primicias voluntarias y derechos parroquiales y de fábrica por bautismos, matrimonios, registros, entierros, dobles y repiques de campanas, etc.

En alguna ocasión se cobró por el señalamiento de lugares para sepulcros, y en alguna otra se dieron en arrendamiento los diezmos por sumas fijas a recaudadores profesionales, pero estos abusos fueron suprimidos por la ley. El Estado controlaba toda esa proficua actividad, por lo regular, sin mayor tino y destreza.

Casi simultáneamente a los sucesos del norte, hubo agitación en Santa Ana y el departamento de La Paz. Los indios de Santiago y San Juan Nonualco (17 de noviembre de 1846), encabezados por un tal Petronilo Cerrato, según parece sin conexión con los otros movimientos, se alzaron con armas procedentes de Guatemala; y como hubiera familias que se negaran a seguir a las otras en su asonada, les quemaron sus viviendas.

Días después de ese alzamiento (24 de noviembre de 1846) fue derrotado en Izalco Ignacio Malespín; y éste, alentado por las noticias que recibiera del alzamiento de los nonualcos, marchó en su busca después de haber reagrupado sus efectivos, con la esperanza de engrosar sus filas y combatir con mayores probabilidades de éxito en aquella zona. Estas fuerzas rebeldes y las del gobierno, al mando de Nicolás Angulo, chocaron en Mata de Campo y las primeras fueron derrotadas. Ignacio Malespín y tres oficiales, Juan o Julián Méliz (nombre probablemente alterado del inglés), Francisco Gallo, un Cucufate y otros, cayeron prisioneros y fueron traídos a San Salvador.

Se dice que el gobierno envió una expedición punitiva a los pueblos de los nonualcos, al mando de Gerardo Barrios, y que éste fusiló a numerosos vecinos del lugar. Sin embargo, don Eugenio Aguilar se lamentaba después de que "todavía las muertes habidas en esa campaña son debidas principalmente al obispo Viteri, como lo comprueban los documentos que sirven de apoyo a esta manifestación —la que envió a la asamblea— porque él, sin motivo y sin razón, ha envuelto a El Salvador en una anarquía, cuyos progresos hubieran sido incalculables y los males infinitos, si el patriotismo de los pueblos no hubiese sido tan enérgicamente pronunciado y cooperado todos de consuno al restablecimiento del orden y la paz. El incendio del pueblo de Santiago Nonualco es obra del obispo, quien por medio de emisarios logró que se sublevaran los infelices indígenas y éstos sufrieron todos los males que por eso se les sobrevinieron".

Ignacio Malespín y los tres oficiales de que antes se ha hablado fueron juzgados, condenados y fusilados (5 de diciembre de 1846) en el puente de La Vega, que se conoce hoy con el nombre de puente Malespín, en recuerdo de aquel infortunado general arrastrado por su hermano a sangrienta aventura. El gobierno tuvo misericordia de Santiago Nonualco, pues acordó un indulto a favor de los vecinos alzados en armas y un auxilio a quienes vieron sus casas incendiadas.

Calientes aún las cenizas y no bien apagadas las llamas, fue enviado a Comayagua don Manuel Rafael Reyes para que presentase una reclamación. A éste se informó que todo se había hecho a espaldas del gobierno y que se embargarían los bienes de Francisco Malespín y Agustín Gallegos, situados en la población de Intibucá, por haber tomado fraudulentamente armas del gobierno en Nacaome, que ocultaron en casa de este último. Por lo demás, se le dijo enfáticamente que no se le dieron auxilios a Malespín y que si se hubiese decidido auxiliarlo, éste no habría aparecido armado tan pobremente.

Por otra parte, de las declaraciones de Ignacio Malespín nada resultó de que hubiesen sido auxiliados por el gobierno de Honduras, y a éste se pidió, conjuntamente con Guatemala, la reconcentración del obispo, don Juan Lindo, don Ponciano López, presbítero Doroteo Alvarenga y otros, porque el primero de ellos, con Escolástico Marín, aparecieron en diciembre sospechosos por su actitud. Algunos emigrados —Calixto Malespín, Petronilo Cerrato, Ciriaco Choto, Antonio Flamenco (alias Dingüín), Antonio Arévalo, Vicente Guerra y otros— tuvieron en seguida (9 de enero de 1847) una junta en El Jute, cerca de Ocotepeque, para continuar la lucha.

El gobierno de Coronado Chávez se mostró renuente y frío en la cooperación que se le pedía, por temor de que Guardiola, lanzado por don Juan Lindo, revolucionase contra él, como antes se ha dicho. En cambio, el de Guatemala estuvo siempre dispuesto, desde el principio, a dar su ayuda para ver pacificado El Salvador, y lo probó capturando en Esquipulas a Escolástico Marín, Manuel Guerra y cuatro más que se habían reunido allí en la misma fecha que los de El Jute.

Siguió el presidente contra el obispo proceso informativo que elevó a conocimiento de la asamblea y expidió un acuerdo prohibiéndole la vuelta. La Cámara de Diputados no pudo menos que considerar, con el más amargo sentimiento, los sucesos; y, fundándose en que el derecho de tuición "respecto a las personas eclesiásticas, es inherente al ejercicio de la soberanía depositada en las supremas potestades civiles, que en ningún caso pueden considerarse privadas de él por ninguna ley, pacto o convención, sin que por el mismo hecho se consideren también desnudas de la facultad y atribución de mantener el orden y conservar las leyes", aprobó el acuerdo del presidente y lo autorizó completamente para acreditar una legación ante el Papa con el objeto de instalo a proveer un pastor digno por sus virtudes.

El presidente escogió para esa misión al Lic. Ignacio Gómez, nacido en un predio conocido por El Nisperal, el mismo donde se levanta el Palacio Nacional actualmente. Se había educado en Nueva York y titulado de abogado en Guatemala a la edad de 23 años.

La conmoción nacional que habían producido los acontecimientos de noviembre anterior afectaba todavía a la Cámara de Diputados cuando consideró (22 de febrero de 1847) que los habitantes de la aldea de San Fernando eran merecedores de la gratitud de la patria por su valor heroico y fidelidad durante las asonadas de Malespín y el obispo.

Y, siendo un deber de los representantes del pueblo darles un testimonio auténtico de la benevolencia pública a que se habían hecho acreedores, decretó que la mencionada aldea se denominaría en adelante villa de San Fernando; sus vecinos quedaron exceptuados por dos años del servicio de las armas y de cualquier otro en el ramo de guerra; y que tan luego como la penuria del tesoro lo permitiera, el gobierno quedaba obligado a auxiliar a la municipalidad con la cantidad de mil pesos para la construcción de la iglesia.

ASÍ ERA CENTROAMÉRICA

Después de la experiencia con el obispo, por la que se vio que el Estado no tenía defensa militar, el presidente sometió a la consideración de las cámaras legislativas un proyecto sobre milicias y se dio un decreto (13 de marzo de 1847), organizando el ejército estatal y arreglando puntos de disciplina. Se temió tropezar, al ser sometido a la aprobación legislativa, con la oposición de elementos que la habían manifestado antes contra el fuero militar, el soldado, el cañón, la pólvora y el plomo, que asustan, hieren y matan; pues en un pueblo libre no debe haber, se decía, ese aparato guerrero con distinciones y entorchados, porque la sabiduría de las leyes es omnipotente. Hubo, pues, necesidad de desarrollar una previa campaña de divulgación en favor de los beneficios de una organización militar garante de la estabilidad del régimen administrativo.

Por este motivo, indudablemente, la reglamentación de esa ley no fue aprobada por entonces y dos veces más tarde, una en 1848 y otra en 1853, se autorizó al Poder Ejecutivo para reglamentar y organizar las milicias hasta un cupo de 4,000 hombres y establecer el fuero militar. El reglamento se expidió el 30 de agosto de 1853, por el que se creó prácticamente la profesión militar y se dio a los elementos de esta carrera sus propios fueros y privilegios.

Las experiencias de los comandantes generales de las armas del Estado habían sido sangrientas en varios países centroamericanos como Guatemala y Nicaragua; y en El Salvador, las huellas que dejara Malespín, como tal, eran penosas, evidentes y humillantes para los jefes de Estado. Pero durante la administración de don Eugenio Aguilar, y por ley número 2 de 2 de marzo de 1846, se instituyó que la Comandancia General residía esencialmente en el Poder Ejecutivo y que en lo de adelante no habría más comandancias que las de batallones y escuadrones.

Sin embargo, y a pesar de haberse reafirmado esa disposición en el reglamento de milicias (30 de agosto de 1853), de que el mando general de las armas reside en el Poder Ejecutivo —debe entenderse Presidente de la República—, la Comandancia General resurgió posteriormente en la persona de Gerardo Barrios, por interpretación deshonesta que diera de la ley el magistrado don Juan Bosque, como se verá adelante.

Libre don Eugenio Aguilar de las sombras atormentadoras de Malespín y el obispo, fijó su atención en el agro, fructífero para el cultivo del café —ya bastante extendido en el país, como antes se ha dicho— y se dio principio a la apertura de caminos de ruedas, como se decía, para favorecer la exportación.

Se veía con gran satisfacción combinadas la paz con la libertad para el progreso de la agricultura y el aumento diario de las actividades comerciales; los agricultores hacían esfuerzos para ensanchar su esfera; mejoraban notablemente los tejidos; y, en suma, todo despertaba de un letargo pernicioso de las actividades humanas plausibles.

Pero las letras no florecían: en El Salvador, porque la mente se fincaba en el hecho de hallar qué venderles a los demás; en Honduras, porque los Guardiolas, los Ferreras, los Chávez, etc., ahogaban con su aliento mortífero todo germen venturoso; en Guatemala, porque el pensamiento se hallaba encadenado por los curas; en Nicaragua, porque allí daba sus flores malditas el odio.

Había tertulias, saraos, veladas de cosas de Iberia; los galanes recitaban poesías aprendidas de coro y escribían coplas, si podían, en los álbumes de las bellas, a quienes, por otra parte, se llevaban serenatas a sus balcones de barrotes de madera torneados, adonde ellas se asomaban pudorosamente con el permiso de sus padres y eran visitadas durante el día o primeras horas de la noche en presencia de uno de éstos; y su recato era tal que sus encantos físicos y la frescura de su cuerpo eran para adivinarse solamente bajo los amplios y pesados ropajes que alcanzaban a cubrir hasta cerca de los pies, por lo que podía vérselas en público barriendo las calles con las faldas.

Tiempos de un romanticismo exaltado y místico, todo suspiros, y la naturaleza hallaba en su camino obstáculos frecuentemente imposibles de salvar. En tales condiciones, aparecía el objeto amado adornado con atributos casi divinos y, para cuya descripción, se echaba mano de las cosas más bellas. Se le comparaba generalmente con las flores de un pensil fastuoso, con las huríes del paraíso de Mahoma, con las reinas, princesas y hadas; su frente con el cielo; sus dientes con las perlas; sus ojos con los astros; sus labios con los pétalos de rosa. Pero no osaba nadie bajar de allí, a menos de llegar a las manos, porque ya no se insinuaba nada más.

A pesar de todo, esas divinidades ocultas tras los pesados ropajes no se bañaban frecuentemente, porque había necesidad de ir al río; su piel almacenaba mugre cuyo olor agrio se encargaban de neutralizar los perfumes; y el cólera morbus, que azotó dos veces al mundo, cargó con muchas de ellas.

Se hicieron ensayos de novela y drama, muy desgraciados, porque el escritor era imitativo, se había acostumbrado a ver hacia afuera, quizás avergonzado de su medio, y nunca se le ocurrió fijar la atención en él cuidadosamente para descubrir alguna gema.

Por eso surgió en algunos el estilo burlesco, pero todos procuraban seguir huellas. Apareció el estilista, el cincelador de la frase que iba tras el gusto ático, un individuo que podía pasarse largas horas buscando un adjetivo. A esos enamorados de la letra preocupaba la frase e hilvanaban largas parrafadas sin poner nada en el fondo.

Llamaban talento a los de feliz memoria, a los de habla fácil. Hacían a veces fortuna, se inflaban y ascendían a presencia de todos. Uno dijo: "Honduras, tierra del oro y del talento cuna". La frase vive todavía como una maldición.

Se les llamaba literatos u hombres de pluma. No era raro ver epígrafes y alusiones en latín, el lenguaje rebuscado, mejor dicho, sacado de las lecturas corrientes; y todo eso, en la poesía y en la prosa, era floración de artificio, sin vida propia, sin frescura y sin fragancia, como las manifestaciones de las almas muertas.

Esas mentalidades vacías se formaban en las escuelas recitando y copiando; y si un alumno escogía un tema de botánica para su tesis de bachillerato, por ejemplo, hablaba de la flora europea que nunca había visto. De ese modo se descentraba el individuo y se le llevaba a vivir en el aire, aislado de toda realidad. No veía lo circundante y menos lo examinaba.

Quizás allí había belleza, atractivos infinitos, intereses vitales, males hondos, virtudes congénitas, perfidias sangrientas, crímenes nefastos, trampas mortales. Pero el escritor pasaba por lo alto, aleteando torpemente, sintiéndose cóndor de potentes alas. Jamás descendía, como por miedo de ensuciarse. Anidaba en su cabeza la imagen del armiño. De modo que toda la realidad de su tiempo quedó en la densa sombra de un pasado incongruente.

El historiador de ahora no sacaría sino por vaga inferencia la realidad de entonces, para enseñanza de lo presente y prevención de lo futuro; y si alguno de esos hombres historiaba su época, lo hacía dando saltos como por sobre estercoleros, adulando, soslayando la verdad, exaltando figuras, omitiendo el juicio y presentando, en fin, un panorama falso, confeccionado por la pasión o la estupidez.

Así tenemos, por ejemplo, a un indio de Mataquescuintla, sanguinario y analfabeto, sin virtud que lo adorne. ¿Cómo es posible que un indio sanguinario y analfabeto se haya impuesto por tanto tiempo a una sociedad culta como la de Guatemala, pese a todo su servilismo? El doctor Manuel Gallardo, un médico eminente, educado en Guatemala y en Europa por sus propios medios, sin pasión política que torciese su juicio, siendo alcalde de Santa Tecla, tuvo la oportunidad de tratar allí a Rafael Carrera (1863) y nos presenta a un hombre de genio. En cambio, ¿cuántos valores auténticos, dignos de veneración, no han venido quedando a la sombra de una maraña de mentiras como los bustos manchados por la intemperie en los parques abandonados?

¿Quién pronuncia ahora el nombre de Eugenio Aguilar, por humilde y sencillo? Por lo mismo, nadie dice nada de él; y fue un gobernante ilustrado, honesto, respetado y querido por sus conciudadanos; un hombre de acción práctica, el que sentó las bases de la industria del café que ha hecho de El Salvador una potencia dentro del ambiente centroamericano.

Pero vea que ese hacer y deshacer de los escritores no ha cambiado gran cosa en el transcurso de muchas décadas, como influidos por la pereza de pensar, para lo cual se les ha dado una cabeza, porque si se hojean revistas de principios de siglo —no ha mucho que digamos— no se encuentra nada, nada, nada de ellas. Hallan letras, generalmente indoctas, imaginación y fantaseo, a veces pueriles.

Simultáneamente, don Lorenzo Montúfar, tan apasionado y parcial, se expresaba con amargura y sangrienta ironía de Guatemala. "Hay arzobispo", decía, "hay frailes, hay diezmos, hay capellanías, hay prohibición de libros, hay consulado de comercio, hay sociedad económica con un censor como Pavón y un secretario como Milla, se espera a los jesuitas y el fraccionamiento de la patria se había consumado el 21 de marzo (1847). ¿Qué falta ya para la dicha de los guatemaltecos?".

Esto contribuye a poner de relieve la ponderación y el sentido práctico de El Salvador, donde se temía la rivalidad de los partidos y se procuraba eliminarlos; de tal manera que, no viéndose los hombres distanciados unos de otros por el odio y la venganza, no hubiera por lo mismo obstáculos para la cooperación en el trabajo, para la fraternidad en el sufrimiento. Se le veía por esto de reojo y con un sentimiento de encubierta envidia, lo que contribuyó a causar roces y desastres que no alcanzaron, a pesar de todo, a perturbar el carácter del salvadoreño y la marcha hacia su prosperidad; pero que contribuyeron a enturbiar el aún arraigado sentimiento de la nacionalidad.

LOS INGLESES EN CENTROAMÉRICA

A esta altura, Inglaterra había dado ya pasos tendientes a apoderarse de la América Central, alentada por los informes confidenciales de sus marinos y agentes consulares, en que se hacían resaltar varios interesantes aspectos:

Fácil apertura de un canal o el tránsito por el ferrocarril a través del istmo centroamericano para poner en cómoda y rápida comunicación Europa con Asia.

Naturaleza esplendorosa, rica en frutos de los pequeños países situados en la zona del Caribe.

Gobiernos incapacitados y población escasa y analfabeta, fácil de dominar por el halago o por la fuerza.

Los Estados Unidos podrían ser distraídos o tentados en la empresa, por medio de su diplomacia, a fin de que dejasen libre a Inglaterra en esta parte del continente americano.

1) Tratado de Paz de Versalles.

a) Pero para explicar esta situación, preciso es retroceder con mucho a esa fecha en la historia de los actos de los ingleses en la zona del Caribe; y al hacerlo, aparece en primer plano la Mosquitia, donde éstos habían puesto el pie mucho antes de 1763 y que, con posterioridad, si bien remota, se vieron obligados a quitarlo.

Mediante el Tratado de Paz de Versalles (1763), celebrado entre España e Inglaterra, esta última convino en retirar a los contrabandistas ingleses de la región de la Mosquitia y así lo hizo; pero los ingleses volvieron y ya antes de 1779 habían organizado allí una administración civil y militar. La paz no se mantuvo, puesto que en 1779 los ingleses atacaron dos veces el castillo de San Fernando de Omoa y, no habiendo habido éxito en la primera, lo tuvieron en la segunda con la ayuda de soldados negros y moscos, lo que prueba la existencia de aquella organización.

Los ingleses se dedicaron a la extracción ilegal de madera de tinte en toda la costa de Honduras, motivo poderoso de queja y discordia entre las dos potencias citadas. Para rearreglar estas diferencias, se convino entre ellas que los contrabandistas saldrían de la Mosquitia y se concretarían, en el ejercicio de su explotación, a Honduras Británica (Tratado de Versalles de 1783) en una región comprendida entre los ríos Valiz y Hondo. Por el artículo 6° del mencionado tratado, se les dio facultad de dedicarse allí a la corta, carga y transporte del palo de tinte.

LAS ISLAS DE LA BAHÍA

Roatán y otras islas pertenecientes a Honduras entraron en la misma zona marítima del Caribe, como es natural. Los ingleses habían fundado una población en esa isla en 1742. Matías de Gálvez la tomó y destruyó en 1782, así como destruyó la fortificación que habían construido en la desembocadura del río Tinto o Negro (Black River), perteneciente a Honduras; y por el mismo tiempo, en una misma expedición de dicho Capitán General, los ingleses fueron desalojados de Bluefields, así que pudo informar con satisfacción que la Corona de España había recobrado el dominio de todo el Golfo de Honduras.

Pero los ingleses volvieron a Roatán. Allí los hallamos en 1839. El 10 de agosto de ese año, El Salvador y Los Altos –entonces existía ese Estado y existió hasta su reincorporación a Guatemala el 8 de mayo de 1849– celebraron un tratado de amistad en el cual se estableció que los puertos de El Salvador y de Los Altos quedaban cerrados al comercio inglés mientras Inglaterra no devolviese a Centro América la isla de Roatán. Suscribieron el tratado don Doroteo Vasconcelos y don José Antonio Aguilar por El Salvador y el doctor Isidro Menéndez por Los Altos. Protestó el cónsul Chatfield.

A pesar de todo, en agosto de 1850, con gesto hostil, el comandante inglés Jolly confirmó la ocupación y la extendió a Guanaja, Utila, Helena, Barbareta y Morat y las llamó colonia de las Islas de la Bahía, menos de un año después de que el plenipotenciario de los Estados Unidos en Centro América, con residencia en León, Mr. J. Geo Squier, hiciera declaraciones de que su país se opondría al establecimiento de colonias europeas en el continente americano.

Por ese acto de posesión protestó el juez y funcionario principal de las Islas de la Bahía, elegido por el pueblo, Guillermo Fitzgibbon (15 de septiembre de 1850), fundándose en los siguientes motivos:

"1°) Porque dicha ocupación tiene lugar a despecho de los deseos públicamente expresados por los colonos en una reunión celebrada en la casa del gobierno de la isla de Roatán a solicitud del Tte. Jolly, en cuya junta sólo dos votos hubo en favor de la ocupación inglesa, a saber, los de D. Vin Elwin y D. Tomás Hilton, mientras que los demás individuos de la junta, compuesta de los principales colonos, votaron contra el acuerdo.

2°) Porque la comunicación que se dice haber sido dirigida por los colonos a Sir Carlos Grey, en la cual se funda la ocupación, jamás fue presentada a la firma en junta pública, como lo previenen las leyes de estas islas, sino que fue escrita por el citado don Vin Elwin, que por medio de amenazas e intimidaciones obtuvo 14 firmas en una población de 1,800 personas, poco más o menos, y después añadió o hizo añadir a dicho documento los nombres de los niños que cursan las escuelas metodistas y bautista, dirigiéndola al coronel Fancourt, superintendente inglés de Belice, a quien aseguró que contenía las firmas de todos los habitantes, con excepción de unos pocos descontentos.

3°) Porque dicha ocupación ha sido hecha con infracción de los tratados celebrados con España y posteriormente ratificados con los Estados confederados de Centro América y después de haber abandonado repetidamente el gobierno inglés estas islas, desaprobando la conducta de sus agentes con motivo de ocupaciones anteriores.

4°) Y, por último, porque en virtud de un solemne tratado celebrado entre los Estados Unidos y la Gran Bretaña en el mes de abril del presente año, aprobado y ratificado por ambos gobiernos el 5 de julio del mismo año, ninguna de las dos potencias puede formar colonias o establecimientos o erigir fortificaciones en parte alguna de Centro América; y como en las citadas fechas, el gobierno inglés no tenía un solo representante en estas islas, cuya autoridad estaba confiada a funcionarios elegidos por el pueblo, la ocupación infringe abiertamente dicho tratado."

LA MOSQUITIA

Y volvieron a la Mosquitia, pese a los tratados con España, ahora como punto desde el cual podrían extender su influencia tanto hacia el norte, hasta el Istmo de Tehuantepec, como hacia el sur, hasta el Golfo de Veraguas.

La Mosquitia era al principio una extensa región boscosa, muy codiciada por ellos, tanto por lo que antes se ha dicho como por su riqueza arbórea de opimos frutos, casi despoblada, si se exceptúa la presencia de una tribu errante de indígenas pescadores, cuyo tráfico consistía sólo en unas conchas de tortugas, raíces y bejucos de zarzaparrilla.

Los ingleses levantaron mapas de la región en que incluyeron desde el puerto de Trujillo, casi todo el departamento de Olancho, parte del de Tegucigalpa en Honduras y todo el de Segovia en Nicaragua, hasta el puerto de San Carlos; pero como su inescrupulosidad no podía llegar a tanto que desembarcasen allí para tomar posesión del territorio a nombre de su soberana, la Reina Victoria, y temiesen, por otra parte, a los Estados Unidos, que habían proclamado la Doctrina Monroe para defensa del continente contra las monarquías corruptas cualesquiera fuesen, hicieron aparecer la costa de la Mosquitia como un distinto Estado soberano, con el cual poder entrar en relaciones; y se dieron a la busca de un rey, a quien darían su protección y defenderían como a su hijo propio, de su propia hechura.

Hallaron por fin a un niño indígena, trazaron su genealogía real, lo educaron, lo revistieron con la púrpura en Jamaica y lo sentaron en un trono con derechos de soberanía sobre el territorio antes vagamente definido. Este niño, o el padre o el abuelo del mismo —en lo cual no se anda muy claro—, inducido por los ingleses, vendió por nada o cedió en grandes porciones a los mismos la mayor parte o el todo de su territorio.

Entre los compradores figuraban Juan Sebastián Renneck de Londres, Samuel y Peter Shepherd, Stanislaus Thomas Keley y otros súbditos ingleses, quienes no tuvieron nunca el propósito —pues eran comerciantes y especuladores— de colonizar y cultivar las extensas tierras adquiridas; y sometieron sus derechos a un juego de bolsa en Londres.

No se les dio al principio confianza a los títulos, pero recibieron crédito cuando se vino en cuenta de que eran legítimos aparentemente y las tierras, como se dice, de pan llevar.

ch) Ad interim, según parece, llevaron los ingleses al rey mosco, Roberto Carlos Federico, a Belice, para que testara a favor de J. MacDonald, superintendente general del establecimiento de Honduras Británica (25 de febrero de 1840).

Todo lo cedía ese infeliz; y nombró, dice el documento, fuera de eso:

"Al dicho coronel McDonald y a los dichos comisionados, tutores de mis hijos, que son: los príncipes Jorge Guillermo Clarence y Alejandro, y las princesas Inés y Victoria, ordenando al dicho coronel McDonald y a los dichos comisionados, como tutores, que hagan instruir a los dichos mis hijos en las doctrinas y disciplinas de la Iglesia Unida de Inglaterra e Irlanda, y que los gastos de su manutención y enseñanza se paguen de las rentas de la nación mosquita".

Y al dicho McDonald, como heredero del dicho Roberto Carlos Federico, rey de los moscos, le tocó, cuando para ello se llegó el caso, fijar los límites de cada adquirente de las tierras en la bolsa de Londres, y no lo pudo conseguir por las pretensiones encontradas de cada uno de ellos.

Pero quizás se hubiese llegado a esclarecer este punto, metido en una maraña de ambiciones encontradas, a no ser porque apareció un huevo extraño en el nido, es decir, que entre los dueños de títulos negociados en Londres, surgió un súbdito prusiano, el aventurero barón von Bullow, lo que enmarañó completamente la tarea de dicho McDonald; y éste, cansado y contrariado, halló una salida que para él era fácil:

La de anular las cesiones hechas, por medio de un decreto que se hizo firmar al mismo rey mosco Roberto Carlos Federico, en el Cabo de Gracias a Dios (23 de mayo de 1841), alegando que no se había tomado, como era natural que ocurriese, de parte de los compradores o cesionarios, posesión de dichas tierras en tiempo oportuno.

Pero el barón von Bullow no se desanimó por eso y consiguió proyectar y realizar un plan de colonización y explotación, que se puso en marcha con la protección del rey de Prusia.

Cuando el barón von Bullow apareció en la Mosquitia, el agente del gobierno inglés ante el rey mosco era un tal Patric Walker, al mismo tiempo consejero, tutor y ministro universal del dicho rey por fallecimiento de McDonald.

Este Walker vio, pues, que se le iban encima las pretensiones de Prusia, la cual tenía tanto derecho de proteger la propiedad de sus súbditos como Inglaterra la de los suyos. Walker determinó completar la estratagema de McDonald anulando todos los actos de cesión y venta anteriores al 8 de octubre de 1841.

Así, el rey mosco Jorge Guillermo Clarence decretó sin vacilaciones, pues la medida era urgente:

"Por cuanto es notorio que casi todas las cesiones de tierras en el reino de Mosquitia y acaso todas fueron obtenidas impropiamente del difunto rey Roberto Carlos Federico, nunca se recibió por ellas equivalente alguno ni se han prestado los servicios prometidos; y por cuanto muchos de los cesionarios obtuvieron las dichas cesiones del difunto rey cuando éste no se hallaba en su sano juicio (se hallaba borracho), siendo así que dichas cesiones privan ilegalmente al sucesor del difunto rey de la jurisdicción territorial en su reino y de sus derechos hereditarios, y que dichos cesionarios obtuvieron las cesiones no para los fines de la colonización o del fomento del país, sino meramente para especular con dichas cesiones en Londres u otro punto.

Y por cuanto la mayor parte de dichas cesiones se hallan en poder de pobres de solemnidad o insolventes, por cuanto jamás ha cumplido ninguno de dichos cesionarios con el deber de ocupar las tierras, aunque la más reciente de dichas cesiones tiene fecha 27 de julio de 1841.

Y por cuanto el reconocimiento de la validez de dichas cesiones sería subversivo a los justos derechos del presente rey, destructivo de los intereses del país y habría de causar a los engañados emigrados padecimientos mayores aún que los que al presente se han experimentado.

Por cuanto es necesario y conveniente para la seguridad, la honra y el bienestar de este reino que dichas cesiones sean anuladas y abolidas, etc."

De este modo, el rey mosco anulaba los derechos de todos por igual, pero el barón von Bullow no se inmutó por eso y se estableció allí; y allí se hallaba con toda probabilidad en 1849, es decir, un año antes de que todo ese trabajado edificio se derrumbase para siempre, como luego se verá.

La capital de la Mosquitia, situada a la ribera del río y laguna del mismo nombre, era Bluefields, de casas no de tan mal aspecto.

Entre palmeras —entre ellas los cocoteros— que ascendían hasta las colinas e inmediatamente al río, se hallaba la residencia del rey y de su guardián inglés, en la cual ondeaba el pabellón británico, y a alguna distancia se veían la casa de justicia con la bandera en asta y otras.

Su puerto era bastante bueno, con una profundidad de 16 pies en la barra del río. El pueblo distaba tres millas de allí.

En octubre de 1847, la población de Bluefields era la siguiente:

Varones de más de 15 años: 36
Varones de menos de 15 años: 33
Hembras de más de 15 años: 31
Hembras de menos de 15 años: 11
Total de blancos: 111
Varones de color de más de 15 años: 103
Varones de menos de 15 años: 123
Hembras de más de 15 años: 133
Hembras de menos de 15 años: 129

Total de población de color: 488

Total general: 599 almas.

Esta población se dividía en dos grupos:

El mayor, Bluefields, con 78 casas.

El menor, Carlston, prusiano, con 92 almas en 16 casas.

Pero muy pocas de las 94 casas estaban construidas con madera y cubiertas con tablillas. Una de las de esta clase era la residencia de Mr. Patricio Walker, propietario de un almacén, agente diplomático y cónsul general de Inglaterra, con cuya familia vivía el rey.

Un tal Green, protestante, leía los domingos algunos pasajes de la Biblia en la casa de justicia y un consejo de Estado, compuesto por ingleses, hacía las leyes del reino y administraba justicia.

Un magistrado inferior fallaba en cuestiones y demandas que no excediesen de 25 pesos.

Llegó a San Juan del Norte la fragata de guerra Alarma (5 de la tarde del 26 de octubre de 1847); y a las 9 de la mañana del día siguiente se presentaron al comandante del puerto dos oficiales con una comunicación cerrada de Jorge Hobson, para el gobierno nicaragüense, en cuyas manos debería ponerla a la mayor brevedad posible; y le entregaron abierta una copia de la misma para que se enterase de su contenido.

Al mismo tiempo le indicaron que de entonces en adelante no debería enarbolarse en el puerto el pabellón de Nicaragua, en razón de pertenecer al rey de los moscos.

Contestó el comandante que era un subalterno del gobierno de Nicaragua y que tendría que sostener las órdenes de éste a costa de su vida.

Envió al comandante de la fragata una protesta, de la que no se le acusó recibo, y la fragata levó anclas y se alejó.

Operaban los ingleses en el momento en que los Estados Unidos se hallaban fuertemente comprometidos en una guerra con México, y como estimulados por esta circunstancia.

Jorge Hobson era un antiguo miembro, según afirmaba, del Consejo de Estado del rey mosco, con sede en Bluefields, y decía en la tal comunicación haber advertido al gobierno de Nicaragua que muchas protestas por usurpación en el territorio habían sido hechas por el rey mosco y desatendidas.

Que en vista de eso, se ha determinado que el rey, ahora con la asistencia de S.M.B., sostenga y recobre sus antiguos y hereditarios derechos; y que el rey dará órdenes para quitar el establecimiento nicaragüense de su presente posición en la boca del río San Juan, empleando la fuerza si fuere necesario.

El gobierno del Estado de Nicaragua contestó que el asunto sobre límites territoriales y el reconocimiento del reino y del rey mosquitos "se ventila actualmente con Mr. Federico Chatfield, cónsul general de S.M.B. en Centroamérica; pero que si los hechos sobre ocupación del puerto se llevasen adelante por la fuerza con que se amenaza, el gobierno de Nicaragua está dispuesto, como lo ha manifestado al referido Chatfield, a poner en acción todo su poder para defender la dignidad del Estado".

INQUIETUD EN EL SALVADOR Y HONDURAS

El proyecto de los ingleses, claramente manifestado, de apoderarse no solamente del puerto de San Juan del Norte, sino de una gran parte del litoral atlántico de Centroamérica, causaba preocupación en El Salvador y Honduras.

Buscaban contar con la extremidad boreal del punto por donde es más practicable la unión de los mares mediante un canal, la más recta vía hacia la India, Asia, etc., según se decía entonces, y adquirir gran preponderancia marítima y política, no sólo sobre Centroamérica, sino sobre el continente en general.

El Salvador anunció veladamente que estaría al lado de Nicaragua en la defensa del territorio centroamericano, porque se decía que los moscos, zambos e ingleses se hallaban activamente fabricando lanchas para dirigirse a Bluefields y se disciplinaban en un lugar llamado Yaraguas, para atacar San Juan del Norte en Nicaragua y Trujillo en Honduras, según lo informaba un salvaje caribe llamado Pedro Pablo.

Agregaba éste que en Jamaica se hallaban listas dos fragatas de guerra inglesas para tomar por asalto el puerto de San Juan el 1° de enero de 1848, como se había dicho al gobierno de Nicaragua en el ultimátum puesto por el rey mosco.

El Jefe del Estado de El Salvador, don Eugenio Aguilar, manifestó ante las cámaras, en el momento de separarse del Poder Ejecutivo (enero de 1848), que como el territorio del Estado de Nicaragua se hallaba amenazado por agentes ingleses, había ofrecido a aquel gobierno la cooperación y auxilios solicitados, porque los diversos Estados centroamericanos, como hermanos, deben ayudarse recíprocamente; y en acatamiento a compromisos que a este respecto tienen contraídos ambos gobiernos por diferentes tratados vigentes.

EL CÓNSUL BRITÁNICO FEDERICO CHATFIELD

En esta oportunidad, vemos al cónsul británico Federico Chatfield hacer su entrada en los asuntos de la Mosquitia, como para tomarlos bajo su dirección; y en efecto, los tomó en un momento propicio.

El señor Chatfield recordó a Nicaragua (10 de noviembre de 1847) las cuestiones suscitadas anteriormente sobre la extensión —según él— de las fronteras marítimas del reino de los moscos; y advirtió que el gobierno inglés, después de haber examinado los documentos y registros históricos que existen relativos al asunto, es de opinión de que el derecho territorial del rey de los moscos debe mantenerse, y que aquel territorio se extiende desde el Golfo de Honduras hasta la desembocadura del río San Juan.

Y que el gobierno inglés no puede ver con indiferencia ninguna usurpación de dicho territorio, el cual está, dice, bajo la protección de la Corona británica.

Nicaragua protestó.

Costa Rica guardó silencio.

El Salvador se puso en guardia.

Guatemala se mantuvo indiferente, aunque sabía o preveía los acontecimientos que iban a precipitarse.

Honduras fue invadida.

El presidente del Estado, don Juan Lindo, a nombre del gobierno general de la Confederación, según lo informó un poco después del hecho (6 de enero de 1848), y en presencia de las informaciones fidedignas de que el gobierno inglés había ocupado parte del territorio hondureño como protector de la llamada nación mosquita, protestó vigorosamente, para que el silencio no se interpretase en ningún tiempo de una manera perjudicial a los derechos de la República de Centroamérica, de la cual Honduras formaba parte integrante.

Pues la corbeta Alarma había tomado posesión del territorio de Honduras en el litoral del norte hasta el Río Romano y, después, sus marinos habían cometido en la plaza de Trujillo actos de positiva hostilidad, desembarcando tropas en dicho puerto a fin de exigir de su comandante, con mano armada, orden para que la guardia situada en el Río Aguán o Romano se retirase inmediatamente.

Se acusaba al comandante de Trujillo de indebida anuencia al retirar la guardia del Aguán, y de tolerancia al permitir el desembarco de tropas inglesas en el puerto.

Nicaragua también fue invadida. En seguida de ese suceso, se invadió (1° de enero de 1848), como ya los ingleses lo tenían advertido, el puerto de San Juan del Norte, con fuerzas al mando de Patricio Walker.

Hubo oposición, muertos y heridos, y durante la refriega fueron capturados por las fuerzas de Nicaragua Jorge Hobson, el capitán J. W. Little y su criado.

Días después llegó al mismo puerto el capitán inglés de la fragata Alarma, antes dicha, con el objeto de pedir satisfacción por insultos proferidos contra el gobierno británico durante la invasión del territorio mosquito, la aprehensión de dos súbditos británicos y ultrajes hechos a la bandera mosquita.

A continuación, se dirigió a Sarapiquí, en donde se hallaba situada una fuerza nicaragüense, para solicitar del comandante de ella, Teniente Coronel Antonio Salas, explicación de su conducta amenazante "a los pacíficos residentes en el puerto de San Juan".

Fue recibido hostilmente y atacó, dispersó la fuerza nicaragüense, y a continuación ocupó San Carlos e hizo prisioneros a los empleados del gobierno.

En El Salvador se tuvo la vaga esperanza de que el gobierno británico no hubiese autorizado los avances de sus agentes, y que, mejor informado de todo, haría justicia, dejando en quieta y pacífica posesión a los habitantes que habían poseído los territorios por más de 300 años.

Los ingleses habían, o intentaban, repetir en Yucatán el experimento de la Mosquitia, auxiliando a las familias de los indígenas Jacinto Pat, Cecilio Chi y otros cabecillas, de quienes se formaría, de artificio, una genealogía, a modo de que apareciesen como descendientes de los antiguos caciques soberanos de Yucatán; y se les entronizaría, como al rey mosco, con miras a obtener de ellos la cesión del territorio.

Esto sería su escudo y los cañones su arma de ataque, cuando se tratase de echarlos.

El proyecto se sostuvo por largo tiempo. En agosto de 1849, llegó a Campeche el bergantín Sapho, llevando comunicaciones del Ministro de Relaciones Exteriores de México, cuya naturaleza no se dio a conocer, y un pliego del ministro inglés para el superintendente de Belice.

Se insistía en que se concediera a los indios una porción del territorio de Yucatán, la cual, aliados del rey de los moscos, pudieran vivir completamente separados, gobernándose por sí mismos, naturalmente bajo protección inglesa.

Los ingleses decían "El Yucatán inglés", refiriéndose a Belice, y por dos años (1848 y 1849), habían dado grandes auxilios y pertrechos de guerra a los rebeldes y bárbaros indígenas de Yucatán para sostener una lucha destructiva, que en efecto sostuvieron por más de tres años.

Se aseguró entonces que el gobierno británico había hecho ya, o pretendía hacer al de México, una propuesta de mediación en favor de los indios de Yucatán.

Los Estados centroamericanos hicieron sondeos acerca de la actitud de los Estados Unidos, comprometidos, por su propia voluntad, a velar por la integridad del continente contra la voracidad de los países europeos.

Pero los Estados Unidos se hallaban todavía en guerra cuando tal caso ocurrió, y quizás por esto mismo se producían en la América Central tales sucesos, como si se esperase que no podrían menos que dejar hacer a los demás lo que ellos mismos hacían.

Sin embargo, poco después se vio que estaban dispuestos a intervenir precisamente para impedir que los demás lo hicieran, no sólo en lo que se refiere a las regiones del norte de México, sino también en lo concerniente a cualquier otro punto del continente.

Si bien, los Estados Unidos sostuvieron que la guerra con México no era de conquista, sino que había sido provocada por este último país por su falta de tacto en su comportamiento con su vecino poderoso.

Todos saben cómo principió.

Los Estados Unidos, en años pasados, habían tratado de comprar Texas a México cuando la Luisiana era francesa, temerosos de que Napoleón hiciese iguales proposiciones y fuesen aceptadas.

Los mexicanos se mostraron ofendidos. Sin embargo, tuvieron la imprudencia de admitir colonizadores americanos en esa región.

Estos provocaron la independencia.

Hubo batallas, una de ellas de exterminio.

A la postre, los colonizadores salieron ganando, no por sí solos, sino con la ayuda franca y abierta de las armas nacionales de los Estados Unidos, como habría de decirlo tiempo después The Tribune de New York (edición del lunes 22 de diciembre de 1856), al referirse a los filibusteros que venían a Nicaragua.

Según ese periódico, el furor de adquirir había tenido ilustres aficionados y algunos resultados brillantes.

Declaró, con tal motivo, que la llamada revolución de Texas no fue simplemente hecha por aventureros de los Estados Unidos, sino por éstos con violación de sus propias declaraciones de amistad y de los tratados con México.

Se reunían reclutas públicamente y a tambor batiente en las ciudades del oeste, y el reclutamiento se llevaba con actividad por oficiales y empleados del gobierno federal.

De los arsenales públicos se sacaron a la luz del día cañones, municiones y toda clase de armas para los filibusteros de Texas; y cuando se temió que todo esto no bastaría, un general americano, al frente de una división del ejército, cruzó, por orden del gobierno, la frontera y se situó en Nacogdoches (sic), pretendiendo hallarse dentro de los límites reclamados de los Estados Unidos, aunque los tratados existentes ponían explícitamente aquel punto muchas millas al oeste, en el interior de la frontera de México.

El promotor de este agravio nacional fue Andrew Jackson, presidente de los Estados Unidos, que persistió tenazmente en él hasta que los mexicanos fueron derrotados y repelidos, la esclavitud definitivamente establecida y legalizada en Texas, estado anexado a la Unión, a despecho de los tratados y del miramiento internacional.

Ahora bien, ¿dónde terminaba México y dónde empezaba Texas, después de la usurpación?

México alegó que el territorio comprendido entre el río de Las Nueces y el Río Grande era suyo.

Texas sostuvo lo contrario. Empezaron los roces. La guerra con los Estados Unidos se produjo.

Al hacerse la paz, los Estados Unidos reclamaron como indemnización no sólo California, sino el extenso territorio situado entre ella y Texas, llamado Nuevo México, de donde surgieron los actuales estados de Nevada y Utah, que con Texas hacen más de medio millón de kilómetros cuadrados, incluida Arizona.

Del otro lado del Atlántico, venían las voces adversas de Inglaterra por medio de sus periódicos, y por el tono de ellas se descubre el verdadero sentimiento que las inspiraba.

Decían que la posesión de las Californias no valdría un peso, mientras México no consintiese en la cesión, evitando así a los Estados Unidos los gastos enormes que causa el mantenimiento de una numerosa fuerza permanente en aquellos territorios.

"Apropiándose de las aduanas mexicanas, el tesoro americano puede ayudarse, es verdad, pero no cubrirse. Habrá siempre contra este tesoro un déficit en proporción del cual se aumentará la repugnancia por la guerra, que no tiene ya el atractivo de la novedad. Su injusticia es cada vez más chocante, sus gastos más pesados y su término se prolonga extraordinariamente".

Es necesario considerar que la situación económica de Inglaterra e Irlanda en ese tiempo no era favorable al bienestar del pueblo inglés.

Había descontento.

Se producían turbulencias.

Las multitudes agitadas pedían una nueva carta que estableciese:

Elecciones anuales.

Sufragio universal.

Voto por escrutinio.

Igualdad de los destinos electorales.

Abolición del derecho electoral inherente a la propiedad.

Redistribución de los diputados, etc.

Se producían grandes manifestaciones públicas.

Se hablaba de echar a un lado a los reyes y las reinas.

Se arengaba a las multitudes.

Se pronunciaba el nombre de República.

Había hambre y desnudez en las multitudes, frente a una nobleza ociosa, con privilegios, protegida por el tesoro de la nación con abundantes dotaciones de libras esterlinas.

Eso explica por qué en estos países, como en Grecia, los ingleses eran tan exigentes y mostraban tan arrogante empeño en el cobro de deudas reales o imaginarias, para satisfacer esas abundantes dotaciones a los elementos de una nobleza ociosa, como para regarlas a cambio de costosos esparcimientos.

Se atravesaba por una crisis comercial insólita.

Se cuenta que la quiebra de 220 casas comerciales y otros trastornos económicos representaban una pérdida flotante de 150,000,000 de libras esterlinas.

En 1842 y 1843, Federico Chatfield había sostenido la reclamación de algunos súbditos ingleses contra ciudadanos de Nicaragua, y pronunciándose contra la independencia judicial de aquel Estado.

Exactamente lo mismo haría un año después y dos o tres veces más con respecto a El Salvador y Honduras.

En Irlanda, la crisis económica se había acentuado mucho más.

Se veían turbas de cipotes descalzos, sucios, en las calles de las ciudades, famélicos, cubiertos con miserables andrajos y comidos de piojos, según cuenta un médico enviado allí para combatir la fiebre tifoidea, que se había cebado en ese infortunado país.

ACTITUD DE LOS PAÍSES CENTROAMERICANOS

El gobierno de El Salvador se sintió herido al tener conocimiento de que los ingleses habían tomado de mano armada el puerto de San Juan del Norte, "reconocido siempre como propiedad de Centroamérica"; y de que, con la misma violencia, habían extendido su ocupación por todo el río de San Juan hasta la fortificación de San Carlos, desde cuyo punto amenazaron con extender sus hostilidades por el litoral del Lago de Nicaragua hasta la parte de Chontales, con lanchas equipadas para recorrer la costa hasta las inmediaciones de Granada.

No tardó en saber, con sorpresa, que el gobierno de Nicaragua había celebrado un armisticio (7 de marzo de 1848), dejando el puerto de San Juan en poder de los ingleses, porque ese acto podría interpretarse como una renuncia de los derechos que correspondían a todo Centroamérica.

Por lo tanto, declaró (31 de mayo de 1848) que, por tal ocupación, en virtud del armisticio celebrado con el señor Granville, comandante de las fuerzas inglesas, no se entenderá un reconocimiento directo ni indirecto del derecho que se pretende en la costa del norte y puerto de San Juan por parte de los mosquitos, a quienes tampoco reconoce ni ha reconocido jamás como nación; sino que debe considerarse dicha ocupación como hecha por la fuerza, según se verificó en primero de enero, porque actos posteriores de la misma fuerza no pueden legitimar la primera ocupación.

Continúa declarando que, mientras permanezca el puerto de San Juan en poder de los ingleses, El Salvador no reconocerá la aduana que en él se ha establecido ni pasará por cualquier arreglo que se verificase si por él se desmembrara una parte del territorio de Centroamérica, y principalmente el puerto de San Juan, reconocido siempre por todas las naciones y por la Gran Bretaña como propiedad de esta República.

Igualmente, protestó por las resultas a que pudiese dar lugar la negativa del gobierno inglés al reconocimiento de los derechos que asisten a Centroamérica en el puerto de San Juan de Nicaragua o cualquier otro punto de su territorio.

Honduras había presentado una protesta igual.

En efecto, el arreglo se había firmado en la isla de Cuba, en el Lago de Nicaragua, en aquella fecha, por el cual Nicaragua se comprometía solemnemente, entre otras cosas, a no perturbar a los pacíficos moradores del puerto de San Juan, bajo la inteligencia de que un acto semejante sería considerado por Gran Bretaña como una declaración de hostilidades.

El comandante de las fuerzas británicas se retiraría del fuerte San Carlos al puerto de San Juan con todas sus fuerzas, etc., entregando los rehenes, prisioneros y demás cosas que se hallaban en su poder.

Se creyó que los restantes Estados de Centroamérica protestarían, como lo habían hecho El Salvador y Honduras, de no estar y pasar por la posesión de los ingleses, si no es que tuviese un carácter de "interinaria", esto es, el que da el acto material de ocupar por la fuerza un punto del territorio ajeno; porque el gobierno de Nicaragua no podía acordar un desmembramiento del territorio que correspondía a toda la nación.

Pero Costa Rica y Guatemala guardaron silencio.

El cónsul británico Federico Chatfield, con asiento en Guatemala, protestó en términos de amenaza por el decreto de El Salvador, e igual protesta y en iguales términos lo hizo por el de Honduras.

Dijo que era su deber observar que cuando se da un decreto afectando intereses británicos, injusta o inconstitucionalmente,

"El Estado de El Salvador no debe sorprenderse si se le hace responsable por la indiscreción de sus gobernantes".

El Salvador, entre otras cosas, le respondió que sería más glorioso sucumbir con honra que ceder cobarde y bajamente.

La corbeta de guerra Dafne había bloqueado el puerto de La Unión allá por noviembre (1844), el mes en que tendría lugar la feria de San Miguel, de gran concurrencia y apreciables transacciones.

Las ferias eran grandes acontecimientos comerciales; y como por entonces el país se hallaba muy agitado, muy poco o nada se dijo sobre el asunto, de modo que pudo pasar inadvertido por los habitantes del interior.

Poco después de la amenaza del cónsul inglés por la protesta de El Salvador relativa a la ocupación del puerto de San Juan, se repitió (1848) el bloqueo por la misma época de la celebración de la feria de San Miguel.

Se trataba ahora de obligar al gobierno salvadoreño a que se comprometiese a reconocer y pagar una deuda a súbditos británicos.

Esta vez hubo arreglos. Se reconoció una deuda montante a 60,000 pesos. El barco británico se retiró, felizmente antes de que se terminase la feria de San Miguel, y algunos barcos que habían decidido esperar a que se levantase el cerco, pudieron descargar sus bultos.

Otros se habían marchado ya, por lo cual hubo perjuicios y El Salvador no reclamó por ellos.

Apenas libres los Estados Unidos de la guerra, acreditaron en León a un Encargado de Negocios conocedor de los asuntos de la América Central y muy hábil e instruido, Mr. Geo Squier (junio de 1849).

Al mismo tiempo, dieron instrucciones a su Embajador en Londres para que tratara oficialmente la cuestión de San Juan del Norte, en Nicaragua.

El Salvador se regocija.

Nicaragua se satisface.

Honduras siente profunda complacencia.

Guatemala observa el acontecimiento de reojo.

Costa Rica lo mira con inquietud.

Cuando Squier llegó a León, ya había recorrido el territorio, como él mismo lo dice,

"Desde el Océano Atlántico, a lo largo de los ríos y magníficos lagos, por las bases de sus elevados cerros y sobre sus anchas y hermosas llanuras, hasta la vasta extensión del Pacífico".

Y había recorrido igualmente Honduras y El Salvador.

Una vez lo vio sobre su cima el volcán de Conchagua, adonde subió para enterarse de por qué los vientos del norte soplan con tanta frecuencia en dirección a una zona que podemos llamar del Goascorán.

Y halló que la cordillera hondureña se corta en esa dirección.

Esos vientos botan las tejas de las casas de Aramecina y poblaciones inmediatas y mantienen barridas las calles.

Corren por Santa Clara y van más allá.

"Ah", se dijo,

"Por allí puede pasar un ferrocarril interoceánico que, partiendo del Atlántico, llegue a La Brea, en el Pacífico".

Fue acompañado desde Granada a León por los comisionados del gobierno, y en el camino fue a encontrarlo el prefecto del departamento, la plana mayor, los oficiales de la fuerza de línea y muchas personas, presididas por el obispo Viteri y Ungo.

El pueblo, numeroso y efusivo, se congregó a su llegada.

Florecieron vítores y salvas.

Fue llevado a presencia del supremo director de Nicaragua por los ministros, todos ellos vestidos con la mayor decencia posible.

No había aún estirado ceremonial, y nunca se habían hecho tantas y tan sinceras demostraciones de simpatía a un diplomático, ni se han hecho después a ningún otro, como en esa ocasión en que pueblo y gobierno se vieron hermanados tan íntimamente.

Se tenía la feliz impresión de que la garra de Inglaterra no sólo no seguiría constriñendo, sino que aflojaría su presión y se alzaría para plegarse en sí misma.

Se cuenta que, al salir de la recepción, tomó un extremo de la bandera de Centroamérica y lo mantuvo firmemente por algunos segundos en su mano.

Con encendida mirada, clavó sus ojos brillantes en los del abanderado.

Expresión singular que emocionó vivamente a cuantos lo pudieron observar.

En seguida, siguió su camino.

Así reafirmó y confirmó lo dicho en su discurso (habló en inglés):

"Es un principio cardinal del sistema de política exclusivamente americano, una total exclusión del influjo extranjero en los negocios internacionales y domésticos de las repúblicas americanas; y mientras cultivemos un trato amigable y promovamos un tráfico y comercio con todo el mundo, convidaremos a nuestras playas, bajo el goce de nuestras instituciones, a los pueblos de toda la tierra; y proclamaremos en lenguaje firme y decidido que el Continente Americano pertenece a los americanos y está consagrado a la libertad republicana. Asimismo, debemos dejar entendido que si las potencias extranjeras se apropiasen los territorios o invadiesen los derechos de alguno de los estados americanos, infligirían una injuria a todos, que sería igualmente del deber de todos y de su determinación, verla satisfecha".

Dijo además que uno de los objetivos de su misión era ayudar a una empresa, cuya feliz prosecución

"Debe poner a este país en estado de alcanzar alto grado de prosperidad".

Se refería indudablemente a la contrata que en efecto se celebró para la construcción de un canal interoceánico, que aprovecharía el curso fluvial del río San Juan, las aguas del Lago de Nicaragua y terminaría en El Realejo.

Dicho proyecto fue impulsado por capitalistas americanos, agrupados bajo la denominación de "Compañía Americana del Canal Marítimo Atlántico-Pacífico", compuesta por los señores Cornelius Vanderbilt, Joseph L. White, Nathaniel H. Wolf y otros.

La contrata se celebró el 27 de agosto con el representante White, y fue ratificada por el Senado y la Cámara de Representantes de Nicaragua (22 de septiembre de 1849), reunidos en asamblea extraordinaria.

Esto significaba una advertencia demasiado seria para no ser considerada, hecha a los ingleses, que se hallaban en el puerto de San Juan como protectores de los derechos territoriales del rey de los moscos.

Y en seguida (6 de octubre de 1849), la Asamblea Legislativa Extraordinaria de Nicaragua decretó que:

La extensión y propagación de instituciones monárquicas, ya sea por medio de conquistas, colonización o soberanía de tribus errantes, o por otros medios sobre el Continente Americano, son contrarias a los intereses de los estados republicanos de América y amenazantes a la paz e independencia en la intimidad de sus derechos colectivos e individuales.

Toda concesión voluntaria, absoluta o condicional de cualquier parte de la antigua Confederación de Centroamérica con el objeto de colonización o la ocupación de algún poder monárquico o de algún soberano supuesto bajo la protección de dicho poder, sería considerada por la República de Nicaragua no solamente hostil a sus intereses, sino también a la paz e independencia de los estados centroamericanos.

Una declaración semejante hizo El Salvador.

Coincidió que una contrata de canalización celebrada en Londres, por el representante de Nicaragua con el agente principal de la Compañía de Vapores del Pacífico para la apertura de un canal o construcción de un ferrocarril interoceánico a través de dicho Estado, no fue tomada en consideración.

La presencia de Mr. Squier en León había sido efectiva y saludable. Mr. Chatfield se enfureció y determinó actuar, posiblemente movido y urgido por los líderes conservadores de Guatemala.

Salió de Guatemala (1° de octubre de 1849) en el vapor de guerra inglés Gorgon, en compañía de Manuel Pavón.

El 20 del mismo mes, se apoderó de la isla del Tigre, en el Golfo de Fonseca, perteneciente a Honduras, en prenda, a lo que se supone, o por lo menos, esa fue la explicación que dio, para hacer efectivo el pago de una supuesta deuda a Carlos Dárdano Dota, de origen italiano (cuyos descendientes vivieron después o aún viven en El Salvador).

Se había establecido en Honduras y fundado allí un hogar, por lo cual Santos Guardiola le echó en cara haber traicionado los intereses de su patria adoptiva, para prestarse a servir de instrumento de los que sin base posible trataban de crear en Centroamérica el dominio del cónsul inglés.

Al aproximarse a la isla del Tigre, los ingleses desarmaron a los cuatro soldados y un cabo que servían de guarnición en el puerto (llamado de Amapala desde poco tiempo atrás, nombre que le fue puesto el 2 de septiembre de 1848 por don Juan Lindo).

Luego, dieron posesión de la isla con el cargo de superintendente al mencionado Carlos Dárdano Dota, y posteriormente, el Cónsul británico informó que, como no se había contestado su reclamación, había dado aquel paso.

El 29 del ya mencionado mes, estableció el bloqueo de La Unión y se apoderó de las islas salvadoreñas del Golfo, según se dijo, cuando El Salvador se hallaba pagando la deuda reconocida de 60,000 pesos, convenidos en el anterior bloqueo.

Reclamaba ahora 29,000 más, que el gobierno había percibido por derecho de importación de los comerciantes ingleses, declarados en rebeldía y vencidos en juicio.

Otra parte procedía por causas de contrabando, cuyos autores, comerciantes británicos, habían sido enjuiciados y condenados por los tribunales.

Pero un poco antes, el Comandante Nolloth (4 de octubre de 1849) había desembarcado en Trujillo y exigido del comandante del puerto el pago de 11,061 pesos y 5 reales, dentro de pocas horas.

Amenazó con destruir la población si no se cubría inmediatamente.

Como el comandante se negó a satisfacerlo, por falta de fondos y facultades, Nolloth desembarcó fuerza armada y ocupó la fortaleza.

Los soldados británicos cometieron vejámenes, y para que la amenaza se retirase, los vecinos del puerto reunieron 1,200 pesos para Nolloth. Luego de eso, este ordenó algunas descargas y se retiró con su gente.

El gobierno de Honduras tomó inmediatamente medidas para contrarrestar la ocupación de la Isla del Tigre, en la cual se asienta Amapala.

Situó fuerzas en Nacaome al mando del gobierno de El Salvador, de Santos Guardiola, y las puso a disposición de Guardiola, en caso de que los ingleses determinaran desembarcar en La Unión.

Además, promulgó una ley prohibiendo a todos los habitantes de la Isla del Tigre y de cualquier otro punto usurpado, tanto en las costas del Pacífico como en el Mar de las Antillas, toda relación con el Estado.

Quien lo hiciera sería declarado traidor y castigado como enemigo de la independencia de la patria.

Se dispuso que los hijos, vecinos y habitantes de los lugares invadidos se internasen en el territorio nacional en el término de un mes y sacasen sus intereses de los lugares afectados.

Vencido el término, quedarían los intereses y personas mencionadas fuera de la protección de las leyes, a no ser que se justificase enfermedad o cualquier otro motivo valedero.

Los efectos de cualquier naturaleza que tocasen en Amapala o en cualquier otro punto ocupado, serían considerados contrabando o ilícito comercio, y por consecuencia, el vecino que los aprehendiera, los haría suyos.

Tal cosa se decretaba a pesar de que, un poco antes de eso, don Juan Lindo, por entonces Jefe del Estado de Honduras, había cedido (9 de octubre de 1849), por 18 meses, la Isla del Tigre a los Estados Unidos, para de ese modo variar o desvanecer los propósitos ingleses que ya asomaban, como habían asomado antes.

Copia del decreto se había enviado al cónsul Chatfield en Guatemala.

Esta cesión se hizo en virtud de una convención concluida entre Estados Unidos y Honduras, sin perjuicio de la sanción constitucional.

Mr. Squier manifestó que se tomaría posesión de la isla dentro de poco tiempo a nombre de los Estados Unidos.

Asimismo, manifestó haber adquirido en las islas y costas occidentales de Nicaragua intereses que no permitirían ver con indiferencia cualquier medida que tendiese a alterar el orden por entonces establecido.

Sin embargo, la ocupación de la Isla del Tigre no se efectuó por innecesaria, ya que, antes de que tal cosa sucediese, Inglaterra se vio obligada a cambiar de actitud.

Al entrar en esta fase de la cuestión y viendo que había indicios de un choque, Chatfield se puso inquieto.

La dubitación en sus pasos se advirtió desde el barco Gorgon, anclado frente a Conchagüita, al leer una comunicación de Mr. Squier, en la que éste le daba su conformidad de conocer su arribo al Realejo para ir allí a hacerle una visita.

Se presentó frente a dos delegados salvadoreños, los señores comisionados Miguel Montoya y Juan Antonio Alvarado, quienes habían llegado a La Unión para discutir, a nombre del gobierno, los nuevos reclamos.

Estos se apresuraron a poner el suceso en conocimiento del gobierno de Honduras, afirmando, por su cuenta, que la comunicación se hallaba escrita en buen castellano, aunque ellos solo la habían oído, pero no visto.

Se sabía bien que Mr. Squier no hablaba ese idioma y mucho menos podía escribirlo.

Gerardo Barrios reunió en San Miguel las milicias de San Miguel, Usulután, Chinameca, El Sauce y San Alejo, 3,018 combatientes (13 de noviembre de 1849), de los cuales 2,700 eran de infantería y 318 de caballería.

Se organizó un gran desfile en la Calle Real.

Arengó a las tropas, encendió en ellas el ardor patriótico, las disolvió advirtiendo a cada soldado que permaneciera con el arma y pidió instrucciones para operar.

Veía de reojo a Santos Guardiola, quien se hallaba en Nacaome.

El azar los estaba poniendo en esa ocasión sobre un mismo camino, pero no harían, como se dice, buenas migas.

El Salvador (4 de noviembre de 1849) había decretado, reputando "como ilegítima e injusta la ocupación que el consulado británico ha hecho de la Isla del Tigre, perteneciente al Estado de Honduras, contra cuyo acto protesta de la manera más solemne".

Cortó y prohibió absolutamente la comunicación del Estado de El Salvador con dicha isla, declarando que:

"Quien infrinja esta disposición será castigado con las penas que las leyes establecen para tales casos durante la incomunicación, hasta que la isla sea devuelta al Estado de Honduras a quien pertenece".

Pero Guatemala no protestó; y cuando Honduras puso en su conocimiento el caso (28 de octubre de 1849), en virtud del cual había emitido un decreto con disposiciones relativas a la defensa de la Isla del Tigre, manifestó que no sabía en qué podía concernirle tal cosa y que no tenía conocimiento suficiente de los motivos que habían conducido hasta el extremo de ser ocupada la Isla del Tigre.

En seguida, con tono admonitorio, expresó que:

"A su juicio, las personas encargadas del gobierno (de Honduras) están en el deber estrecho de sobreponerse a la opinión tal vez irreflexiva del momento y considerar estos negocios en toda su extensión, para poder de esta manera conducirlos a un término que tenga por fin único el bien público...".

Y agregó:

"No aprueba el empleo de palabras y expresiones de provocación y amenazas, que, no pudiendo ser llevadas a debido efecto, no salvan ni aún el honor".

La Isla del Tigre no tardó en ser devuelta.

Un barco inglés, el navío Asia, del almirante Phipps Hornby, llegó frente a Amapala para:

Recoger la guarnición que allí había quedado.

Hacer la devolución de la isla.

Pedir excusas al gobierno de Honduras a nombre de S.M.B., por el paso desautorizado que diera el cónsul Chatfield.

El bloqueo de La Unión se levantó el 12 de noviembre de 1849.

Chatfield, siempre en compañía de Manuel Pavón, llegó y desembarcó en Puntarenas (16 de noviembre de 1849) desde el vapor Gorgon, el mismo que anclara frente a la Isla del Tigre.

Un día antes había caído en San José, a consecuencia de un descontento revolucionario general, el presidente José María Castro, cuyos principales elementos de apoyo eran:

Un tal Flores, general y periodista sudamericano indigno.

Un tal Toledo, preponderante, insinuador, etc.

Ambos eran muy amigos del señor Chatfield.

Subió don Miguel Mora con carácter supletorio, y éste nombró a don Joaquín Bernardo Calvo como ministro.

Chatfield había manifestado al desembarcar en Puntarenas su propósito de ir a Valparaíso para hacer venir una fragata de guerra destinada a sostener la Isla del Tigre.

Sin embargo, se desalentó y cambió de parecer al tener la noticia de la caída de Castro, ya que había en el poder nuevos e inesperados elementos, y por ello tendría que permanecer en San José para ponerse en contacto con ellos y vigilar y animar los asuntos en que él se hallaba comprometido en este país.

Poco después llegó el navío Asia, y el almirante Phipps Hornby ofreció a bordo un banquete a la élite tica, de lo cual se habló con alta satisfacción.

Todo cuanto se dijo fue poco, mientras el pueblo desalentado veía con tristeza que su esfuerzo por un cambio de régimen no había sido proficuo, se moría de hambre y soportaba con resignación uno de sus peores momentos.

La élite estaba tramando quizás la venta de su país por un miserable puñado de libras esterlinas.

Afortunadamente, la representación nacional rechazó la cláusula relativa al empréstito contenida en la contrata de canalización.

Costa Rica había ratificado (9 de noviembre de 1849), por medio de su Congreso Constitucional, la contrata celebrada en Londres (11 de julio de 1849), entre el representante de ese país, Felipe Molina, y una compañía inglesa para la construcción de un canal interoceánico, originalmente desde el Lago de Nicaragua hasta el puerto de Salinas y Golfo del Papagayo, pasando por el río Sapoá, sin contar con el asentimiento del país limítrofe.

Además, se contemplaba la construcción del camino de Sarapiquí, la canalización del río del mismo nombre, la colonización de algunos terrenos de la República, etc., todo lo cual habría de hundirse juntamente con las ilusiones ticas, en virtud del convenio Clayton-Bulwer, con lo que además cesó el coqueteo entre Guatemala y Costa Rica, mantenido por medio de sus órganos de prensa.

Por entonces, fue elegido Vicepresidente de Costa Rica el ciudadano Juan Rafael Mora, de grata recordación.

Causará sorpresa a primera vista que Guatemala y Costa Rica no hayan tenido la amenaza del cónsul inglés Federico Chatfield.

Guatemala deseaba la unificación de los estados centroamericanos, así fuese con mutilaciones bajo su égida, con un régimen monárquico que diera títulos pomposos y privilegios a la clase directora, la cual añoraba con profundo sentimiento el régimen español de paz estable y explotación inmisericorde de la clase indígena (75% de la población total del país), siempre humillada y vejada.

El cónsul Chatfield, con asiento en Guatemala, por tener el virus monárquico en la sangre, congenió prontamente con esa clase, se hizo amigo y servidor de sus petulancias (Manuel Pavón lo acompaña a Costa Rica) y ofreció posiblemente hallarse al lado de ella en los momentos decisivos.

Así, pues, Guatemala no solo no se hallaba en oposición a ese vejamen de la intervención inglesa agitada por el cónsul Chatfield, sino en su favor.

Costa Rica tenía motivos muy diferentes para no oponerse a la intervención inglesa y hasta para darle su beneplácito, porque le era favorable en sus disputas territoriales con Nicaragua.

Basada en esa confianza, había celebrado la contrata de que antes se ha hablado.

Para asegurar los frutos de esa contrata, Costa Rica había pretendido ponerse bajo la protección de Inglaterra, como se lo dijo Mr. Squier, si bien su Plenipotenciario en Londres, don Felipe Molina, negara la especie a Mr. Bancroft, Ministro de los Estados Unidos en Inglaterra, cuando por este fue interrogado.

Los rumores continuaron, sin embargo, circulando y se mantenían con mayor viveza en 1849, el año de la crisis provocada.

"No es sin sorpresa", decía el ministro Squier al gobierno de Costa Rica, "que mi gobierno haya de nuevo tenido informes de que el actual gobierno de Costa Rica, no tan solo medita poner aquella República bajo la protección de un poder monárquico extranjero, sino también cederle una parte de sus derechos territoriales y reconocer las pretensiones a la soberanía del supuesto Jefe de una tribu salvaje, cuyos reclamos a una existencia nacional son tan despreciables como injustificables los medios que se han tomado para apoyarlos".

Estos informes, creo de mi deber decirlo, están acompañados de detalles sostenidos por circunstancias concurrentes, que los hacen acreedores a más consideración que el rumor tan explícitamente contradicho por el señor Molina.

"Señor, si el gobierno de Costa Rica hace tan poco aprecio de su bienestar, su paz, su gloria futura y la felicidad de su pueblo adicto como lo es al principio político del republicanismo, para adoptar una medida tan extraordinaria, a lo menos debiera imponer de sus intenciones a la fraternidad de los estados republicanos a quienes declara pertenecer, y cuyos derechos, intereses y sentimientos contraría y menosprecia de ese modo".

La intervención inglesa en Centroamérica y las actividades del cónsul Chatfield no tardaron en ser conocidas en el mundo.

En los Estados Unidos despertó, como es natural, indignación.

"Sobre ningún punto del globo", decía un periódico estadounidense, "puede concebirse una combinación más absurda que la del gobierno británico con el rey de los mosquitos. ¿Y qué se pretende con todo esto? ¿Cómo? ¿Bajo qué justificación? Sino bajo el pretexto especioso de una protección dada a los jefes indígenas. Pretensión semejante a la que Inglaterra afecta estar obligada a extender sobre el jefe mosco, como si esto fuese la India inglesa. Y si nuestro gobierno se sometiese una vez a sus pretensiones ridículas sobre este continente, toda la teoría de la no intervención europea quedaría anulada".

Como quiera que sea, no puede haber entre los americanos patriotas e ilustrados más que una sola opinión sobre la necesidad de enseñar a Inglaterra y al mundo que toda tentativa de representar en este continente la comedia de absorción territorial, practicada con tanto éxito en la India inglesa, encontrará una pronta resistencia, aun si fuese necesario con riesgo de una guerra contra las pretensiones extranjeras coligadas.

"La hora ha llegado en que debemos poner en práctica la teoría de no intervención de Europa, y nos alegramos, no solamente de que esta cuestión tenga que desatarse por un hombre como Zacarías Taylor, sino también de que se haya suscitado por una pretensión tan ridícula como la protección dada por el gobierno británico a un jefe salvaje".

"La cuestión de Nicaragua es un callejón sin salida", decía el North American de Filadelfia.

"La orgullosa y rapaz Gran Bretaña, que se gloriaba de no haber cedido jamás en nada, ni abdicado una pretensión en la marcha de su poder, ha venido por fin, fruto feliz de su exagerada astucia, a estrellarse contra un muro de piedra incontrastable, delante del cual es muy preciso que retroceda".

Queda, pues, establecido que los Estados Unidos e Inglaterra chocaron en sus intereses sobre el proyecto de canales interoceánicos, necesarios para satisfacer un intenso tráfico de esos países.

El comercio en el continente americano se acortaría en gran escala por Panamá, estimulado por el oro recién descubierto en aquel territorio del Pacífico.

Los Estados Unidos habían hecho avanzar sus derechos sobre el proyecto de apertura del canal por Panamá; pero donde las dos potencias chocaron fue en lo relativo al de Nicaragua.

También se habló de un canal por el istmo de Tehuantepec, en México, y cuando la propuesta se le hizo a Mr. Lord Aberdeen, antecesor de Palmerston, este evadió el compromiso, argumentando que:

"Ese canal causaría trastornos en el comercio de Europa con Asia y particularmente con China, lo que resultaría más en beneficio de los Estados Unidos que de Europa por su posición natural".

Los informes que circularon en estos países, en relación al oro de California, eran incitadores y no pocos salvadoreños corrieron la aventura de ir allá. Un informe dado por el capitán de un barco a las autoridades portuarias de La Unión hizo saber que cinco centroamericanos que habían ido a California sin dinero se habían dedicado a cortar leña en los bosques vecinos a San Francisco y, con carretas y bueyes alquilados, la conducían a la ciudad, en donde la vendían a 8 y 10 pesos la carretada de 10 quintales. Dichos individuos hicieron con ese trabajo los medios necesarios para marcharse a los placeres. El oro abundaba tanto en ellos que sólo la vista podía convencer al hombre de una realidad tan extraordinaria. En los varios lugares donde se sacaba, según el cálculo de los hombres de San Francisco, se decía que había de 40 a 50,000 personas, y la que menos sacaba o recogía en oro reunía de 4 a 5 pesos diarios. En esto, como en las demás cosas, obraba la diversidad de suertes y la mayor o menor capacidad para calcular sobre tal o cual punto, pues había quienes sacaban más y otros menos; pero el cálculo del todo era de media onza diaria por individuo; de manera que resultaban 20 ó 25,000 onzas al día. Este oro se cambiaba en los placeres a 12 y 14 pesos por onza y en San Francisco a 16.

Los salvadoreños que volvían de allá hacían circular el oro de San Francisco en San Salvador antes que en ninguna otra capital de Centroamérica se conociera. Hacían relatos con la maravilla de los cuentos árabes. Regresaban allá; y de pronto, todo aquello cesó. El canal por Nicaragua nunca llegó a abrirse. Menos el de Tehuantepec.

Frente, pues, a la actitud firme de los Estados Unidos, Inglaterra apretó los puños para demostrar no verse acobardada; pero en el fondo, no había arrogancia, sino el deseo de encubrir su desventaja y alardear de nación poderosa, como en efecto lo era. Pero sucede en estos casos que, cuando una fuerza se ve contenida por otra, se derrama y se descarga sobre personas o cosas circundantes inocentes.

El cónsul Chatfield y el almirante Homly reprochaban con acritud y ofendida dignidad a Nicaragua y El Salvador, por el lenguaje franco de sus periódicos y manifestaban poder intervenir para callarlos; pero el embajador británico en Washington jamás tuvo la ocurrencia de indignarse o por lo menos quejarse por los ataques de la prensa americana contra su país, al que comparaban los americanos con un buitre.

Frente a contratas de navegación similares y en disputa de ubicación tanto de parte de Nicaragua como de Costa Rica, hubo advertencias que envolvían, como un punto esencial, el departamento de Guanacaste en disputa; y en ellas tomaron parte los señores Chatfield y Squier. El primero dijo a Costa Rica que, habiendo sido presentada al gobierno británico la cuestión de Guanacaste, se había manifestado el deseo de que ningún acto de abierta hostilidad fuese empleado para terminarla y que había dirigido nota a Nicaragua comunicándole haberse firmado un tratado de amistad, comercio y navegación entre Inglaterra y Costa Rica y recomendándole lo mismo; el segundo advirtió a la misma Costa Rica que Nicaragua incluía orillas del río San Juan, como también el lago entero de Nicaragua junto con sus playas; y toda intervención dentro de estos límites que se efectuase bajo cualquier pretexto, llamaría la pronta y enérgica intervención de Estados Unidos. También advirtió que, entretanto los Estados Unidos anhelasen el arreglo pronto y amigable de las cuestiones existentes entre Nicaragua y Costa Rica respecto al departamento del Guanacaste, no consentirían intervención alguna extranjera en sus ajustamientos.

El gobierno de Nicaragua hizo por sí igual advertencia.

LOS RESTOS DE MORAZÁN LLEGAN A EL SALVADOR

Cuando el gobierno de Honduras envió a Nicaragua y Costa Rica a Felipe Jáuregui para tratar de la reorganización del gobierno nacional, encontró en San José a sus amigos Federico Chatfield y Manuel Pavón, este último su paisano. Los tres, según se dijo, entraron y se mantuvieron en larga conferencia y de ella salió Jáuregui con ideas distintas de las que lo llevaron a suscribir el pacto de León a nombre de Honduras y hablando y pronunciándose con lenguaje procaz sobre los Estados Unidos. Este indigno personaje celebró en seguida con Chatfield, a nombre de su gobierno (29 de diciembre de 1849), un tratado para el cual no había llevado instrucciones, entre cuyas cláusulas figuraban estas: Que la Gran Bretaña reconoce la independencia e integridad del territorio de Honduras como República soberana y prestará sus buenos oficios para evitar que se intente contra dicha independencia e integridad; y el gobierno de Honduras no enajenará parte alguna de su territorio antes de haber arreglado sus compromisos definitivos con Inglaterra; es decir, pues, que Honduras se erigiría en República bajo la protección británica, rompiendo con Nicaragua y El Salvador con quienes se hallaba ligada, como Estado, por el pacto de León.

Que Honduras se comprometía a acreditar dentro de seis meses un Plenipotenciario en Guatemala para la celebración de un tratado de amistad, comercio y navegación y reconocimiento de la deuda, la misma que antes había reclamado un marino en Trujillo, ascendente desde el 30 de julio de 1849 a 111,061 pesos 5 reales por supuestas deudas a individuos ingleses y que el gobierno británico había tomado a su cargo para hacerla efectiva. Se fijaba el procedimiento de los pasos que se darían y se convenía, por último, en que las posesiones de Honduras ocupadas al presente por fuerzas británicas en virtud de las responsabilidades de dicha república con Inglaterra, serían devueltas al ratificarse el convenio; pero quedando en ellas las fuerzas británicas hasta orden ulterior de S. M. B.; y si el convenio encontraba resistencia y chocaba con una actitud de franco repudio, confiaba el señor Chatfield en que Jáuregui se entendería con Guardiola, su

141

amigo, para subvertir el orden en Honduras, si es que alguno había, y llevar al poder a elementos dispuestos a seguir sus pasos.

El señor Chatfield pasó a San Juan del Norte y, en el momento de su desembarco, en compañía siempre de Pavón, se hallaba en el patio del cuartel un negociante de nombre Raimundo Selva, esposado y atado a un poste como un animal. Selva fumaba un puro, que quizás otro, a su ruego, le pusiera en la boca. Oyó la bulla en el puerto y vio llegar a Chatfield. Como conocía a éste, lo llamó para que lo librara de aquella humillante situación. Chatfield se acercó a Selva, es verdad, pero no para favorecerlo sino para afrentarlo más. Le quitó el puro de la boca de una manotada con semblante ofendido y lo golpeó en la cara sin informarse previamente por qué se hallaba atado y esposado.

Selva era un negociante de León, había llegado a San Juan del Norte en viaje a Nueva York y detenido allí en espera del barco, circunstancia que aprovechó para cobrar una deuda a un tal vizconde Baruel Blombert por encargo de su primo Florentino Souza, provisto de los correspondientes documentos de crédito. Blombert lo insultó y se negó a pagar. Selva acudió en queja al comandante Dale. Este lo remitió al cónsul inglés Green, el mismo personaje que en Blufields enseñaba el Evangelio. Green llamó a Blombert, dijo haber pagado y presentó testigos. Green entonces le pidió los documentos a Selva y se los dio a Blombert.

El defraudado Selva, en compañía de una hermana suya y otra persona, había ido poco antes del encuentro con el señor Chatfield a hacer una visita, después llegó solo a casa de un señor Marenco y halló allí a unos marinos que se divertían sonando una guitarrilla. Les dio, a su pedido, un real para la compra de una cuerda. Un policía local, sin insignia alguna, llegó poco después. Quiso disolver la reunión. Selva dijo a los marinos que le dieran de patadas. El agente del orden se retiró. Volvió con el comandante Dale y cuatro más. Estos capturaron a Selva, se lo llevaron y esposado lo ataron a un poste.

Apareció Chatfield. De allí llevaron a Selva al segundo piso del cuartel y lo hicieron pasar el resto de la noche colgado de las vigas del techo, semidesnudo. Lo bajaron por la mañana y le dieron una paliza. Lo dejaron comiendo por mano ajena; y le dijeron que le habían dado aquel castigo a nombre del rey de los moscos. Despúes lo enviaron a San Carlos.

Pero la balanza, y no sin humor, lejos de allí, se inclinó o se había inclinado ya, por un momento y por los mismos días, al lado contrario. En Lima, el cónsul de los Estados Unidos en Valparaíso, un Mr. Porter (9 de diciembre de 1849), en viaje con su familia, hubo de detenerse involuntariamente en aquella ciudad. Buscó una posada. Se instaló en el mejor cuarto y salió.

Despúes de haber salido él, llegó a la misma posada el ministro británico en Chile, un Mr. Sullivan, sobrino de Lord Palmerston, Primer Ministro de la Gran Bretaña, y como no hubiera cuarto digno de él más que el que había ocupado Mr. Porter, echó afuera, con todo su equipaje, a la esposa de éste y la vejó diciéndole "cocinera americana". No oyó sus ruegos y protestas.

Cuando Mr. Porter volvió, se enteró con indignación de lo ocurrido, buscó a Sullivan y no lo halló, porque éste, a su vez, había salido. Porter guardó calma y permaneció en la habitación en que había hallado a su mujer. Encontró a Sullivan en la calle al día siguiente y le pidió explicaciones sobre su torpe conducta y, como Sullivan se negara a dárselas, lo golpeó con su bastón hasta llegar a la exhaustez de sí mismo, sin que Sullivan hiciera otra cosa que aguantar; y sin que uno ni otro hubiesen advertido la multitud que se congregó en torno a ellos, ante la cual Porter dio explicaciones de su caso y exhibió a Sullivan como a un insolente patán.

Instruido su comandante Phipps Homly por Chatfield, asomó por el Realejo y Conchagüita (19 y 20 de marzo de 1850) el navío inglés Asia para hacer advertencias y reclamaciones a Nicaragua, Honduras y El Salvador y puso en su conocimiento que su navío era de 84 cañones, que llevaba su bandera y, al último, que dispondría de algunos escuadrones dentro de pocos días.

A Nicaragua le dijo que:

"Una serie de ataques han aparecido de cuando en cuando en los periódicos de ese país (más o menos bajo la influencia y con conocimiento de su gobierno) que influyen general y personalmente en contra del gobierno británico, del respetable señor Chatfield y de la nación inglesa colectiva e individualmente ante la opinión pública. Semejante lenguaje es tan impropio como injusto y, al manifestarlo como ahora lo hago oficialmente ante su gobierno, confío en que considerará conveniente hacer uso de su influjo sobre la imprenta para reprimir en lo futuro cualquier acto ofensivo de esa naturaleza o de algún modo la manifestación pública de un espíritu tan inamistoso en contra de una nación y pueblo, etc... Es mi intención volver al Realejo dentro de pocos días y allí espero hallar una contestación satisfactoria, etc.".

A Honduras le exigió informes sobre la ratificación de la Convención celebrada en San José de Costa Rica entre Federico Chatfield y Felipe Jáuregui, "lo que hará desaparecer los disgustos existentes si la contestación fuese favorable"; y a El Salvador le reclamó el cumplimiento de lo convenido con Miguel Montoya y Juan Antonio Alvarado en La Unión (12 de noviembre de 1849). Se trataba del pago de 60,000 ya conocido.

"Espero contestación de usted" —dice— "en este anclaje y confío que sea de tal naturaleza que no me obligue a tomar providencias que me sería sensible emplear porque perjudicarían los intereses del gobierno y pueblo del Salvador. Siento no poder concluir esta comunicación sin hacer observaciones sobre la excesiva descortesía que algunas veces se ha tenido con Mr. Chatfield y agentes ingleses por el gobierno del Salvador en sus periódicos oficiales y públicos cuyos procedimientos ofenden igualmente al gobierno inglés...".

Las cancillerías de los tres países consideraron con asombro el procedimiento de dirigirse a ellas un desconocido comandante de navío. Sin embargo, todas ellas contestaron y lo hicieron con dignidad; y no hubo, a pesar de todo, con respecto a El Salvador, desembarco de marinos.

Mr. Chatfield volvió a reclamar desde Zacapa —había dado la vuelta a la América Central— y lo hizo una vez desde Guatemala pidiendo que la contestación se entregase a Marcos Idígoras; y exigía que se exonerase a este salvadoreño del cargo de policía que, según el cónsul, se le había obligado a servir y se le extendiese exequátur de vicecónsul británico, así fuese contra la voluntad de aquel.

Pero hubo una irregularidad en esta ocasión. Cuando la contestación se llevó a casa de Idígoras, ésta había despachado ya el correo para Chatfield. Se estimó, pues, conducente enviarla con un expreso a Guatemala. El sobrescrito de esta comunicación no rezaba tal como Mr. Chatfield quería que rezase y fue devuelta sin abrir.

Mas, en Nicaragua, hubo una asonada propiciada a todas luces por los intereses británicos opuestos a los de los Estados Unidos, mediante una oferta tentadora de 100,000 pesos a un general inescrupuloso, cuyo nombre no fue mencionado. Alude a este hecho un informe posterior sobre las cosas de Centroamérica solicitado a Mr. Geo Squier por el Senado de los Estados Unidos.

Asalto infructuoso a un cuartel de León. Tiros, muertos, heridos. En Honduras hubo una revolución incruenta. Todo tendió a crear una suposición de que, subvertido el orden en esos países, se subvertiría en El Salvador. De ese modo, las clases directoras de Guatemala y Costa Rica se hallarían de plácemes y todo sería apretones de manos y congratulaciones entre Chatfield, Jáuregui, Pavón y los otros.

Todo eso era factible principalmente en Nicaragua y Honduras, donde siempre habría un caudillo dispuesto a cualquier cosa y masas inconscientes que lo siguiesen, pues de tal caudillo, tan inconsciente como las masas y aún más ignorante si cabe, sin nada laudable en que empeñar la mente por desconocimiento, toda la industria consistía en alzar a un puñado de hombres descalzos sin nada qué hacer tampoco y nada qué perder y lanzarlos contra algo que se moviese por delante. Guardiola para el caso.

Este, tentado también posiblemente por el oro británico, debe de haber creído bona fide que comprometía su audacia en acciones gloriosas, como la de León al lado de Malespín. Lo mismo debe de haber creído Ferrera, ahora su enemigo, emigrado en El Salvador. Porque si alguno de esos hombres con un sitio en la historia y desenvolviéndose en el vacío sin nadie ni nada que los suplantase, hubiera pensado alguna vez, habría dado al país un patrimonio, un modus vivendi honrado, como ocurrió en El Salvador.

Don Juan Lindo (21 de enero de 1848) pudo mover a Guardiola a su antojo, según se dice, y lanzarlo contra Francisco Ferrera, Coronado Chávez, Jacobo Rosa, Macedonio Zúniga y Francisco Bardales. Estos salieron huyendo de Comayagua para refugiarse en El Salvador.

Elementos recalcitrantes y obscurantistas, como Guardiola, representaban un peligro para los planes de reconstrucción nacional de don Juan Lindo, quien pudo contemplar la corrida de toros desde los asientos de sombra de la plaza. Felipe Bustillo, el vicepresidente, encargado del poder, salió huyendo también cuando Guardiola se aproximó a Comayagua al frente de 400 hombres, procedente de Tegucigalpa.

Don Juan Lindo volvió tranquilamente a ocupar la silla que Bustillo dejara vacante; y se dio a entender que Guardiola se había alzado para protestar con las armas en la mano por la rebaja de los sueldos de los comandantes y contra una ley que establecía la contribución directa. Luego se proyectó la reunión de una gran asamblea en la villa de La Paz, como para esclarecer hechos oscuros, garantizar el orden y hacer justicia.

La conciencia nacional se pondría en ejercicio; y en todo esto se palpaba la tendencia de hacer a Francisco Ferrera, Coronado Chávez y otros, cómplices de crímenes merecedores de pena capital, diciéndose para ello que "a ningún ciudadano le es permitido perseguir de mano armada a los hondureños porque nadie puede tomar la justicia por sí". Palabras de don Juan Lindo.

Pero este gobernante no sospechó que Felipe Jáuregui le iba a arrebatar su instrumento. Santos Guardiola se alzó de nuevo en Tegucigalpa contra don Juan Lindo, que operaba en Langue sin duda para hallarse en contacto rápido y fácil tanto con El Salvador como con Nicaragua en aquel gran negocio de formar una Confederación estable y deshacerse de los ingleses.

Guardiola bautizó a su gente con el nombre de "ejército libertador" precisamente para maniatar a su país y entregárselo a los ingleses mediante el convenio Chatfield-Jáuregui firmado en Costa Rica, después de que fuese ratificado por un cuerpo legislativo ad hoc.

Todo esto nos hace pensar que no había cabeza en tal hombre. Se levantaron actas, se celebraron reuniones y se lanzaron proclamas. Fuerzas iban y venían. Pero nadie sospechaba entonces, como no se sospechó antes, ni se ha sospechado después —en lo cual hay una evidente prueba negativa de la inteligencia— que se abandonaba toda labor sana y que, por consecuencia, ya no entraría un real al escuálido presupuesto familiar.

J. Trinidad Muñoz se movilizó en León, Gerardo Barrios se movilizó en San Miguel. Ambos marcharían a Honduras para dar sus auxilios al gobierno de aquel Estado. Barrios, con su gente alistada y equipada en San Miguel, cogió el camino de Honduras por propia determinación, según se dijo. Llegó hasta Comayagua, donde fue recibido con los brazos abiertos, y de allá volvió con el grado de General de División del Ejército de Honduras.

El señor Barrios dijo algún tiempo después (18 de diciembre de 1862) que el señor Vasconcelos se vio precisado a enviar "una división a Honduras bajo mis órdenes y a disposición del Presidente de aquella República, don Juan Lindo, la cual venció a Guardiola, obligándolo a abandonar el Estado y pedir protección al mismo señor Vasconcelos".

Revolución incruenta, esa es la verdad. Eusebio Toro, de las fuerzas del gobierno hondureño, llegó hasta Santa Rosa sin hallar oposición rebelde. Las allí existentes rindieron las armas. No se disparó un tiro. Las autoridades dejadas en Gracias por Guardiola se sumaron a la causa del gobierno, y ese caudillo llegó hasta Santa Bárbara. A la salida de allí se le desbandó la gente. Le quedaron 160 hombres. Con ellos volvió a Tegucigalpa.

De allí pasó a Ojojona, donde estableció su cuartel general, titulándose todavía jefe del "ejército libertador"; y entró en negociaciones en vista del vacío en que se hallaba, formado por la vara mágica de don Juan Lindo, con don Victoriano Castellanos, delegado de El Salvador, quien se situó en Pespire, seguro de su inteligencia, para hacer ver a Guardiola que estaba prestándose a ser instrumento de un juego sucio con perjuicio de su patria. Guardiola debe de haber abierto los ojos hasta entonces.

Al fin se llegó a un acuerdo (25 de marzo de 1850) en la conferencia de Pespire entre el delegado de El Salvador, el propio Guardiola y el delegado del Presidente, Desiderio Pineda. Se convino en una asamblea general en Nacaome, custodiada por una fuerza de 400 hombres, o sea, 200 de El Salvador y 200 de Nicaragua, pagados por Honduras. Lindo (se hallaba en Langue) se retiraría a 30 leguas de Nacaome y Guardiola se iría a El Salvador.

Hay una cláusula dedicada a Jáuregui:

"5° La conducta que el señor Jáuregui observó en Costa Rica será juzgada por el cuerpo legislativo y tribunal supremo, según la

Constitución, y mientras no lo sea, no podrá volver a pisar el territorio de Honduras".

Se convino también en que los jefes y partidos beligerantes se comprometían además "a recomendar al cuerpo legislativo general las declaraciones de las legislaturas de Nicaragua y El Salvador sobre derechos continentales de 6 de octubre y 12 de febrero ppdo., y el pacto de 8 de noviembre anterior, celebrado en León por comisionados de los tres Estados sobre organización nacional".

TRATADO CLAYTON-BULWER.

Pero antes de que llegásemos a estas fechas, algunos viajeros procedentes de los Estados Unidos habían traído las primeras noticias jubilosas de que se estaba celebrando un tratado en Washington entre los Estados Unidos e Inglaterra, por el cual esta última potencia se comprometía a abandonar sus pretensiones en Centroamérica.

Los periodistas ya no temieron decir muchas verdades amargas al cónsul Chatfield cuando aún se hallaba en Costa Rica. El tratado, por fin, se firmó (19 de abril de 1850) entre John M. Clayton y Harry Lytton Bulwer, en Washington.

"Los gobiernos de los Estados Unidos y de la Gran Bretaña", dice uno de sus puntos, "por el presente declaran que ni el uno ni el otro adquirirán jamás o mantendrán para sí mismos poder exclusivo alguno sobre dicho canal marítimo y estipulan que ni uno ni otro erigirán jamás o tendrán fortificaciones algunas que lo dominen o que se hallen situadas en sus cercanías; que ni en tiempo alguno ocuparán, ni fortificarán, ni colonizarán, ni se arrogarán o ejercerán dominio alguno sobre Nicaragua, Costa Rica, la costa mosquita o parte alguna de Centroamérica, y que ni los Estados Unidos ni la Gran Bretaña se aprovecharán de intimidad alguna, ni harán uso de alianza, conexión o refugio alguno que cada uno de ellos tenga con cualquier Estado o gobierno por cuyo territorio haya de pasar dicho canal, con el fin de adquirir o poseer, directa o indirectamente, para los ciudadanos o súbditos del uno, cualesquiera derechos o ventajas, respecto al comercio y navegación del canal, que no se ofrecieran en los mismos términos a los ciudadanos o súbditos del otro".

Este tratado fue objeto de una larga discusión posterior precisamente por el contexto de esa cláusula, pues mientras los

Estados Unidos entendían por ella que los ingleses debían abandonar lo que tenían en sus manos, los ingleses lo interpretaban para lo futuro, y costó mucho conseguir que se acomodasen a su sentido literal.

Uno de esos viajeros dijo entusiasmado que el tratado de canalización celebrado en Costa Rica había sido echado al mar.

Don Doroteo Vasconcelos —uno de los coquimbos— subió a la Presidencia (febrero de 1848) en sustitución de don Eugenio Aguilar. Este manifestó ante las cámaras "que es la primera vez que se ha visto en El Salvador que el gobierno no hubiese violentado ni comprimido la opinión pública en las elecciones populares de las autoridades supremas."

En esa ocasión manifestó también haber considerado como una desventaja para él haber hallado la población dividida en partidos cuando se hizo cargo del poder público, y don Doroteo Vasconcelos prometió a sus conciudadanos hacer de ello exclusión.

Llegó como forzado por la opinión pública que en esta ocasión, sin partidos, se guió como por sí sola para depositar espontáneamente su confianza en un hombre que nada había hecho para atraérsela y en esto se ve la democracia viva en acción, lo que es verdaderamente digno de consignar.

El elegido, don Doroteo Vasconcelos, era gobernador de San Vicente y la ley lo privó de los votos de su departamento; sin embargo de eso obtuvo 13,222, lo que significa la mayoría absoluta en un total de 19,245.

Pero el señor Vasconcelos no se alegró por eso y no hubo sonrisas para los demás, brindis, apretones de manos, cenas, serenatas, congratulaciones, iteración de ofertas, discursos callejeros, ni cohetes para ganarse una posición a su lado, ni arremolinamientos de gente a su alrededor, como ha ocurrido frecuentemente, llevados todos los de semejantes manifestaciones por un espíritu servil y egoísta del ciento por uno de utilidades de carácter particular.

Todo lo contrario, se entristeció por considerarse indigno e incompetente para el mando y concibió el propósito de renunciar. Como no se presentase ante la asamblea en el tiempo en que debió hacerlo para tomar posesión de la Presidencia, don Eugenio Aguilar depositó el poder en el senador don Tomás Molina, por prohibirle la ley continuar un día más en su ejercicio; y la asamblea se vio precisada a enviar al señor Vasconcelos el decreto de su elección con un grupo de personas notables —dos diputados, un senador, un magistrado y un eclesiástico—.

Al presentarse ante el señor Vasconcelos, se desarrolló una lucha de convencimiento entre ellos y él, durante la cual este procuró hallar los motivos más convincentes para persistir en su propósito. Se cuenta que el señor Vasconcelos lloró en esa ocasión y conmovió a los circunstantes.

Estos le manifestaron entonces que consentían en que enviase su renuncia y esperarían allí, en San Vicente, la resolución de la asamblea. Si esta la aceptaba, lo dejarían tranquilo; en caso contrario, se iría con ellos.

"La ineptitud o la incapacidad", dijo en esa ocasión el señor Vasconcelos a la asamblea, "jamás han podido hacer la felicidad de los pueblos y no quiero que la mía llegue a causarles la más pequeña desgracia, porque los destinos no se desempeñan con sólo buenos deseos".

b) Asimismo renunció ante la Cámara de Diputados el señor Gerardo Barrios la elección de representante que de él se había hecho por el distrito de San Alejo, en virtud de que por el mismo tiempo se hallaba de alta en San Miguel al servicio del gobierno. Fue oído.

c) Pero no fue oído el señor Vasconcelos, quien tuvo que aceptar el cargo y admitió de este modo y desde ese momento los agasajos del pueblo vicentino. Se dio un baile en su honor.

Fue inmenso el número de vecinos de San Vicente que salieron con él de la ciudad el día de su partida en cabalgata ruidosa y cascabelera para encaminarlo, y en los pueblos y aldeas del tránsito vía Istepeque, las multitudes jubilosas salieron al camino para saludarlo, agitando sus sombreros, y en varias partes le erigieron arcos florales y lo vitorearon.

Se detuvo en Cojutepeque para recibir el homenaje de esta ciudad.

En seguida empezó el conflicto con Guatemala. El gobernador del departamento de Sonsonate (fines de marzo de 1848) dio cuenta de que una fuerza de 300 hombres procedentes de Guatemala había invadido el territorio nacional y llegado a la hacienda de Metalapa, jurisdicción de Metapán, a una legua de la frontera hacia el interior de

El Salvador, en persecución de un grupo de sublevados de aquel país que llegaron a dicha hacienda, donde se realizó una acción de armas entre perseguidos y perseguidores.

El Salvador manifestó su protesta y dijo que, hallándose en relaciones francas y amistosas con Guatemala, no podía esperar semejante violación de su sagrado territorio por fuerzas de dicho país, que consideraba disciplinadas y al mando de jefes que debían estar bien instruidos en sus obligaciones y movimientos.

"El señor Presidente ha querido en estas circunstancias dar una prueba al mundo civilizado de que El Salvador sabe respetar los derechos de sus vecinos; y que, mientras no reciba una ofensa, no debe esperarse mal alguno de su parte, cualesquiera sean las opiniones e intereses que quieran hacerse prevalecer", dijo su ministro.

A pesar de esa protesta, hubo un nuevo allanamiento del territorio. Esta vez, una fuerza de 200 hombres atravesó el río Paz, línea divisoria reconocida entre los dos países.

En tal ocasión, el Presidente Vasconcelos hizo decir a su ministro, don Tomás Ayón, "que en la tercera invasión que se haga, se verá en la dura necesidad de repeler la fuerza, que se usará de la represalia a que se ha dado lugar, y que, valiéndose de todo el poder del Estado, hará conservar su dignidad y decoro, protestando que no será él sólo responsable por los funestos resultados, que siempre verá el señor Presidente con el más profundo dolor y sentimiento".

Había empezado seria agitación en Guatemala desde 1847 —la llamada Revuelta de la Montaña— y Rafael Carrera (16 de agosto de 1848) renunció como Presidente. Se nombró provisionalmente a don Juan Antonio Martínez y era Presidente de la Asamblea el doctor Pedro Molina.

Don Doroteo Vasconcelos creyó que debía y podía hacer avanzar sus proyectos de unidad centroamericana, previa la independencia de Los Altos, que no podían ser regidos oficialmente por Guatemala en virtud de inconvenientes geográficos, y nombró comisionados, entre otros al general don Nicolás Angulo, para que se pusieran en contacto con los jefes de la montaña Francisco Carrillo, Serapio Cruz y José Dolores Núfio, a quienes aquellos ofrecieron el apoyo de El Salvador para promover el movimiento una vez triunfantes.

A ese efecto (27 de agosto de 1848) suscribieron unas bases, entre las cuales figuran las de que Guatemala, Los Altos y El Salvador formarían por sí solos una República sobre los principios de un gobierno popular representativo, la confiscación de los bienes de Carrera para las indemnizaciones de perjuicios y la petición del reemplazo del cónsul Chatfield por ser perjudicial su conducta a los pueblos de Centroamérica.

Los Altos, con conocimiento extraoficial de ese entendimiento, se anticiparon en constituir (5 de septiembre de 1848) un gobierno propio, y a tan alto grado llevaron su vehemencia que hicieron constar en actas, un poco más allá, que determinarían pedir su anexión a México en caso de verse acosados y no tuvieran la ayuda de ninguno de los otros Estados centroamericanos.

Particularmente, don José Dolores Núfio hizo declaración de su propósito inquebrantable de renunciar, con el fin de hallarse libre para hacer honor al convenio suscrito, a la Comandancia General de la República de Guatemala que se le asignó al entrar a la capital (4 de septiembre de 1848) con su división de Chiquimula, cargo que, obligado por las circunstancias de tener que velar por el bienestar de sus tropas, había aceptado por unos pocos días y, en efecto, una copia de su renuncia le fue entregada al general don Nicolás Angulo a solicitud de este.

Sin embargo, cuando esta renuncia fue publicada en El Salvador, Núfio protestó diciendo que era apócrifa y Angulo se vio en la dura necesidad de darle un mentís, quizás con dolor, porque consideraba, sin lugar a dudas, que un esfuerzo más por la unidad centroamericana se había malogrado y quedaba puesto en evidencia que el logro personal es capaz de adormecer las intenciones más generosas y los credos más santos.

Además de esto, y posiblemente alentado por el entendimiento habido con los actuales jefes de la montaña, el señor Vasconcelos envió a Guatemala a don Francisco Dueñas para tratar de la nacionalidad centroamericana.

Don Francisco Dueñas llegó a Guatemala, informó de su presencia al gobierno guatemalteco y se le exigieron declaraciones previas para ser recibido —sabiendo ya a lo que iba— lo que era ofensivo por ir contra los procedimientos y contra la cortesía diplomática. Sin embargo, permaneció allá varios días en observación, tuvo conocimiento de las opiniones prevalecientes en la ciudad, según dijo, y vio la imposibilidad de hacer un arreglo de interés general, porque no había simpatía hacia los demás Estados, particularmente hacia El Salvador, con respecto al cual se manifestaba prevención y se le achacaban propósitos de dominación, hostilidad, intervención y conquista.

Sin duda, esa atmósfera, creada posiblemente con artificio, inclinó a la élite, hallándose aún don Francisco Dueñas allá, a declarar la República. Determinó regresar (19 de septiembre de 1848).

Así, pues, Guatemala manifestó de ese modo no hallarse inclinada a tener entendimiento alguno con El Salvador, que había alentado la segregación de Los Altos.

A mediados de diciembre se nombró Presidente de Guatemala a don Bernardo Escobar en sustitución del señor Martínez. Renunció. Se nombró en seguida a don Manuel Tejada, que también renunció.

Se eligió entonces al general Mariano Paredes. Este aceptó y tomó posesión (3 de enero de 1849). Carrera se había ido y Guatemala, todavía sin constitución, en lugar de flotar con ese hecho, se hundió más en los profundos abismos de la anarquía de la que había de salir con la vuelta de Carrera.

El señor Vasconcelos mantuvo con acierto la dignidad del país durante el período en que las amenazas y reclamos del cónsul Chatfield se sostuvieron activos; se puso inmediatamente al lado de Nicaragua cuando este país fue ultrajado por los ingleses; a la par de don Juan Lindo logró alzar un proyecto de Confederación entre Honduras, El Salvador y Nicaragua.

Pero al terminar su período de dos años, permitió la reelección de su persona para un segundo período, previa la reforma de la Constitución, durante el cual se produjo extraordinaria agitación, complicada con las amenazas y los desafueros del cónsul Chatfield que él no supo dominar, y cayó lamentablemente desacreditado.

Guatemala (16 de enero de 1849).

A consecuencia del convenio celebrado en Zacapa con los jefes de las fuerzas de los pueblos, ha desaparecido la guerra intestina que por desgracia afligía a la República desde mediados de octubre de

1847. El gobierno se ocupa de poner al frente de los pueblos a los funcionarios dignos de regirlos.

- El Salvador (23 de febrero de 1849).

¡Cuánto me place! No dudamos que, a favor de esas medidas, gozaréis bien pronto de una perfecta tranquilidad y podréis sin desconfianza dedicaros a los negocios. El gobierno de El Salvador, que ha deplorado sinceramente las desgracias que han pesado sobre esos pueblos en el largo transcurso de su revolución, no ha podido menos que complacerse con la feliz terminación de la guerra desastrosa que los despedazaba.

- Guatemala (1° de marzo de 1849).

El gobierno nombró como corregidores de los departamentos descontentos a don Mariano Rivera Paz para Jutiapa, a don Gregorio Orantes para Jalapa y a don José María Cervantes para Verapaz. Todos salieron juntos para sus destinos el 22 de febrero con 200 hombres de custodia de los mismos montañeses.

Al siguiente día fueron sorprendidos Rivera Paz y Orantes en el camino por Agustín Pérez y León Raimundo. Los aguardaban en Sampaquisoy y los atacaron. Los corregidores les pidieron a los de su escolta que los defendiesen. Los de la escolta contestaron que no podían hacerlo, porque los que atacaban eran sus hermanos y que más bien ellos debían morir. En el acto los amarraron y los asesinaron.

Cervantes se había separado de sus compañeros antes de llegar a Sampaquisoy, lugar de ese triste suceso, para dirigirse a Verapaz. Otro grupo de montañeses lo esperaba por ese camino; pero, mediante oportuno aviso, evitó la muerte. Regresó a Guatemala por extraviados senderos.

- El Salvador (sin fecha).

Es bastante desconsolador el cuadro que presentáis, porque cada día se complican más vuestros negocios públicos y la revolución presenta un carácter feroz y sanguinario que no se había notado en ninguno de los movimientos anteriores.

Quiera el cielo que no pasen adelante estas desgracias que ningún hombre medianamente civilizado puede ver sin horror.

- Guatemala (9 de marzo de 1849).

Carrera se halla en movimiento. Lo aseguran de Soconusco y Los Altos. Ha habido escaramuzas. Los indios lo favorecen.

154

- El Salvador (23 de marzo de 1849).

Nosotros nos complacemos en observar la marcha progresiva de nuestro Estado, el tino con que la actual administración dirige con mano firme la política.

Se harán todos los esfuerzos posibles para no retroceder en medio de opuestos elementos y velar por la conservación nuestra.

Nos inquieta el cólera. Nueva Orleans está ya sufriendo los estragos de la epidemia. Una carta fechada en San Juan nos dice que ha sido llevado a Chagres por los buques norteamericanos. De Panamá dicen que la gente está huyendo a los montes. El gobierno panameño da pasos preventivos.

Nos preocupa la apertura de caminos. Se ha nombrado una comisión para que, con presencia del plano, proceda a hacer el reconocimiento de un proyecto de camino entre esta capital y Metapán, a salvo de la cuesta del Guachipilín y con un puente de madera sobre el Lempa.

Ventajas, entre otras: la de facilitar el establecimiento de víveres en Metapán para surtir a los pueblos del departamento de Chiquimula, que así siempre carecen de ellos.

- Guatemala (sin fecha).

Sí, pero nos estáis exhibiendo en el último extremo de la degradación y el desorden, etc., etc.

- El Salvador (6 de abril de 1849).

Tenemos que advertir a nuestros conciudadanos de lo que por allí ocurre, a fin de que nuestros viajeros no se expongan a funestos desengaños. Además, las noticias que publicamos nos vienen de vuestro lado y nos son traídas por personas dignas de fe.

Quisiéramos participar de lo que publicáis, de que todos los pueblos manifiestan sumisión y fidelidad; que todos quieren el orden y la paz; que todos desean trabajar y que dan todos los días pruebas de que resisten la guerra; ¡pero cómo decir esto cuando todos los días se publican encuentros sangrientos en el Boletín de Noticias; cuando Pioquinto Pérez fue fusilado en Jalapa hace pocos días y en seguida su hermano Agustín fue a asesinar a los que lo habían matado; cuando acaba de morir el general Vicente Cruz en un reñido combate; cuando los indígenas de Quezaltenango derraman con profusión la sangre de las otras castas, etc., etc.?

Estos hechos nos horrorizan. Mas, ¿qué adelantaríais con que nosotros os pintásemos en el pináculo de la prosperidad, si los hechos lo están desmintiendo todo?

Es un pueril deseo que tenéis de aparecer siempre prósperos, aunque todo el mundo está viendo vuestra lamentable situación.

En cambio, la paz y el orden son en nuestro Estado como las plantas que se cultivan con amor de día en día y pagan tantos afanes con su magnífico desarrollo.

Una sola queja se oye generalmente: es la de la falta de un gobierno general para toda Centroamérica.

- Guatemala (sin fecha).

Al mismo tiempo cooperáis para nuestro mal. El 4 de abril (1849), Pérez sufrió derrota en la Joya del Durazno. Entre la correspondencia que dejó, aparece el borrador de una comunicación que sin duda dirigió a vuestro gobierno con Manuel Arellano, pues alude a él en la carta y dice que este se halla autorizado para dar explicaciones de la situación.

En esa carta, Pérez os demanda auxilios y da parte de sus movimientos. ¿No habla esto de vuestra complicidad?

- El Salvador (20 de abril de 1849).

Esa carta de Pérez es apócrifa. Al publicar un documento tan inverosímil, se da lugar a creer que hasta las personas de un recto juicio participan de los errores vulgares o del odio que se procura fomentar contra El Salvador.

Dejamos en plena posesión a nuestros enemigos gratuitos de su odio inveterado y de sus deseos de provocar choques que nunca les serán favorables.

- Guatemala (4 de junio de 1849).

La insurrección de la montaña se prolonga más de lo que debiera, como lo publican vuestros periódicos, y pueden producirse hábitos de desorden que abarquen no solo las poblaciones todas de Guatemala, sino también las de El Salvador.

- El Salvador (19 de junio de 1849).

Si los hábitos de desorden que pueden contraer y sin duda contraerán los pueblos que hacen la guerra a ese gobierno son capaces de producir males a este Estado que está en contacto con ellos, deben ser mayores los que causan a ese por varias razones:

- Porque los tenéis en vuestra mano.
- Porque su acción es dirigida contra ese gobierno.
- Porque la clase de población de ese Estado es muy diferente de la de este y de la de todos los otros, ya que en ellos están las luces y las riquezas más repartidas y su población es más igual y homogénea; mientras que en ese Estado, una pequeña parte ilustrada y rica tiene a su frente una enorme masa de gente ignorante que ese mismo gobierno llama salvaje, de que resulta que una guerra civil debe ser incomparablemente más desastrosa y terrible que en cualquiera de los otros.

Razón por la que deberéis ser más cuidadosos en establecer la paz y conservarla; y si apenas podéis bastaros para procurárosla, como lo estáis experimentando, parece no ser prudente llevar la perturbación a los otros.

En este Estado, la prensa es libre; en el vuestro, si se restringe algunas veces, no se ha embarazado peor publicación que la que allí apareció el 21 de mayo, en que se aseguró que el peligro de disolución en que ese Estado se hallaba era debido a los errores de su administración.

- Guatemala (sin fecha).

Pérez y otros caudillos de la montaña se han asilado algunas veces allí; y de allí han venido oficiales y soldados a unírseles.

La imprenta de San Salvador ha estado a su servicio y un tal Peña, que es salvadoreño, asalta en los caminos los cargamentos de mercaderías.

- San Salvador (sin fecha).

Los salvadoreños son libres para ir adonde quieran. La prensa es igualmente libre.

Peña no es salvadoreño, es hondureño; y no somos nosotros ni los hondureños los llamados a perseguirlo. Sois vosotros.

- Guatemala (sin fecha).

Cuando se hallaban al frente de las fuerzas de la montaña los señores Serapio y Vicente Cruz, ese Estado les dio armas, dinero, municiones y gente, con la única condición de hacer la guerra para obligar a nuestra República a reincorporarse a los otros Estados de la antigua Federación y a renunciar a los derechos y deberes que se había impuesto proclamándose nación independiente.

Estos auxilios no se suministraron por haberse negado el general Cruz, como buen hijo de la República, a aceptar una condición tan oprobiosa.

- El Salvador (sin fecha).

Esa es una calumnia y una injuria.

Lejos el Presidente de El Salvador de hacer tales ofrecimientos, se negó a usar de los que entonces se le hicieron por personas, algunas de las cuales ocuparon los primeros empleos en ese Estado.

Se le ofrecían dinero y seguridades lisonjeras para que diese armas y gente.

Ese gobierno no guarda consecuencia en ningún concepto y parece que solo trata de crear o de hacerse de un enemigo.

El gobierno de El Salvador no se excusa de confesar que, como el de los otros Estados, excepto el de Guatemala, siempre ha deseado el restablecimiento de la nacionalidad, estimando como el bien mayor, unir su suerte a la de todos los otros; y con tal mira, viendo inevitable la caída de la administración que en efecto cayó en agosto (Carrera), celebró un convenio con el comandante político y militar de las fuerzas pronunciadas en Chiquimula, comprometiéndose a que, después de ocupada Guatemala, se prestaría ayuda al gobierno que se estableciera si cooperaba a dicho restablecimiento.

En esto se ve que no era el convenio el que podía derribar la administración que existía, sino el que debía asegurar ayuda a la que le sucediera si cooperaba para la reorganización nacional.

¿Un oprobio la reincorporación de ese Estado a la Federación Centroamericana?

Esta es la mayor injuria que podía hacérsele por un gobierno que otras veces ha protestado sus vivos deseos por la reorganización de la República.

- Guatemala (sin fecha).

También se sabe que muchos de los objetos robados se trasladan libremente a esas poblaciones para adquirir pólvora y otros elementos de guerra.

- El Salvador (sin fecha).

Bien puede ser; y si algún negocio de esta especie se ha hecho, lo habrá sido con toda la reserva y precauciones con que se hacen los contrabandos.

Diálogo entre Guatemala y El Salvador

- Guatemala (sin fecha).

Es imposible continuar disimulando tal estado de cosas. Solo la tolerancia es ya una verdadera hostilidad.

- El Salvador (sin fecha).

Es más bien mi gobierno el que tendría que sacrificar hasta el honor si hubiera de llevar adelante su silencio y sufrimientos por los agravios que se le infieren.

- Guatemala (sin fecha).

Después de la disolución del Pacto Federal, los Estados de Centroamérica se han ofrecido y jurado amistad y fraternidad en diferentes convenios y tratados, y el de 7 de octubre de 1842 entre Honduras, El Salvador, Guatemala y Nicaragua es el más solemne y explícito de todos. Llamo, pues, a la observancia de ese tratado.

- El Salvador (sin fecha).

Ese tratado fue derogado por el artículo 76 del 27 de julio de 1842, celebrado entre Nicaragua, Honduras y El Salvador, ratificado el 27 de febrero de 1843.

- Guatemala (11 de agosto de 1849).

El Pacto de Chinandega del 27 de julio de 1842 no podía derogar el tratado de octubre del mismo año por ser posterior. Absurdo.

- El Salvador (7 de septiembre de 1849).

El tratado de octubre se dio en odio a la Federación, pues sanciona la independencia absoluta de los Estados y da un modo provisional de entenderse y auxiliarse entre sí; y estableciendo el Pacto de Chinandega la federación de los tres Estados y, por consiguiente, su estrecha unión, la existencia del pacto y del tratado eran incompatibles.

Por eso mismo estableció el primero en su artículo 76 la desaparición de los tratados celebrados, no con las naciones extranjeras, sino con los Estados hermanos, como lo era Guatemala, etc.

Paréntesis

1. 26 de enero de 1846. Los restos de Morazán llegan a Acajutla procedentes de Costa Rica a bordo de la goleta Chambón. Se reglamentan (decreto del 29 del mismo mes) los honores que se les harán. Después de haber llegado a Acajutla, los restos fueron pedidos por Sonsonate primero, después por Santa Ana, antes de ser traídos a San Salvador.

2. 25 de febrero de 1849. Don Tomás Miguel Pineda y Saldaña es consagrado en Ocotepeque obispo de San Salvador por el obispo Campoy de Honduras. El 3 de marzo hizo su entrada en San Salvador y posteriormente fue a Guatemala para prestar juramento de fidelidad al Papa ante el arzobispo y después lo prestó al gobierno de El Salvador de conformidad con la ley, de lo que se levantó un acta. Hubo un solemne recibimiento a su llegada a Ocotepeque.

3. 16 de abril de 1849. Continúan y se intensifica en El Salvador la preocupación por los caminos. En efecto, se celebra una contrata con los señores José María Zelaya y Santiago Delgado para hacer el camino de ruedas al puerto de La Libertad, construir una casa para bodegas y limpiar la playa de piedras en el desembarcadero, todo por 7,000 pesos.

4. 8 de mayo de 1849. Los pueblos de Los Altos se reincorporan a la República de Guatemala con iguales derechos y cargas.

5. 31 de julio de 1849. Rafael Carrera llega a la Antigua. Se le espera en la capital.

6. 7 de agosto de 1849. Rafael Carrera llega a Guatemala. Unos lo reciben con satisfacción. Otros se esconden y huyen. La emigración a El Salvador y Honduras se intensifica. Proclama. En ella hay especies bastante injuriosas para el gobierno de El Salvador, porque, sin citar hechos, a excepción de que se auxilia a los montañeses, se le da el epíteto de pérfido, "que no merecen sino aquellos que, para triunfar de un partido, se han echado en manos de la barbarie y causado males

irreparables al país". Previamente a su llegada (3 de agosto de 1849), había sido nombrado comandante general de las armas y autorizado para la pacificación de la montaña.

7. 22 de agosto de 1849. Llegan a Metapán muchos emigrados de Chiquimula. Se dijo que por orden de Carrera fueron apresados y llevados al Castillo varios hombres importantes, en los que se incluyó a un juez de apellido Dardón y al impresor don Luciano Luna, en cuya imprenta habría de imprimirse en 1855 la Recopilación de las Leyes del Salvador en Centroamérica, hecha por el presbítero Isidro Menéndez. Estos fueron sorprendidos en sus casas, confiados en la sinceridad de la proclama de Carrera en que aseguraba con énfasis el olvido de lo pasado.

8. 6 de octubre de 1849. El Presidente Vasconcelos se dirige a los pueblos del departamento de Sonsonate para que sus habitantes no se mezclen en la guerra que aflige a Guatemala sin perjudicar por esto la hospitalidad que debe darse a los emigrados indistintamente.

9. (Sin fecha). En las discusiones se oyen especies curiosas. Se dijo, por ejemplo, que en Guatemala militaba el coronel Ramón Belloso, alias Cañengue, a quien se tenía en gran consideración porque allá se desconocía su pasado. Por el mismo tiempo se dijo que con la bulla que hacían los guatemaltecos, disimulaban lo que se decía públicamente en El Salvador y Honduras, que el cónsul inglés Federico Chatfield los ultrajaba. Se dijo, además, que las armas y demás elementos que quitaron al coronel Belloso en Ocotepeque le fueron suministrados por el corregidor de Chiquimula para que viniese a interrumpir la feria de Chalatenango. Especie curiosa, porque Belloso ciertamente se hallaba al servicio de don Juan Lindo, a lo menos por entonces.

Continuación del diálogo.

- Guatemala (sin fecha).
Se llegará el día de las reparaciones.

- El Salvador (7 de diciembre de 1849).

¿Cuándo será ese día? ¿Qué impresión creeréis que nos causa semejante amenaza? No somos tan niños que nos puedan amedrentar baladronadas que no podéis sostener.

La justicia triunfará y los buenos guatemaltecos conocerán que una pequeña fracción de sus hijos es la única que alimenta ideas impotentes de venganza y exterminio del Salvador.

- Guatemala (sin fecha).

Hacéis alarde de republicanismo, de democracia. No estamos maduros para eso. Se cometen abusos por incomprensión de principios.

- El Salvador (14 de diciembre de 1849).

Haremos ver prácticamente que los sistemas liberales no son utopías como se lo figuran los monarquistas y antidemócratas, sino cosas muy positivas que cada día adquieren nuevos prosélitos a proporción que disminuyen los conservadores, responsables de todos los abusos del más refinado oscurantismo.

¿Quién no ve una remarcable anomalía en ese empeño ridículo de combatir, al presente, las repúblicas y los sistemas democráticos?

Lo de que no se haya comprendido bien el sistema popular se lo hemos negado porque nos educamos bajo Fernando VII; pero en el día vamos ya tomando educación republicana y costumbres análogas al sistema.

Quienes nos enrostran nuestras faltas políticas, inherentes a los Estados que empiezan a constituirse, o son ignorantes de buena fe o partidarios de la monarquía que tratan de desacreditar nuestras instituciones democráticas.

Paréntesis

1. 28 de diciembre de 1849. Se da a conocer el pacto confederativo de los Estados de Honduras, El Salvador y Nicaragua, celebrado en León (8 de noviembre de 1849).

2. 4 de enero de 1850. Don Doroteo Vasconcelos inicia su segundo período, reelegido previa una enmienda constitucional. El artículo 44 de la Constitución vigente decía que: "La duración del Presidente del Salvador será de dos años y no podrá ser reelecto sino hasta que pase

igual período que concluye y comienza el primero de febrero del año de la renovación, sin poder fungir un día más". El decreto de la enmienda fue derogado, con cierto tono de indignación, tan pronto como cayó el señor Vasconcelos, por lo cual volvió a su vigencia el artículo 44 antes mencionado.

Se reanuda el diálogo

- Guatemala (19 de abril de 1850).

Se han remitido varios ejemplares de un folleto publicado en San Salvador a nombre del bandido Roberto Reyes, en que se llama al señor Vasconcelos ilustre patriota republicano, lo cual demuestra claramente que vuestro gobierno insiste en su política de apoyar y permitir que se fomente la facción desastrosa de la montaña.

- El Salvador (10 de mayo de 1850).

¡Qué peregrina conclusión! ¿No sabemos todos cuál fue el régimen del gobierno anterior a la sublevación de la montaña?

Nadie ignora que el favoritismo por una parte, la opresión y la tiranía por otra, las violencias, usurpaciones, asesinatos, monopolios, el agio, contratas y, en fin, todo género de maldades y de la más desenfrenada codicia, ejercida sin rebozo y sin pudor sobre los desgraciados súbditos de una administración brutal, que, sin ley ni regla, hollaba hasta los más sagrados derechos, que violaba el hogar doméstico, abusando de la fuerza para ejecutar los más escandalosos atentados de la lascivia y corrupción, fueron la causa inmediata del pronunciamiento de aquellos pueblos.

Las causas de su continuación no están menos patentes para todos.

Los crímenes de parte de los mismos, la abolición de las instituciones, las proscripciones, prisiones injustas, fusilamientos y, en una palabra, todo género de crueldades y abusos están perpetuando la lucha entre opresores y oprimidos.

Lo cierto es que la administración de Guatemala no encontró cómo curar los males que ella misma causó por contentar las pasiones propias de un caudillo...

Paréntesis

1. 10 de mayo de 1850. Se ha organizado una junta para la construcción de una carretera entre Ahuachapán y Acajutla. Una comisión localizadora informa que la ruta más viable atravesaría los terrenos de don Antonio Tobar, llamados La Labor de San Ramón. Tobar presenta objeciones. Se hacen súplicas. Se proyecta la compra de los terrenos. Por último, se piensa en la aplicación del artículo 92 de la Constitución, que dice: "La propiedad de cualquier calidad que sea, no podrá ser ocupada, si no es por causa de interés público, legalmente comprobado y previamente indemnizado su valor a justa tasación."

2. 2 de julio de 1850. El cólera llega a La Habana y México. Se recomienda aseo, alimentos sanos y una vida sin desarreglos. Hácese una indicación al público: Se ha observado igualmente que en esta más que en cualquiera otra enfermedad, el miedo predispone y coadyuva con su maléfica influencia. Recomendamos, por tanto, la presencia de ánimo como un medio para precaverse de ser atacado por ella.

Se reanuda el diálogo.

- Guatemala (sin fecha).

Silencio.

- El Salvador (7 de junio de 1850).

Hay varias cartas de los señores Solares y Vicente Cerna, jefes militares al servicio de vuestro gobierno, en las cuales se habla de un proyecto de armar gente en vuestro Estado y lanzarla a estos pueblos.

Se dice en ellas que el general Carrera ha dado orden para que se suministren las armas y municiones necesarias.

Los documentos son auténticos. Os rogamos impedir ese atentado.

- Guatemala (sin fecha).

Silencio.

- El Salvador (28 de junio de 1850).

El gobierno de Nicaragua se ha dirigido al mío, manifestando que, por noticias privadas, sabe que en Belice se preparan fuerzas británicas con destino a Guatemala.

La gravedad de semejante noticia ha llamado justamente nuestra atención, porque la introducción de una fuerza extraña en vuestro territorio, limítrofe con el nuestro, bien pudiera afectar nuestra independencia y soberanía.

No queremos creer que dicha fuerza haya sido pedida por vosotros.

Exponéis los derechos de nuestros pueblos en oposición a los sentimientos de fraternidad que los animan.

Decid qué hay de esto.

Deseamos evitar que tres Estados hermanos y aliados (Honduras, El Salvador y Nicaragua) adopten el medio doloroso de apoyar en sus fuerzas la conservación de sus derechos.

- Guatemala (5 de julio de 1850).

No por falta de derechos para usar de legítimas represalias, sino en observancia de los principios que han guiado y guiarán la administración actual, se ha rehusado antes dar auxilios a emigrados salvadoreños; y no apelará en ningún caso a medios ilícitos y reprobados para obtener reparación de los agravios que se han recibido de vosotros.

- El Salvador (12 de julio de 1850).

Se ve la antigua manía de inculparnos por los funestos resultados que os ha dado la política y el régimen tiránico del bárbaro que, con una mano de hierro, os oprime para saciar mejor sus miserables y ruines pasiones, etc.

¿De dónde nace este derecho de represalia que creéis tener?

¿Dónde está el código que lo autoriza?

¿Cuál es el motivo para ejercerlo?

Si vuestra condición de hecho, sin Constitución y sin leyes, es el código en que pretendéis apoyaros, no lo reconocemos, porque la voluntad discrecional del que manda solo puede servir de código a los gobiernos irregulares y absolutos.

- Guatemala (12 de julio de 1850).

Nuestro Estado no puede ser invadido por fuerzas inglesas, estando como está en buenas relaciones con la Gran Bretaña.

- El Salvador (19 de julio de 1850).

Hablamos del auxilio pedido a Belice y del proyecto de armar partidas de gente para revolucionar en El Salvador.

- Guatemala (fecha ut supra).

No podemos tolerar que se continúe usando, respecto de la Gran Bretaña, de una conducta y de un lenguaje que no encontrará ejemplo en ningún gobierno regular.

- El Salvador (fecha ut supra).

Nos quedamos muy atrás de Francia, los Estados Unidos y casi todas las naciones del mundo cuando se trata de la desmedida ambición de Inglaterra y los ultrajes, depredaciones y avances que ejecuta contra las naciones débiles.

Si ya ahora se ha sujetado a secundar las grandes y benéficas miras de los Estados Unidos en el asunto del canal, ha sido porque encontró una potencia capaz de oponerle la fuerza a la fuerza y de traerla a sus justos límites en sus miras siniestras de usurpación sobre Centroamérica.

- Guatemala (fecha ut supra).

Insistís en ofender a la Gran Bretaña, suponiéndole miras de ambición rastrera y queriendo asimilar sus actos con nuestros pobres actos de reunir partidas de tropa para resolver cualquier cuestión que se presenta.

- El Salvador (fecha ut supra).

Estas expresiones son hijas de la más desvergonzada impudicia cuando aún están recientes los hechos más bárbaros ejecutados por agentes ingleses en San Juan del Norte de Nicaragua y las usurpaciones y piraterías más injustas en el puerto de Trujillo, en Honduras, y de La Unión, en El Salvador.

- Guatemala (13 de septiembre de 1850).

Se dirige a Honduras, Nicaragua y Costa Rica.

Les pide que influyan sobre El Salvador para que abandone su política hostil.

- El Salvador (27 de septiembre de 1850).

Se dirige a los mismos, diciéndoles que es Guatemala la hostil.

"El gobierno de Guatemala se negó a un arreglo de correos de Izabal a este Estado, que no tenía más mira que fomentar el comercio de ambos países facilitando los medios de comunicación cuando las partidas de montañeses obstruían el camino de Izabal a Guatemala.

Se ha negado constantemente a un arreglo de derechos marítimos, exigiendo por el tránsito para este Estado un 24%, mientras que El Salvador solamente cobra un 2% a los efectos que transitan para el de Guatemala.

Acaba de aumentar los derechos de introducción de efectos extranjeros por la frontera de El Salvador, dando lugar con este hecho a que se use de represalias perjudiciales al comercio de ambos Estados.

Los frutos de El Salvador están recargados de derechos en Guatemala, habiendo algunos, como el azúcar, que pagan hasta un 17% en plata efectiva, mientras que las producciones de Guatemala, que vienen a consumirse a este Estado, no pagan más que un 4% en créditos; y, en fin, no hay hostilidad que aquel gobierno no ponga en práctica siempre que puede ejecutarse impunemente.

¿Y aún se tiene valor de inculpar a un gobierno que, por ninguno de estos actos verdaderamente hostiles, ha reclamado ni ocupado a los demás gobiernos sus aliados?

- Guatemala (sin fecha).

No somos tan cándidos que conviniéramos en establecer un correo de Izabal a esa ciudad, que no tendría otro objeto que estar en frecuentes relaciones con el departamento de Chiquimula, para los fines que todos saben.

- El Salvador (11 de octubre de 1850).

¿Habrá quien pueda creer que El Salvador necesita de ese recurso para entenderse y estar en comunicación diaria, si se quiere, con un departamento simpático y limítrofe?

El tiempo en que se propuso a Guatemala esta medida fue cuando los montañeses cortaban todas las comunicaciones entre aquella ciudad e Izabal, lo que dificultaba la correspondencia entre estos dos puntos, tan necesaria al comercio con Guatemala; y viniendo por la misma vía la de este Estado, el retraso era gravemente perjudicial.

Reaparece el cónsul Chatfield persistiendo en sus exigencias antiguas, más severo y más implacable, como que sabía que no podía haberse adelantado ni diferido: iba a celebrarse la feria de San Miguel.

Por consecuencia, el barco Champion (16 de octubre de 1850) bloqueó el puerto de La Unión, de orden, según dijo, del almirante Homly, comandante en jefe de las fuerzas navales de S.M.B. en el Pacífico, para obrar de conformidad con las órdenes del cónsul Chatfield y, a menos que se diera satisfacción a las demandas entabladas, extendería el bloqueo a toda la costa del país.

Eran tales demandas:

Cumplimiento de los convenios celebrados con los señores Miguel Montoya y Juan Antonio Alvarado a bordo del Gorgon en 1849.

Carta a Marcos Idígoras relevándolo del cargo de policía que se le había obligado a ejercer y reconocimiento del mismo como vicecónsul inglés.

Carta a Chatfield para darle satisfacción por las aserciones notoriamente falsas que la prensa salvadoreña había publicado con respecto a la conducta del gobierno británico.

DESAFUEROS

El Presidente Vasconcelos lanza un manifiesto a los salvadoreños, extensivo a los centroamericanos, en el que dice que:

El Estado del Salvador es reputado por el cónsul como una población africana o de salvajes, donde no se usa de la razón ni del derecho y donde los funcionarios ingleses se dispensan de toda consideración, entablan sus relaciones por la fuerza, se administran justicia por sí mismos y su voluntad y su interés forman su derecho público.

Tal es la manera con que vuestro gobierno, vuestro país y vuestra soberanía son tratados en la cuestión actual, y es la rencorosa venganza ejercida sobre vosotros, no por la Inglaterra, ni el gobierno británico, sino por su agente, el señor Chatfield, a quien su larga residencia en Guatemala le ha hecho participar de los odios del partido enemigo del Salvador, que reside en aquella ciudad y con el cual toma parte, contrariando sus deberes de agente de una nación poderosa a quien no hemos ofendido...

Ved en este bloqueo la bandera del salvajismo de Guatemala protegido por el cónsul inglés, que amenaza no solo vuestras costas, sino las de toda Centroamérica, etc.

El bloqueo se extiende a toda la costa del Pacífico (5 de noviembre de 1850); y el comandante del Gorgon dice al comandante del puerto de La Unión que se acercan once buques de vela para recobrar la isla del Tigre y amenaza con que, si se le niegan víveres y agua o se impide que salten a tierra sus fuerzas, hará fuego contra la población hasta destruirla.

La deuda montaba al principio a 60,000 pesos, como se ha visto. Después hubo una nueva reclamación por 29,000.

Pero, de conformidad a un nuevo examen de la misma, surgieron aspectos curiosos sobre ella.

Porque se dijo en esta última ocasión que las sumas de dinero que se exigen son procedentes:

Unas de derechos municipales cobrados a un inglés, los mismos que se han exigido a los hijos del país y extranjeros.

Otras de un inglés que murió en Sonsonate dejando una finca y muchos acreedores; que se habían presentado estos a la autoridad exigiendo sus créditos y, los jueces, después de observar los trámites legales, sentenciaron el pago, se vendió la finca, sus acreedores fueron pagados en parte por no haber alcanzado el haber; y ahora pide el cónsul que el gobierno pague el valor de la finca y el difunto inglés, solo por serlo, no satisfaga sus deudas.

Otras sumas por derechos de importación que se han cobrado muy justamente y que quiere el cónsul se devuelvan.

Y otras muchas de mayor injusticia.

Sin embargo, el gobierno ha manifestado su anuencia a un arreglo.

No se habla aquí de la parte de la deuda federal que correspondía pagar a El Salvador y que, en definitiva, fue la obligación que quedó subsistiendo a la fecha del arreglo definitivo celebrado en Guatemala y de que se hablará después.

El gobierno de Guatemala ofreció su mediación y servicios para procurar entre El Salvador y el cónsul Chatfield ponerle punto final a una cuestión tan espinosa.

El gobierno de El Salvador contestó para agradecer la oferta y decir que se veía en el caso de no poder aceptar la mediación para no exponer al gobierno de Guatemala a los mismos ultrajes que Chatfield ha hecho a El Salvador.

El señor Chatfield dice a Honduras (5 de diciembre de 1850) que "hasta tanto no se llegue a una discusión amigable, la línea general divisoria del territorio mosquito queda fijada en el cabo de Honduras o Punta de Castilla en la longitud occidental de 86°, dejando la ciudad de Trujillo unas pocas millas al poniente y siguiendo este meridiano, la línea corre al este o levante a las orillas de Sonaguera y Olancho Viejo y de allí continúa por los montes que están al norte del partido de Tegucigalpa hasta donde dicho partido se une a la jurisdicción nicaragüense de la Nueva Segovia".

Y a Nicaragua manifestó que, siguiendo la línea desde el punto adonde llegaba en la frontera de Honduras, continuaba hasta llegar al puerto de San Juan del Norte, que no habían abandonado a pesar del tratado Clayton-Bulwer y que, lejos de eso, los ingleses se hallaban allí, por esa época, construyendo edificios para las autoridades portuarias. (Se refiere a la época de la firma de dicho tratado).

A Honduras, simultáneamente, le hizo cargos por haber cobrado a un tal James Welsk la suma de 5,000 pesos por cortes de madera en el río Romano, que este se comprometió a pagarle porque ignoraba que se hallaba talando los bosques dentro de la jurisdicción del reino de Mosquitia, protectorado inglés.

Chatfield se entrevistó con Welsk antes de que este hiciera el pago al gobierno de Honduras, le cobró la deuda y le fue pagada.

Lo dijo el mismo Chatfield.

f) El señor Vasconcelos se empeña en creer que era el cónsul Chatfield, por sí, y no el gobierno británico, el de los ultrajes, las intromisiones y los avances.

Ignoraba, o por lo menos pretendía ignorar, que todo eso obedecía a un plan de apropiación de la América Central o de parte de ella, si podía haber una inteligencia con los Estados Unidos.

A ese efecto, se presume que Bulwer había recibido instrucciones precisas de Lord Palmerston para exponer al gobierno de los Estados Unidos la conveniencia de una partición y, como es natural, una de las razones que adujo se basaba en que estos países no contaban con gobiernos estables y sólidos y privaban en ellos la mayor pobreza e ignorancia.

La ocupación, pues, pese a las estipulaciones del pacto Clayton-Bulwer, por ambas potencias, promovería su progreso.

g) Mr. H. S. Foote, presidente de la comisión del Senado americano para los asuntos extranjeros, pidió por este tiempo informe sobre el asunto propuesto a uno de los hombres que habían hecho estudios sobre la América Central, residido aquí y dejado buenas relaciones, Mr. Geo Squier.

Este rindió, con tono de indignación, un extenso informe (4 de septiembre de 1850) y, entre otras cosas, manifestó que:

Es verdad que los ingresos de Nicaragua son pequeños, pero esto es porque Gran Bretaña le ha usurpado su puerto principal y se ha aprovechado de sus mejores rentas.

Es también verdad que Nicaragua tiene menos de medio millón de habitantes y que, comparativamente a la Gran Bretaña, es muy pequeña y débil; pero también es gran verdad que Inglaterra no tiene consideración alguna por la debilidad de estas naciones, pues los buques de guerra y los cañones del Paxian son los únicos objetos por los que ella mide sus respetos.

Sin embargo, tributa respetos sin límite a Quaggo, el "muchacho zambo", con sus 450 indios asquerosos.

Quaggo es su aliado".

El señor Bulwer dice, además, que los empleados del gabinete de Nicaragua pueden ser comprados por cincuenta libras, por lo que creo que sus últimas noticias de aquel lugar no son muy recientes; pues no ha mucho que, en marzo de 1849, un agente británico ofreció 100,000 al general en jefe, a fin de que se comprometiese a hacer la revolución al gobierno e impidiese que el contrato del canal cayese en manos de los americanos.

No hay un solo hombre inteligente en los Estados Unidos, continúa manifestando el señor Squier, "que no sepa que los derechos de Nicaragua sobre dicho puerto de San Juan y sobre el territorio conocido con el nombre de Costa de Mosquitos son indisputables; ni uno solo siquiera que no sepa que el pretendido protectorado británico allí no es sino un fraude y, así, el llamado reino mosquito una ficción".

(Como uno de los aspectos de la cuestión, el ministro inglés gestionaba alteraciones en la contrata de canalización "celebrada por mí, como representante de los Estados Unidos en Nicaragua", dice, "cuyas modificaciones fueron presentadas al Senado")

"Tengo motivos para creer, y el hecho no es probablemente desconocido a algunos miembros de la junta, que, pocos días después de su llegada a este país (Estados Unidos), el ministro británico hizo una proposición al Departamento de Estado, reducida en sustancia, si no en términos explícitos, a que los Estados Unidos, juntamente con Inglaterra, desatendiesen los derechos territoriales de Nicaragua y abierta y conjuntamente se apropiasen para ellos la totalidad del istmo nicaragüense.

Esta proposición manifiesta el tenor y último designio de las operaciones británicas en Centroamérica durante los últimos quince años.

Descubierta su tentativa de apoderarse del istmo por sí misma, Inglaterra trató de hacer a los Estados Unidos cómplice en un crimen que sobrepujaría en atrocidad al reparto de Polonia.

La proposición fue rechazada con indignación, pero el insulto que en sí encerraba debería haber causado la desgracia de Mr. Bulwer y su expulsión de nuestro suelo".

Después propuso "transferir el puerto de San Juan a Costa Rica".

"Ahora bien, Costa Rica nunca pretendió tener derecho a este puerto: sus límites por el norte, según se hallan definidos por su ley fundamental (la cual abraza mucho más de aquello que le pertenece), no llegan en el punto más cercano ni a diez leguas de San Juan.

Pero Costa Rica es una extensión de Mosquitia y es, y ha sido durante algún tiempo, en lo esencial, una colonia británica".

La transferencia propuesta, por lo tanto, y por lo que hace a la Inglaterra, equivaldría precisamente a una prolongación del "orden actual de cosas", además de hacer a los Estados Unidos cómplices en la usurpación de los derechos de Nicaragua; y privándola de toda posibilidad de que intervenga el influjo norteamericano en Centroamérica, dejaría a la intriga inglesa un campo libre.

h) Se ignora cómo ni por qué medios, si lícitos o no, una carta de Mr. Bulwer dirigida (21 de marzo de 1851) a Lord Palmerston cayó en poder del Washington Republic y este la divulgó.

La publicación de esa carta (7 de mayo de 1852) hizo más por Centro América que todas las protestas de estos países ofendidos y que todas las súplicas que se habían hecho y que pudieron haberse hecho en lo sucesivo con el fin de ganarse la protección de los Estados Unidos, porque sus conceptos eran altamente ofensivos para estos.

"Creo poder asegurar al gobierno de S. M.", dice Mr. Bulwer, "que los intereses británicos no se hallaron nunca, ni antes ni después de la revolución, en estado más satisfactorio que el actual, por lo que respecta a este continente.

Hay en los Estados Unidos muchos partidos políticos que entorpecen su marcha.

Los dos partidos primitivos, después de haber existido por medio siglo, se han reducido a innumerables fragmentos conocidos por una gran variedad de denominaciones locales.

Hay lanudos, free soilers, separatistas, unionistas y otras varias denominaciones que con toda probabilidad existirán por algunos años más, bajo la misma o distinta forma.

Los corifeos de estos partidos se han recriminado mutuamente en tales términos que no creo probable su cooperación común para llevar a cabo ningún gran designio interior o exterior.

De aquí que el poder general (si es que debe llamarse poder) se encuentre postrado, ofreciéndonos la más bella coyuntura para realizar el plan que Vuestra Excelencia ha concebido con respecto a nuestras relaciones con Centro América.

Nuestras relaciones con Centro América son en el día objeto de particular atención, lo que deberíamos tener presente para llevar a cabo nuestras negociaciones sin pérdida de tiempo".

TERMINA EL DIÁLOGO

- Guatemala (22 de noviembre de 1850).

El Ministro de Relaciones Exteriores ha enviado una circular a los encargados de negocios de Francia, Gran Bretaña y al cónsul general de las ciudades asiáticas, informándoles que, por varios comerciantes, sabe que fuerzas de El Salvador y Honduras intentan invadir el territorio guatemalteco.

El cónsul Chatfield contesta que el gobierno de S. M. B. no verá con indiferencia un procedimiento tan irregular.

- El Salvador (29 de noviembre de 1850).

Dudamos mucho que el señor Chatfield tenga instrucciones para abusar del nombre de su gobierno interviniendo en las cuestiones interiores de Centroamérica, etc.

Pensamos que la circular no tiene más objeto que obtener del cónsul inglés una amenaza de las que acostumbra; mas, para salvar las apariencias, fue necesario hacer extensiva esa circular a los demás agentes extranjeros.

El cónsul de Francia, en cambio, ha contestado dignamente sin comprometer a su gobierno.

- Guatemala (29 de noviembre de 1850).

¡Perturbadores, desleales y de insigne mala fe! ¡Ya hubo un pronunciamiento en La Brea! ¡José Dolores Nufio se ha alzado en Esquipulas!

(Nota: Nufio fue derrotado allí y se replegó a Ocotepeque, donde dio cuenta de su derrota).

- El Salvador (6 de diciembre de 1850).

Eso nos causa risa.

- Guatemala (fecha ut supra).

El licenciado Manuel Barberena ha sido preso en Sonsonate.

- El Salvador (fecha ut supra).

El señor Barberena se halla tranquilo en su casa.

(Nota: El licenciado Barberena fue posteriormente nombrado (28 de marzo de 1854, administración San Martín) Juez General de Hacienda con una dotación de cincuenta pesos mensuales).

- Guatemala (fecha ut supra).

Les habéis dado 1,000 pesos a los pronunciados. A González, 3,000.

- El Salvador (fecha ut supra).

Mentira. En cuanto a González, podemos deciros que en este país cada quien puede hacer de su capa un sayo.

12 de diciembre de 1850.

El territorio salvadoreño es violado por una fuerza guatemalteca de 50 hombres al mando de Roberto Montero.

Se introdujeron en las haciendas de El Jícaro y El Roble, de Florentín Barrientos y Basilio Figueroa, a quienes vejaron y al último exigieron dinero para la tropa.

Se llevaron un caballo de una señora de Santa Ana.

13 de diciembre de 1850.

El Presidente hace saber al pueblo que Carrera, después de haber violado el territorio de Honduras, prepara una invasión al departamento de Sonsonate (Sonsonate, Santa Ana y Ahuachapán actuales) y se dirige con inconcebible audacia a estos pueblos, los concita a la rebelión y los amenaza con traerles la guerra.

19 de diciembre de 1850.

El gobierno de Honduras ha trasladado sus oficinas a Santa Rosa.

Funge como Ministro General el General Trinidad Cabañas.

Poco después, el Presidente Lindo se traslada a La Labor, una aldea situada en el Valle de Sensenti, a solo ocho leguas de Ocotepeque.

Paréntesis

21 de diciembre de 1850.

En Chinandega se reúne la junta preparatoria para la representación nacional de Centro América, presidida por José Barrundia.

Funge como secretario el señor José Silva.

4 de enero de 1851.

Los presidentes Vasconcelos y Lindo se entrevistan en Ocotepeque.

Reciben el homenaje de la ciudad. Se desarrollan representaciones teatrales. Se sirven banquetes suntuosos para la época. Se da lugar a toda clase de regocijos.

6 de enero de 1851.

Don Juan Lindo da una explicación de su actitud frente a Guatemala.

"Deseoso el gobierno de Honduras de cortar la guerra desastrosa", dijo, "que despedazaba a Guatemala, mandó a su gobierno ahora dos años, dos comisionados que lo fueron, el general Belloso y el licenciado Leiva, a ofrecerle su mediación.

Pero habiendo el mismo gobierno celebrado tratados con el general Vicente Cruz, con tan poco éxito como los anteriores, el ofrecimiento no tuvo lugar y los comisionados se volvieron de Chiquimula, adonde habían llegado.

También se ha procurado una mediación armada, y ella, como las demás medidas, ha sido desechada igualmente.

Con posterioridad y repetidas veces, ofreció este gobierno al de Guatemala cuantos auxilios cupiesen en su poder para cortar la misma guerra civil que continuaba, cuyos males se hacían ya trascendentales a este Estado; pero negándose siempre a aceptarlos, llegó hasta desaprobar la solicitud de auxilios que, hallándose en los mayores apuros, los pidió el corregidor de Chiquimula, que lo era el señor Paredes, actual gobernante de Guatemala.

Pero este gobierno no pudo otorgarlos por no venir de la autoridad suprema, como era necesario.

La duración de la guerra interior en que aún al presente está envuelta Guatemala, prueba lo conveniente que le hubieran sido los auxilios que se le ofrecieron y que se negó a aceptar.

Y esto mismo acredita la sana intención que se llevó al brindárselos, pero, desconfiando aquel gobierno, ha prolongado sus males y causado la inseguridad y mal estado en sus relaciones amistosas con sus vecinos, que están en la obligación de precaver esta situación funesta para lo sucesivo.

Y no pudiendo mantener una fuerza permanente para lograrlo, se ve en la necesidad de adoptar medios que los corten pronto y de una manera radical y duradera.

La necesidad, pues, de dar seguridad a sus pueblos y el deber de auxiliar a su amigo y aliado, el Estado de El Salvador, en circunstancias de hallarse amenazado por las fuerzas de Guatemala, ha decidido, a este respecto, prestarle el auxilio de fuerzas que le ha pedido y a que es obligado por sus tratados existentes y por la gratitud que este gobierno le debe".

7 de enero de 1851.

El Presidente Vasconcelos regresa a San Salvador.

Recibe la noticia de haber sido fusilados en Ipala por el capitán Eusebio Bracamonte (guatemalteco), los salvadoreños Petronilo Castro, Juan Machuca, Benito Jovel, Rafael González (a) Macaco y un tal Piojo, los cuales iban para Jutiapa, llamados por Carrera, quien les daría una columna de doscientos hombres, dinero e instrucciones para revolucionar por el lado de Sonsonate.

Estos comandaban una tropa cuando se produjo el encuentro con Bracamonte, hicieron resistencia y varios de los que escaparon fueron capturados más tarde por un grupo de 26 guatemaltecos que, pasados a la causa de Honduras y El Salvador, se dirigían a Ocotepeque.

Al llegar allí, los prisioneros fueron entregados a las autoridades del lugar.

12 de enero de 1851.

El Presidente Vasconcelos deposita el Poder Ejecutivo en don Francisco Dueñas y se pone al frente del ejército.

Ese mismo día, a las cuatro de la tarde, salió, vía Mejicanos, para Santa Ana. Con él iba Barrios.

Ya había destacamentos escalonados entre Coatepeque y Chalchuapa, los cuales se movilizaron al tener conocimiento de los resultados de la conferencia entre Vasconcelos y Lindo, tenida en Ocotepeque. Honduras se moviliza simultáneamente.

22 de enero de 1851.

Barrios y una división de guatemaltecos al mando de Agustín Pérez y Domingo Asturias ocupan la aldea de Chingo.

Carrera retrocede, dejando en Jutiapa y Chiquimula pequeños destacamentos.

24 de enero de 1851.

El ejército hondureño, al mando de Trinidad Cabañas, Santos Guardiola y Vicente Vaquero, llega a Metapán.

25 de enero de 1851.

Llega al mismo punto el ejército salvadoreño. Cabañas se presenta a Vasconcelos. Este asume el mando de los ejércitos aliados.

En total, 4,000 hombres y jefes: Isidoro Saget, José Dolores Nufio, Trinidad Cabañas, Gerardo Barrios, Santos Guardiola, Domingo Asturias, Vicente Vaquero, Manuel Carrasco y otros.

27 de enero de 1851.

La vanguardia invade Guatemala. El grueso del ejército se moviliza al día siguiente. Todo contribuía a presagiar la victoria, siempre que este ejército, tan lleno de buenos augurios, fuese dirigido por jefes inteligentes hacia su objeto final.

Fecha ut supra.

Vasconcelos envía un ultimátum a Guatemala:

Que se deje el mando del Estado por las personas que lo ejercen.

Que Carrera salga del territorio de Centroamérica por algunos de los puertos del sur y que no vuelva sin el acuerdo de Guatemala, Honduras y El Salvador.

Convocatoria inmediata a una Constituyente, dejando a los pueblos en plena libertad de elección.

El ejército salvadoreño podrá ocupar el lugar o lugares que más le parezcan convenientes dentro del territorio guatemalteco como garantía del cumplimiento de los numerales anteriores.

(Sin fecha precisa).

Los salvadoreños lanzan su grito de guerra: ¡Libertad o muerte!

En la inminencia de la batalla, el señor Vasconcelos lanzó un manifiesto a los habitantes de Guatemala (31 de enero de 1851) para hacerles ver que la lucha no era contra ellos, sino contra un gobierno despótico que no había podido darles, por lo menos, la paz.

Y agrega que:

"Dos ejércitos poderosos que obran a mis órdenes han atravesado las fronteras de vuestro Estado.

Resueltos, vamos a no retroceder un solo paso sin haber obtenido todo aquello que los gobiernos de Honduras y El Salvador tienen que reclamar a los usurpadores que gobiernan en la capital".

LA BATALLA DE LA ARADA

Toda la pericia militar de ese tiempo consistía en encaramarse en los cerros, y el que lo lograba era tenido como el más hábil, sin tomar en cuenta que las armas de fuego ofrecen un sinnúmero de posibilidades.

Carrera se encaramó en el cerro de La Arada y allí esperó al enemigo, sabiendo, como astuto conocedor de la mentalidad de su tiempo, que este no daría otro paso, por muy ventajoso que fuese, que el de atacarlo allí, porque pudieron haberlo bloqueado y esperar vencerlo por la sed o el hambre, o llamarlo a otro sitio, adonde hubiera tenido que concurrir.

El ejército aliado (1° de febrero de 1851) atacó en La Arada a Carrera, porque sus jefes creyeron, dice don Juan Lindo con velada amargura, en la posibilidad de la victoria cuando ninguna posibilidad había en las desventajosas posiciones en que la inteligencia del adversario los llevó a colocarse, con un río entre el poblado de San José, donde el ejército aliado se situó, y el cerro de La Arada, de faldas escarpadas.

Ese día por la noche, el general Saget, a quien el señor Vasconcelos había confiado la dirección de las operaciones militares, ordenó rodear el cerro y al día siguiente dispuso que el general Cabañas ascendiera por sus desfiladeros con solo una división de su mando.

Pero no combinó esa acción con ningún otro movimiento del resto del ejército para apoyarla, de tal manera que todo el arrojo, casi increíble, del general Cabañas resultó inútil y costoso.

Cabañas logró ascender y llegar hasta los atrincheramientos del enemigo, mientras Carrera lo diezmaba.

Unos dicen que la batalla duró todo ese día 1° de febrero y el siguiente. No pudo haber durado más.

Cabañas descendió de sus posiciones, dejando muertos, heridos y prisioneros, y el ejército se retiró desmoralizado hasta alcanzar la frontera de El Salvador; y causa asombro que no haya sido perseguido de cerca por Carrera, porque lo habría deshecho. Al llegar a El Salvador, ese ejército se dispersó en su mayor parte.

Saget desapareció, y solo el hecho de haberse hallado al lado de Malespín en León y en contra de Barrios y Cabañas (los dioscuros) habría sido suficiente para descalificarlo.

Guardiola se mostró descontento; pero como la guerra no declarada continuaba en pie, Cabañas se vio de hecho convertido en General en Jefe.

La victoria del liberalismo en La Arada habría cambiado para bien la historia de Centroamérica, aplastando el conservatismo chapín en un momento de los más propicios, cuando la unidad daba sus pasos preliminares, sostenida por don Juan Lindo, su apóstol en aquellos momentos, y por don Doroteo Vasconcelos, tan convencido como él.

No hubo allí, por desgracia de la hora decisiva, un Nicolás Angulo que dirigiera las operaciones militares, o un José María Cañas que asumiese por entero la responsabilidad de la guerra.

Nicolás Angulo, el mejor general de la época, se hallaba enfermo e impedido de la mano y brazo derechos hasta para firmar.

Basta saber que, por orden legislativa (14 de marzo de 1849), se le había autorizado el uso de un facsímil que estampaba en todos sus documentos públicos y privados.

José María Cañas había hecho de Costa Rica su segunda patria.

Aquella derrota desacreditó al soldado que la sufrió y abrió tan profundas grietas en el suelo centroamericano, si me es permitido decirlo así, que nada ni nadie ha podido después salvar.

Poco después de ese desastre, aparece Carrera en Chalchuapa.

Se sitúa en Santa Ana. El Salvador pide soldados a Honduras. Don Juan Lindo envía a Vicente Vaquero con una división. Este se sitúa en Suchitoto y después avanza hacia Opico. Cabañas reorganiza su ejército y marcha contra Carrera. Este desaparece de Santa Ana.

"Se fugó", dice un comentario de la época.

Al retirarse, dejó organizada la facción conservadora del Volcán, armada con doscientos fusiles y municionada.

El Salvador impidió su progreso (9 de mayo de 1851), ocupando el departamento de Sonsonate (Sonsonate, Santa Ana y Ahuachapán actuales) con sus fuerzas y colocó ciertos destacamentos en la frontera para evitar la infiltración.

El Salvador advierte a Honduras que pare el envío de tropas, tanto porque ya no son necesarias como porque le sería difícil mantenerlas con decoro.

El tesoro nacional se hallaba exhausto y se había recurrido a un empréstito forzoso que todavía estaban pagando los propietarios.

El Senado se vuelve contra el señor Vasconcelos y lo acusa de haber hecho la guerra sin autorización legislativa. Agregó que se había entorpecido su reunión para el caso. Vasconcelos renunció y se preparó para defenderse, pero el propio Senado se lo impidió disolviéndose. Se llamó al ejercicio del Poder Ejecutivo al indicado por la ley, quien se excusó por enfermedad. Se acudió al señor Félix Quiroz.

Ejerció este el Poder Ejecutivo por varios días y se retiró diciendo que su salud era escasa y su mantenimiento difícil, no propio para una agitación tan grave.

Se llamó a don Francisco Dueñas, un hombre de voz suave y simpática, de trato afable y de mirada notablemente penetrante y escrutadora.

Tenía el don de disimular sus impresiones, salvo cuando sus convicciones de justiciero implacable enfrentaban riesgos punzantes.

Entonces se salía de sus casillas.

Al tomar posesión del Poder Ejecutivo ante las Cámaras, "obligado por la ley y no por mi voluntad", manifestó (4 de mayo de 1851), entre otras cosas, que sostendría todo lo que dispusiese la representación nacional y sería con todos benigno, "y si alguna vez me manifestase inexorable, lo seré únicamente con los que intenten perturbar el orden público; porque sobre estos haré recaer el rigor de la ley".

Y jamás cambió de actitud hasta el día de su caída, cuando fue Presidente de El Salvador por última vez.

El señor Dueñas fue prudente y lúcido en esos momentos tan difíciles.

Entre otras cosas, se apresuró a entrar en arreglos con el cónsul Chatfield a fin de parar los perjuicios que ocasionaba a la economía nacional el bloqueo de los puertos aún subsistentes.

A ese efecto, envió a Guatemala al licenciado Ignacio Gómez, hombre altamente ilustrado y hábil.

Gómez, pues, y Chatfield suscribieron en Guatemala un convenio (15 de agosto de 1851) por el cual el gobierno de El Salvador ratificó el celebrado el 12 de noviembre de 1849 en la rada de La Unión a bordo del Gorgon.

Se obligó al pago de una deuda de 15,000, al reconocimiento de Marcos Idígoras en su carácter de vicecónsul británico y dio una satisfacción por la impropiedad del lenguaje que se había usado antes: "resultado de una deplorable exaltación que no significa en manera alguna la intención de faltar al respeto a S. M. B."

El señor Dueñas manifestó poco después haber pagado esa suma específica y que se estaba preparando para cancelar la de 28,000 pesos, de la cual no dio explicación en ese momento.

Don Victoriano Castellanos, de quien volveremos a hablar, contribuyó voluntariamente con la de 300 pesos para el pago de la de 15,000.

La actitud y el lenguaje del señor Chatfield, tan insolentes, se tornaron amables y corteses, como por encanto.

Pero ciertamente no se sabe si ello se debió al hecho de haber arreglado sus asuntos pendientes en El Salvador, tal como él lo deseaba, o porque los vientos hostiles de Inglaterra habían cambiado con la presencia de Luis Bonaparte en Francia, o porque había caído el viejo agrio de Lord Palmerston, a quien se criticaba en la propia Inglaterra por sus notas imperiosas de tono acerbo a sus agentes diplomáticos y a los ministros de muchos gobiernos, y por sus actitudes agresivas en los negocios del exterior que transmitía a los Chatfield, a los Homly, a los otros, y se manifestaban en estos, pero solo con respecto a quienes no podían replicarles con igual altanería.

Lo sustituyó Lord Derby.

"Y ya veremos", decía el capitán de un bergantín procedente de Boston (7 de mayo de 1852) que ancló en Omoa, "que el gabinete inglés desistirá del protectorado del rey mosco y depondrá toda pretensión sobre las costas de Centroamérica, pues ha mandado retirar la guarnición del puerto de San Juan y ha ordenado devolver este a las autoridades de Nicaragua, como ofrecido cumplir los tratados existentes con la América Central".

Y así se verá después.

NUEVO CÓNSUL INGLÉS

Federico Chatfield se va (4 de mayo de 1852). Le sucede Charles Lennox Whyke.

Rafael Carrera es elegido por la Asamblea Legislativa Presidente vitalicio de Guatemala (22 de octubre de 1851) y ninguna asamblea posterior se hubiera atrevido a quitarle el poder que se le diera.

El partido conservador triunfante se daba en el fondo un monarca, por el que suspiraba abierta o solapadamente, cuando el liberalismo en todas las naciones americanas se hallaba rascando desesperadamente en el suelo, combatido por todas las aguas destructoras y todos los vientos adversos, para echar una raíz.

Un grupo de serviles lanzó un proyecto de erección en La Arada de un monumento para perpetuar el glorioso suceso que salvó la República el 2 de febrero de 1851 y, por consecuencia, la memoria del ilustre hijo de Guatemala, Rafael Carrera.

El Salvador mostró sorpresa y disgusto, porque el monumento no haría memoria de la victoria alcanzada contra ningún país extranjero, sino del triste resultado de una reyerta familiar.

Soplos de anarquía, falta de organización, riquezas naturales abandonadas, desorientación y desánimo manifiestos en el individuo, ideas locas, odio, etc., tal el cuadro de la época.

Los trastornos mentales no eran privativos del individuo centroamericano.

Inglaterra había coronado rey mosco en Jamaica y propendía a alzar otro en Yucatán.

En Haití, Faustino Soulouque (24 de agosto de 1846), como antes Dessalines, se hacía proclamar Emperador para diversión de los turistas americanos, que hablaban de una corte pintoresca compuesta por personajes (según The Chronicle de Nueva York), tales como los duques de La Limonada y de la Cruta de Jacat, el conde de Tru-Bibí y el barón de Cal Palmiche.

Rafael López de Santa Anna, en México, se hacía dar el título de Alteza Serenísima con derecho a dejar sucesor al país, según lo dispusiera a su muerte bajo sobre sellado.

William Walker proclamaba la República de Sonora en territorio mexicano.

Los norteamericanos promovían disturbios en la Baja California y atentaban contra la isla de Cuba, fuertemente custodiada para el caso por una cortina de barcos de guerra, etc.

b) Después de la guerra con los Estados Unidos, México cayó en el desorden y el descontento.

Se vio al borde de la anarquía y cualquier nación allende los Pirineos pudo pretender darle protección contra los Estados Unidos, que continuaban inspirando recelos.

Se habló de un protectorado de España, no solo para México sino para la América Central.

España estaba insolentándose por esa época, seguramente azuzada por potencias europeas.

Pero el protectorado no sería gratuito para México ni para la América Central.

Propiciado por Guatemala, combatido enérgicamente por El Salvador, requería el establecimiento de una monarquía, organización de un ejército exclusivamente comercial, privilegios y grandes títulos mobiliarios.

Si se hubiese substanciado esa tentativa, los Estados Unidos habrían visto el cambio como un acto de hostilidad, bastante para justificar todas las medidas que una nación poderosa pueda adoptar para defender sus derechos y los principios de su política exterior.

Causa sorpresa observar a esta distancia la inclinación por la monarquía de los elementos de la élite de Guatemala, lo cual solo se explica si se la compara con los fantaseos y las puerilidades llenas de color de la infancia. Mentes poco desarrolladas.

Aunque en realidad, esas mentes nada serias ni prácticas continúan manifestándose en los negocios públicos, así sea esporádicamente.

Eso se advierte en todos los trastornos promovidos en ese tiempo y en la hora actual.

Se jugaba y aún se juega a los soldados y a las armas de fuego con algarabía ensordecedora.

Como decía uno:

"Si unos pocos hombres conocían las doctrinas democráticas de ciertos publicistas extranjeros, ignoraban la práctica de ellas; y venía a ser lo mismo o peor que si las hubiesen ignorado del todo".

No se oyen, como es de suponer, las voces de la cordura que los llaman al orden y al trabajo, para que puedan comer, educarse, vestirse y ser dignos.

Así, la noche del 4 de agosto de 1851, el cuartel principal de León se rebeló contra el supremo director de Nicaragua, licenciado don Laureano Pineda, bajo los manejos del teniente coronel José María Ballesteros, comandante del departamento occidental, y en el alzamiento había metido sus manos el obispo Viteri y Ungo, a pesar de las admoniciones del Papa para que no volviese a inmiscuirse en semejantes aventuras.

Por consejos del obispo fue llamado J. Trinidad Muñoz para que se pusiera al frente de la insurrección, quien había de decir que "retirado a la vida privada y dispuesto ya a salir del Estado, veía con dolor el abismo adonde lo precipitaban los malos gobernantes; pero a nadie era dado evitar la catástrofe que fue anunciada por todas partes y vista por todos. La mano de la Providencia que vela por este país privilegiado, hizo que cuando las riendas del gobierno estaban botadas en medio de la plaza, ocurriera la sociedad misma a establecer un gobierno provisorio que las empuñase, y al mismo tiempo se abrió una hermosa senda de regeneración para el Estado, llamándolo en Asamblea Constituyente para que de una manera fundamental establezca la marcha y desarrollo de Nicaragua".

Los sublevados capturaron al supremo director, señor Pineda, y a sus ministros, licenciado Francisco Castellón y teniente coronel Francisco Díaz Zapata, y vinieron a botarlos a bordo de un bongo llamado Veloz, frente al puerto de Playa Grande.

Organizaron (5 de agosto de 1851) un gobierno encabezado por don Justo Abaunza, quizás forzado, porque en su manifiesto expresa ideas inconexas y sin convencimiento; pero simultáneamente, como quien recoge las riendas de la legitimidad y con expresión de protesta en contra de los sucesos de León, en Granada se organizó otro gobierno, este encabezado por don José del Montenegro.

El Salvador comentó (26 de septiembre de 1851) que "la revolución de Nicaragua, sin más objeto ostensible que el de una pura cuestión sobre las personas que debían estar al frente de los negocios públicos, toma, según parece, un giro bastante alarmante: los partidos en su exaltación y en sus deseos de triunfar, se entregan, según se nos ha informado, a manos extrañas que no pueden concurrir en nuestros negocios sin una mira interesada en favor de su nación".

Nicaragua había llamado poderosamente la atención del mundo por la propaganda que se hiciera con el proyecto del canal interoceánico, para que allí no hubiesen llegado aventureros norteamericanos, algo así como la vanguardia de William Walker, que no tardaría en asomar en busca de fortuna; y un grupo de ellos se había inmiscuido en esa caricatura de revolución, que no era más que triste montonera de individuos faltos de ocupación.

Se mantuvo, pues, El Salvador, a la expectativa, más atento a los objetos de su industria que al mantenimiento de la Confederación en ciernes.

El supremo director depuesto, licenciado Laureano Pineda, y sus ministros, llegaron a Nacaome y de allí enviaron correos a San Salvador y Comayagua.

Don Juan Lindo no pudo ver con indiferencia un golpe dado con alevosía y traición al proyecto de nacionalidad que, como el que más, había contribuido a poner en pie.

Levantó un ejército, lo puso al mando de los generales Santos Guardiola y Francisco Lope y ordenó a estos marchar a Nicaragua para que asumiesen el mando de las fuerzas del gobierno granadino y fuesen a León a restablecer el orden y la legitimidad.

Esas fuerzas (10 de noviembre de 1851) entraron en León.

Don Juan Lindo (14 de noviembre de 1851) llegó a Choluteca para manejar desde allí los hilos de aquel caso.

Así, pues, el señor Pineda volvió a ejercer sus funciones y se estableció en Granada, la enemiga de León.

J. Trinidad Muñoz y otros nicaragüenses fueron capturados, y también lo fueron los norteamericanos inmiscuidos en la reyerta.

Muñoz huyó y se refugió en El Salvador, y aquí permaneció tranquilo por todo el tiempo que quiso.

Nicaragua pidió poco tiempo después su entrega, pero no fue oída.

CABAÑAS FRENTE A CARRERA

En El Salvador se desarrolló un proceso eleccionario bastante sencillo, pero honesto.

Los electores se dividieron entre Trinidad Cabañas y Francisco Dueñas.

El primero recibió 6,963 votos; el segundo 23,029.

Continuó, pues, el señor Dueñas en el ejercicio de la presidencia.

Por el mismo tiempo se desarrolló una elección en Honduras para dar sustituto a don Juan Lindo.

Resultó elegido Trinidad Cabañas, y una comisión gubernamental encargada de acompañarlo en su viaje a Comayagua se presentó en San Miguel (11 de febrero de 1852), adonde se había trasladado después de los sucesos habidos en Guatemala.

Se despidió por carta, cordialmente, del señor Dueñas, a quien llama "querido amigo", y el señor Dueñas habló elogiosamente de él en su mensaje.

Durante el mes de mayo (1852) debió haberse reunido en Tegucigalpa la Asamblea Nacional Constituyente de la Confederación formada entre Honduras, Nicaragua y El Salvador, y no pudo conseguirse eso sino hasta el mes de octubre por renuncia de los diputados elegidos en esos tres países a concurrir.

Posiblemente se hallaban desencantados. Había muerto su fe. Todo había caído.

En ese desierto de voluntades, batido por todos los vientos, solo una figura desolada y magnífica quedó en pie: don Juan Lindo.

Así, pues, J. M. Montoya manifestó que se hallaba comprometido en la siembra del jiquilite en su hacienda de Gualcho cuando fue citado para que se pusiera en marcha usando los viáticos acordados.

José Sacaza se hallaba enfermo, lo mismo que Enrique Hoyos.

José Campo alegó que sus ocupaciones eran muchas.

Este progresaba en el beneficio del café.

También dijeron hallarse enfermos u ocupados Juan José Bonilla, Victoriano Castellanos, presbítero Francisco Barahona, León Alvarado y el suplente Eusebio Orellana.

El obispo Jorge Viteri y Ungo expuso que las atenciones de su diócesis, por muchas y extensas, no le permitían tiempo para más.

Barrios, cultivador de jiquilite como Montoya, dijo que se hallaba enfermo del hígado y que estaba bajo tratamiento de un especialista americano; y concurriría si para cuando se instalase la asamblea su salud se había restablecido.

"Fuera de estos términos, sería preciso", dijo, "que sobre mí se tomaran providencias coactivas, que tampoco llenarían el objeto porque estoy resignado a pagar multas y a que me conduzca una escolta a Tegucigalpa antes de ponerme voluntario en camino, en la seguridad de que estoy de gravar mi salud y privarme de que termine mi curación un médico a quien le tengo una confianza ilimitada".

La asamblea por fin se instaló (19 de octubre de 1852) con voluntades muertas, individuos llevados a rastras, 24 diputados.

Desde que Cabañas fue elegido presidente, Carrera se removió en su asiento y lo vio de reojo.

Ese epígono de Morazán propendía siempre al restablecimiento de la unidad nacional y acogería y alentaría a los emigrados guatemaltecos, entre quienes figuraba de modo descollante el agitador José Barrundia.

Don Lorenzo Montúfar se hallaba por entonces en Costa Rica.

Así, pues, ya sea que revolucionarios guatemaltecos hayan penetrado por la frontera de Honduras a Guatemala, o que Carrera inventara el pretexto, tropas chapinas invadieron el territorio hondureño (diciembre de 1852), en persecución de aquellos, según se dijo, y cometieron depredaciones en Copán. Cabañas reunió fuerzas y se trasladó de Comayagua a Gracias para pedir satisfacciones a Carrera. Carrera pasó a Chiquimula.

La marcha tranquila y regular de los días lo impacientó y habló.

"Me dirijo de nuevo", dijo (29 de febrero de 1853), "para que el señor ministro" (un tal Ramón Mejía) "me dé una contestación definitiva sobre si se decide por la paz o por la guerra, pues no es posible permanecer por más tiempo de la manera que hasta hoy sin ningún resultado".

Más tarde (18 de marzo de 1853), dice que está "dispuesto a firmar una paz honrosa, que vale más que una victoria, y si el señor presidente de Honduras hace lo mismo, será bendecido de los pueblos que dignamente gobierna porque les dará el bien más precioso con que el Ser Supremo nos puede favorecer".

Ese año la estación de las lluvias se inició en el mes de abril.

Por fin, Carrera se retiró a Guatemala; pero se tuvo la inteligencia sobre la celebración de un convenio de paz.

Concurrieron a Chiquimula don Juan Lindo, don Justo J. Rodas y don Juan Antonio Milla por parte de Honduras (19 de abril de 1853), y don Jesús M. Gutiérrez por parte de Guatemala.

Este convenio dice que Guatemala indemnizará a los pacíficos e inocentes vecinos de Copán y Zacapa por los perjuicios que les causaron al llegar a esos lugares sus tropas.

A Carrera no gustó el convenio e hizo otro que envió a Cabañas para que lo firmara, en el cual, a los anteriores conceptos, se agregaba que las tropas chapinas, cuando tocaron en esos lugares, iban en persecución de los que se habían introducido armados al territorio de Guatemala.

Cabañas manifestó enfado porque era uno de esos hombres sin capacidad alguna de flexión y se quebró frente a Carrera, sin consideración a que en esos momentos no se pertenecía sino a un pueblo cuyo bienestar, salud y bienes materiales le había encomendado crear y mantener.

"El convenio tal como viene alterado por el gobierno de Guatemala", dijo su ministro, "presenta a Honduras culpable por faltas que no ha cometido. Niega a este todo punto de derecho indiscutible de exigir reparación por las ofensas recibidas en Copán y deja en pie motivos de ulteriores discordias que el gobierno de Honduras ha querido por su parte hacer desaparecer".

Se trasladó Cabañas a Sinuapa acompañado por don Juan Lindo.

Francisco Lope, segundo jefe del ejército, se da a escribir cartas revolucionarias a sus amigos de El Salvador para botar a don Francisco Dueñas, a quien acusa de proteger a Santos Guardiola, que tiene también la protección de Guatemala.

Las cartas son interceptadas por don Francisco Dueñas.

Este sonríe y no se inquieta por los rumores malignos que descienden de las montañas del Norte y se riegan por el valle.

Conoce a Cabañas y lo compadece.

El Salvador no aprobó lo actuado en Tegucigalpa por la Asamblea Nacional Constituyente y aprovechó esta oportunidad para desligarse de todo compromiso sobre la reorganización nacional.

Cabañas se indignó.

El ministro Ramón Mejía se dirigió al gobierno de El Salvador (28 de abril de 1853), en tono airado al tener conocimiento de que "habiendo cumplido El Salvador con las estipulaciones del pacto de 8 de noviembre de 1849 sin obtener ningún resultado favorable, se declara insubsistente por parte de ese Estado, lo mismo que los demás pactos en lo tocante a compromisos sobre organización nacional, etc. Esto es burlarse con descaro de la lógica y el sentido común".

El Salvador se muestra sereno y contemporizador.

El señor Dueñas no se altera por los términos fuera del lenguaje diplomático vertidos por el señor Mejía.

En Sinuapa (24 de mayo de 1853) se subleva una parte del ejército. Se fugan 200 hombres. Cabañas y Lope, con mucho esfuerzo, logran hacer entrar en orden a 70, por convencimiento o por amenaza.

El 28 y 29 del indicado mes fusilan a dos subtenientes y a los capitanes Antonio María López y Eugenio Pineda.

Algunos oficiales convictos de rebelión o simplemente sospechosos fueron enviados al castillo de Omoa.

Tropas sin convencimiento, sin ardor patriótico, formadas por soldados sorprendidos en la campiña, hambrientos, desnudos, muchas veces enfermos y miserables, sin raciocinio y sin ilusiones ni esperanzas.

Todo esfuerzo por evitar los roces con Guatemala habría sido más sensato.

Toda tentativa por encauzar un país empobrecido y harto de gestos militares habría sido laudable.

Pero tendría que continuar guiado por mentalidades chatas hasta la hora actual, en que no asoma por desgracia ninguna inteligencia despierta y aguda en hombre alguno de acción.

El cambio de gabinete en Londres vino a aclarar la situación centroamericana. En lugar de sir Bulwer, llegó como Embajador de Inglaterra a los Estados Unidos Mr. Joseph F. Crampton, y entre este y el Secretario de Estado de los Estados Unidos, Mr. Daniel Webster, se celebró un tratado (30 de abril de 1853) para aclarar la situación de la empresa de construcción del canal interoceánico a través de Nicaragua y arreglar los asuntos de límites entre ese país y Costa Rica en relación con ella.

Al mismo tiempo fijaron los límites del territorio mosquito, a saber:

"Comenzando en la costa del Mar Caribe, boca del Río Rama (lo cual es conforme al mapa de Baily de Centro América, publicado en Londres en noviembre de 1850), 11 grados, 14 minutos latitud Norte y 83 grados, 46 minutos longitud Oeste de Greenwich; de allí, Norte derecho sobre el mismo meridiano hasta el río Segovia, Fantasma o Wanz; de allí, sobre el mismo río al Mar Caribe; y de allí meridionalmente sobre la costa de dicho mar hasta el lugar del principio. Y todo el resto y remanente del territorio y de los terrenos situados en la parte Sur u Occidental de dicha reserva hasta allí ocupada o disputada por los mosquitos referidos, inclusive Greytown (San Juan del Norte), lo abandonarán y cederán a la República de Nicaragua con toda jurisdicción sobre él, etc.".

"Queda también entendido", agregaron, que "nada en el presente artículo impedirá la conclusión de un pacto voluntario y arreglo entre el Estado de Nicaragua y los indios mosquitos, por el cual estos últimos pueden ser definitivamente incorporados y unidos al Estado de Nicaragua; quedando estipulado que en este caso los referidos indios mosquitos gozarán de los mismos derechos y quedarán sujetos a los mismos deberes que los otros ciudadanos del mencionado Estado de Nicaragua. La autoridad municipal y pública de la ciudad de Greytown será ejercida y poseída por el gobierno de Nicaragua".

Así, pues, quedaba la Mosquitia nicaragüense incorporada y expuesta a la aventura y a caer en manos de cualquier aventurero, si Nicaragua no daba los pasos necesarios para simular, por lo menos, arreglos con el rey mosco y establecer sus propias autoridades en ese territorio tan lleno de riquezas naturales y delimitado por el tratado de Webster-Crampton, como se ha visto.

Y no podía darlos, ni siquiera para velar por su propia conservación, desgarrada, desangrada, empobrecida y anarquizada por las facciones de conservadores y liberales, que, sin poder entenderse por medio de la palabra, se liaban a golpes; y llegarían en su frenesí a los mayores excesos para caer, ciegos, en las peores indignidades.

Quitaba, pues, Inglaterra el pie de la Mosquitia después de 200 años de tenerlo puesto allí; pero al mismo tiempo procuró afirmarlo frente a las costas de Honduras en el Mar de las Antillas (11 de julio de 1852), a cuyo efecto el superintendente de Belice declaró que S. M. B. se había dignado constituir una colonia de Roatán, Utila, Barbereta, Helena y Morat con el nombre de Islas de la Bahía.

Esta declaración fue vista con disgusto por los Estados Unidos, y la Comisión de Relaciones Exteriores del Senado declaró que las Islas de la Bahía eran de Honduras y que su ocupación por la Gran Bretaña constituía una violación del tratado Clayton-Bulwer.

De este modo se abrió la puerta a la devolución de esas islas a Honduras mediante el tratado Francisco Cruz-Charles Lennox Whyke (29 de noviembre de 1859), en el cual, entre otras cosas, se dejó establecida en las islas la libertad de cultos, cosa muy importante para los isleños, la mayor parte de ellos ingleses, principalmente de Jamaica, lo que originó en el interior del país la guerra de los frailes, como se verá adelante.

Pero la toma de posesión por el gobierno de Honduras no se pudo efectuar por diversas circunstancias, sino algún tiempo después (10 de mayo de 1861), en que este nombró para el caso como delegados a Rafael Padilla Durán y Francisco Cruz, con el encargo de establecer allí las autoridades.

Como quedara la Mosquitia y el puerto de San Juan del Norte, llamado Greytown por los ingleses, en situación insegura, ciertos americanos, inflamados por su espíritu de empresa, dirigieron su atención allá, encabezados por un tal Kinney, quienes hicieron lo mismo que antes habían hecho los ingleses: comprar terrenos al pobre rey mosco, quien, por lo regular, "tan pobre y mísero estaba..." que no tenía un segundo trapo que ponerse encima.

Nicaragua informó a El Salvador (19 de febrero de 1854) que "sabía positivamente, por varios conductos, que una compañía de ciudadanos norteamericanos había comprado una gran parte del territorio mosquito a un jefe que por escarnio se le llamaba monarca de la tribu inculta y miserable, con el objeto de establecer allí una colonia americana".

El Salvador manifestó (18 de marzo de 1854) que daba instrucciones a su Ministro en Washington para que protestase ante el Departamento de Estado y, en efecto, protestó; y dijo, además, a

Nicaragua que daría su auxilio —entiéndase armado— en caso de que hubiera avances ilegales en aquella región.

Pero Nicaragua en ningún caso podría moverse por incapacidad material de hacerlo.

Poco después se recibían noticias de que Frutos Chamorro, el supremo director, había sido derrotado en la hacienda El Paso por los "expulsos de Nicaragua", según se dijo, los liberales auxiliados por Cabañas, los cuales ocuparon Chinandega y León sin resistencia, en cuyos almacenes de guerra se hallaron 1,000 fusiles y otros elementos bélicos.

Luego ocuparon Masaya y se prepararon para atacar nuevamente a aquel jefe en Granada.

Viendo, pues, que la lucha se prolongaba demasiado entre los unos y los otros, y considerando que los mismos pronunciados se hallaban dispuestos a atender la mediación, El Salvador (22 de julio de 1854) nombró al Licenciado Norberto Ramírez, que se hallaba en Chinandega, para que mediase, abocándose con los de León y Granada.

Un poco antes de eso (11 de julio de 1854), había ocurrido la destrucción de San Juan

Bombardeado por los 26 cañones de un buque americano, el Cyane, comandado por un tal capitán Hollins, quien se presentó exigiendo una indemnización de 24,000 dólares, según unos, de 16,000 según otros.

Hubo una previa amenaza de bombardear el puerto si dentro de 24 horas no se satisfacía esa exigencia, en reparación de robos hechos a la compañía de tránsito y de un grave ultraje inferido al ministro americano en aquel puerto por un individuo no identificado, al quebrarle una botella de whiskey en la cabeza, según unos, en las narices, según otros, durante una fiesta.

Pero este, es decir, el ministro americano, Solon Borlan, no tuvo atraso en dirigirse a los Estados Unidos, para donde iba, como que la fiesta se había organizado para despedirlo.

Un barco procedente de Jamaica no pudo entregar la correspondencia que llevaba, levó anclas y se alejó; y el capitán de un buque inglés que se hallaba anclado en aquel puerto, Holly, ya conocido, le dijo a Hollins que si tuviera solo diez cañones más, impediría el cumplimiento de la amenaza. Hollins le contestó que no lo impediría, así tuviese diez veces más cañones de los que tenía.

En efecto, vencido el plazo de las 24 horas, bombardeó el puerto y los habitantes salieron de la ciudad huyendo para refugiarse en los bosques inmediatos; y como vieran los marinos americanos que las casas no se incendiaban, desembarcaron para pegarles fuego, sistemáticamente, una a una.

Luego de eso, rasgaron la bandera mosquita, que fue restablecida el día siguiente por los ingleses, y pisotearon el retrato de la reina Victoria; pero los ingleses se guardaron muy bien de exigir satisfacción alguna por aquel ultraje hecho a su Soberana.

Poco después, a consecuencia de ese abuso de fuerza, el capitán Hollins fue acusado ante los tribunales de New York, pero consiguió que se le dejase en libertad mediante el pago de 20,000 dólares.

Un año después del suceso, previamente al cual se produjera algún desorden y perdiera la vida un hombre al tratar la compañía de recobrar lo robado antes de apelar a la acción de Hollins, Mr. White gestionaba aún (16 de junio de 1855) que se castigara con dureza a los habitantes de San Juan del Norte, para tomar posesión de la ciudad, reedificarla y convertirla en centro de negocios de la compañía, poner en ella funcionarios propios, transferir la jurisdicción "y ya sabe usted lo demás", decía a un tal Mr. Fabens. Añadía que consideraba de la mayor importancia que la población de la ciudad aprendiese a temerlos, etc.

Con motivo de ese incidente, se dijo que la Gran Bretaña

(The New York Tribune, enero de 1855) había prevenido a sus funcionarios que no interviniesen en nada, sino en la protección debida a sus súbditos; que no reclamasen ningún derecho de soberanía, ni se mezclasen en cuestión alguna entre la compañía de tránsito y San Juan del Norte; y, por último, que se limitasen a tomar nota y dar cuenta de los reclamos de los súbditos ingleses.

La situación nicaragüense llegó a inquietar tanto a Guatemala

Que el gobierno de ese país pensó que se debía intervenir con las armas en la mano.

El señor San Martín de El Salvador (1° de febrero de 1855) se limitó a manifestar que, no estando aún agotados los esfuerzos de una mediación pacífica, debía esperarse su resultado sin hacer demostraciones de otro carácter que, además de irritar los ánimos, podrían acarrear cualquiera otra complicación.

Mientras tanto, las noticias de lo que se proyectaba en los Estados Unidos con respecto a la Mosquitia

Inquietaron a Costa Rica, y se apresuró a protestar ante el Departamento de Estado, como lo hizo Nicaragua.

Esta nación (22 de diciembre de 1854) manifestó que "desde un hotel de New York se dispone, sin ningún rubor, de 30,000 millones de acres de propiedad ajena, se distribuye y regala con profusión a escritores y periodistas una inmensa parte del territorio adquirido y se ofrece el resto en porciones de 100 y 50 acres en forma de acciones hasta el número de 200,000 a la rapacidad y codicia de los vagabundos que pululan en las ciudades populosas de la nación".

El gobierno de los Estados Unidos hizo advertencias y desautorizó la expedición a la Mosquitia, promovida y alentada por el Coronel Kinney.

Entre otras cosas, advirtió el presidente:

"Si os prevaléis de concesiones de territorios hechas a vos por un personaje llamado rey de los mosquitos, os recordaré que la condición de lo que se llama Reino de la Mosquitia ha sido, durante estos últimos años, un objeto de discusión entre los Estados Unidos y Gran Bretaña y que nuestro gobierno invariablemente ha sostenido la incapacidad de una tribu salvaje para ejercer ninguna autoridad soberana y política, por consiguiente, para conceder a ningún individuo un título de propiedad sobre tierras de que no se tiene sino la posesión".

Sin embargo, se organizó una compañía que ladeó inteligentemente esa advertencia y admonición, la "Central American Land and Mining Company".

Se dijo que el objeto era sencillamente fundar una República nueva e independiente en la costa de la Mosquitia y luego dar los pasos necesarios para una convención con las repúblicas de Nicaragua, Honduras, El Salvador, Costa Rica y otras más al Sur, para adoptar una Constitución Federal y establecer un gobierno análogo al de los Estados Unidos, siempre que Nicaragua y Costa Rica consintiesen en la colonización de una costa que ambas reclamaban como propiedad suya.

En estas circunstancias asoma William Walker

Asociado su nombre al del mencionado Coronel Kinney; y ambos se preparan para salir separadamente con el propósito de reunirse en Nicaragua, según se dijo, el primero de ellos con 150 hombres, según unos, 60 ó 65, según otros.

La verdad es que Walker desembarcó del Vesta en el Realejo con solo 50 filibusteros; y Kinney fue a parar a San Juan del Norte, se apoderó del puerto, declaró República Independiente la Mosquitia, dándole como capital el puerto mismo y se constituyó jefe del mismo Estado.

Mr. Pierce puso obstáculos a la empresa de Kinney "que no es", dijo The New York Herald (20 de octubre de 1855), "ni anglófilo, ni rey mosco, ni salvaje, sino un americano de sangre blanca".

Mientras tanto, en San Salvador descendía el señor Dueñas

Y ascendía don José María San Martín, un hombre muy modesto que se consideraba incapacitado para un alto destino.

Se notará que en ese tiempo el pueblo obraba libremente, sin que lo atemorizaran por un lado, ni lo halagaran por el otro y que no había asomado en la campiña el zorro astuto y parlanchín del demagogo, ni la administración pública era lo que es hoy, un negocio de opimos rendimientos, por cuya razón los hombres de todas las categorías se arrastran por el fango, atisban a uno y otro lado de su cenagosa senda, aúllan, muerden, gritan, disparan sus armas mortíferas, huellan la verdad, ensalzan la mentira, prometen mucho y no cumplen nada.

El señor San Martín dijo que fundaba su renuncia en sus pocas capacidades y en el hecho de no poseer en bienes raíces lo que la ley exigía para poder desempeñar la Presidencia; y que era público y notorio que los que administraba pertenecían a su familia.

Además, agregó que tenía pendiente una cuenta con la hacienda pública, legítima causa y excusa que lo asistía para no aceptar el destino que se le había confiado.

Bastaba eso para que se viera que si renunciaba, no era sin justicia y por pura fórmula y afectada modestia.

La comisión legislativa nombrada para dictaminar sobre su renuncia manifestó que la falta de capacidad, aunque fuera cierta, no era una excusa legal, porque bastaba para gobernar un buen corazón y una recta y decidida intención de hacer el bien a los pueblos.

Que era verdad que tenía cuentas pendientes con la hacienda pública; pero de ello no le resultaba ningún cargo, por haber rendido el señor San Martín su cuenta como tesorero del ejército que en 1844 expedicionó sobre Nicaragua y resultando en su favor un alcance de 2,262 pesos 3 reales que el mismo señor San Martín manifestó pertenecer a la hacienda pública, en razón de que esta suma podía ser resultante de haberse aumentado el precio de algunos efectos que manejó, al distribuirlos en pago a los jefes, oficiales y tropa.

La circunstancia de estar pendiente su cuenta o de no estar glosada, no era causa legal eximente, ni por ella se suspendían sus derechos ciudadanos.

En cuanto a sus bienes, la comisión se hallaba informada de que además del capital mobiliario que giraba, el señor San Martín poseía bienes raíces en mayor cantidad de la que la ley exigía.

El señor San Martín manifestó, al tomar posesión de la Presidencia (15 de febrero de 1854), entre otras cosas, que se hallaba persuadido "de que la ciencia de gobernar es la más difícil, principalmente por haber que conciliar una multitud de intereses opuestos, porque los constantes movimientos anárquicos han impedido el conciliar una justa y recta administración; que este estado de desorden ha agotado la hacienda y establecido la inmoralidad, cuyas circunstancias, esto es, la hacienda y la moral, son las fuentes primeras y más necesarias para poder hacer el bien, cosas que, a más de las fuertes excusas que expuse para no ocupar la silla del Ejecutivo, me obligaban a resistirlo".

Por lo que se ve, el señor San Martín era honrado con los demás y consigo mismo.

Su visión del mundo era imperfecta, sin embargo, como la de aquel que contempla el cielo a través de la ramazón de un grupo de árboles.

El Presidente de la Asamblea lo ilustró acerca de sus obligaciones primordiales.

"Tenéis que trabajar en el restablecimiento de la moral pública", le dijo, "impulsar la agricultura, el comercio y las artes; proteger eficazmente la instrucción pública, organizar el ejército, mejorar el estado deficiente del tesoro y emprender todas las mejoras materiales que demandan la necesidad y la conveniencia general".

La criminalidad llegó a asumir en ese tiempo proporciones demasiado graves.

Para que no se estudiara la situación y se tratara de remediarla.

Los caminos no muy frecuentados estaban plagados de ladrones salteadores, en su mayor parte reos prófugos.

El gobierno se veía en la necesidad de distraer del servicio de plaza una parte de sus fuerzas para dedicarla a su persecución, ya que las autoridades locales del orden judicial descuidaban en alto grado esa parte de sus obligaciones.

Se vivía temiendo que esas cuadrillas de malhechores aumentaran luego, en virtud de que, estando vigorosamente perseguidos los ladrones por las autoridades de Guatemala, afluyesen en gran número a territorio salvadoreño, en donde no temían todo lo que allá tenían que temer.

La situación se agravaba por el hecho de que los elementos de la administración de justicia no eran bien retribuidos o carecían de retribución alguna en muchos lugares, y las cárceles, por otro lado, eran inseguras y poca su vigilancia.

Los reos se fugaban fácilmente para librarse de penas de cualquier categoría, no bien condicionadas a la naturaleza del delito.

Por esa época (1854-1856), a una mujer convicta de haberse robado un reloj, se le aplicó la pena de vergüenza, dos años, cuatro meses con algunos días de reclusión y vigilancia por un año y cuatro meses más.

A un hombre que se robó una vaca, se le aplicó la pena de noventa palos y se le condenó al pago de costas.

A otro, por violación de una mujer, se le condenó a diez años de trabajos forzados en obras públicas y a la deportación posterior.

Un señor de nombre Francisco Arcia fue condenado en el Juzgado de Paz de Santa Ana a la pena de dos años, un mes y veinte días de reclusión, por haber dado dos bofetadas a su hermano Gregorio del mismo apellido.

Por homicidio se aplicaba regularmente la pena de diez años, ocho meses de presidio, o la de seis años, ocho meses de trabajos forzados y cuatro de destierro.

b) En ese tiempo se hallaban en vigencia leyes que ahora nos parecerían rudas.

El espíritu español no había desaparecido del ambiente. Ejemplos:

La ley de los palos, sancionada por el Jefe de Estado don Juan José Guzmán (5 de abril de 1843):

"El jornalero que no pague religiosamente el empeño que contrae por su servicio personal, sufrirá la pena de quince a veinticinco palos que le mandará aplicar la autoridad del lugar donde se encuentre y ésta lo remitirá con toda seguridad a la finca o labor donde debe trabajar" y si "reincidiese y los que desertando del trabajo causaren perjuicios al hacendado o labrador, sufrirán la pena de veinticinco a cincuenta palos y además serán remitidos de la manera que se explica anteriormente. Las costas que se originen en la remisión de jornaleros empeñados o desertados del trabajo, serán satisfechas por sus patronos y éstos las cargarán a la cuenta de dichos jornaleros".

La ley comprendía a los militares fuera del servicio activo, que hubiesen contraído obligaciones de igual naturaleza, y a los sirvientes domésticos.

Castigo de los ladrones famosos y demás, Administración José María San Martín (3 de marzo de 1854):

"A los ladrones famosos; a los que sin serlo maltraten de cualquiera manera grave en el acto de robar a la persona o personas cuyos intereses hayan sido hurtados o robados; a los que, en la perpetración del hurto o del robo, cometan violencia o estupro, bien sea en el acto de robar o hurtar, o en cualquiera otro acto de los preparatorios del delito; a los que roben o hurten en cuadrilla de tres individuos arriba; a los que cometan hurto o robo sacrílego; a los que para hurtar o robar ejecuten incendio, fractura, perforación o escalamiento de los edificios urbanos o rurales en que se custodien las cosas hurtadas; a los que cometan robo asaltando en las calles o caminos públicos a las personas robadas; y a los que en el acto de ser capturados, hagan resistencia a la justicia, se les impondrá la pena capital".

Fuera de eso, por regla general, todo ladrón vencido en juicio sufría la pena de cien a trescientos palos.

En San Salvador se habían producido conmociones del suelo

Desde la madrugada del Viernes Santo (1854).

Entró la noche del 16 de abril sin novedad; pero a las nueve y media, un fuerte temblor no precedido de ruidos subterráneos puso en cuidado a toda la población.

Muchas familias salieron de sus casas a formar campamentos en las plazas y otras se trasladaron a los patios.

A las 11 y 5 minutos, sin preceder ruido, la tierra se sacudió con tal furor que en 10 segundos la mayor parte de los edificios de la ciudad perdieron el equilibrio al ser zarandeados y se desplomaron con fragor indescriptible.

La atmósfera se llenó de polvo espeso, voces y gritos en las tinieblas vibraron y el pánico estuvo a punto de desquiciar la mente de muchos que, poco después, empezaron a asomar sus cabezas despeinadas entre los terrones y el desvencijamiento de las paredes, con ojos que hacía saltar el terror de aquella noche.

Todavía quedó oyéndose, entre voces alocadas en fuga, el llanto de los niños y el alarido de las madres, la detonación de la caída rezagada de las últimas paredes.

La impresión de aquel momento fue que toda la población o gran parte de ella había perecido bajo los escombros.

Muchos cayeron de rodillas para pedir perdón al cielo y confesar sus pecados con desgarrado grito.

La sed se acentuó en la población sin agua.

Mas no bien en la atmósfera tibia y doliente, cargada de olor a tierra recién removida, empezó a difundirse la tenue claridad del día, se inició una emigración en todas direcciones.

Hombres y mujeres a pie, llevando en canastos o en tanates los tristes efectos de emergencia que pudieron haber en la confusión y el llanto.

Hubo cien muertos y algunos lesionados, entre estos últimos don Francisco Dueñas.

Las oficinas de gobierno se trasladaron primero a Soyapango y después (18 de abril de 1854) a Cojutepeque.

La intención fue abandonar el valle para siempre y luego (27 de abril de 1854) se nombró una comisión para que buscase sitio donde fundar la nueva ciudad que sería la capital de la República.

Formaron esa comisión don Francisco Dueñas, don Eugenio Aguilar, don Julio Rosignon, don Manuel S. Muñoz y don Baltasar Bogen.

La Universidad y el colegio La Asunción, que hacía poco se habían trasladado a edificio propio no terminado aún, la Corte Suprema de Justicia y el Juzgado General de Hacienda, se establecieron en San Vicente, y allí se fundó a poco un periódico intitulado El Rol.

Los habitantes de Cojutepeque alzaron el precio de los víveres y alojamiento, y el síndico de la ciudad, don Benedicto Palma, escribió y publicó un bando filosófico para despertar en ellos los sentimientos de la caridad, por si estaban aún vivos, soterrados por un afán de lucro oportunista en la explotación de la desgracia de vecinos tan inmediatos.

El bando del síndico produjo su efecto.

El gobierno de Guatemala se enteró hacia el 20 de ese mes de la catástrofe

Por un viajero que llegó allá procedente de Santa Ana.

Carrera se apresuró a expresar su condolencia al pueblo salvadoreño.

Envió un subsidio de 5,000 pesos y aseguró que el pueblo de Guatemala no sería insensible a esa desgracia.

Prometió levantar entre los vecinos acomodados una contribución para aliviarla.

Esta contribución de los vecinos ascendió a 5,168 pesos, en la cual algunos de ellos figuraron con 200, 300 y 500.

El gobierno de Honduras envió 2,000; el de Costa Rica 2,000 y el pueblo de dicho país 1,300, contribuciones que se enviaron conjuntamente.

Hubo otras.

El cónsul de Liverpool en Centroamérica contribuyó con 100 pesos, Belice con 400, el cónsul inglés con 180.

Contribuyó también el cónsul general de Francia.

Bueno es hacer constar esa actitud.

ch) La comisión nombrada escogió la llanura de la hacienda de Santa Tecla.

Para la fundación de la nueva ciudad "por ser un punto que agrada a la generalidad de los habitantes de San Salvador, tanto por su inmediación y su camino carretero, como por la salubridad, frescura de su temperamento, inmediación al puerto de La Libertad y otras favorables circunstancias".

Además, los vecinos de San Salvador solicitaron simultáneamente autorización para fundar la nueva ciudad de San Salvador en Santa Tecla.

La fundación se autorizó (8 de agosto de 1854), a petición, además, de las autoridades.

Las cámaras de senadores y de diputados (6 de febrero de 1856) aprobaron el acuerdo de 8 de agosto de 1854 sobre la fundación de la ciudad en Santa Tecla.

"Esta población tendrá", dice el artículo 2 de este decreto legislativo, "el título de Nueva Ciudad de San Salvador; será la capital del Estado y el Poder Ejecutivo hará construir en ella, lo más pronto que le sea posible, todos los edificios correspondientes a las supremas autoridades y sus dependencias, casas consistoriales, cárceles, hospitales, cementerios, colegios, universidades, estanques, fuentes y demás obras que juzgue necesarias para la cómoda y decente residencia de los supremos poderes, procurando que la alineación de calles, distribución de plazas y demás lugares públicos, se haga con la mayor perfección y al gusto moderno".

El Poder Ejecutivo, dice el artículo 3, "excitará al Ilmo. Señor Obispo, para que por su parte, haga edificar la Santa Iglesia Catedral, el Palacio Episcopal y colegio tridentino en dicha población, para cuyo efecto le dará todos los recursos pecuniarios y de otra clase que quepan en su posibilidad".

Pocos meses después de ese decreto se informaba (6 de junio de 1856) que, de los muchos edificios públicos que se necesitaban en la ciudad destinada para la capital del país, se habían comenzado a construir:

- La iglesia de Concepción.
- La ermita de San Antonio.
- Una casa para el Colegio Tridentino.
- El Palacio Episcopal.

- La casa para el Supremo Gobierno.
- Un rancho para el Cabildo.

El Salvador y Nicaragua demostraron profundo interés en cortar la hostilidad existente (1854) entre Carrera y Cabañas.

A ese efecto, el gobierno del segundo nombró a don Pedro Zeledón para que marchara a Guatemala y éste excitó al gobierno del señor San Martín para que interpusiese sus buenos oficios.

Promovida por El Salvador, se organizó en Santa Ana una junta para arreglar la paz entre aquellos dos gobernantes.

El representante del gobierno de El Salvador en Guatemala, don Eugenio Aguilar, obtuvo del ministro Pavón un memorándum reducido a tres capítulos que, siempre que fuesen aceptados, debían servir de preliminar para el ajuste de la paz definitiva.

Se aceptaron en efecto y, bajo tales auspicios, se abrieron conferencias en San Salvador (5 de febrero de 1854) entre comisionados de ambos gobiernos, con la mediación de El Salvador, que también concurrió por medio de un agente acreditado por su parte.

Las conferencias se prolongaron hasta mediados de marzo por dificultades que, para el arreglo de ciertos puntos, presentaban las instrucciones de uno y otro gobernante.

Por su parte, el señor San Martín hizo cuanto le sugirió su ardiente deseo de llevar las cosas a un término feliz; y, rotas las negociaciones, tuvo la pesadumbre de ver recomenzar las hostilidades y, con ellas, las calamidades y miserias de la guerra.

Sin serle ya posible (porque tampoco era decoroso, después de frustrados los primeros pasos), atajar los efectos de la mala inteligencia entre aquellos dos gobiernos; y porque, después de la ruptura, la guerra tomó el carácter de una revolución intestina respecto de Honduras, cuyos pueblos, a la sombra de la fuerza guatemalteca, se pronunciaron contra la administración del General Cabañas.

DOS DECESOS LAMENTABLES

Don Felipe Molina muere en Washington (1° de febrero de 1855) de tuberculosis.

Al ocurrir su muerte, era representante diplomático de Costa Rica, Guatemala y El Salvador.

Se organiza en La Unión una banda de ladrones y se embarcan para ir a saquear la hacienda San Bernardo (existente todavía), en jurisdicción de Choluteca, de don Mariano Montenegro, sabedores de que éste, muy rico, guardaba en ella su dinero.

Al llegar a la hacienda, hallaron en un aposento al Licenciado Edmundo Carcache (1855), quien, al hacerles oposición, murió a manos de ellos.

Este hecho constituyó un escándalo, porque Carcache había sido un hombre prominente y muy instruido.

La prensa de Guatemala acusó a las autoridades salvadoreñas de lenidad.

Algunos de los asaltantes fueron capturados, juzgados en La Unión y muertos al aplicárseles la pena establecida por la ley para esos casos.

Recopilación de leyes.

a) Ministro del señor San Martín era el Licenciado Ignacio Gómez.

Este, como buen abogado, palpó de inmediato la necesidad de la ordenación de las leyes vigentes, un fárrago casi inexplicable, en el que muchos se enredaban.

Sólo había un hombre que podía hacerse cargo de esa obra tan ponderosa: el presbítero y doctor Isidro Menéndez.

Éste aceptó fiando en el conocimiento que de las leyes del país tenía.

"Pero todos saben", manifestó (19 de julio de 1854), "que mi genio es sumamente activo y que cuando emprendo un trabajo lo llevo a cabo con mucho tesón. Comenzaré, pues, desde luego y comenzaré con empeño para ver si concluyo al reunirse las cámaras... Es necesario que el gobierno, desde luego, mande a dos buenos escribientes que escriban con ligereza y correctamente, porque si me ocupo en corregir copias, no acabaré nunca. Dichos escribientes no vienen a trabajar como en oficina, sino de sol a sol y con ligereza. También convendría escribir al administrador de alcabalas de aquí (Ahuachapán), que tiene buena pluma, para que auxiliase".

El presbítero Isidro Menéndez dio cuenta (9 de enero de 1855) de haber terminado la recopilación, la cual, examinada y aprobada (1° de septiembre de 1855), se envió con ella a Guatemala a un comisionado en busca de impresor.

El trabajo se hizo ese mismo año en la imprenta del señor Luciano Luna y el precio de venta que se dio a cada ejemplar en el Estado (dos tomos) fue de catorce pesos.

LOS FILIBUSTEROS

Procedente de San Francisco, California, desembarcó en el Realejo de tierras de Nicaragua (16 de junio de 1855), del vapor Vesta, el expresidente de Sonora, William Walker, con un grupo de 50 aventureros y el propósito de repetir en aquel país el experimento fracasado en tierras de México y fundar en Centroamérica un gran imperio esclavista.

Walker había de decir después que don Francisco Castellón, supremo director de Nicaragua, del partido demócrata, lo había llamado y ofrecido tierras por medio de un agente confidencial a fin de que con sus hombres lo sostuviera contra los legitimistas que pugnaban por botarlo, pues no se sentía seguro a pesar de que gozaba de popularidad en el país.

Después de palpar la situación, dice, decidió retirarse para no verse en el caso de luchar contra los mismos nicaragüenses.

Simuló ciertamente ese propósito después del infructuoso intento de tomar Rivas con auxiliares nicaragüenses (29 de junio de 1855).

"Pero Castellón insistió en que los americanos eran la única esperanza de los demócratas, no solamente de Nicaragua, sino de toda la América Central y me suplicó con insistencia repetidas veces que no lo abandonásemos".

Las disensiones domésticas abrieron las puertas de Nicaragua a los filibusteros y un partido, el demócrata, de que era jefe distinguido el doctor Máximo Jerez y tenía en el poder a don Francisco Castellón, fue responsable de esta complacencia, si es que no llamó a Walker.

Al comenzarse la lucha, este partido fue apoyado por Trinidad Cabañas, el Presidente de Honduras, a pesar de hallarse amenazado por Carrera, el de Guatemala.

Máximo Jerez y Trinidad Cabañas formaban en ese tiempo, con Gerardo Barrios, un grupo ligado por intereses políticos comunes.

Por lo tanto, no deben extrañar los ataques de que posteriormente este último fue objeto de parte de la prensa hondureña, como simpatizante, a lo menos, de William Walker y de los americanos, por creer, posiblemente de buena fe, que éstos eran elementos civilizadores y de que con su ayuda podría conseguirse la unidad nacional.

El ataque a Rivas, de que antes se ha hecho mención, en poder de los legitimistas —el primero de la serie—, por parte de Walker, con auxiliares nicaragüenses, fue una acción de pura petulancia, sin arte, sin consejo, sin prudencia, hasta sin sentido común, llevados los americanos del concepto despreciativo que tienen los anglosajones de la raza iberoamericana.

Después de haber rebotado allí, Walker halló el fácil expediente de echar las culpas de su fracaso a los auxiliares que le había dado Castellón, los cuales se quedaron a la zaga, como si no hubieran ido bajo la misma unidad de mando.

"El enemigo", dijo, "se metió entre éstos y los filibusteros y los desbarató", pero el croniqueur, Walker, no quiso perder la ocasión de decir que:

"Poco después de la puesta del sol (30 de junio de 1855), los vecinos de San Juan del Sur vieron desfilar por las calles del pueblo y alojarse en el cuartel situado cerca de la playa, a unos 45 hombres, de los cuales varios venían heridos, otros sin sombrero, otros descalzos y todos enlodados y arrastrando los rifles", lo que no era vergonzoso el decirlo para el periodista que así se reía de la torpeza del general que había en su misma persona.

Y como era hombre de ideas tenaces, obsesivas, la creencia de que se le traicionaba —aludía a J. Trinidad Muñoz, comandante general de las armas de Castellón— lo hizo regresar a León para exigir lealtad si se quería que continuase prestando sus servicios.

Se impuso ante la docilidad y complacencia nativas por verse en él todavía a un redentor; y regresó esta vez con una fuerza auxiliar al mando de José María Valle, alias el Chelón.

Al pasar por Chinandega para embarcarse en el Realejo a bordo del Vesta, con destino a San Juan del Sur, habló a sus soldados con motivo de la deserción de dos de ellos y los exhortó durante algunos minutos a no echar pie atrás "cuando ya habían empuñado el arado".

Trató de inculcarles la idea de que, no obstante su corto número, "eran los precursores de un movimiento destinado a influir de modo esencial en la civilización de todo un continente".

Walker es atacado por Santos Guardiola (3 de septiembre de 1855) en La Virgen, a su llegada allí; y Guardiola fue rechazado a pesar de todo su arrojo y palabra empeñada de echar a Walker al mar.

Guardiola se hallaba al servicio del gobierno legitimista, presidido por don José María Estrada.

Entre fuerzas iguales, la que ataca lleva las de perder, a menos que haya inteligencia en sus jefes.

Walker salió herido, y, además, de una bala mortal, según dijo, lo salvó un mazo de cartas de Castellón que llevaba en el bolsillo de pecho.

En León se registra el deceso del Presidente demócrata don Francisco Castellón (5 ó 6 de septiembre de 1855), y le sucede don Nazario Escoto.

Vaivén entre San Juan del Sur y La Virgen.

Por último, Walker ataca Granada (13 de octubre de 1855) y la toma por sorpresa, gracias a que la plaza se hallaba pobremente defendida.

Un grupo de ciudadanos nicaragüenses, llamémoslo así —Walker dice que el ayuntamiento de esa ciudad—, llenos de admiración por esa hazaña, ofrecieron premiarlo con la Presidencia de la República; y se dijo en hoja suelta firmada por Rosario Vivas, Sebastián Marenco, Pedro Cuadra, los Lacayos y otros.

Pero Walker, en lugar de aceptar ese servil ofrecimiento, propuso para el cargo a don Ponciano Corral.

Mientras se debatían con ciego furor las facciones opuestas, un grupo de ciudadanos creyeron que la intervención del ministro americano podría aplacarlas y conducirlas prudentemente a un arreglo de paz.

En ese grupo se hallaban los ministros don Juan Ruiz y don Mateo Mayorga, y éstos sugirieron a Mr. Wheeler que tratara de ponerse en contacto con don Ponciano Corral en Rivas, la hasta hacía poco tiempo llamada Villa de Nicaragua.

Como el ministro americano no se mostrara muy dispuesto a prestar ese servicio, accedió después de repetidas instancias y fue a Rivas acompañado por don Juan Ruiz, llevando a su secretario, un sirviente y su bandera.

Como no encontraran allí al señor Corral, determinó volver a Granada, esta vez solo.

Al hacerlo fue notificado por el prefecto Florencio Xatruch y por el gobernador de que "quedaba preso", según sus propias palabras, sin darle explicación alguna.

Walker dice:

"El ministro americano permaneció allí dos días y tan sólo consiguieron fugarse —porque de fuga se puede calificar su partida— gracias al ánimo y resolución de Mr. Wheeler".

Porque el señor Corral no quería que el ministro americano volviese a Granada y había intentado impedirlo de ese modo.

Los amigos de Wheeler se alarmaron y una mujer de Rivas informó a Mr. Mills, comandante del vapor La Virgen, de 40 cañones, sobre la delicada situación en que había caído el ministro americano.

El vapor se dirigió inmediatamente al puerto de San Jorge, el más cercano a Rivas.

Xatruch y el gobernador se asustaron, cambiaron de actitud, dieron un pasaporte a Mr. Wheeler y dispusieron que ocho hombres lo acompañaran al puerto de San Jorge donde era esperado por el cañonero.

Corral le dijo, a consecuencia de su vuelta a Granada (17 de octubre de 1855), en el vapor de la compañía accesoria del tránsito tomado por el comandante de las fuerzas que la ocuparon con el objeto de dañar o intentado dañar al supremo gobierno:

"No soy ni seré responsable de cualquier cosa que le suceda personalmente por haberse entrometido en nuestras disensiones domésticas, con perjuicio del supremo gobierno que lo ha reconocido y admitido".

El ministro americano contestó (18 de octubre de 1855), que no tenía ningún deseo personal para dejar Granada, "pero por influencia de sus principales ciudadanos (sus mismos amigos), los venerables padres de la iglesia, las lágrimas de sus hermanas, hijas y otros, consentí en visitar a usted en compañía de don Juan Ruiz, el ministro de guerra y su superior en mando, llevando la rama de olivo de la paz y una proposición del comandante general de las fuerzas democráticas para hacerlo a usted Presidente provisional de la República...".

En cuanto a su regreso, dijo:

"Volveré a Granada y que no suplico ni nunca he suplicado que usted sea responsable de mi seguridad personal: la bandera de los Estados Unidos es suficientemente poderosa para mi protección, etc.".

Nada nos revela de mejor manera la situación de horrible anarquía a que se había llegado como ese hecho.

VENGANZA Y REACONDICIONAMIENTO

Poco después de ese incidente, una tropa legitimista hizo fuego en La Virgen a un grupo de pasajeros norteamericanos que se hallaban allí en espera de un barco para conducirse a San Juan del Norte y mató a tres de ellos.

La casa de la compañía fue saqueada y capturado el agente, a quien se condujo a Rivas, donde pagó un rescate de 2,000 dólares.

Por el mismo tiempo, o poco antes o después, un tiro de cañón disparado desde el fuerte San Carlos contra un barco con pasajeros procedentes de Nueva York, al pasar por el río con dirección al lago, mató a una mujer y a un niño y mutiló a otro.

En represalia por esos hechos, Walker fusiló (22 de octubre de 1855) al honorable ciudadano don Mateo Mayorga, uno de los miembros del gabinete de don José María Estrada, que no podía ser responsable por ellos; pero Walker deseaba hacer sentir su persona importante a los nativos, demostrando que no se trataba de una venganza individual, sino del castigo de una raza inviolable con respecto a otra, indigna de vivir y de la tierra en que se había formado.

Paralizados los nicaragüenses por el terror que se les infundió de ese modo, se dejaron guiar como los corderos hacia una nueva situación; y así llegó a Granada (23 de octubre de 1855) don Ponciano Corral, ministro del presidente don José María Estrada, según se dijo, omnímodamente facultado por éste para tratar con Walker.

Se trató de impresionarlo a su llegada con cierto aparato militar, algo inoficioso e inocente para un hombre que llegaba casi muerto a pesar de su buena salud y que, por lo tanto, habría sido capaz de firmar todo lo que se le pusiese por delante.

Entre estos dos personajes se firmó un convenio redactado por el propio Corral (23 de octubre de 1855), por el cual se estableció la paz entre los partidos beligerantes mediante la creación de un gobierno provisional con don Patricio Rivas como presidente, por catorce meses.

William Walker ejercería el mando del ejército y todos los oficiales de uno y otro bando conservarían sus grados y sueldos respectivos.

Tomás Martínez seguiría en Managua y Florencio Xatruch en Rivas.

Se celebró este convenio con actos religiosos, durante los cuales William Walker prestó juramento de rodillas como garantía de fiel cumplimiento.

Al tomar posesión don Patricio Rivas de la presidencia en Granada, nombró ministro de la guerra a don Ponciano Corral.

Refiere Walker que en la mañana del 5 de noviembre (1855), José María Valle, alias el Chelón, puso en sus manos un paquete de cartas que le entregó un correo enviado de Managua por Tomás Martínez a Yuscarán, República de Honduras.

El correo era demócrata, en lo que no repararon mucho sus comitentes.

Había una carta de don Ponciano Corral para Santos Guardiola, bajo sobre de doña Ana Arbizú, y dos de Tomás Martínez, una de ellas para Pedro Xatruch y otra para doña Ana.

William Walker no vaciló en abrirlas.

Walker, como Comandante en jefe del ejército de Nicaragua (5 de noviembre de 1855), organizó un Consejo compuesto de siete filibusteros, llamado a juzgar a don Ponciano Corral bajo los cargos de alta traición por haber pedido la ayuda de Santos Guardiola y Pedro Xatruch "para venir con armas y fuerzas a alterar la paz de Nicaragua", y por haber conspirado "para este propósito con dicho Guardiola, con un general Martínez y con Xatruch".

Sirvió de base la carta a Guardiola en la que Corral le decía (1° de noviembre de 1855) que "es necesario que usted escriba a los amigos para noticiarles el peligro en que estamos; y que tome parte activa en esto. Si lo demoran para dos meses, no hay ya tiempo".

En post data agregaba que Nicaragua "es perdido, San Salvador y Guatemala, si dejan que éste tome cuerpo; ocurran breve que encontrarán auxiliares".

A Pedro Xatruch le decía: "Estamos mal, mal, mal; acuérdese de sus amigos; me han dejado con lo que tengo en el cuerpo y espero socorro".

En el proceso declararon el propio Walker y el Presidente de la República, don Patricio Rivas.

El proceso es típico del procedimiento americano, de manera que todo se llevaría con mucho dos pliegos de papel rayado de oficio.

Se le sentenció a muerte.

"A las dos menos cuarto", dice El Nicaragüense, "el prisionero, auxiliado por un sacerdote, emprendió su marcha entre la escolta que lo conducía y, atravesando la plaza, tomó asiento en el banquillo colocado para la ejecución. El coronel Gilman, jefe de día, le leyó su sentencia de muerte y, casi en el mismo instante, el cuerpo de don Ponciano Corral, acribillado a balazos, dejó libre su alma que voló a la misteriosa eternidad".

Walker no quiso oír los reiterados ruegos que, con lágrimas en los ojos, le hicieron las hijas de Corral y los de otras personas importantes de Granada para salvar la vida de este señor.

Don Patricio Rivas nombró Ministro de la Guerra, en sustitución de Corral, a don Buenaventura Selva.

Los liberales de El Salvador, Honduras y Nicaragua especulaban sobre la presencia de William Walker en este último país, donde elementos del mismo se le habían acercado para atraerlo a su causa.

Hasta se llegó a suponer que Walker era sincero cuando hablaba de una gran federación que rebasase los límites de los cinco Estados centroamericanos.

Así, pues, le allanaron el camino, de buena fe, los demócratas.

Por esta circunstancia, el general Cabañas, retirado en Los Encuentros, cerca de San Miguel, al ser derrotado en Masaguara, no vaciló en ir a Nicaragua, invitado para una visita de cortesía por Walker, inducido éste posiblemente por Jerez.

Antes de llegar a Granada (3 de diciembre de 1855), Cabañas había escrito a Walker y a Jerez diciéndoles que "las libertades públicas estaban a punto de perecer con el triunfo obtenido por el gabinete de Guatemala".

Seguramente platicó con Barrios y se embarcó en La Unión con rumbo a aquel país, llevando consigo a un grupo de oficiales.

Fue cordialmente recibido por William Walker y por sus amigos con todas las consideraciones debidas a un hombre de alta categoría.

Pero a Cabañas se le ocurrió aprovechar la oportunidad para pedir auxilios al filibustero.

Esto, en una forma suave, discutió con él el asunto y no quiso despedirlo con una brusca negativa.

Cabañas dijo que esperaría la respuesta en León, adonde regresó acompañado por Máximo Jerez.

Don Patricio Rivas, el Presidente, se encargó de dársela.

Máximo Jerez, Ministro de Relaciones, renunció por eso y don Buenaventura Selva lo hizo casi en seguida, pero por un motivo distinto: la inclusión en el gobierno de un elemento que detestaba.

Cabañas, entonces, se vino para El Salvador, convencido, por lo que había observado, de que Walker debía ser combatido y arrojado de Centroamérica, pues su presencia representaba un peligro incalculable para la independencia y soberanía de estos países.

Se tiene por seguro que la propaganda desarrollada por Cabañas contra los filibusteros convenció al gobierno de El Salvador de que debía cooperar con las armas en la mano en una campaña de liberación.

Se afirmó, poco tiempo después de la aventura, que "so pretexto de ayudar al Partido Demócrata contra la facción aristocrática de Nicaragua, se alistó un cuerpo de hombres de California y fueron remitidos bajo el patrocinio y mando, según se descubrió más tarde, de un agente de la compañía accesoria de tránsito, la que manejaba los transportes a través de Nicaragua; pero Walker traicionó en seguida esos intereses y los del Partido Demócrata y asumió toda acción por cuenta propia, llevado de sus fantásticos proyectos y armado y financiado por capitalistas de Wall Street, de que era vocero, a lo que parece, The New York Herald".

La verdad es que llegaron varios contingentes enviados por quienesquiera fuesen, los cuales, hacia el 1° de marzo de 1856, hacían un total de 1,200 hombres, traídos mañosamente como colonos la mayor parte de ellos y no para la prestación de servicio militar alguno.

Los filibusteros fueron el resultado de una circunstancia natural después de la guerra de los Estados Unidos con México, porque cuando se da el primer golpe con éxito, resta cierta energía acumulada que conspira para liberarse, se da el segundo y así sucesivamente; de modo que los Estados Unidos se hubieran lanzado a una serie de conquistas hacia el Sur hasta el Darién, de no hallarse frenados por una pesada digestión y porque en los propios Estados Unidos había un partido -el que llevaría a Abraham Lincoln al poder- que se oponía a semejantes demasías y la prensa se hallaba a ese respecto también dividida. Algunos de sus hijos se lanzaron a la aventura de fundar en la América Central un gran imperio esclavista poblado de negros, previa la aniquilación de los mestizos para sacar de aquí brazos forzados hacia las plantaciones de Virginia, Georgia y otros Estados. Pero los Estados Unidos e Inglaterra se respetaban y ambas potencias tenían, además, sus ojos puestos en Centro América. El Embajador americano en Londres, Mr. Buchanan, sostenía pláticas a este respecto con el primer ministro, Lord Clarendon, que dan una idea de la posición de estos países en la mente de tales hombres. Un periódico de Washington publicaba esas conversaciones.

Al referirse Lord Clarendon a las Islas de la Bahía, dijo que eran de muy poco valor, pero que si el honor inglés exigía su retención, esa posesión jamás sería entregada. Mr. Buchanan dijo alguna cosa en tono de chanza, con respecto a la idea de que el honor británico pudiese estar comprometido en un asunto de tan poca monta. Lord Clarendon, enardecido, replicó que el honor podía comprometerse tanto en las cosas grandes como en las pequeñas. Estaba sobre la mesa un mapa de Centro América de don Juan Baily y, al señalar allí el Ministro americano los avances de los ingleses, Lord Clarendon manifestó en tono también de chanza, que los norteamericanos no debían hablar de avances. A esto siguieron algunas explicaciones del Ministro americano con respecto a la adquisición de Texas.

Se confirma, pues, la opinión que antes hemos expuesto, para vergüenza no sólo de la América Central. En California se linchaba a los mexicanos, sin oírlos. En New York se decía que gracias a la aventura de Walker "nos veremos libres de un gran número de gente ociosa e inútil. Hace cerca de dos años que las esquinas de las calles principales de New York y las aceras de las hosterías han estado bajo el poder absoluto de mil ejemplares de vagabundos y holgazanes de todos los puntos de la Unión. Estas muchedumbres perniciosas se componen de presidentes de bancos quebrados, de gobernadores en infusión, de generales en perspectiva, coroneles, políticos, caballeros de industria y aún sacerdotes degradados, todos de una clase que en su misma fisonomía revelan el mayor horror al trabajo".

Se dudaba por aquel tiempo de que los pueblos hispanoamericanos tuviesen capacidad de gobernarse. "Desde el Río Grande hasta el Cabo de Hornos no hay un solo gobierno cuya existencia se pueda asegurar por dos meses", se decía; y que los cinco Estados de Centro América no podrían conservar por mucho tiempo su condición política de entonces. Cualquiera fuese la suerte de Kinney, era inevitable, según parecía, una revolución en Nicaragua, porque los Coquimbos no habían dejado un solo momento de moverse contra sus adversarios y se señalaba a Carrera como el principal de éstos.

"Donde quiera que hay un cadáver, se encontrarán buitres. Con igual verdad puede decirse que donde quiera que hay un país rico y fértil, se han de presentar los filibusteros y colonizadores a conquistarlo". Costa Rica parecía a los norteamericanos el único Estado de la América Central que había conducido sus negocios con sensatez y moderación, presentía el peligro y apelaba al auxilio de Francia e Inglaterra; lo probaba así su política exterior, que no era igual a su política doméstica. Con respecto a El Salvador se creía que el terremoto de 1854 había extinguido su espíritu. Honduras estaba abierta al primer comprador que se presentase "y uno de estos días pertenecerá a una compañía que se forma en New York". Guatemala se hallaba cansada por la recién pasada guerra civil. Así que por toda la inmensa región que formaba en un tiempo el floreciente Reino de Guatemala, prevalecía una anarquía de la peor especie y nada, sino un milagro, podría evitar la disolución que amenazaba a los gobiernos, a las instituciones y a la sociedad.

Si entendemos esa disolución por conquista, el milagro se produjo: la elección de Abraham Lincoln como Presidente de los Estados Unidos, cuyos sentimientos e ideas antiesclavistas llevaron, como de la mano, a esa potencia a la guerra de secesión. Porque de otro modo, las bandas de buitres americanos, algunos de los cuales ya habían volado a estas tierras atraídos por el tufo de los cadáveres, se habrían sentado en ellas de modo irrefutable. Por lo tanto, si los Estados Unidos, por egoísmo, impidieron a Inglaterra la posesión de estos países, a ellos no se la hubiera impedido nadie, sino el destino, como en efecto así ocurrió.

El Nicaragüense, un periódico bilingüe que apareció en Nicaragua (28 de octubre de 1855), se pronunciaba con acento místico y fatalista. De modo que un poco más y se hubiera tenido a Walker como un enviado del Señor. "Y asimismo, con la misma seguridad", decía El Nicaragüense, "la corriente de la vida americana se dirigirá hacia el Occidente y hacia el Sur, hasta que encuentre el Palacio del Sol. La idea, origen secreto de toda la acción política de los Estados Unidos, es muy semejante en muchos aspectos a la de Rusia. Esta última se limita al presente a ansiar la posesión de Constantinopla y el Euxino, con ojeadas ulteriores sobre las posesiones indianas de la Gran Bretaña; asimismo la primera (Estados Unidos), se limita y puede limitarse por medio siglo a la ejecución de aquel destino manifiesto que le dará el dominio del Golfo de México por medio de la adquisición de la Isla Reina (Cuba), del grupo de las Indias Occidentales... Todo ruso dirige sus miradas hacia el Sur y Oriente, todo americano mira hacia el Oeste y Sur y quizás puedan encontrarse, para arreglar los destinos del mundo, en las playas del Pacífico".

Alguna prensa, por lo menos de los Estados Unidos, alentaba a Walker. Citaremos The New York Herald, cuya expresión era tan afín a la de los escritores de Walker en El Nicaragüense, que se confundía. Se había creado una atmósfera expansionista y esclavista, y dentro de ella se censuraba con tono burlón la actitud claramente manifiesta de Inglaterra, de oponerse a esas tendencias de avance hacia el Sur. A México se le consideraba en total anarquía, a España postrada para retener en sus manos a Cuba y, como se ha visto, los países de la América Central en peores condiciones. Se decía que "necesaria es una política más atrevida y una intervención más directa de parte del gabinete de Londres para oponerse al adelanto de este país y sobre todo para evitar su pronta conquista de Cuba, Centro América y México. Este es el caso y avisamos a nuestros primos de allende el mar, que la tendencia del actual estado de cosas en los Estados Unidos es producir ese resultado. Los manifiestos y protestas diplomáticas no tienen ningún poder terrestre sobre estas leyes. Su acción ha sido firme y uniforme desde que los primeros aventureros, cincuenta años hace, penetraron en los grandes bosques del centro y el Oeste de New York, desde que los lagos de Coyuga y Séneca entraron al dominio de nuestro pueblo y que el paso de la mujer blanca era el objeto de la ansiada conquista, hasta el día en que Texas y California vinieron a ser Estados de la Unión".

Pero al mismo tiempo que se hacía esa propaganda, los filibusteros sufrían un descalabro y una humillación en la Baja California, y los indios de los territorios de Washington y Oregón hacían estragos en los blancos. El Presidente Pierce (8 de noviembre de 1855), emitía una severa proclama contra el movimiento filibustero y las autoridades portuarias de New York (26 de diciembre de 1855) detenían el vapor Northern Light y lo requisaban. Capturaron a 200 filibusteros que se hallaban a bordo y se exigieron fianzas entre 10,000 y 100,000 dólares.

La actitud de Mr. Pierce sorprendía a The New York Herald. Como es natural, una tal agitación giraba sobre la anexión de Nicaragua y demás Estados centroamericanos a los Estados Unidos y se pensaba sobre cuál de los sistemas posibles convendría más a estas regiones, si el estatal, el provincial, el proconsular, etc. Se objetaba más que cualquiera otro el estatal con respecto a Nicaragua, por la profunda diferencia de razas. Sería quizás el provincial o proconsular.

Por otro lado, se veía la inconveniencia de la anexión y se hacía ver que el más ardiente creyente en el destino manifiesto, a poco que tuviese alguna razón, debía reconocer que los indios degradados y los mulatos investidos con derechos políticos en Nicaragua y que formaban la mayoría de la población, nunca serían un elemento homogéneo de la de los Estados Unidos. "Ni aún la sal yanqui podría dar sazón a esa masa degradada en el espacio de un siglo", se decía.

La leche de la ubre de Francia.

Se ve así palmariamente cuál era la opinión prevaleciente en los Estados Unidos, lo cual creó un profundo resentimiento. Lo de ser raza inferior es aparente, no por cierto un producto de naturaleza de un fatalismo irreductible y en esto no habría cambio de hoja; y es aparente porque si se toma un ejemplar de cualesquiera razas y se le coloca, mediante métodos cuidadosos, en posición favorable para alcanzar disciplinariamente los más altos conocimientos para su aplicación oportuna y adecuada, se verá que su capacidad es igual a la del individuo de cualquiera otra raza y región mejor dotado; y si se descartan en cualquier caso los retrasados mentales y los imbéciles, que los hay tantos en los Estados Unidos como en cualquier otra nación del mundo.

Con respecto a lo que se ha visto de nosotros, obedece ciertamente a desorientación en la enseñanza; que no se sabe hacia dónde se va y qué es lo que debe ser previsto, para acomodar esa enseñanza a un objeto agrícola, comercial, científico, etc. La América Hispana se hartó, en sus primeros años, los de la niñez, de la leche de la ubre de Francia, demasiado fuerte para ella y se indigestó. Su cerebro se halla todavía perturbado y recuérdese lo que dijo el otro de las doctrinas democráticas de que hemos hecho alusión; pero debemos ser sinceros con respecto a dos o tres países, entre los cuales en aquel tiempo figuraba El Salvador, donde esas doctrinas se absorbieron con prudencia y se pusieron en práctica con mejor tino, porque todos hallaban su contento y su satisfacción en el trabajo; y la hacienda pública no había crecido tanto que tentara a los bribones para convertirla en un negocio privado y de familia, como ocurrió después.

Por esta causa, no es raro el caso de tropezar uno en la calle con individuos que han pasado por las universidades y salido de ellas, flamantes, pulidos, con arma brillante de combate en la mano, como oradores, escritores, médicos, ingenieros, etc., pero que no piensan en forma adecuada con respecto a la comunidad de que forman parte. Vamos a ilustrar el caso.

Había en México un escritor que hizo este comentario al pie del elogio de un abogado de Guatemala llamado Eugenio Silva Peña: "Los latinoamericanos son los del pensamiento, los norteamericanos, los de la acción". ¿Qué consideraba ese señor como pensamiento? Porque si los iberoamericanos pensaran más y mejor, lo cual no está fuera de su alcance, mayor sería su potencia de obrar y darían ideas a los norteamericanos si éstos no las tuvieran con eficiencia insuperable; y si los norteamericanos no pensaran, jamás hubieran podido inventar el más simple y casero de los artefactos, ni poner en juego una economía señora del mundo.

Por donde se ve que el señor que divulgó eso adolece de equivocación de conceptos, y que la equivocación de conceptos no es una planta rara en la América Ibera y dispone de sus destinos, propagada por el libro y el periódico, para infestar muchas mentes. Así que, ¿cuántos no creerán hoy y de ello estarán convencidos, que los iberoamericanos son los del pensamiento y los norteamericanos los de la acción?

Pero si a los iberoamericanos no les falta la inteligencia, lo que se impone en primer término es orientar esa facultad que nos lleva a apreciar certeramente el mundo que nos rodea para rechazar sus efectos malos y asimilar los buenos en la lucha por la existencia, salir adelante y alcanzar el nivel de los demás, lo que implica, de modo previo, la fijación de un punto de mira.

Si hay países atrasados, es porque no han hecho el propósito de un fin adecuado; y para alcanzarlo, el ejercicio de los medios. Pero, ¿cómo, con la conciencia dormida? Positivamente, esa conciencia podría despertar en la escuela, para lo cual habría que sustituir toda una enseñanza torpe e inadecuada por un método de educación intensiva, modelada de conformidad al medio en que se halla el educando.

Si no se tomó una acción rápida, efectiva y conjunta contra los filibusteros, fue porque los países centroamericanos se hallaban divididos. Los que habían sido ultrajados y vejados por los ingleses en tiempos de Federico Chatfield, de algún modo debían alguna gratitud a los norteamericanos por haber quedado con la impresión de que éstos, desinteresadamente, los habían librado de aquellos.

Guatemala y Costa Rica, de más clara visión, desconfiaron de la vecindad de los Estados Unidos, desde que éstos absorbieron, con razón o sin ella, gran parte del territorio mexicano y demostraron así su poder; y la posibilidad de mayores conquistas se hizo evidente. Estos Estados volvieron sus ojos hacia Inglaterra y Francia. Por esto, quien lanzó primero su voz de alerta fue Guatemala y quien primero tomó las armas con un gesto que la honra muy alto sobre todos los países de la América Central, fue Costa Rica.

Simultáneamente a esta actitud vacilante, cuyos resultados fueron tan funestos después, se desarrollaba por alguna prensa de los Estados Unidos una propaganda orientada a presentar a Nicaragua como un país edénico y a inducir al pueblo norteamericano para que fuese a poblarlo. La propaganda dio resultados efectivos, muy pronto para que estos resultados duraran mucho.

El Uncle Sam se preparaba a salir de San Francisco con 400 pasajeros para Nicaragua (5 de octubre de 1855) y éstos empezaban a subir cuando se dio la voz a las autoridades portuarias de que el vapor llevaba un cargamento de armas. La policía se puso en movimiento para impedir el zarpe y requisar el barco; pero éste desobedeció la orden, impidió que subieran a bordo los restantes pasajeros y zarpó.

Mas, por alguna razón que asomó después del zarpe, no creyó conveniente llevar a los que ya habían subido y tuvo la audacia de volver al puerto para desembarcarlos contra su voluntad. En seguida, volvió a zarpar. Los emigrantes protestaron. Al hacer averiguaciones, la policía supo que las armas, tan preciosas para Walker, eran robadas. Unas habían sido sustraídas a la compañía de rifleros de Sacramento, otras a los blues de San Francisco y otras a la compañía de bomberos del mismo puerto.

El Uncle Sam llegó a San Juan del Sur (17 de octubre de 1855) con 60 filibusteros.

Como Guatemala previese lo que ocurriría, procuró una inteligencia con El Salvador para intervenir manu militari en los asuntos internos nicaragüenses y poner fin a la discordia que se inició al tomar posesión como director supremo de Nicaragua don Frutos Chamorro, de quien dijo Walker que era guatemalteco.

El Salvador no pudo asentir por haber enviado allá, bajo otro modo de pensar, a sus delegados y el Presidente San Martín se hallaba esperando los resultados de su mediación. Guatemala insistió.

"Según he tenido el honor de manifestar a usted", dijo (30 de noviembre de 1855), "en diferentes ocasiones, desde que comenzó la discordia y la guerra de Nicaragua que han preparado esos acontecimientos, este gobierno ha estado dispuesto a adoptar, de acuerdo con el de El Salvador, las medidas que cada vez parecen exigir más los peligros que amenazan nuestra independencia y seguridad".

En contestación se le dijo (10 de diciembre de 1855) que "el Estado de El Salvador, su gobierno y recursos se empeñarán de la manera más completa para defender palmo a palmo su territorio y para mantener en unión de todas las demás secciones de la América Central la independencia y soberanía de ésta, en cuya lucha no sólo se envolvería una cuestión de conveniencia, sino otra de honor y de dignidad nacional, cuyo abandono nos pondría en el último grado de envilecimiento y de desprecio ante las naciones que nos contemplan".

Al descender de la Presidencia, el señor San Martín explicó su actitud pasada ante la Asamblea General (24 de Febrero de 1856) con respecto a Nicaragua.

No había descuidado, en efecto, las palabras amistosas dirigidas a los partidos que se batían en Nicaragua; y para el mejor logro de su propósito, no sólo había acudido a los medios oficiales, sino empleado también sus relaciones particulares con algunos prohombres de los bandos en discordia.

A pesar de que la guerra civil tomaba un carácter feroz, no obstante las ventajas alcanzadas por el enviado de El Salvador, don Norberto Ramírez, ni Guatemala ni Honduras se apresuraron a unirse a este país en aquel intento.

El señor San Martín creyó que no debía descansar por eso y acreditó últimamente al presbítero don Manuel Alcaine, quien marchó en el mes de mayo (1855) a Nicaragua, provisto de nuevas instrucciones y de credenciales para los gobiernos de León y Granada.

Admitido por uno y otro, se cruzaron por su medio algunas palabras de paz que, desechadas en definitiva por el gobierno granadino, no obstante la equidad de los artículos que proponía el de León, quedó cerrada toda esperanza y el comisionado regresó para comunicar, lleno de desconsuelo, su fracaso.

El señor presidente, con gran amargura, según dijo, presintió que las cosas de aquel Estado habrían de llevar a un desenlace funesto, como así ocurrió.

Cuando esto sucedió, en efecto, ya se había enviado a un tal Parker E. French como Plenipotenciario de la República para solicitar el reconocimiento de parte de los Estados Unidos.

Al tener conocimiento de esta embajada y de quién era el embajador, el Secretario de Estado M. L. Mercy (21 de diciembre de 1855) rehusó recibir a French, diciéndole:

"Que no encuentra todavía motivos suficientes para establecer relaciones diplomáticas con las personas que en estos momentos pretenden ejercer el poder político en el Estado de Nicaragua. Los que principalmente han contribuido a suspender o derribar el gobierno precedente de aquel Estado, no son sus ciudadanos; y ni los ciudadanos de ninguna porción considerable, en cuanto podemos saberlo aquí, han presentado libremente su aprobación y aquiescencia respecto de la condición presente de los asuntos políticos de Nicaragua".

French criticó con tono acerbo la actitud del Secretario de Estado, basada sobre el hecho de que los ciudadanos de Nicaragua no habían expresado su aprobación o aquiescencia al régimen de ese país; y le dijo que tampoco los ciudadanos de las potencias europeas habían hecho tal cosa con respecto a sus soberanos y éstos habían sido, sin embargo, reconocidos, con lo cual admitía implícitamente la situación anómala.

El Secretario de Estado ordenó entonces el arresto de French a las autoridades de New York y French fue arrestado.

Don Patricio Rivas, al parecer con indignación, manifestó al Departamento de Estado (22 de enero de 1856) que, desde el momento en que había tenido conocimiento de aquella negativa, había, por el mismo hecho, desconocido al ministro americano en Nicaragua, Mr. John H. Wheeler.

La situación proclive al terror hizo huir a muchas familias, tanto a Honduras como a El Salvador y principalmente a Costa Rica. En la provincia de Heredia, cuyo gobernador era José María Cañas, se les dio adecuada protección y se ofrecieron tierras para quienes quisieran cultivarlas.

Más que ninguna otra nación centroamericana, Costa Rica se inquietó por la cercana y amenazadora presencia de los filibusteros y volvió sus ojos hacia Inglaterra y los restantes países de su propio grupo, con excepción de Nicaragua.

Juan Rafael Mora lanzó una clarinada a su pueblo (22 de noviembre de 1855) llamándolo a la defensa del territorio y a arrojar al extranjero fuera de Centro América, diciéndole:

"Una gavilla de advenedizos, escoria de todos los pueblos, condenados por la justicia de la Unión Americana, no encontrando ya donde hoy están (Nicaragua), con qué saciar su voracidad, proyectan invadir Costa Rica para buscar en nuestras esposas e hijas, en nuestras casas y haciendas, goces a sus feroces pasiones, alimento a su desenfrenada codicia... ¡Alerta, costarricenses! No interrumpáis vuestras nobles faenas, pero preparad vuestras armas".

223

A esa ansiosa voz de alerta, siguió la del obispo de Costa Rica.

Este prelado dirigió una pastoral al pueblo (22 de noviembre de 1855):

"Encendida la discordia en la vecina República de Nicaragua", dijo, "excitados los ánimos hasta el frenesí, ciegos de odio y devorados por la ponzoñosa venganza, llamaron a una banda de forajidos, heces corrompidas de otras naciones. A favor de la dislocación social de aquel desgraciado país, los advenedizos se encontraron bien pronto dueños y señores de él, crecen y, no contentos con la presa, extienden sobre nuestro suelo su ávida mirada.

Enemigos encarnizados de la religión santa que profesamos, ¿qué será de nuestros templos, de nuestros altares y de nuestra ley? ¿Cuál la suerte de los ungidos del Señor? Desenfrenados en sus pasiones, ¿qué podéis esperar para vuestras castas esposas e inocentes hijas? Sedientos de riquezas, ¿cómo conservaréis vuestra propiedad? Avezados en el crimen y el asesinato, ¿cómo guardaréis vuestras vidas?

Mas, estad resignados a morir con denuedo antes que sufrir el duro yugo de los que pretenden esclavizarnos".

De modo que cuando estos hombres tomaron las armas, cada uno de ellos se hallaba convencido de que debía sacrificarse para no verse convertido después en esclavo.

El Presidente Juan Rafael Mora convoca extraordinariamente el Congreso.

El Congreso (27 de febrero de 1856) autoriza omnímodamente al Presidente para que, por sí o en unión de las fuerzas aliadas de los demás gobiernos de Centro América, lleve sus armas a la República de Nicaragua para defender a sus habitantes de la ominosa opresión de los filibusteros y arrojar a éstos del suelo de toda la América Central.

El Presidente decreta que el ejército se compondrá de 9,000 hombres; y en ese mismo momento se alistan los de San José, Cartago y Moracia para tomar las armas.

Manifiesto. 1° de marzo de 1856.

"¡A las armas! Ha llegado el momento que os anuncié. Marchemos a Nicaragua a destruir esa falange impía que la ha reducido a la más oprobiosa esclavitud. Marchemos a combatir por la libertad de nuestros hermanos.

Ellos nos llaman, ellos nos esperan para lanzarse contra sus tiranos. Su causa es nuestra causa. Los que hoy los vilipendian, roban y asesinan, nos desafían audazmente e intentan arrojar sobre nosotros las mismas ensangrentadas cadenas.

Corramos a romper las de nuestros hermanos y a exterminar hasta el último de los verdugos. No vamos a lidiar por un pedazo de tierra; no por adquirir efímeros poderes; no por alcanzar misérrimas conquistas, ni mucho menos por sacrílegos partidos.

No. Vamos a luchar por redimir a nuestros hermanos todos de la más inicua tiranía. Vamos a ayudarlos en la obra fecunda de su regeneración. Vamos a decirles:

Hermanos de Nicaragua, levantaos, aniquilad a vuestros opresores. Aquí venimos a pelear a vuestro lado, por vuestra libertad, por vuestra patria. Unión, nicaragüenses, unión.

Inmolad para siempre vuestros enconos. No más partidos. No más discordias fratricidas. Paz, justicia y libertad para todos. Guerra sólo a los filibusteros.

A la lid, pues, costarricenses. Yo marcho al frente del ejército nacional. Yo, que me regocijo al ver hoy vuestro noble entusiasmo, que me enorgullezco de llamaros mis hijos, quiero compartir siempre con vosotros el peligro y la gloria.

Vuestras madres, esposas, hermanas e hijas os animan. Sus patrióticas virtudes nos harán invencibles. A pelear por la salvación de nuestros hermanos. Combatiremos también por ellas, por su honor, por su existencia, por nuestra patria idolatrada y la independencia hispanoamericana.

Todos los leales hijos de Guatemala, San Salvador y Honduras marchan sobre esa horda de bandidos. Nuestra causa es santa, el triunfo seguro. Dios nos dará la victoria y con ella la paz, la concordia, la libertad y la unión de la gran familia centroamericana".

En seguida el Presidente Mora cortó relaciones con el gobierno de Nicaragua y dictó providencias para evitar que se auxiliara al enemigo con víveres, caballos, armas o cualesquiera otros elementos, y que nadie se pusiese en contacto con él para darle informes, etc.

Don Rafael Campo tomó posesión de la Presidencia de la República (12 de febrero de 1856) y "si algo puede tranquilizarme", dijo, "después de mis esfuerzos para que ella (la presidencia) no recayese en mí, es la persuasión que abrigo de que contaré con las luces y el apoyo de los hombres de ilustración y de orden de todos los partidos, puesto que todos ellos son republicanos, amantes de la independencia y del progreso del Salvador".

El señor Barrios era Presidente de la Cámara de Diputados cuando el señor Campo tomó posesión de la presidencia, había andado por Europa y admirado la ornamentación portentosa de la iglesia de San Pedro en Roma, por lo cual se sintió pequeño y desgraciado y deseó fervorosamente un destino mejor para Centro América. Actualmente se hallaba preparando, para su publicación, un método concienzudo de la siembra y beneficio del jiquilite. Vicepresidente del Estado había sido elegido don Francisco Dueñas.

Desde el momento en que el señor Campo tomó posesión de la presidencia, se empezó a opinar en sentido abiertamente desfavorable y hostil contra lo que estaba ocurriendo en Nicaragua; y El Nicaragüense se pronunció en un sentido amenazador.

"Tenemos conocimiento", se dijo en esa hoja bilingüe (9 de febrero de 1856), "que se está formando una liga entre Honduras, El Salvador, Costa Rica y Guatemala. Estamos preparados para el último extremo... los que desnudan la espada, por la espada morirán".

Reacción de El Salvador

Cuando se vio en El Salvador que la fuerza extranjera se aumentaba, se desarmaba a los nicaragüenses y las familias del país eran arrojadas de sus casas para ser ocupadas por los extranjeros; que Costa Rica se hallaba amenazada y provocada, etc., ya no estuvo en el arbitrio del gobierno dejar de entrar, por su propia seguridad, en el movimiento de salvación en que tomaban parte sus aliados Guatemala y Honduras.

En consecuencia, aprestó las armas y se dispuso a entrar en una lucha en que el triunfo no podía ser dudoso. Walker era en Nicaragua un gobernante efectivo de carácter totalitario, ominoso por propia determinación, en lo militar y en lo civil; y ni siquiera se tomaba la molestia de dar cuenta al presidente don Patricio Rivas de sus actos, salvo para llenar algún formalismo legal.

Ya había recibido ofensas materiales repetidas Costa Rica al ser llamado su pueblo a las armas, como cuando Luis Schlessinger, al volver a Liberia con 400 hombres, por segunda vez, asesinó al pasar la frontera a los 8 soldados de un pequeño destacamento de vigilancia, desgraciadamente sorprendidos; maniató, atormentó, persiguió y asesinó a quienes hubo a la mano y robó lo que halló en las haciendas Santa Rosa, Orosí y el Naranjo.

Schlessinger fue atacado en Santa Rosa (20 de marzo de 1856), a las cuatro y media de la tarde, por soldados indignados, pero no ciegos y sí con entrenamiento, quizás no técnico, pero lo suficiente para batirse al mando de jefes militares inteligentes, como los Moras, con un enemigo bien armado y defendido tras atrincheramientos de piedra.

En estas circunstancias asoma una vez más, entre las muy escasas en el largo y triste camino de la actividad beligerante centroamericana, el hombre que piensa. Los hermanos don Juan Rafael, el presidente, y don José Joaquín, el general, comprendieron que hallándose como se hallaban los filibusteros en un punto elevado y rodeado de murallas de piedra, tenían la ventaja de hacer un fuego de aniquilamiento contra cualquier atacante; por lo tanto, había necesidad de cambiar la táctica usual.

Don José Joaquín, al mando inmediato del ejército, ordenó que cada soldado disparase dos veces nada más y se lanzase violentamente con la bayoneta calada, al asalto de los cimientos de piedra y de las casas.

La batalla se libró entre 500 costarricenses y 400 filibusteros y fue rápida, sorprendente. Los filibusteros tuvieron encima a los costarricenses antes de que pudiesen creerlo y se libró una lucha cuerpo a cuerpo que duró catorce minutos. Huyeron los filibusteros por los enmarañados bosques, dispersos, aterrados, locos, sin municiones, muertos de sed en una región seca, perdidos y perseguidos de cerca.

En el campo quedaron muchos cadáveres y doce hombres fueron hechos prisioneros, a quienes se fusiló en el propio campo de batalla. Por eso el Ministro americano en Nicaragua había de tildar de inhumanos a los costarricenses, como si los filibusteros lo hubiesen sido y lo fueran en cualquier circunstancia.

"Nuestras pérdidas son considerables", declaró el presidente Mora, "pero no en tanto número como esperábamos, debido todo a haberlos cargado a la bayoneta, pues parapetados y con manpuesta, hubieran concluido con nuestro ejército".

MOVIMIENTOS DE RIVAS Y WALKER

El presidente Rivas aprovechó esta circunstancia para trasladar su asiento a León (24 de marzo de 1856) y de allí escribió a Walker diciéndole que había tomado esa resolución (5 de abril de 1856) para devolver la confianza a los leoneses, atemorizados en vista de que se tenía conocimiento de que Guatemala y El Salvador estaban preparándose para tomar parte en la guerra que se libraba en Nicaragua.

Mientras tanto, Walker se trasladó a La Virgen y de allí pasó a Rivas, donde el mismo día de su llegada se le presentó Schlessinger y fue recibido con desdeñosa frialdad.

Los derrotados mostraban abatimiento y muchos de ellos se hallaban deseosos de regresar a los Estados Unidos. Walker ordenó el arresto de aquel jefe, a quien enjuició un Consejo de Guerra por negligencia en el cumplimiento de su deber, ignorancia de sus obligaciones de comandante y cobardía en presencia del enemigo.

Se le degradó y continuó como simple soldado; y en Rivas se pasó a los costarricenses cuando el caso se llegó. Se descubrió que este valiente coronel, de quien los periódicos de los Estados Unidos habían hecho grandes elogios, no era más que un antiguo cabo austríaco, a quien habían dado veinte veces la carrera de baquetas en su regimiento y había sido después ladrón en Alemania.

Avance costarricense y represión filibustera

Walker salió poco después de Rivas y se dirigió a La Virgen y de este último lugar pasó nuevamente a Granada.

El ejército costarricense avanzó (7 de abril de 1856) para ocupar los puntos abandonados y el camino del Tránsito; y en La Virgen sus fuerzas ocuparon las oficinas de la compañía, rodearon mejor dicho.

Walker dice con amargura que el oficial que mandaba las fuerzas costarricenses dio la orden de hacer fuego y nueve soldados americanos, la mayor parte trabajadores al servicio de la compañía, todos enteramente inermes, resultaron muertos o heridos en la primera descarga.

Los heridos fueron inmediatamente traspasados por las bayonetas de los soldados y las espadas de los oficiales. En seguida, los costarricenses rompieron las puertas del edificio, saquearon los baúles allí almacenados y despojaron los cadáveres del dinero, relojes y joyas, dieron fuego después al muelle que la compañía del Tránsito estaba construyendo y terminando y manifestaron su intención de exterminar a todos los americanos que había en el istmo.

Se consignan esos hechos como ultraje indebido e inaudito a elementos de una raza que podía hollar un país extraño impunemente, sin esperar ser víctimas de las contingencias de la guerra que ellos mismos habían provocado.

Pocos días después se produjo el combate de Rivas (11 de abril de 1856), que habría sido fatal para los costarricenses si éstos no hubieran estado encendidos por el fuego de la victoria reciente, que jamás soportarían ver pisoteado y apagado.

Walker los distrajo por un lado para darles la sorpresa del ataque con 500 hombres por el otro.

Hubiera sido fatal también para la causa centroamericana, porque habría animado a los especuladores y acobardado a los países vecinos. De modo, pues, que el combate de Rivas tendría que ser ganado por los costarricenses.

Este se inició a las siete de la mañana. Los filibusteros, 500 hombres según el dicho de Walker, surgieron de los bosques vecinos, avanzaron en carrera sobre la población; y al ver que se regulaba el fuego del sorprendido enemigo, tomaron el mesón de guerra, la iglesia y otros edificios y se colocaron en posición de hacer un fuego que creyeron, por lo menos, dominante.

Don José Joaquín Mora se aprestó en llamar los destacamentos situados en La Virgen y otros puntos, mientras resistía el ataque primero y asediaba al enemigo ahora atrincherado después; y sin perder la fe y el ánimo, continuó el combate durante todo el día y gran parte de la noche.

Al mediar ésta, los costarricenses forzaron las puertas de la iglesia y, como una avalancha arrolladora, entraron en ella y acabaron con los filibusteros a bayonetazos, mientras que, por otro lado, un soldado

229

costarricense de nombre Juan Santa María, de Alajuela, llamado el Erizo, tambor de una compañía de la división del General José María Cañas, se prestó, cuando le fue pedido, para darle fuego con una tea a las barbas del techo de paja del mesón en que se hallaba Walker "con el grueso de su ejército".

Santa María había hallado el día anterior una botella con aguarrás, la guardó, y ese hecho sirvió para señalar su destino. Formó una pelota en la punta de una vara con unos lienzos y unas tusas y se lanzó con la tea encendida, que semejó pronto, al correr con ella, un torbellino de fuego.

Al serle herida la mano derecha cuando accionaba la tea, pasó ésta a la izquierda y continuó su operación. Entonces cayó muerto por las balas del enemigo, pero ya el mesón se hallaba en llamas.

Según los partes del presidente, fue un grupo de su ejército el de esa hazaña. Walker tuvo que salir semiasfixiado, hostigado severamente, para verse lanzado del campo de batalla, en donde quedaron muchos muertos.

Llegó a Granada con 300 hombres solamente, pero amenazando a quienes dijesen lo contrario de una victoria que solo existía en su cabeza.

El ejército filibustero atacó con entusiasmo, entusiasmo que se desvaneció pronto, pues no esperaban que se les hiciese una vigorosa resistencia a pesar de haber sorprendido al enemigo en sus posiciones. Dice Walker que fue imposible después hacer que sus soldados asaltaran las casas que servían de fortines a los sitiados y que muchos de los soldados, extenuados por la primera carga (sic), arrimaban sus fusiles a la pared y se dejaban caer en el suelo, de donde era difícil levantarlos para hacerlos entrar en acción.

Antes del ataque, las fuerzas de Walker habían capturado a orillas del río Gil González a un incauto campesino, cuya actitud les fue sospechosa. Lo obligaron a dar la dirección del enemigo y en seguida lo ahorcaron por haberles dicho él, al entrar en confianza, que era enviado de Mora para observar o informar sobre los movimientos filibusteros; y otro, después de la acción, fue capturado y ahorcado: Francisco Ugarte, legitimista, pasado a las filas de Mora. Ugarte se hallaba casado con una hermana de la mujer de Byron Cole.

El aspecto del interior de la iglesia se presentó degradante a los ojos de los capellanes costarricenses Raimundo Mora y Francisco Calvo, quienes hallaron mujeres en el templo, con quienes los filibusteros habían pasado la noche, sorprendidas quizás en sus casas y arrastradas por ellos.

Los capellanes asistieron a los numerosos heridos en el hospital. En poder de los que quedaron muertos en la iglesia, hallaron fragmentos de la custodia de oro. Había desaparecido una cruz de oro ornada de diamantes, piedras preciosas y varias otras alhajas y vestiduras sacerdotales, con profanación de los ornamentos e imágenes, éstas mutiladas y tiradas por el suelo y utilizadas otras para afianzar las puertas; y con manípulos y estolas, habían vendado a los heridos.

Uno de los cadáveres tenía puesta la museta de sacar el viático; y, después de los actos finales del combate, se había visto a un filibustero huyendo a través de los campos vestido con una dalmática. Era Lorval Walker, hermano de William, que se hallaba dormido en la torre de la iglesia cuando los costarricenses entraron y no lo vieron. Pudo salvarse mediante cautelosos movimientos, disfrazado por último, como se ha visto.

RESENTIMIENTO DE JUAN RAFAEL MORA

Juan Rafael Mora mostró resentimiento por la falta de concurrencia oportuna de El Salvador, Guatemala y Honduras. Sintió dolor por haber visto caer a algunos de sus soldados, pero al mismo tiempo "orgullo de tener a mi lado a los únicos campeones armados en defensa de Centro América".

Los resultados de la campaña eran la derrota del enemigo en todos los encuentros, la ocupación de San Juan y Rivas y la posesión de las líneas del tránsito.

En seguida se presentó el cólera y la retirada del ejército costarricense se efectuó de inmediato, asegurando que permanecería con el arma al brazo para volver a la lucha en momento oportuno. Llegó a Bagaces (14 de mayo de 1856) y, sin detenerse, se dirigió rápidamente al interior, perseguido por una sombra.

Los periódicos de los Estados Unidos dieron noticias de los que regresaban con desaliento.

Porque lo que entusiasmó a muchos fueron las promesas de tierras y trabajo; y hubo hacendados, hombres de negocios, artesanos, etc., que hicieron el viaje atraídos por el cuento de Las Mil y Una Noches.

Un señor, de nombre William D. Snyder, uno de tantos, cuenta que iban con él en el Northern Light ocho hacendados "arrancados de sus hogares en los Estados Unidos por las doradas promesas de Nicaragua".

Mr. Jackson había vendido su finca en Connecticut para emigrar y se desalentó en presencia de un panorama nada atractivo. Cayó enfermo y murió al tercer día.

El mismo señor Snyder cuenta que "un joven que llegó con su hermano, fue empleado por el gobierno para fabricar ataúdes, el trabajo más lucrativo en el lugar; pero habiendo enfermado un día a las seis de la tarde, murió a las cuatro de la mañana siguiente y fue enterrado en el último ataúd que había hecho".

Agrega que "el filibustero sale de New York lleno de arrogancia, pero cuando cae bajo las órdenes de Walker, se vuelve tan humilde, tan sumiso como un cordero enfermo. He visitado a los soldados y los he visto llorar por su penosa situación y porque les es imposible abandonar las filas. Walker no larga a nadie, por urgente que sea la necesidad que tenga de irse. Hay muchos jóvenes honrados en el ejército, pero reina entre ellos un descontento y una desesperación generales. Su alimento es miserable y la paga apenas suficiente para los gastos del lavado de ropa. Los capitanes no reciben más de seis pesos a la semana y la enfermedad diezma el ejército de una manera terrible".

J. Víctor Zavala (8 de abril de 1856) pide al gobierno de El Salvador permiso para el paso de tropas de vanguardia de Guatemala que, en número de 500 a 600 hombres, van a Nicaragua e insinúa que se le unan fuerzas salvadoreñas. "Acaso", dice, "podremos con este solo paso lograr libertar a nuestros hermanos de Nicaragua del ominoso yugo que los oprime y ponerlos en la aptitud de proveer a su bienestar y seguridad, estableciendo un gobierno que afirme su independencia y nacionalidad".

El Salvador dice hallarse muy dispuesto a unir sus fuerzas con las de Guatemala, pero como ambas tropas deben obrar unidas con las que Honduras tenga a bien enviar, cree conveniente excitar al gobierno de este país, como lo ha hecho El Salvador, para que se sume a la empresa y, para que los tres caminen de acuerdo, debe convenirse en la elección de un jefe común.

Como Walker tenía de su mano a don Patricio Rivas, insistió para que éste fuese reconocido a pesar del fracaso de French. En efecto, se envió a Washington en misión especial con ese fin al presbítero Agustín Vigil y éste fue recibido.

Don Antonio José de Irisarri protestó, como representante de Guatemala y El Salvador (19 de mayo de 1856), por el reconocimiento de Rivas y, en su protesta, hizo resaltar el hecho de que para reconocer a los gobiernos de Colombia y la Argentina, el gobierno de los Estados Unidos envió allá comisiones que le informasen de la naturaleza de aquellos gobiernos, de sus fuerzas y recursos para conservar su independencia; y se pasaron algunos años antes de dar el reconocimiento; en tanto que a Vigil se le recibió inmediatamente.

Por lo tanto, resulta que el reconocimiento de los Estados Unidos de la administración formada en Nicaragua no es sino una consecuencia de los principios de dominación general del partido que defiende y sostiene todas las violencias.

A esta representación del ministro de Guatemala y El Salvador se unió la de otros países iberoamericanos, Francia y España; y el padre Vigil tuvo que abandonar los Estados Unidos, prácticamente echado por sus colegas. Pero la necesidad y las circunstancias obligaron a los países, por el señor Irisarri representados, a tratar con el gobierno presidido por el señor Rivas para echar a los filibusteros del suelo centroamericano.

Sale de Guatemala (5 de mayo de 1856) la vanguardia del ejército guatemalteco que va a combatir a Nicaragua.

Carrera despide las fuerzas, les explica la situación y les promete seguirlas muy de cerca si fuere necesario.

"Entre tanto, os recomiendo la más estrecha unión con vuestros hermanos de El Salvador, Honduras y Costa Rica, para llevar a cabo la obra común de lanzar del país a los que, sin derecho alguno, han venido a mezclarse en nuestras disensiones y a amenazarnos con la más oprobiosa servidumbre".

Llegan a Santa Ana el once del mismo mes y son recibidas por las autoridades y el pueblo con demostraciones de simpatía.

Llega al puerto de San José de Guatemala (12 de mayo de 1856) la fragata de guerra inglesa Havannah de la base del Pacífico y envía a tierra pliegos para el Encargado de Negocios de Inglaterra.

Por su medio se supo que la fragata Presidente estaba últimamente en Puntarenas y se tenía noticia de que llegarían algunos buques de guerra franceses a aquel puerto para pasar después a San Juan del Sur y La Unión.

Llega a Cojutepeque (15 de mayo de 1856) la fuerza guatemalteca al mando del General Mariano Paredes.

El 17 sale para San Vicente.

El 23 llega a San Miguel.

El presidente Pierce comunica al Senado y Cámara de Representantes (26 de mayo de 1856) haber cortado las relaciones de los Estados Unidos con Inglaterra.

El representante inglés, Mr. Crampton, se había embarcado en el vapor Asia con destino a Inglaterra a fines de abril anterior.

Parece ser que Mr. Crampton estaba tratando de hacer en los Estados Unidos enganches de ciudadanos americanos con destino a Crimea.

Un poco después de eso, aparecieron barcos de guerra en las Antillas, de ellos 4 ingleses y 2 franceses, y se habló de un desembarco en esas islas de 14,000 hombres.

Recuérdese que los filibusteros no ocultaban la tendencia a la conquista de la Perla de las Antillas.

Fue necesario que se presentase una grave amenaza para que el gobierno de los Estados Unidos se viese obligado a esforzarse ostensiblemente en un sentido contrario a los desmanes de los propios individuos de ese país.

De tal manera que, después de eso, William Walker no pudo ya recibir un solo fusil ni un solo hombre, a lo menos abiertamente.

Lo impidió, además, el descrédito en que Walker cayó a causa de sus torpes manejos dentro y fuera de Nicaragua, como el robo de las armas en San Francisco y Sacramento.

Uno o dos días después del retiro de las fuerzas costarricenses, fue llevado a Granada un correo procedente de León con carta del Presidente Rivas para el Presidente Mora, en la que le hablaba de paz. Walker, sorprendido por el hecho de que el Presidente Rivas diese ese paso sin su conocimiento, sospechó alguna trama contra él.

A continuación, proyectó eliminar al señor Rivas capturándolo para procesarlo, aunque no lo dijo, por traidor a la República. Con ese propósito no bien definido, llegó a León (4 de junio de 1856), pero como fuese recibido por el pueblo y gobierno con francas demostraciones de simpatía —"los versificadores de la localidad, que no eran pocos, prodigaron en esa ocasión los sonoros versos castellanos para glorificar a los extranjeros que habían libertado a Nicaragua de la opresión de sus enemigos"—, cambió de parecer y se mostró amable, pero sin renunciar en principio a su propósito.

Entonces concibió arrancar al señor Rivas un decreto de convocatoria a elecciones de autoridades supremas con la perspectiva de presentarse él mismo como candidato a la Presidencia de la República y ganarlas por la razón, el fraude o la fuerza; pero, eso sí, llenando las formalidades legales.

El decreto fue expedido (10 de junio de 1856) y el señor Rivas, con Walker complacido en esa forma, le dijo que el gabinete de Cojutepeque había pedido—sin duda para evitar una conflagración provocada por la fuerza americana al servicio de Nicaragua—se redujese la fuerza filibustera a 200 hombres; pues, de lo contrario, se provocaría una invasión.

Walker le contestó que no podía considerarse esa proposición mientras no se pagase a los soldados. En ese momento, posiblemente se reafirmó en él la sospecha de que se le traicionaba. No confesó al señor Rivas que tenía en su poder la carta para el señor Mora que podía servirle como base de un proceso semejante al del señor Corral.

Con el decreto de convocatoria en la bolsa, Walker se tornó insolente. Dijo que Nicaragua era de hecho una colonia americana y que procedería a declararlo oficialmente así, pensase hacerlo o no.

Se hizo público, además, que se había anticipado a pedir la ocupación de todos los bienes pertenecientes a los partidarios de Chamorro y la mitad de todos los de propietarios nicaragüenses.

Al separarse del Presidente, se dirigió al Vicario de León para pedirle la autorización del divorcio de los propietarios casados, de modo que las mujeres yanquis pudiesen casarse con ellos y los yanquis con las propietarias divorciadas.

Ante su negativa, le pidió que apostatara y se pasase al protestantismo, prevaleciente en los Estados Unidos. El Vicario lanzó una pastoral.

La población se conmovió y, según se dijo, hubo choques en las calles entre la población y los filibusteros; algunas familias creyeron que debían abandonar la ciudad en presencia de tantos peligros.

Decidido a apoderarse del Presidente con la finalidad expresada, dejó instrucciones antes de partir temprano en la mañana (11 de junio de 1856) para ese efecto, probablemente dadas confidencialmente de viva voz al capitán Kaztmer, a cuyo cargo se hallaba la guarnición de la plaza.

Walker fue acompañado por el propio señor Rivas en su viaje de regreso a Granada durante varias millas y por muchos vecinos principales del departamento.

Pero el proyecto de captura del señor Rivas y sus ministros se filtró, desgraciadamente para los complotistas, entre los amenazados. Estos se ocultaron. Jerez pasó la noche del 11 metido en una huerta mientras se le facilitaban medios de huir hacia Chinandega.

Se produjo inusitada agitación en León y el capitán Kaztmer fingió inocencia sobre los motivos de la agitación, como la había de fingir el propio Walker, aunque poco inclinado a representar una comedia.

Camino de Chinandega, Rivas y Jerez encontraron (12 de junio de 1856) al capitán Dolan, que había salido de aquella ciudad con su fuerza, llamado de León.

Dolan propendió a capturar a los fugitivos; si no lo hizo, fue por advertencias de un señor Dawson que iba con él, lo que prueba el proyecto de Walker.

Al tener conocimiento en Masaya de lo que había ocurrido en León, Walker pensó en regresar a esa ciudad, sin duda para llevar su intento adelante; pero se detuvo en Nagarote y, al llegar los rifleros que había en León, llamados por él, pasó nuevamente por Masaya y llegó a Granada.

En Chinandega, el señor Rivas derogó el decreto que le había arrancado Walker, el mismo día de su llegada allí.

En Granada, el primer paso de Walker fue reorganizar el gobierno provisional, afirmando hallarse facultado por el convenio de 23 de agosto de 1855, para lo cual designó Presidente provisorio a don Fermín Ferrer, mientras el pueblo elegía a su gobernante en virtud de la convocatoria hecha por el Presidente Rivas.

Explicó su proceder manifestando que:

"Por haber cometido tantos crímenes conspirando contra el mismo pueblo que tenía la obligación de proteger, el extinto gobierno provisional no merecía seguir existiendo; por consiguiente, en nombre del pueblo mismo, lo he declarado disuelto y he organizado un gobierno provisorio mientras ejerce la nación el derecho natural de elegir a sus gobernantes".

Así establecido en Granada un nuevo gobierno, llamó al pueblo a elecciones y Walker obtuvo 15,835 votos.

En la lista de votación apareció el nombre de poblaciones inexistentes y figuraron centenares de sufragios en otras que sólo podían contarse por docenas.

Tomó posesión de la presidencia (12 de julio de 1856), declarado electo por decreto emitido por don Fermín Ferrer. Se enarbolaron los pabellones de los Estados Unidos, Nicaragua y Cuba.

El Ministro americano Wheeler pronunció un discurso y dijo que tenía instrucciones del Presidente de los Estados Unidos para entablar relaciones con el gobierno de Nicaragua, entendiéndose el presidido por el señor Rivas; pero Wheeler fingió entender el presidido por Walker.

Hubo empeño en afirmar que éste había sido reconocido por el gobierno de los Estados Unidos, fundándose en que esta potencia, durante sus 80 años de existencia independiente, había mantenido la política de reconocer a todos los gobiernos "cualquiera sea su origen, su organización y los medios por los cuales hayan sus gobernantes obtenido el poder, con tal que exista un gobierno de facto aceptado por la población".

Esta aparente torpeza de Mr. Wheeler disgustó tanto al Secretario de Estado Mr. Marcy, que se pronunció contra él y recomendó su remoción el último día que figuró como tal.

Durante la toma de posesión, se dijo que el obispo había dado un abrazo a Walker y cantado el gloria in excelsis Deo y un cronista de la época advirtió que se había escrito Deus y no como él creía que era lo correcto; y no había, además, obispo en Granada.

El cronista tenía razón.

Durante el banquete se omitieron los licores espirituosos y sólo se hizo uso de los vinos.

En seguida se nombró el gabinete:

- Ministro de Guerra: Mateo Pineda.
- Ministro de Hacienda y Crédito Público: Manuel Carrascosa (quien en otro tiempo acompañara al señor Vasconcelos al combate de La Aräda).
- Subsecretario de Hacienda: Mr. Rodgers.
- Ministro de Relaciones y Gobernación: Fermín Ferrer.
- Subsecretario de Relaciones y Gobernación: un tal Mr. Richmond.
- El decreto estableció que se obedecerían las órdenes de los subsecretarios tal como si emanasen de los ministros, a modo de poner en el manejo a estos últimos a la sombra de aquellos.

Seguidamente (22 de julio de 1856), se dio un decreto para establecer las condiciones de un empréstito de 2,000,000 de dólares, garantizado con el crédito público del gobierno de Nicaragua y sus terrenos del departamento de Matagalpa.

El General Tomás Martínez (19 de junio de 1856) sale de Choluteca a la cabeza de una fuerza legitimista que se hallaba en El Corpus. Los legitimistas no se avenían con los demócratas representados por don Patricio Rivas.

El Presidente Rivas y sus ministros (20 de junio de 1856) regresan a León. Se hacen patentes el deseo y la necesidad de una reconciliación de partidos.

El general Mariano Paredes de Guatemala (22 de junio de 1856), atraviesa el Nacaome en barcas y se dirige a la frontera de Nicaragua.

Don Francisco Dueñas (25 de junio de 1856), encargado del Poder Ejecutivo por licencia concedida al señor Campo, quien dijo que tenía necesidad de atender sus asuntos privados, llama al pueblo salvadoreño a las armas.

"No hay partidos que nos dividan", dijo, 2no hay lucha intestina; una es hoy nuestra bandera, uno nuestro pensamiento y una nuestra común aspiración, así como uno es el peligro que a todos amaga. Preciosos son los momentos y es urgente aprovecharlos: en esta convicción el gobierno ha hecho avanzar a marchas dobles la primera división auxiliar que, unida dentro de breve plazo a la de Guatemala, al ejército del señor presidente Rivas, a los hijos de Nicaragua que emigran en gran número buscando el apoyo de nuestras armas y a las más fuerzas que estoy ya organizando, llevan la libertad y la vida a nuestros hermanos oprimidos".

El General Ramón Belloso (26 de junio de 1856) sale de San Miguel para La Unión con 800 hombres. El 5 de julio siguiente se embarca allí con destino a Nicaragua.

Una columna de 100 filibusteros (11 de julio de 1856) ataca León y es rechazada. En esa columna había españoles y franceses. Belloso tuvo la noticia en El Viejo y apresuró la marcha.

Belloso llega a León (12 de julio de 1856). Los guatemaltecos se hallaban en Somotillo. Se les esperaba en León el 18.

La segunda división salvadoreña (17 de julio de 1856), al mando de don Pedro Negrete, llega a San Miguel. El 24 continuaría su marcha.

Dos individuos procedentes de Granada (26 de julio de 1856) llegan a León y dicen que Walker tiene en aquella plaza solo 400 hombres, en Masaya 60 y 25 en Managua. Por la tarde se presentan 12 desertores de Walker.

Estos dicen que se habían desertado 18 más, los que llegarían el día siguiente. Agregan a su dicho que los filibusteros se hallaban escasos de muchas cosas, los soldados no tenían paga y el cólera estaba haciendo estragos entre ellos.

El gobierno del señor Rivas (27 de julio de 1856), por acuerdos separados, nombra a Belloso General de División y General en Jefe del Ejército de la República.

La división de Negrete (28 de julio de 1856) llega a Chichigalpa para hacer el 29 su entrada en León.

Llega a La Unión (30 de julio de 1856) la goleta guatemalteca Ascensión con refuerzos para la división de Paredes. Se le agregan 3 lanchas cañoneras salvadoreñas con su correspondiente dotación de artilleros.

l) Por el mismo tiempo resurge en Somotillo el "gobierno legítimo y constitucional" de don José María Estrada, que se creía extinto en virtud del convenio de 23 de octubre de 1855.

El señor Estrada volvía de Honduras, donde permaneciera en calidad de refugiado, había distribuido un folleto en que alegaba su derecho a la presidencia y enviado representantes a los demás gobiernos centroamericanos; y por el mismo hecho los colocó en una posición molesta, puesto que ya se hallaban en contacto con el de don Patricio Rivas para expulsar conjuntamente a los filibusteros.

Uno de los representantes del señor Estrada fue don Pedro Joaquín Chamorro.

Determinaron, pues, aquellos gobiernos no variar de posición; y don Patricio Rivas, por su parte, se empeñó en conseguir un avenimiento con el señor Estrada, pero este lo rechazó a pesar de que se hallaban los dos frente a un enemigo que les era común.

Estrada combatía y se defendía por su lado.

Así, un destacamento de sus escasas fuerzas, sorprendió un día a un grupo de filibusteros que habían salido en busca de ganado y los derrotó. Según se dijo, quedaron ocho filibusteros muertos como resultado de la escaramuza.

El gobierno de Estrada se instaló poco después en El Ocotal y empezó a organizar su administración con detrimento y perjuicio de muchos empleados que no le eran afectos y a exigir contribuciones forzosas en las poblaciones que más tenía a la mano, lo que creó profundo disgusto en gentes esquilmadas que apenas podían valerse por sí mismas, menos podrían valer para los demás.

Hubo un alzamiento popular contra él.

Se organizaron grupos de individuos desesperados de Somoto, Algüina, Pueblo Nuevo y Totogalpa y marcharon a El Ocotal, adonde llegaron (13 de agosto de 1856) en momentos en que el jefe de la guarnición de 4 soldados había ido con ellos a bañarse.

Hallaron solo al Presidente y fue atacado. Se defendió como más pudo y habiendo agotado sus municiones, huyó en dirección al río seguido por don Juan Lacayo, quizás con la esperanza de encontrarse allí con sus escasos soldados; pero antes de que esto ocurriese, ambos fueron alcanzados por sus perseguidores enfurecidos y se tiraron al agua para ganar la orilla opuesta del río.

Al hacerlo fueron muertos.

Este hecho se atribuyó, posiblemente sin fundamento alguno, a don Patricio Rivas.

A lo que parece, el señor Estrada tenía conocimiento de lo que podría ocurrirle, puesto que en sobre cerrado dejó escritos por su orden los nombres de las personas que debían sucederle.

1) Nada nos debe sorprender la conducta de los filibusteros en ese país; pero sí causa asombro que los nicaragüenses siguieran tan divididos en presencia de tantos males como al principio, cuando su propia disensión los causó.

En ese momento había tres presidentes en Nicaragua:

Don José María Estrada, que no quiso renunciar a sus derechos a pesar del pacto mediante el cual surgió don Patricio Rivas.

Don Patricio Rivas.

William Walker, que sería tolerado (algunos dicen que fue reconocido) por Mr. Pierce, cuya conducta intranquila y dudosa, como la de aquel que nunca llega a perfeccionar un concepto, sólo puede ser el producto de la condescendencia hacia los filibusteros por un lado y la consideración a potencias como Francia e Inglaterra por el otro.

Mariano Salazar (3 de agosto de 1856) es fusilado en la plaza mayor de Granada. Este había sido capturado en el Golfo de Fonseca dentro del barco Granada, que le perteneciera anteriormente, y se comprobó que había seguido una conducta desleal con respecto a Walker, que lo consideraba su amigo.

Cuando los amigos de Salazar supieron en León que este había sido capturado, gestionaron el arresto inmediato del Dr. Joseph M. Livingstone, un americano establecido en Nicaragua desde hacía mucho tiempo; y enviaron a Granada un correo a decir que lo tendrían como rehén para responder por la vida de Salazar.

241

El vicecónsul británico escribió al Ministro americano Wheeler que salvase la vida de Salazar para que Livingstone no sufriese ningún daño; pero el correo llegó después de la ejecución.

El Ministro americano Wheeler, en cambio (8 de agosto de 1856), dirigió una carta amenazadora al General Belloso por el arresto en León del Dr. Livingstone.

"Esté usted seguro, señor", le dice, "de que si un pelo de la cabeza del Dr. Livingstone se daña, se le quite la vida a él, o a cualquiera otro ciudadano americano inocente, el gobierno de usted y el de Guatemala sentirán la fuerza de un poder que, al propio tiempo que respeta, es capaz y pronto de vindicar su propio honor y las vidas y propiedades de sus ciudadanos".

A Livingstone no se le tocó un pelo, pero fue expulsado.

n) Sale de San Juan del Norte (19 de agosto de 1856) la fragata inglesa Cossack de 22 cañones y 250 hombres de tripulación, al mando del capitán Jaime Cockburn.

Llega a Trujillo y Cockburn salta a tierra. Es recibido con simpatía por la población y las autoridades, y dice que Walker ha ordenado el bloqueo de los puertos de la América Central y, como esto perjudica al comercio inglés, ha recibido órdenes de patrullar sus costas del Atlántico para impedirlo.

Ofreció, antes de retirarse, sus servicios al comandante del puerto.

OTRA VEZ WALKER

a) Las fuerzas auxiliares salvadoreñas y guatemaltecas (25 de agosto de 1856) siguen estacionadas en León. No se sabe qué las detenía en esa plaza, aunque de un modo vago se dejaba entender que sus jefes no atacaban Granada, en poder de los filibusteros, por temor al cólera, que a estos abatía allí y no recibían auxilios, ni alimentos, ni medicinas.

Los filibusteros tenían Masaya y Managua también, y de esta última plaza se desertó una compañía de filibusteros desesperados, según se dijo. De ellos, 22 pasaron por San Lorenzo, puerto de Honduras en la Bahía de Fonseca, y allí se dispersaron y tomaron cada uno el camino que le pareció mejor.

Belloso era General en Jefe de las fuerzas nicaragüenses y salvadoreñas desde el 27 de julio; y las fuerzas chapinas no podían hacer nada sin unidad de mando. Algunos de esos elementos se burlaban de Belloso, pero no era un mal jefe, sino un excelente soldado que había hecho de las armas una profesión y prestaba fidelidad a quien servía.

Elementos de su fuerza, descontentos por aquel estacionamiento costoso y sin fruto, empezaron a difundir noticias perniciosas, y un periódico de San Salvador, llamado Variedades, publicaba los rumores que desde León llegaban en desprestigio de aquel jefe.

b) En la costa de Lóvage (5 de agosto de 1856), estero de Cunaguas, fue acorralado un destacamento de filibusteros. Según se dijo, estos habían ahorcado a unos campesinos y pillado en las cercanías.

Fueron cargados a la bayoneta por un destacamento al mando de Dámaso Rivera del ejército de Tomás Martínez; y fue tal la carga que del destacamento filibustero quedaron 21 cadáveres y un prisionero. Abandonaron los rifles y pistolas que portaban, las municiones y todo cuanto habían robado.

c) Un tal Ubaldo Herrera (14 de agosto de 1856) fue muerto un día de este mes cuando regresaba a Tipitapa arreando unas reses para los filibusteros, de una de las haciendas de Los Llanos, al ser atacado por un destacamento centroamericano.

Para castigar esa muerte, Walker envió a dos oficiales con 20 hombres a la hacienda San Jacinto, cercana a León, en la que se hallaba atrincherado un destacamento del ejército del General Belloso, al mando del Coronel José Dolores Estrada.

Esa segunda expedición atacó la hacienda —algunos dicen barrio de León— y tuvo que retirarse. Walker dice que hubo falta de disciplina en los atacantes, porque se hallaba llevado de la tendencia de justificar los fracasos de su gente para no conceder valor alguno de ninguna naturaleza a ningún individuo centroamericano, quienquiera que fuese.

Entonces, de modo espontáneo, se organizó una tercera expedición de 65 o 70 hombres, esta vez al mando de Byron Cole, la cual atacó (14 de agosto de 1856) al rayar el día.

Esos 65 o 70 hombres fueron barridos después de cuatro horas de lucha, y los sobrevivientes se retiraron a Tipitapa. Byron Cole se extravió en la retirada y fue muerto por unos campesinos nicaragüenses dos días después.

Los filibusteros, informó el General Belloso, dejaron en el campo 20 bestias bien aperadas, 25 pistolas, 32 rifles y otros objetos. Esta vez Walker guardó silencio, porque le hubiera sido imposible justificar esa derrota.

Los partidos se avienen, por fin (12 de septiembre de 1856) mediante la firma de una convención, por la cual don Patricio Rivas continuaría en el ejercicio de la Presidencia y que 8 días después de expulsado Walker, se convocaría al pueblo a elecciones de conformidad a la Constitución de 1838.

Walker expide un decreto (22 de septiembre de 1856), por el cual se declaran nulos y sin ningún valor los actos y decretos de la Asamblea Federal Constituyente de Centroamérica, estimados en vigencia en cuanto no se opusieran a la Constitución de 1838, que declaró libre, soberano e independiente el Estado de Nicaragua.

Entre esos decretos se hallaba el de 17 de abril de 1824, que declara la abolición de la esclavitud; y Walker tomó serio empeño en probar los beneficios de esta en una forma tal que declaró locos o desorientados a todos aquellos que en contra de ella se pronunciaron en el pasado.

"La esclavitud negra", dijo, "tendrá en Nicaragua doble ventaja: a la vez que proporcionará mano de obra para la agricultura, tenderá a separar las razas y a destruir los mestizos, causantes del desorden que ha reinado en el país".

Fuerzas centroamericanas (24 de septiembre de 1856), al mando del General Belloso, ocupan Managua a las 7:00 a.m. de ese día, sin resistencia. El enemigo se reconcentró en Granada con un efectivo de 1,000 hombres.

Don Rafael Campo (30 de septiembre de 1856) despide la tercera división al mando de Domingo Asturias, coquimbo.

"Id, amigos, id con Dios", les dice, "que Él guíe vuestros pasos y os cubra bajo el ala protectora de su providencia".

El General Belloso (2 de octubre de 1856) ataca y toma Masaya.

"Para conseguir este triunfo", dice, "no ha sido necesario empeñar nuestras fuerzas en un combate formal".

Marchó, con una parte del ejército, sobre el pueblo de Masatepe, para amenazar la retaguardia del enemigo y al mismo tiempo la plaza de Granada.

Simultáneamente, Jerez y Zavala, por disposición de Belloso, se movieron con el grueso del ejército sobre el camino de Managua para ocupar Nindirí.

Al darse cuenta el enemigo de estos movimientos, "se llenó de terror y, sin esperarnos, abandonó sus posiciones, artillería, fusiles, municiones, quesos, tabaco y otros víveres".

Belloso se anotó una victoria.

Walker disculpó la derrota diciendo que el enemigo lanzó allí al ataque 2,200 hombres y que "Meintoch—el defensor de Masaya— era, en cuanto a saber y fuerza de carácter, de una deficiencia lastimosa. Fue una carrera loca, llena de pánico, y los centroamericanos pudieron bien conocer el estado de ánimo del enemigo y aprovecharse de las circunstancias".

Los filibusteros se retiraron a Granada para dar sus disculpas abultando el número de los soldados atacantes.

William Walker (12 de octubre de 1856) ataca Masaya con 800 hombres para dar a entender al enemigo que no se hallaba solo a la defensa. Belloso fue sorprendido en Masaya, a pesar de su vigilancia en espera de ese ataque; de modo que Walker entró en la iglesia de San Sebastián como en su casa y se fortificó en ella.

Empezaron las peripecias del combate. Walker rompió casas para rodear a Belloso, situado en la plaza, y Belloso trató a su vez de rodear a Walker. Después se le ocurrió atacar a Walker por la retaguardia y abrió un camino con tal objeto.

Walker se defendió muy bien de esta embestida por detrás, y una tormenta obligó a Belloso a retirarse.

"Continuaron en seguida atacando por distintas direcciones", dice Belloso, "hasta las ocho de la noche; y a esa hora, considerándose perdidos, huyeron precipitadamente (los filibusteros) dejando en el campo todo su tren de guerra, muertos algunos jefes y oficiales y más de 50 individuos de tropa, y llevándose más de 200 heridos. Posteriormente han sido muertos los dispersos por distintos puntos, de modo que la pérdida total del enemigo no baja de 300 hombres".

Walker había dejado Granada defendida por 200 hombres, y dos divisiones centroamericanas estaban destinadas a ocupar esa plaza, una guatemalteca y otra nicaragüense, al mando de los coroneles J. Víctor Zavala y Mariano Estrada.

Sin embargo, al producirse el ataque a Masaya, aquellas divisiones sólo pudieron tomar el barrio de Jalteva, de donde se retiraron al regreso de Walker y se situaron en el pueblo de Diriomo, a dos leguas de Granada; de modo que, cuando Máximo Jerez, enviado por Belloso, llegó con su gente para reforzar aquellas divisiones, ya no halló objeto alguno a su fatiga.

Al producirse el ataque a Granada, se reveló un hecho que demuestra profunda y ofensiva subestimación de parte de la raza nórdica con respecto a los iberoamericanos, al no considerar en estos el derecho de alzar la mano contra sus ofensores:

El mayor Angus Gillis había ido a Nicaragua, dice Walker, "para vengar la muerte de un noble hijo que cayó peleando en Rivas el 11 de abril (1856)"; y mientras combatía con ese propósito, una bala le voló un ojo y le averió el rostro juntamente con el otro ojo, de modo que quedó ciego y vivo con el tiempo necesario para reflexionar sobre el odio y el desprecio que lo condujeron a un fin tan triste.

Salen tropas de Guatemala (15 de septiembre de 1856) con destino a Nicaragua, vía Santa Ana y Opico.

Belloso hace salir de Masaya (31 de octubre de 1856) un destacamento al mando del Coronel Félix Ramírez para ocupar el Departamento Meridional, con instrucciones de unirse al ejército de Costa Rica, al mando del General José María Cañas.

Cañas llega a Iscameca, de donde dirige una carta a Belloso, suscribiéndose de él:

"Afectísimo servidor y amigo q.b.s.m".

En contestación a una de este, le dice que ejecutará un movimiento sobre San Juan del Sur y sucesivamente sobre La Virgen.

"De Puntarenas aguardo en muy pocos días un buque llamado el 11 de Abril con refuerzos considerables, por cuya razón no puedo perder de vista el tránsito, hasta recibirlos".

l) Aparece (7 de noviembre de 1856) el ejército costarricense.

El General José María Cañas pide la rendición de San Juan del Sur sin disparar un tiro.

Se libra el combate de Rancho Grande, cerca de La Virgen (10 de noviembre de 1856), entre el filibustero Hornsby y el General Cañas.

El combate duró seis horas.

Walker (12 de noviembre de 1856) ataca por segunda vez Masaya con 560 hombres.

Este rudo combate, casi desesperado por parte de los filibusteros, se prolongó hasta el 17, durante el cual el General Belloso recibió, según se dice, un refuerzo de 600 hombres de las fuerzas guatemaltecas.

Los filibusteros tuvieron 100 bajas; las fuerzas centroamericanas 215 entre muertos y heridos, salvo error.

No obstante, dice Walker que aunque los aliados se hallaban dañados por el desaliento en virtud del avance de los filibusteros, habría sido necesario algún tiempo más para sacarlos de la ciudad; pero, inquieto como se hallaba respecto del tránsito—la vía de comunicación por el río San Juan—resolvió retirarse de Granada.

Antes de hacerlo, incendió, saqueó y trasladó sus heridos a Ometepe.

Allí (18 de noviembre de 1856), comunicó a Charles F. Henningsen, incorporado al ejército filibustero hacía poco, su intento de abandonar Granada y darle fuego.

¿Por qué?

Porque no pudo arrancar Masaya de manos de Belloso.

Especímenes hay que, en su furor, descargan su furia en cualquier cosa por el fracaso que se les ha infligido, como el ladrón que, no habiendo hallado en un almacén el dinero que buscaba, se vengó destruyendo las mercaderías en él existentes; o como aquel otro que dio de puntapiés a un inocente perro por los golpes que recibiera a su lado de un individuo a quien había insultado en la calle.

Walker dijo que los habitantes de Granada debían vidas y haciendas a los americanos:

"Y sin embargo, se unieron a los enemigos que batallaban por expulsar de Centroamérica a sus protectores".

Sería positivamente digno de atención que alguien se sintiese obligado con el ladrón porque este le pagase servicios con parte de lo mismo que le hubiese robado.

Por esa misma fecha (18 de noviembre de 1856), salía de Nacaome con rumbo a Nicaragua la división hondureña al mando de Florencio Xatruch.

Se libra un combate (22 de noviembre de 1856) entre la goleta Granada filibustera y el 11 de Abril costarricense, esperado por el General José María Cañas, como se ha visto.

Los vecinos de San Juan del Sur contemplaron el combate a la luz de los fogonazos de los cañones en ambos barcos y vieron por último una gran llamarada muy brillante seguida por un fuego fragoroso.

Esto se debió, según se dijo, a la explosión de la santabárbara del 11 de Abril, ocurrida a las 10 de la noche, después de una hora de combate.

Se supuso que la voladura de la santabárbara ocurrió por accidente.

El barco se hundió rápidamente, y la goleta Granada recogió a los náufragos.

Walker, demasiado regocijado por este hecho, ascendió a Capitán al Teniente Fayssoux de la goleta Granada, y le donó la hacienda El Rosario, cerca de Rivas, que había pillado seguramente, mediante procedimientos aparentemente legales, a los nicaragüenses.

Pero Fayssoux no disfrutó con toda seguridad de ese bien.

Fue capturado durante la acción el mayor Federico Maheit por los filibusteros, y el Presidente Mora lamentó la pérdida del 11 de Abril y la de un elemento tan estimado como aquel, por cuya suerte se interesó vivamente y encargó a Cañas que gestionara su libertad a cambio de uno o varios prisioneros de los que estaban en poder de las tropas costarricenses.

walker le contestó que:

"I regret I am unable to comply with your request for the release of Frederic Maheit".

("Lamento no poder cumplir con su solicitud de liberación de Frederic Maheit").

Tan pronto como Walker se retiró de Granada con dirección a La Virgen, nada pudo evitar el desenfreno de los peores instintos e individuos propensos a ello; y la obra de destrucción se prolongó durante 20 días, desde el 24 de noviembre hasta el 13 del mes siguiente.

Belloso marchó a Granada para impedirlo o por lo menos remediarlo.

Fue infructuosa su empresa; y si bien después cortó la retirada del enemigo hacia el lago y lo aisló para empeñarse en su rendición, no pudo vencer su resistencia al atrincherarse en la iglesia de Guadalupe, que le arrebató después de cruenta lucha.

No pudo impedir tampoco la llegada de una fuerza de salvamento al mando de un tal Waters, la cual rompió el cerco puesto a Henningsen, y este vio expedita la comunicación con el lago para poder escapar.

Cuando Henningsen se hallaba situado, pudo saber que el vapor que esperaba Walker, procedente de California, había llegado a San Juan del Sur con nuevos aventureros; pero que estos se habían negado a desembarcar al tener conocimiento de que había hambre en el país, infestado, además, por el cólera.

En vista de esto, obligaron al vapor a dirigirse con ellos a Panamá.

En esa ocasión fue víctima del cólera y de los afanes de la guerra el general guatemalteco Mariano Paredes—precedido o seguido por el Coronel Ángel Solares, también guatemalteco, víctima del mismo mal—y el mando de sus fuerzas pasó al General J. Víctor Zavala.

Este escribió a Henningsen para que se rindiera, pues se hallaba rodeado y no podría escapar, le dijo; y el europeo creyó rebajarse contestándole en la misma forma y ordenó decir al general guatemalteco, de su parte, insolentes palabras.

Al abandonar la plaza en la madrugada del 14 de diciembre de 1856 con 110 hombres, a que se redujeron los 419 con que contaba al empezar el asedio, por los muertos en combate, el cólera y las deserciones, Henningsen plantó en ella un cartel que decía "Aquí fue Granada", de modo que la fobia del filibustero se vio satisfecha a pesar del esfuerzo de los centroamericanos por impedirlo.

Walker se hallaba en San Jorge desde el 3 de diciembre, plaza que ocupó sin oposición de Cañas, que se hallaba en Rivas. En la mañana del 7, le llegaron 250 filibusteros desembarcados de un vapor procedente de New Orleans.

Un día antes de la llegada de Walker a San Jorge, los indios de Ometepe, donde los filibusteros tenían un hospital y donde habían buscado refugio algunas familias americanas al tener conocimiento de lo que ocurría en Granada, se lanzaron contra ellas y asesinaron buena parte de sus elementos: niños, mujeres y hombres.

Parte de los refugiados lograron escapar en un lanchón de la compañía del tránsito. Se dijo que el propósito del ataque fue la rapiña.

Al mismo tiempo (2 de diciembre de 1856), el presbítero Francisco Tijerino manifestó que:

"El terror que las tropas de mi mando imprimieron en el ánimo de los filibusteros refugiados en Matagalpa fue tal, que no aguardaron el segundo ataque. Huyeron con tanta prisa que dejaron dentro de la iglesia sus rifles y cuatro instrumentos bélicos".

El cura, antes de retirarse, desentejó la iglesia e incendió la población a pedimento de los vecinos.

Los aliados se retiraron de Rivas a Masaya al tener conocimiento de que Henningsen había sido rescatado, y Walker (16 de diciembre de 1856) ocupó la plaza por ellos abandonada.

El ejército costarricense al mando del General José Joaquín Mora había entrado en acción decisiva contra el osado filibusterismo.

Se recordará que desde el principio de la guerra, Walker había tendido a hallarse cerca de la línea del tránsito, que consideraba vital para su empresa y nunca se puso fuera de su alcance, ya sea por tierra o por agua; por lo mismo, los generales Cañas y Mora descargaron sobre esa vinculación una serie de mortales golpes hasta desconectar al enemigo, y este quedó aislado y llevado a grado de implorar merced para salvarse.

Y así fue, a pesar de que Walker trató después de desvirtuar los hechos para mantener el crédito que necesitaba y volver sobre sus pasos, manejado como se hallaba por tendencias obsesivas, agravadas esta vez por el hecho de su fracaso.

Un vapor filibustero que se dirigía a San Juan del Norte avistó un grupo de balsas en el lago y desdeñó investigar aquel hecho. Estas balsas llevaban una fuerza de 120 costarricenses al mando de un jefe de apellido Spencer, que desembarcó en la boca del río Sarapiquí y sorprendió a un destacamento de filibusteros en el punto inmediato La Trinidad; lo deshizo y capturó a su jefe, un tal Thompson, a quien, por orden de Mora, se dejó poco después en libertad.

Así, José Joaquín Mora, con 500 hombres, avanzó a través de tupidos matorrales hacia el río San Carlos. Spencer volvió a sus balsas y, con instrucciones de Mora, se dirigió a San Juan del Norte.

Spencer regresó a la desembocadura del río San Carlos con el objeto de dar cuenta al General Mora de que por la mañana del 24 de diciembre (1856) se había apoderado de todos los vapores anclados en el puerto de San Juan del Norte, según comisión que le diera.

Los costarricenses ocuparon, en seguida, el Castillo y se apoderaron después del vapor La Virgen, cargado de pertrechos en la desembocadura del río Sábalos.

Los costarricenses, en número de 100, se acercaron en el vapor La Virgen, a las 11 de la noche, al fuerte San Carlos (30 de diciembre de 1856), con el propósito de tomarlo e hicieron ciertas señales que los del fuerte debieron entender.

70 hombres, en botes, se deslizaron simultáneamente a lo largo de la ribera.

La Virgen fondeó con la mayor calma bajo los fuegos del enemigo y, en virtud de las señales recibidas, el comandante de la guarnición filibustera del fuerte San Carlos, el alemán Kruger, se encaminó al vapor La Virgen con dos soldados.

Estos fueron capturados al subir a bordo.

Se obligó a Kruger a firmar una orden para que los suyos depusieran las armas, pues se hallaban rodeados, según se les dijo, y sería insensato resistir, con lo cual no habría perdón para ninguno de ellos.

Los filibusteros, en número de 27, fueron al vapor sin armas y de este modo el fuerte San Carlos cayó en poder de los costarricenses.

Se dio orden general para que la oficialidad cambiara la espada por el rifle. En el momento en que los costarricenses se hallaban en posesión de La Trinidad, el fuerte San Carlos, el Castillo Viejo y disponían de siete vapores en el Lago de Nicaragua y río San Juan, proyectaron la captura del vapor San Carlos, por medio de una nueva estratagema.

El excitado corresponsal de guerra a bordo del vapor La Virgen escribió (3 de enero de 1857) su crónica, mientras se realizaba la operación iniciada a las 11:00 a. m.

El San Carlos, con pasajeros que habían llegado a San Juan del Sur en el vapor Sierra Nevada, avanzó en su ruta mientras era observado atentamente.

Desde los puntos de observación nadie podía saber si llevaba filibusteros a bordo.

En tierra, los cañones estaban cargados y apuntando, y los artilleros al pie de las cureñas mantenían la mecha encendida.

Los soldados, escondidos y en acecho con los fusiles preparados, aguijaban con una piedra, según costumbre, la bayoneta, pues en ella tenían más confianza.

El jefe de las fuerzas costarricenses, don José Joaquín Mora, ofreció cien pesos a un extranjero para que fuese a bordo del San Carlos en un bote y preguntara al capitán si llevaba al teniente de la guarnición filibustera y le comunicara la orden de que fuese a tierra y que el barco continuase su marcha por el río, sin detenerse.

El bote llegó al costado del vapor y dos hombres saltaron a él con algún equipaje. El San Carlos hizo girar sus ruedas y entró en el río.

Un barco costarricense, el Queden, cargado de soldados, se pegó a su costado y los dos marcharon unidos por algún tiempo.

De pronto, se intimó la rendición al San Carlos bajo la bandera costarricense. De lo contrario, se haría fuego.

El vapor se rindió.

En seguida, se supo que iban en él un general cubano de apellido Pineda con tres o cuatro cubanos más, un Coronel MacDonald, excomandante de Chontales, y otro McDonald, gente de Mr. Morgan en San Juan del Norte, el Coronel Feruam, exgobernador del Departamento Meridional, el Coronel Markhan, el capitán Bradly y un Doctor Cole.

Los pasajeros, 380 en total, fueron conducidos al Castillo Viejo, donde pasaron la noche bebiendo y obsequiando generosamente a los soldados costarricenses.

Con la captura del vapor San Carlos, las fuerzas costarricenses adquirieron el pleno dominio de las comunicaciones a través del Lago de Nicaragua, y de este modo pudieron establecer rápido contacto con el cuartel general de las fuerzas centroamericanas en Masaya.

Walker, por lo tanto, quedó aislado.

Las fuerzas aliadas, por convenio de Nandaime (4 de enero de 1857), nombran como jefe común a Florencio Xatruch y como segundo de Xatruch al General Máximo Jerez. Esta jefatura única, bajo la cual quedaba el General Belloso, no tuvo la eficacia de mejorar la situación y descargó a éste de graves responsabilidades.

Se hizo bien pronto notoria, en el campo enemigo, la inhabilidad de los generales centroamericanos, con excepción de José María Cañas y José Joaquín Mora.

Cañas expresó inconformidad por aquel arreglo y dijo a su gobierno que se habían equivocado en la elección de general en jefe, porque unido al de Guatemala, prevalecía sobre aquel la opinión de éste, razón por la cual "en Granada quedaron tan deslucidos los generales aliados".

Se habría separado para combatir solo, a no ser porque de este modo hubiera perjudicado la causa que Costa Rica defendía con tanto empeño.

Las fuerzas centroamericanas colocadas al mando del General Cañas efectuaron un avance hacia Rivas y llegaron a la aldea El Obraje, a tres leguas de esa ciudad, al sur del río Gil González.

Les salieron al encuentro (26 de enero de 1857) 160 filibusteros al mando de Henningsen. Este, poco después, se reconcentró diciendo que la plaza no merecía sacrificio.

El General Cañas avanzó hacia San Jorge (28 de enero de 1857) y se fortificó allí.

Walker decidió atacarlo, pero debido a una mala inteligencia de las órdenes de Henningsen, Sanders quedó separado, con una parte de los rifleros de Lewis, del resto de la fuerza, en una posición situada al norte del pueblo y cerca del camino que conduce al lago.

De esto, "se originó el desorden".

Sin embargo, los filibusteros se retiraron a Rivas hasta el 29, llevando a varios jefes heridos.

"Siempre hubo una prevención contra éste (Henningsen), a causa de su origen y educación europeos y es cosa imposible dominar o borrar prevenciones de esta clase, aún con ayuda de una disciplina militar de largo tiempo", dijo esta vez Walker para disculpar su fracaso.

Un nuevo ataque contra Cañas en San Jorge lo efectuó Walker al amanecer del 4 de febrero (1857). Fue sangriento e inútil.

Se efectuó por sorpresa, y el enemigo logró colarse entre los defensores de la plaza, pero no se pudo lograr que el grueso de la tropa llegase a sostener la avanzada antes de que el enemigo se hubiese repuesto de la sorpresa.

Los filibusteros regresaron a Rivas.

A San Juan del Sur llegó la goleta de guerra de los Estados Unidos Saint Mary's, del capitán Charles F. Davis.

Henningsen salió en la madrugada del 6 de febrero (1857) y atacó nuevamente a Cañas en San Jorge.

Le disparó 110 cañonazos.

De este ataque resultaron muertos: 1 hombre, 2 mujeres y 1 niño, según el parte dado por el General Zavala. 2 oficiales y 9 soldados resultaron heridos.

Casi todo este daño lo causó una sola bala que cayó en la iglesia.

El objetivo de los jefes centroamericanos era desesperar al enemigo.

Walker, en efecto, se desesperaba y se empeñaba, sin convencimiento propio, en hacer ver a sus soldados la debilidad del enemigo "para curar la espantosa epidemia de la deserción -porque la deserción es una dolencia-, que había empezado a desmoralizar las tropas en Rivas".

Había discusiones abiertas entre los soldados, y éstos desertaban en grupos de 10 y 12 de las escuálidas filas.

Los centinelas y los retenes se iban llevándose el santo y seña de la noche.

Hubo varios ataques más entre esas fuerzas beligerantes, y en uno de ellos se distinguió en El Jocote (5 de febrero de 1857) el General nicaragüense Fernando Chamorro, al derrotar al filibustero Sanders con 150 rifleros y los capitanes Conwey y Higley.

Don Patricio Rivas (20 de febrero de 1857) confirió interinamente al General José María Cañas el mando en jefe de las armas de la República de Nicaragua.

Posteriormente, la jefatura de los ejércitos aliados pasó a manos de don José Joaquín Mora.

Los filibusteros hicieron repetidos esfuerzos para restablecer sus comunicaciones con San Juan del Norte:

Se apoderaron de la punta Cody, frente a la desembocadura del Sarapiquí, e iniciaron un terrible pero ineficaz cañoneo contra las defensas costarricenses en el río San Juan.

Lograron desalojar (13 de febrero de 1857) a Mora del Sarapiquí.

Allí quedaron muertos y heridos, dos cañones, fusiles, municiones y uniformes.

Atacaron (16 de febrero de 1857) el Castillo Viejo, defendido por costarricenses al mando de un oficial de apellido Cauty.

Al día siguiente (18 de febrero de 1857), exigieron a Cauty que se rindiera.

Cauty les pidió 24 horas para hacerlo.

Durante ese tiempo, le llegaron a Cauty los refuerzos que había solicitado.

En vista de esto, los filibusteros se retiraron en desorden.

El Salvador había enviado ya tres contingentes:

El primero, al mando de Ramón Belloso.

El segundo, al mando de don Felipe Negrete.

El tercero, al mando de don Domingo Asturias.

Pronto enviaría el último de 1,200 hombres al mando de Gerardo Barrios.

Este era senador.

No podía, por consecuencia, tomar las armas, pero el cuerpo legislativo lo habilitó para que lo hiciera en las circunstancias en que se hallaba colocado el país.

Posiblemente, influyó en esta designación la presencia de don Lorenzo Montúfar, que siendo Ministro de Relaciones Exteriores de Costa Rica, había venido a El Salvador a gestionar, de parte de su gobierno, un mayor esfuerzo —el último— para lanzar a los filibusteros de Nicaragua.

Como Montúfar no podía pasar a Guatemala con igual misión, por ser enemigo de Carrera, lo hizo Barrios en lugar suyo, antes de partir a Nicaragua.

Aprovechó esta ocasión para gestionar del gobierno guatemalteco un subsidio de 20,000 pesos, que le fue concedido.

A su regreso a Cojutepeque (viernes 3 de abril de 1857), renunció al Ministerio de Relaciones Exteriores y Gobernación —pues también lo era, además de senador—, a fin de hallarse libre para tomar las armas.

Se dirigió el domingo hacia San Miguel para organizar la cuarta división a su mando y marchar a Nicaragua.

Allá por el mes de abril de 1857 hizo crisis el tenaz intento de los filibusteros de tomar el Castillo Viejo, en poder de los costarricenses, con el objeto de proteger la navegación por el río San Juan, cortada desde que aquellos se apoderaron de sus embarcaciones por la astucia y por la audacia.

Se hallaban comprometidos en esa empresa, en el barco Scott, 600 filibusteros al mando de un Coronel Lockridge.

De pronto estallaron las calderas del barco que asediaba el Castillo Viejo.

El barco se hundió a consecuencia de ese desastre y la explosión mató a 50 filibusteros y 150 resultaron con graves quemaduras.

De estos, murieron 30 en Punta Castilla al llegar allí, y el resto quedaron falleciendo a razón de 5 a 6 diarios, según los partes dados de la acción.

Salieron ilesos 350 hombres, que fueron rescatados por los vapores británicos Gartar y Cossack.

Estos llegaron a Colón en esas naves y luego se embarcaron con dirección a los Estados Unidos.

Porque los ingleses, cuyas simpatías eran claramente manifestadas en favor de Costa Rica, estuvieron cooperando para desanimar a los filibusteros en su empresa y para inducirlos a desertar con promesas de que recibirían facilidades en el traslado a su país de origen; por lo cual, en alguna ocasión, protestó Walker y hubo de dirigirse a los marinos ingleses acusándolos de intervencionistas.

Las calderas del Scott estallaron porque los costarricenses habían cargado, por instrucciones de Cañas posiblemente, algunas de las trozas que alimentarían sus calderas, en un punto llamado Machuca, con seis libras de pólvora cada una de ellas; de donde los fogoneros de ese barco las tomaron sin reparar en que llevaban su propia destrucción, ya que la carga no podía ser vista sino con detenido examen.

Después de ese desastre, Lockridge logró hacer saber a Walker que se iría con el resto de su gente, dando la vuelta por Panamá, a San Juan del Sur.

Walker quedó esperándolo ansiosamente hasta el último momento, pero Lockridge, desalentado posiblemente por los ingleses que prestaron en esa ocasión noble y desinteresada cooperación a la causa centroamericana, nunca volvió a ver a Walker.

Walker incendió Rivas (4 de abril de 1857) para vengarse de sus enemigos en los inocentes, manejado por el mismo sentimiento infantil que lo llevó a destruir Granada.

Hizo excepción de algunas casas que le servían de refugio y de trinchera.

La situación de los filibusteros en esos días era miserable, sumamente penosa, por falta de medicinas y de alimentos.

Sólo podían disponer de una ración de carne de mula y de unas cuantas tortillas.

Con riesgo de su vida, algunos de esos hombres aventurábanse fuera de sus refugios para meterse en las huertas en busca de naranjas, guineos tiernos o cualquier otra fruta.

No se veía por los contornos ninguna escuálida gallina.

Sin embargo, Walker afirmaba que su situación era mejor que nunca.

En su segunda intervención, los costarricenses actuaron valerosa e inteligentemente, ya demostrando su arrojo, ya su astucia o ambas cosas a la vez, sin duda porque cada uno de ellos se hallaba convencido de que peleaba por una causa justa, en favor de su honra y en defensa de sus intereses materiales y espirituales; y cuando regresaron, fueron jubilosamente recibidos por su pueblo.

Deben de haber experimentado una satisfacción pocas veces sentida; y su valor fue iluminado por la inteligencia.

Sólo pudo ser igualado por su desinterés y su generosidad, puesto que perdonaron a los filibusteros sus crímenes, dispensaron su atención y sus cuidados a los heridos y enfermos del enemigo y sufragaron los gastos de repatriación a cerca de 300 de ellos con la contribución de Guatemala.

Si bien a las fuerzas de este país, como a las de ellos, tocaron las armas que los filibusteros no destruyeron, por iguales partes.

Se presentaron al campamento del cuartel general (del 2 al 5 de abril de 1857) 87 filibusteros, entre los cuales se hallaba el Dr. Cole; y el 20 de ese mes aparecieron 25 individuos más con sus armas para entregarse al ejército centroamericano.

San Juan del Sur fue ocupado por fuerzas costarricenses a las órdenes del mayor Estrada.

William Walker habría quedado solo en Rivas por efecto de la deserción, incontrolable en los últimos días de insensata lucha; pero por lo que él supuso deshonra al rendirse a los jefes centroamericanos, prefirió humillarse ante el capitán Davis de la goleta Saint Mary's de los Estados Unidos, con lo cual además se salvaba él y un grupo de sus oficiales.

Envió, pues, (30 de abril de 1857) a Charles F. Henningsen, al comandante de dicha goleta Charles Henry Davis, con una carta para éste, en que le suplicaba fuera a sacarlo de la plaza porque estaba quedándose solo y muriéndose de hambre y no podía ya sostenerse.

Meses más tarde, como Walker atacara a Davis con respecto a la intervención como oficial naval de los Estados Unidos, éste lo amenazó con publicar la carta que aquel creyó posiblemente olvidada o destruida.

Davis ofreció acceder al ruego de Walker, posiblemente conmovido por la descripción que Henningsen le hiciera de la penosa situación en que se hallaba.

Pero como creyera que debía tener un entendimiento previo con el jefe supremo de las fuerzas centroamericanas, José Joaquín Mora, se presentó a éste, quien al aceptar sus oficios, le manifestó que sólo podría convenir en la rendición de Walker sin capitulación y prometió en su nombre perdón de vidas y pasaje para los Estados Unidos a cuenta de Costa Rica a favor de los menos comprometidos.

Henningsen estuvo entrevistándose con Davis y lo hizo varias veces ese mismo día con instrucciones de Walker para conseguir ventajas.

En una de ellas, con el mismo objeto, pidió hablar a Mora.

Este rehusó la entrevista, expresando que se sentiría avergonzado si hablara con un salteador.

Convinieron los filibusteros en la rendición y de ese modo (1° de mayo de 1857), entregaron las armas en Rivas al General José María Cañas, encargado por Mora de tomar posesión de la plaza.

Antes de hacerlo, los filibusteros averiaron los cañones, destruyeron las máquinas de fundición que habían instalado y las balas y pólvora fueron arrojadas a los pozos del patio del arsenal.

Pero Davis acogió a Walker y a 16 de sus oficiales en su nave y así los rescató del juicio que se les habría formado y de una sentencia que en el caso de Walker, por lo menos, habría sido la de muerte por fusilamiento.

Por el tiempo en que se rindió Walker, The New York Herald alentaba la lucha de ese exaltado a grandes titulares y presentaba a los centroamericanos como una manada de carneros sobre la cual aquel tenía derechos de destrucción.

Trataba el diario de animar a los inversionistas para que le diesen mayor cooperación e inducir, posiblemente, al gobierno de los Estados Unidos a apoyarlo.

Así terminó una lucha en que los costarricenses prestaron cooperación decisiva y dieron muestras de que saben pelear con inteligencia y arrojo, cuando el caso se los pide.

El señor Barrios se hallaba en Chichigalpa (4 de mayo de 1857), de tránsito, cuando tuvo la noticia de la rendición de Walker al comandante de una goleta americana, el 1° del indicado mes; y al llegar a León emitió un manifiesto (6 de mayo de 1857), en el cual, entre otras cosas, dice que se hallaba allá "cuando tuve la fausta noticia de la feliz terminación de la campaña al impulso del poder de nuestras fuerzas unidas y del terror que infundiera a nuestros enemigos la aproximación de las de nuestro mando".

Paréntesis.

1. 6 de mayo de 1857. El Presidente Rivas convoca a los pueblos a elecciones de supremo magistrado y de diputados y senadores, de conformidad a la ley de 19 de diciembre de 1838.

2. Fecha ut supra. Muere en Santa Rosa de Copán don Juan Lindo. Su nombre completo era Juan Nepomuceno Fernández Lindo y Zelaya, hombre inteligente, ilustrado y astuto que abrazó la causa de la nacionalidad centroamericana con fervor y entereza; y si fracasó, con sincero dolor para él, fue desgraciadamente porque sus generales no supieron en ningún momento, y mucho menos en el más culminante y decisivo, ponerse a su altura.

El Salvador manifestó (16 de mayo de 1857) que, a cambio de sus esfuerzos, detrimento y gastos, no quería otra recompensa "que la perfecta fusión de los partidos para que así los nicaragüenses se dediquen unidos a trabajar para consolidar su unión, etc.".

Con instrucciones del Presidente de El Salvador, el General Barrios dirigió en León una circular (17 de mayo de 1857) a las personas representativas del país, sin tomar en cuenta su filiación política, con el objeto de que borrasen asperezas, depusiesen odios de partido y trabajasen de consumo para el restablecimiento del país.

Los partidos en El Salvador no habían descendido a una hostilidad a muerte como en Nicaragua, con desprecio de todos los bienes producto de la concordia y laboriosidad; y en esos momentos decisivos para la suerte futura del país, era preciso que los nicaragüenses vieran eso claramente expuesto por un hombre tan influyente como Barrios, quien sabía dar a sus sugestiones un aparato irresistible.

Barrios consiguió, por lo menos momentáneamente, la reconciliación de los partidos, cuya larga lucha, tan insensata como peligrosa, había estado a punto de hundir a Centroamérica; y el día memorable en que la reunión se efectuó, se acordó la candidatura de don Juan Bautista Sacasa.

Previamente se había dispuesto que las fuerzas de Honduras, El Salvador y Guatemala permanecieran en Nicaragua hasta la completa organización administrativa, mientras las guarniciones costarricenses custodiarían los vapores de la línea desde el Lago de Nicaragua hasta la bahía de San Juan del Norte.

Mas muy pronto, ausentado el General Barrios antes de terminar su obra de conciliación, habría de fracasar el arreglo sobre la base de la candidatura Sacasa, libres los nicaragüenses del peligro filibustero, pero dentro de una aún confusa y empozoñada situación que nadie fue capaz de aclarar con su talento y buena voluntad.

Resurgió el encono, esta vez tan ciego que no permitió ver los peligros que aún cercaban a Nicaragua. Tirando unos por su lado y los otros por el suyo en feroz pugna, surgió de pronto el juicio salomónico dictado por la desesperación: dividir en dos a Nicaragua y que cada parte se anexase al Estado contiguo.

Horrorizados, Tomás Martínez y Máximo Jerez se reunieron un día a las siete de la mañana, se organizaron en Junta de Gobierno que sustituyó a don Patricio Rivas y se entró en labor eleccionaria, de la cual surgió elegido Presidente el primero de ellos. Este tomó posesión el 5 de noviembre (1857).

Paréntesis.

Se hablaba en esos días del fin del mundo y se hacían citas del Zend Avesta y de la Biblia en apoyo de esa funesta predicción, con motivo del anuncio de un cometa que, burlando la vigilancia de la luna, embestiría la tierra y la reduciría a cenizas. En alguna parte de Costa Rica cayeron piedras candentes, hasta de seis libras de peso.

La predicción del fin del mundo alcanzó vigencia hasta fines del siglo, y no se sabía bien si la última noche sería la del 31 de diciembre de 1899 o la de igual fecha de 1900, un año después, en lo cual desarrollaron una labor convincente los periódicos durante larga discusión.

Mucha gente la pasaron ya orando o alzando los ojos ansiosos al espacio oscuro y frío, mientras los más atolondrados se casaban sin reflexión y sin medios de subsistencia, para arrepentirse en seguida. El cometa anunciado era el Donati y aparecería en 1858, como se dirá después.

El pleito de los límites.

Por tener a sus puertas la amenaza de una segunda invasión filibustera, esta vez en su propia casa, Costa Rica se vio obligada al entrenamiento de un ejército de 8,000 hombres. Sin embargo, se sospechó que los lanzaría contra Nicaragua para tomar posesión del río San Juan, el Lago de Nicaragua y el istmo entre San Juan del Sur y La Virgen, a fin de que quedase de este modo la línea del tránsito en su poder.

La sospecha no carecía del todo de verosimilitud, pues los costarricenses habían adquirido hacía poco, durante una lucha que los honraba, potencia psicológica de obrar; y no advertían posiblemente el peligro de ajar sus prestigios en una guerra fratricida por cuestión de herencia.

Nicaragua ofreció, para zanjar las dificultades —que en efecto se presentaron— ceder a Costa Rica el distrito del Guanacaste, sobre el cual ésta había sostenido viejos reclamos. Costa Rica no aceptó (5 de agosto de 1857).

Entonces, Nicaragua propició que se hiciese de los dos países una sola República. No aceptó tampoco. Lo que quería Costa Rica, según lo afirmó don Máximo Jerez, era apoderarse de la línea del tránsito de mar a mar para ponerla a disposición de la compañía Morgan.

Nicaragua aceptó (19 de octubre de 1857) la guerra que se le ofrecía.

Los demás estados centroamericanos se alarmaron en presencia de la discordia y se apresuraron a enviar mediadores. El Salvador envió a don Pedro Negrete para el caso.

La mediación fue rápidamente aceptada y, a fines del año, se llegó a un arreglo de paz en Rivas, mediante el cual el extenso territorio del Guanacaste quedó en posesión de Costa Rica, la que hizo devolución del Castillo Viejo en el río San Juan y retiró sus fuerzas de los demás puntos que había ocupado hasta entonces.

Costa Rica manifestó después que el convenio no había sido ratificado por parte de Nicaragua, y las cosas volvieron a ocupar su antigua posición, con la diferencia de que el Guanacaste ya no volvió a poder de Nicaragua, tanto más cuanto que, como se recordará, el Congreso Federal (9 de diciembre de 1825) lo había anexado a Costa Rica; y fue confirmado por la Asamblea de este país (25 de agosto de

1842), que lo declaró parte integrante de su territorio y había ejercido en él jurisdicción militar y civil.

Paréntesis.

En esos momentos (1857) se acelera la difusión de noticias al entrar en acción las comunicaciones telegráficas, al menos por entonces, en los Estados Unidos. Cuando se buscó una palabra para designar una clase de mensajes, se pensó que podía ser telégrafo y se usó por breve tiempo, pues no tardó en adoptarse la de telegrama.

Segunda salida de Walker.

Mientras Costa Rica y Nicaragua disputaban, William Walker se preparó en Nueva Orleans para una segunda expedición, desafiando la actitud en contrario del presidente Buchanan, que había dado orden a las autoridades federales de los puntos probables para que la detuvieran basándose en una ley de 1818.

En tal virtud, William Walker fue detenido en Nueva Orleans por el juez federal del distrito y puesto en libertad bajo fianza de 2,000 dólares para que compareciera el 17 de noviembre (1857).

Pero Walker, con desprecio de la fianza y del juez, se embarcó el 13, burlando la vigilancia mediante una serie de maniobras de transbordo de un barco a otro. Salió esta vez con 190 filibusteros.

La corbeta de guerra americana Saratoga se hallaba en inmediaciones de San Juan del Norte cuando apareció el Fashion frente a dicho puerto con los filibusteros. Pero desapareció ese mismo día, sin duda porque cambió de plan, que consistió en desembarcar 50 filibusteros en la desembocadura del río Colorado, al mando de un tal Anderson, con instrucciones de que se apoderasen del Castillo Viejo, que se hallaba ocupado por fuerzas costarricenses.

Mientras tanto, Walker regresaba a San Juan del Norte y hacía un desembarco tipo relámpago con 140 hombres y un número indeterminado, que dijeron ser 800, de tambos que contenían fusiles desarmados y que Walker había llamado "alimentos en conserva".

En efecto, lo hizo así, de modo que los botes de la corbeta Saratoga no tuvieran tiempo de llegar a sus costados e impedir el desembarco. En tierra, Walker levantó tiendas de campaña y se enarboló la bandera nicaragüense, pues pretendía ser el Presidente legítimo del país.

El vapor de guerra inglés Prunswick se preparaba a batir, desarmar y capturar a los filibusteros, cuando llegó el vapor americano Wabash, procedente de Colón.

Después llegó el Fulton, al mando del almirante Hiram Paulding. Paulding intimó la rendición a los filibusteros, y éstos se vieron obligados a obedecer la orden.

Fueron capturados y conducidos a los Estados Unidos.

Los 50 filibusteros que tomaron el Castillo Viejo, desarmaron y capturaron a los costarricenses —cosa que ocurrió por haberse éstos inflado con sus pasados éxitos— fueron, a su vez, capturados por el capitán Sand, del Charles Morgan (12 de diciembre de 1857).

Pero antes hicieron por despecho cuanto mal les fue posible, incluso:

La destrucción de los animales de carne.

Extrema avería en el Castillo Viejo.

El castillo fue ocupado en seguida por Máximo Jerez, segundo jefe del ejército de la República de Nicaragua.

Gran excitación produjo en los Estados del Sur de los Estados Unidos —los Estados Esclavistas— el retorno de los filibusteros. Numerosas y repetidas manifestaciones se organizaron en Nueva Orleans, Mobile y otras ciudades; en ellas se pronunciaron vehementes discursos y se emitieron votos de censura contra la administración Buchanan.

Todos los senadores y diputados rodearon a Walker a su llegada a Washington, y en ambas cámaras se hicieron enérgicas proposiciones en favor de los filibusteros.

Walker, envalentonado, pidió que se desaprobara la conducta del almirante Paulding y reclamó un millón de dólares por vía de indemnización, además de la devolución de los buques, armas y enseres que se le habían confiscado.

Además, exigió que la escuadra de los Estados Unidos en el Atlántico lo desembarcara nuevamente en San Juan del Norte.

Según se dijo, a consecuencia de su acto generoso, el almirante Paulding fue destituido, pero justificado al mismo tiempo por el presidente Buchanan, quien argumentó que, dadas las circunstancias en que se vio colocado, pudo evitar males mayores sin otro arbitrio que el de capturar a Walker, aunque con violación de la soberanía de un país extranjero.

La destitución tuvo por objeto acallar la bulla hecha alrededor de Walker, que no fue más que una llamarada de tusas.

EL SEÑOR BARRIOS

En León, el General Barrios confió a los generales Jerez y Ramón Belloso, al Licenciado Felipe Barrientos y posiblemente a otros, un vasto plan militar para derrocar los regímenes de El Salvador, Honduras y Nicaragua, conservadores los tres.

Los varios elementos a quienes imprudentemente comunicó su intento de volver sus armas contra el señor Campo de El Salvador, por considerarlo ineficaz y como paso preliminar del vasto plan, aparentaron aceptarlo, pero dos de ellos, el Licenciado Felipe Barrientos y el General Belloso, lo hicieron así en espera de un momento propicio para desertar, con conocimiento del General Jerez, y denunciar a su gobierno la conspiración del General Barrios.

Primero lo hizo Belloso, después Barrientos, y estos dos se entrevistaron en tierras de Honduras con Florencio Xatruch, Lucio Alvarado y Serapio Cruz, con quienes comentaron el hecho.

Al darse cuenta de la deserción, el General Barrios —lo que no tardó en suceder— ordenó en Chinandega al General Ciriaco Choto la persecución y captura de Belloso.

Choto tomó a los tenientes coroneles Francisco Iraheta y Juan Cañas para el cumplimiento de esa comisión.

Simultáneamente, el General Barrios escribió a don Joaquín Eufrasio Guzmán, comandante de San Miguel, a fin de que apostase retenes en los pasos del río Goascorán, por donde aquellos pasarían.

Choto alcanzó a los desertores en Choluteca y, lejos de capturarlos, se unió a ellos, y juntos continuaron el camino forzando la marcha hacia El Salvador.

Al pasar por Nacaome, el General Belloso escribió (3 de junio de 1857) a los presidentes de Honduras y El Salvador, denunciando el plan del General Barrios.

Al comentar la carta de Belloso a Guardiola (30 de junio de 1857), la Gaceta Oficial de Honduras manifestó que cuando aún el General Barrios se encontraba en Chinandega, "nos dieron aviso de sus planes anárquicos que envolvían el designio de traicionar a su gobierno".

Se agregó que había cometido la imprudencia de querer envolver en su proyecto a algunos jefes de probada y bien conocida lealtad, entre ellos Florencio Xatruch, a quien ofreció la Presidencia de Honduras.

Los llamados desertores no hallaron retenes en los pasos del río Goascorán y continuaron su camino hasta San Vicente, pero no declararon que habían sido capturados, como se dijo en Santa Clara, antes de llegar a esa ciudad.

El presidente Campo había ordenado al General Barrios que, al retirar el ejército de Nicaragua, el desembarco se hiciese por destacamentos en La Unión, pues temía que al hacerlo en conjunto apareciera en este país el cólera, que había estado atacando en Nicaragua y algunos salvadoreños habían caído víctimas de la peste.

El General Barrios no tomó en cuenta esas indicaciones y desembarcó en conjunto en un puerto distinto, La Libertad.

Al llegar allí y, como habiendo palpado una situación propicia —según lo afirmó después don José Chica—, exclamó:

"Vean ustedes qué felicidad. Aquí hemos encontrado a Fagoaga, en San Salvador tenemos a Bracamonte y a Chica (Juan Antonio) en Cojutepeque, que no nos hará un tiro; por manera que con su mismo pan les vamos a hacer sopas".

Como desembarcara en un puerto que no era el indicado, se tuvo la evidencia de que había desobedecido una orden.

El General Barrios escribió al presidente —y su carta la recibió éste apenas un poco antes de la que le enviaron Belloso y Choto—, diciéndole que los jefes militares mencionados habían desertado del ejército con dirección a El Salvador, trayendo el propósito de trastornar el orden y que el inesperado movimiento que había ejecutado —anticipando el retiro del ejército de Nicaragua— tenía por objeto prestar a la autoridad y a las leyes su apoyo.

El señor Campo dio crédito a la denuncia del General Barrios y calculaba qué medidas podía tomar en aquel caso, cuando —apenas media hora después— recibió la de Belloso y Choto y quedó por un momento confuso por aseveraciones tan contrarias.

Pero de la confusión en que se hallaba lo sacó, dijo, el recuerdo de la actitud altanera y altamente irrespetuosa del General Barrios con respecto a él en los días en que se preparaba para salir hacia Nicaragua, como creyéndolo incapaz de ejercer el mando que tenía.

El señor Campo reaccionó en su contra. Los señores Belloso, Choto y los otros no tardaron en presentarse a él.

En seguida, este gobernante asumió la jefatura del ejército y como Barrios había llegado ya a San Salvador, le dio orden (9 de junio de 1857) de que licenciase las fuerzas de su mando y pasase a Cojutepeque con solo 200 hombres.

Barrios le contestó que no podía atender esa orden porque deseaba que el ejército recibiera las gracias del gobierno y, según lo manifestó el presidente, le impuso condiciones con carácter de ultimátum para hacerlo, una de las cuales era que diese a él o al General Cabañas la jefatura del ejército del Estado.

Luego de eso, mediante un acta de pronunciamiento, el ejército y guarnición de San Salvador, en número de 1,500 hombres, desconocieron la autoridad del Presidente Campo y protestaron no continuar un día más bajo sus órdenes.

Esa acta fue firmada por:

Gerardo Barrios
Domingo Asturias
Indalecio Cordero
José Luzarraga
Miguel Rodríguez
Louis Schlessinger
Eusebio Bracamonte
David Benavides
Prudencio Rivas
Carlos Vigil
Pedro Gotay

Luzarraga y Schlessinger habían sido soldados de Walker, y el segundo de ellos, de origen húngaro, era el mismo que incursionara contra Costa Rica, derrotado en la hacienda Santa Rosa, como se ha visto.

Por la misma fecha, el Presidente Campo declaró a Barrios traidor (11 de junio de 1857) y dos días después (el 13), llegó a Cojutepeque, procedente de San Salvador, el vicepresidente Francisco Dueñas.

Viajó de noche y se presentó al jefe de la nación a las 7:00 a. m., para poner en su conocimiento que el General Barrios le había hecho intimación de que desconociese al señor Campo y asumiera el poder ejecutivo con el apoyo del ejército.

El señor Dueñas aparentó ceder a esa proposición, según dijo, para evitar ultrajes a su persona, dado el genio exaltado y violento del General Barrios, mientras hallaba la manera de escapar de su presencia.

Se afirma que el Presidente Campo hizo esfuerzos para evitar en aquella emergencia el escándalo que traería consigo sobre el país un choque armado, y que, con el mismo objeto, dominado por una actitud conciliadora, envió al General Barrios a tres comisionados sucesivamente por su orden:

Presbítero Manuel Alcaine

Licenciado Francisco Zaldívar

Don José María San Martín

El objetivo era hacerlo desistir de su propósito, con instancia de que se presentase en Cojutepeque y la promesa del perdón de su rebeldía.

El General Barrios no oyó a ninguno de los dos primeros comisionados, y éstos, en términos claros, afearon su actitud, mucho más el Licenciado Zaldívar, y le expusieron la firme determinación del gobierno de proceder contra él hasta llevarlo al patíbulo.

Pero a esa altura del conflicto apareció en Cojutepeque don José María San Martín, para ofrecer sus servicios.

Fue enviado al General Barrios, y éste lo recibió en Soyapango.

El señor San Martín no llevaba más que un pedazo de papel escrito de puño del señor Campo, sin fecha ni firma, el cual contenía ciertas condiciones mediante las cuales podía perdonarse al señor Barrios su rebeldía.

Esta vez cedió:

Porque su ejército había quedado reducido a menos de 700 hombres por las deserciones, las cuales continuaban produciéndose diariamente, inclusive de jefes importantes.

Porque en igual medida se engrosaban las filas del Presidente.

En virtud de las condiciones impuestas, el General Barrios llegó a Cojutepeque por la tarde del 15 de junio de 1857, con el General Hernández y el señor San Martín para entregar su espada al Presidente, quien lo esperaba a la entrada de la ciudad.

El 16, el ejército de Barrios, reducido a 513 hombres, mandado por el General Hernández, llegó a San Martín a recibirlo, entró sin ovaciones a Cojutepeque y entregó las armas.

Se dio habilitación a los soldados para que pudieran dirigirse a sus hogares; y el gobierno procedió a dar pasaporte para que saliesen del país los oficiales José Luzarraga, Miguel Rodríguez y Louis Schlessinger, por ser aventureros y haber expresado disgusto cuando se conoció la sumisión del ejército en que habían prestado sus servicios.

El gobierno de El Salvador se había apresurado a poner en conocimiento de los gobiernos de los países vecinos la rebeldía del General Barrios.

Uno de ellos, el de Guatemala, por medio de Pedro de Aycinena, manifestó que:

"En medio de la penosa impresión que ha causado en el Presidente este suceso, espera todavía que el General Barrios, pasado un momento de acaloramiento, reflexione sobre el paso que ha dado y tenga bastante superioridad de carácter para retroceder y reparar su falta, antes de que ésta tenga mayor trascendencia.

Si así no fuese y si se perturbase inconsideradamente la tranquilidad que disfrutan esos pueblos, el gobierno del Salvador puede contar con que el señor Presidente estará dispuesto a interponerse con la mayor voluntad y a prestarle todos los servicios que pueda exigir el restablecimiento de la paz y el orden en ese Estado, cuyo sociego no puede turbarse sin que se afecten los intereses de Guatemala".

El presidente Campo dio cuenta de este suceso en su mensaje anual ante las cámaras, y se hallaba presente el General Barrios, pues era senador.

El General Cabañas era Presidente de la Cámara de Diputados.

La Asamblea General (25 de enero de 1858) elige por Presidente de la República a don Miguel Santín del Castillo y por Vicepresidente a don Joaquín Eufrasio Guzmán, mediante sorteo.

Don Miguel Santín del Castillo (7 de febrero de 1858) toma posesión de la Presidencia y dice que:

"Está consumado mi sacrificio de aceptar la primera magistratura por obsequiar la voluntad del pueblo y el voto de su representación nacional".

Según se dijo, Santín del Castillo había sido el candidato del Ministerio y la agitación popular alcanzó un nivel bastante peligroso, como para desbordarse en violencias y disturbios.

Cámara de Senadores

Se dio cuenta (15 de febrero de 1858) de una exposición del senador Gerardo Barrios en que pide que el senado declare:

"Que del pronunciamiento que hicieron contra el gobierno del Estado, él y el ejército a su mando, en junio del año próximo pasado, en la ciudad de San Salvador, no son responsables el expresado general, ni los jefes, ni los oficiales y tropa del mismo ejército, en virtud de que el Supremo Gobierno les concedió amnistía y perdón de la responsabilidad en que incurrieron por el referido pronunciamiento y los hechos consiguientes".

Después de las consideraciones hechas, el senado declaró:

Que el señor General Gerardo Barrios, como senador y como general jefe del ejército expedicionario en Nicaragua, no es ni será responsable en ningún tiempo por el pronunciamiento y hechos subsecuentes que tuvieron lugar en junio del año próximo pasado en la ciudad de San Salvador, en desconocimiento de la suprema autoridad del gobierno.

Que tampoco serán responsables los jefes, oficiales y tropa del mismo ejército por el expresado pronunciamiento.

El senado y cámara de diputados en asamblea general (18 de febrero de 1858), designa a los senadores:

Don Lorenzo Zepeda

General Gerardo Barrios

Don Cipriano Magaña

Para que, en caso de impedimento, sustituyan por su orden al Presidente o Vicepresidente de la República.

EL CÓLERA

Después de la llegada del ejército de liberación a San Salvador, se desarrolló en esta ciudad el cólera con alguna fuerza y, en seguida, se transmitió a otras poblaciones, aunque no con la misma intensidad que en la primera.

Se divulgó una receta eficaz de espíritu de alcanfor y esencia de yerbabuena.

Un cura dijo que, en 1854, había dado ese tratamiento a más de 60 coléricos y que casi todos se habían hallado buenos al día siguiente.

b) El cólera no tardó en invadir Cojutepeque y se formaron juntas de sanidad para combatirlo.

Se prohibieron:

- Las velaciones de los muertos de cualquiera enfermedad
- Los séquitos fúnebres
- Los dobles de campanas
- Y se ordenó la apertura, con anticipación, de zanjas de nueve cuartas de profundidad para la inhumación en masa.

Los cadáveres eran llevados a las fosas en carretas.

Hacia el mes de agosto, las defunciones por el cólera habían ascendido en todo el país a 2,399 y a 846 los enfermos curados.

Víctimas del cólera fueron dos hijas de don José María San Martín.

Tal suceso produjo a este señor una fiebre nerviosa, de la cual murió (13 de agosto de 1857) en su hacienda San Cristóbal.

Lo había precedido en San Salvador (junio de 1857) el general Ramón Belloso, distinguido por su conducta honesta y su lealtad en el ejercicio de las armas.

El cólera hallaba su mejor y casi único arraigo en la falta de higiene y así se paseó la primera y segunda vez, llenando toda la mitad primera del siglo XIX, por casi todos los países de Europa, antes de saltar al continente americano.

Pero no se tienen noticias de que haya atacado, por lo menos con igual furia y persistencia, en:

Alemania

- Los Países Bajos
- Suecia
- Noruega
- Dinamarca

- Países donde se ha hecho del aseo una diaria disciplina.

La Corte Suprema de Justicia, por falta de local adecuado en Cojutepeque para trasladarse allí, se hallaba en una situación incómoda, que perjudicaba notablemente su unidad de acción.

Mientras parte de sus magistrados continuaban residiendo en San Vicente, después de la ruina de San Salvador, otros se hallaban en Santa Tecla, adonde se trasladaron tan luego como consideraron que había edificio adecuado para el alto tribunal de justicia.

Desde el momento en que faltó la unidad de acción, y unos se quedaron allá y otros se fueron sin consultar el caso con el Poder Ejecutivo, se produjo un cisma altamente perjudicial para la administración, a grado tal que los jueces no sabían muy bien a quiénes prestar atención y obediencia.

No sabían si a los que aún se hallaban en San Vicente o a los que se habían trasladado a Santa Tecla, y a veces las órdenes y disposiciones eran contradictorias.

La falta de rápidas comunicaciones contribuía a hacer difícil la administración de justicia en tales circunstancias.

Prácticamente había dos tribunales de justicia que se desconocían mutuamente y ambos reclamaban la asistencia del Poder Ejecutivo para hacer valer sus providencias.

Para evitar los perjuicios que se estaban produciendo, el senado y cámara de diputados emitieron una orden legislativa (6 de febrero de 1858) para que la Corte Suprema de Justicia se trasladase a Cojutepeque.

Los magistrados que se hallaban en San Vicente no hicieron objeción alguna a esta orden y la acataron.

Pero no así quienes habían hallado su asiento en Santa Tecla.

Estos dijeron que no obedecían la orden por inconstitucional, y desde ese momento, el ambiente se cargó de funestos presagios y el alma popular se dispuso a presenciar una lucha sumamente peligrosa entre los altos poderes del Estado, como el Legislativo y el Judicial.

En vista de esa peligrosa actitud, el Poder Ejecutivo dispuso (31 de marzo de 1858) convocar a sesiones de emergencia a las cámaras de senadores y de diputados para tratar de ese asunto y de otros urgentes.

Entre estos se hallaba:

La creación de un nuevo departamento con municipios que se segregarían del de San Salvador y que tendrían como cabecera Santa Tecla, sobre lo cual se había dado ya un decreto ejecutivo.

La situación de carácter continental mantenida por los filibusteros, quienes promovían agitación aventurera en los Estados Unidos.

En Estados Unidos, se hablaba ahora de expediciones al Perú, de crear un protectorado en México, país amenazado por España a causa del asesinato de unos españoles en territorio azteca.

Respecto a Nicaragua, mejor dicho Centroamérica, seguía temiéndose aquí la tercera salida de William Walker.

Al convocarse las cámaras, se hizo evidente que se había temido la aproximación a un abismo.

Hubo agitación popular provocada y mantenida por algunos diputados, y en San Salvador apareció un periódico (7 de abril de 1858) titulado "La Opinión", llamado a sostener, en bien de Santa Tecla, la causa de los magistrados allí residentes.

El cuerpo legislativo oyó la exposición del Presidente Santín del Castillo, tramitó de conformidad con las leyes existentes los asuntos para que fue convocado y expidió los decretos correspondientes.

Los magistrados de la facción residente en Santa Tecla:

- Damián Villacorta
- Ireneo Chacón
- Francisco Zaldívar (fiscal)
- Manuel Olivares (suplente)
- Marcelino Valdés (suplente)

Fueron destituidos e inhabilitados (con excepción de Villacorta) por dos años para obtener empleos honoríficos, lucrativos o de confianza.

Esto se fundamentó en que se había violado una ley que establece que corresponde a la Corte plena dar cumplimiento a los decretos, órdenes y demás disposiciones legales emanados de los altos poderes y comunicados por el conducto también legal.

Más unos artículos vigentes de la Constitución española (8 de marzo de 1812) que disponen que los tribunales no podrán ejercer otras funciones que las de juzgar y hacer que se ejecute lo juzgado y que tampoco podrán suspender la ejecución de las leyes ni hacer reglamento alguno para la ejecución de justicia.

La orden legislativa de traslado (expedida el 6 de febrero) era ley.

Los magistrados destituidos fueron repuestos (1° de marzo de 1858) con los señores:

- Anselmo Paiz (Presidente)
- Esteban José Castro
- Juan Delgado (fiscal)
- Francisco Aguilar (suplente)
- Vicente Laucel (suplente)

Asimismo, previa declaración de haber lugar a formación de causa como promotores de la agitación pública y como partidarios de los magistrados rebeldes (28 de abril de 1858), fueron destituidos los diputados:

- Abelino Díaz
- Joaquín Bustillos
- Jeremías Menéndez
- Bernardo Perdomo
- Horacio Parker
- Eustaquio Guirola

Quienes, el 22 de abril de 1858, habían excitado al público a la desobediencia e irrespeto al decreto de convocatoria del cuerpo legislativo.

Lo mismo que a las resoluciones que éste diese, según se comprobó.

Y, sin embargo, habían asistido a las sesiones que previamente reprobaran.

Durante las mismas sesiones, se autorizó al Poder Ejecutivo (29 de abril de 1858) para que, de acuerdo con todos los gobiernos de las repúblicas de Centroamérica, suministrase al gobierno del Perú todos los auxilios de fuerza armada y recursos pecuniarios de que pudiese disponer, para defensa de la soberanía e independencia de aquella nación, contra los filibusteros y contra cualquier potencia no hispanoamericana que invadiere su territorio e intentase conquistarla y usurpar sus derechos nacionales.

La autorización se extendió a favor de cualquiera otra nación hispanoamericana, México, para el caso, amenazado por España.

Se crean (22 de febrero de 1858) cuatro ministerios:

Uno de Relaciones.

Uno de Gobernación, Justicia, Instrucción Pública y Negocios Eclesiásticos.

Uno de Hacienda y Guerra.

Uno de Fomento de la Agricultura, Industria, Comercio y Trabajos Públicos.

El señor Barrios es nombrado Ministro de Relaciones Exteriores (31 de marzo de 1858), en sustitución del Licenciado Ignacio Gómez, en lo que influyó decisivamente la opinión de un hombre destacado, don José Ávila, hermano político de Santín del Castillo, de lo que se habría de arrepentir después, según lo manifestó el mismo señor Ávila al propio señor Barrios.

El señor Gómez había venido dando evidentes señales de hallarse incómodo entre los elementos que se agrupaban en torno a Santín del Castillo, coquimbos algunos de ellos, como:

- Gerardo Barrios (senador).
- Trinidad Cabañas (Presidente de la Cámara de Diputados).
- Indalecio Cordero (jefe de instrucción del ejército).
- Otros personajes influyentes.

El cisma de la Corte de Justicia, la escisión de la Cámara de Diputados, la renovada amenaza de los filibusteros, la deuda interna, las calamidades sufridas, entre ellas la del cólera, y ese proyecto de prestar ayuda mancomunada al Perú, en caso de necesidad, todo eso era como una molesta y opresiva carga.

Había inseguridad, descontento, asomos de anarquía, y además, elementos que con su voz, tendían a mantener en pie algún sentimiento de rebeldía que podía sacudirse en la encrucijada.

Quizás Santín del Castillo, con tanto peso, se consideró débil, inseguro.

Quizás se asustó.

Alguien, exaltado, se le impuso.

Determinó ausentarse por algún tiempo.

Dijo que se sentía enfermo y se retiró con su familia a su hacienda.

Con él salieron a caballo, para despedirlo a una legua de Cojutepeque:

- Gerardo Barrios
- Trinidad Cabañas
- Muchos otros
- Toda la élite

Paréntesis

Costa Rica y Nicaragua (1° de mayo de 1858) se ponen bajo la protección de Inglaterra, Francia y Cerdeña, a cambio de las condiciones que quisieran imponerles, según se dijo.

Ya se había efectuado la segunda salida de Walker y se efectuaría la tercera, sobre lo cual, la prensa de los Estados Unidos no había dejado de especular y se temía que el gobierno americano no pudiera impedirla o que la tolerase por convenir así a sus intereses continentales.

Los barcos ingleses y quizás los franceses también, habían estado siempre atentos a prestar una cooperación espontánea a estos países.

El gobierno de los Estados Unidos manifestó enfáticamente que se opondría a la protección solicitada por Costa Rica y Nicaragua e invocó para ello la doctrina Monroe.

Quedó en ejercicio de la Presidencia (24 de junio de 1858) el señor Barrios.

Se dijo que habían tenido impedimento para sustituir al señor Santín del Castillo, temporalmente, en primer lugar, el Vicepresidente don Joaquín Eufrasio Guzmán y, en segundo lugar, el primer designado don Lorenzo Zepeda.

Todo contribuye a indicar que se pensó en el señor Barrios, como el hombre indicado para salvar el país de una posible anarquía, aunque si bien se ve, no tenía pocos méritos para el caso don Joaquín Eufrasio Guzmán;

Pero éste era un hombre modesto que gustaba más de sus propias empresas y hacía poco tiempo que había construido, por cuenta del gobierno, un puente sobre el río San Miguel, camino de La Unión.

El señor Barrios habló con pungente acentuación al hacerse cargo del poder y no temió herir con su palabra a muchos hombres.

Dijo que el Estado se hallaba en tal postración, que sólo un vigoroso impulso podría salvarlo.

Habló de:

- Creación y organización del ejército.
- Apertura y mejora de los caminos.
- Las estancadas industrias y agricultura.
- Los vicios, la inmoralidad y la vagancia de los individuos de las clases obreras y proletarias.
- Aplicación de las leyes de policía para el castigo de las faltas y persecución de los delincuentes.

"La educación de la juventud", dice, "se halla tan descuidada que refiriéndome a los informes que tiene el gobierno, no vacilo en asegurar que nuestro colegio y algunas escuelas de enseñanza primaria son inferiores a un cuartel de soldados de disciplina.

No sé qué puede esperar la patria de jóvenes a quienes no se les ha formado el corazón para servirla y engrandecerla; que han recibido sus almas las impresiones de moralidad y civismo que aducen los buenos padres de familia y los ciudadanos.

No debe ser extraño que los profesores -entiéndase abogados- con algunas excepciones, sean la polilla de la sociedad, que inquieta a sus individuos, arrancándoles su honor y propiedad, abogando por el malvado, y pidiendo el cumplimiento de la ley, aplicándola mal sin miramiento oportuno, comprobando hechos que no han existido, ocultando la justicia de la verdad, según está en sus intereses; y para lograr estos triunfos de la iniquidad, preciso es corromper a hombres que sirvan a su movimiento y amenazar jueces, engañarlos o comprarlos.

Y si hay un gobernante que quiera reprimir este escándalo o cortar el cáncer, entonces sosteniéndose los interesados, proyectan derrocar su administración y tener los medios de verificarlo.

Barrios concluyó su discurso diciendo:

"Debe retroceder viendo el precipicio en que está próximo a caer la República si no hay una mano que la detenga y corte de raíz la gangrena; pero no lo hice, no porque crea que soy capaz de salvar la situación, o que, llamado por la ley y alentado por los hombres de orden que me invitaron a ponerme al frente de los negocios (del Estado), promoviéndome su cooperación, hubiera sido indigno de mí presentarme pusilánime y desde luego me he resignado al sacrificio para dar una prueba de que morirá conmigo el amor a mi patria que he servido desde mi juventud.

Yo probaré que mi administración admite a los hombres de sanas intenciones, piensen en política como gusten. Sin pretender amalgamar mis principios y convicciones con los de otro, entregaré mi confianza al hombre honrado, porque estoy persuadido de tener con él un uso de contacto que es el de impulsar, realizar el bien del Estado, única aspiración".

El señor Barrios se hallaba sirviendo temporalmente la Presidencia de Santín del Castillo.

TRASLADO A SAN SALVADOR

Por lo demás, se ve bien a las claras cuál era la situación a la hora en que se hacía cargo, interinamente, de la dirección y promoción de los asuntos públicos.

A pesar de la hora cargada de sospechas y acusaciones sordas y enconadas, no vaciló en decretar la traslación de la capital a San Salvador, alentado por sus comerciantes (28 de junio de 1858), con desaliento para los vecinos de Cojutepeque y la desaprobación de aquellos que dedicaban sus mejores miras a Santa Tecla, donde hubieran querido verla asentada.

De no ser así, preferían que la capital fuese errante hasta tanto la nueva ciudad alcanzase la dignidad de señora del país por su belleza múltiple y por sus comodidades e higiene.

Llegó a decirse que el señor Barrios se había vendido a los comerciantes de San Salvador, extranjeros en su mayor parte; y cuando éstos dieron sus alabanzas, se les echó en cara que no tenían derecho de hablar, tanta era la insensatez a que descendieron algunos con la pérdida de la serenidad.

El señor Barrios manifestó que el traslado lo había exigido la paz y que San Salvador se hallaba ya en capacidad de ser nuevamente la capital del Estado;

Y como quiera que hubiese la necesidad de acelerar los trabajos de reconstrucción, bastante avanzados, era frecuente verlo, ya en una, ya en otra parte, haciendo indicaciones y dando órdenes verbales.

Puso empeño en la reparación de la cañería de agua potable para verla en chorro jubiloso en el centro de la plaza.

Por su genio exaltado y violento, poco o casi nada ponía mientes en los resentimientos: había herido a los abogados que le alzaban enemigos por todas partes y, aunque algunos de los elementos ofendidos sabían aplacar y borrar tales resentimientos en bien de la tranquilidad del país, bastante comprometida, otros hombres de valimiento no lo perdonaron.

En seguida ordenó por decreto (13 de agosto de 1858), el traslado de la Corte Suprema de Justicia de Cojutepeque a San Salvador, en cumplimiento de una orden legislativa de que las autoridades supremas debían hallarse en un mismo lugar.

Dos magistrados, don Esteban Castro y don Victoriano Rodríguez, fijaron tiempo para el traslado, según aseguró Santín del Castillo.

Otros afirmaron que se habían opuesto abiertamente, sosteniendo que el Poder Judicial era independiente del Poder Ejecutivo.

Se exaltó el señor Barrios con esa contrariedad y envió a Cojutepeque a un jefe militar con una escolta, el cual llevó instrucciones de traerlos escoltados a San Salvador con muebles y archivo.

Se temió al surgimiento de un nuevo cisma, pero el incidente no se agravó, a juzgar por el curso de los acontecimientos posteriores.

Asoma por San Salvador el predicador protestante de nacionalidad inglesa, según se empeñó en asegurarlo, Federico Crowe.

Este había estado en Comayagua como misionero evangélico y, al ponerse allá en contacto con algunas familias para la venta de ejemplares de la Biblia, conoció a una muchacha a quien sedujo y raptó.

Con ella huyó hacia El Salvador y llegó a San Miguel, animado por su propia tendencia de divulgación y allí trató de abrir (6 de mayo de 1858) una escuela; pero le pareció bien casarse con la muchacha que había seducido y se trasladó a La Unión para comparecer ante el representante consular inglés, allá con asiento.

Cuando así lo hizo, su figura era escuálida, su traje el de un indigente y su compañera hallábase embarazada.

El funcionario consular los casó y aquellos regresaron a San Miguel.

Después, el funcionario dijo que había sido engañado por Crowe con respecto a su nacionalidad, pues tenía, en realidad, una distinta.

La aventura de Crowe no tardó en ser conocida en San Miguel y, por esta circunstancia, tanto porque el pueblo no soportaba por entonces la divulgación de sectas, las mujeres del mercado se confabularon contra el protestante y, armadas de piedras bajo los rebozos para en caso de no ser oídas lapidarlo con su mujer, se dirigieron al gobernador para que los expulsase.

El gobernador llamó a su presencia a Crowe, le explicó la situación y le pidió que abandonase San Miguel porque exaltaba el protestantismo, denigraba en público el credo católico y pugnaba por vender una Biblia sin citas;

Ya que, si bien las leyes permitían el ejercicio de cualquier religión en privado, protegían en público el ritual católico que no debía atacarse.

Crowe aceptó abandonar San Miguel, se vino para San Salvador habilitado con la cantidad de 60 pesos que le dio don Joaquín Eufrasio Guzmán, porque él por sí no tenía un real encima, y se presentó ante el señor Barrios.

Manifestó posteriormente que el señor Barrios le había dicho en tono de amistosa confidencia que

"El cura y los que lo acompañaban habían ofendido más la autoridad del gobernador señor Travieso (de San Miguel) que a mí mismo (Crowe), pero que por razones políticas no se hallaba inclinado a tratarlos como merecían; que, de otro modo, me enviaría allá (San Miguel) con una guardia suficiente para proteger la ejecución de mis planes, que creía eran buenos y legales, pero entonces me recomendó con insistencia ir a Sonsonate por creer aquel lugar más aparente a mi propósito a causa de haber más extranjeros que ayudaran y ser el clima mejor".

Así dijo Crowe, quien determinó seguir el consejo, a lo menos aparentemente, habilitado por el señor Barrios con la suma de 50 pesos (5 de agosto de 1858);

Pero, en lugar de tomar la ruta que se le indicara, fuese a predicar a las haciendas inmediatas a Opico y Coatepeque en términos que causaron la alarma del cura Felipe Novales.

Fue preciso entonces conducirlo con una escolta a Acajutla y embarcarlo en el vapor Columbus, surto a la sazón en aguas de aquel puerto.

Se da el título de ciudad a Suchitoto a petición del doctor Manuel Gallardo (28 de julio de 1858), según acuerdo sancionado por el Poder Legislativo (12 de febrero de 1859).

ch) Rafael Carrera envía al señor Barrios (12 de julio de 1858) la Cruz de Honor, creada por el gobierno guatemalteco para honrar los méritos y servicios de los jefes que pelearon por la independencia de Nicaragua.

El señor Barrios contestó para agradecer el envío de esa condecoración y manifestó que pediría oportunamente permiso al cuerpo legislativo para aceptarla.

Paréntesis

1) Se inaugura (16 de agosto de 1858) el cable submarino para el servicio telegráfico entre el Cabo Bretón en Europa y el Cabo Roy en Terranova, América.

La Reina de Inglaterra cambió saludos con el Presidente de los Estados Unidos.

2) En la tarde del 24 de octubre (1858) apareció un cometa de inmensa y luminosa cauda.

Acudieron las multitudes asustadas a las iglesias para orar.

Aunque se dijo entonces que era el cometa Halley, no lo era, porque el cometa Halley aparece cada 76 años y aparecería en 1910.

Se trataba realmente del cometa Donati, cuya próxima visita se espera para el año 3870.

d) Se instala en San Salvador (26 de agosto de 1858) la Corte Suprema de Justicia.

e) Se dispone el traslado de la Universidad, de San Vicente a San Salvador.

Se dijo que el asiento de la Universidad en San Vicente había ocasionado el atraso y relajación en que había caído, a lo que era preciso poner freno para que no se empleasen sin utilidad los fondos destinados a ella y al colegio.

f) Se inhuman en el Cementerio General de San Salvador con pomposas honras fúnebres (17 de septiembre de 1858) los restos del General Morazán y de su esposa doña María Josefa Lastiri.

El Licenciado Cruz Ulloa, funcionario del gobierno, a nombre de su esposa, hija del General Morazán, y del suyo, rinde las gracias por los honores tributados a la memoria de aquél.

Se había construido un hermoso mausoleo para la inhumación.

g) Se funda la Escuela Normal de San Miguel (19 de julio de 1858) para la enseñanza en primaria de lectura, escritura, aritmética, gramática castellana, doctrina cristiana y geografía;

Y en secundaria, dibujo, historia universal e idiomas francés e inglés.

Se fijaron dos años de estudios y se destinó el fondo del tajo del departamento de San Miguel, para su sostenimiento.

La de San Salvador se creó (11 de agosto de 1858) para la enseñanza de las mismas materias en primaria que la de San Miguel, y se nombró director a don José Dolores Larreynaga con 50 pesos mensuales, y profesor a don Fernando San Clemente con igual dotación para dibujo e idioma francés e inglés.

EL SEÑOR SANTÍN DEL CASTILLO EN LA ENCRUCIJADA

Vuelve de su hacienda el señor Santín del Castillo (18 de septiembre de 1858) y se hace cargo del Poder Ejecutivo.

Habían estado corriendo persistentes rumores de que el señor Barrios conspiraba para perpetuarse en el poder.

A esos rumores se dijo que:

"Hoy queda deshecha la mayor parte de las equivocaciones que los malquerientes del señor general Barrios habían imbuido en los hombres sencillos del Estado, atribuyéndole miras de perpetuidad en el gobierno".

A pesar de eso, el señor Santín del Castillo (20 de septiembre de 1858) nombró nuevamente al señor Barrios Ministro de Relaciones y:

"En atención a que en la actualidad se están haciendo en la República los alistamientos de los cuerpos de milicias mandados a organizar por decretos anteriores", lo encargó interinamente de la comandancia general de las armas.

Disposición ilegal a la que fue compelido el señor Santín del Castillo, puesto que ese cargo sólo podía ejercerlo el Presidente.

Por la ley, se hallaba facultado para nombrar un jefe que lo ejerciera sólo en caso de guerra y de considerarlo oportuno.

El señor Santín del Castillo manifestó después que en realidad el señor Barrios le pidió para él ese nombramiento varias veces porque deseaba, según dijo, protegerse de ese modo contra los enemigos que le habían resultado al ejercer la Presidencia.

Como se viera cada vez más exigente y había buscado y hallado la influencia de varios propietarios, decidió consultar el caso con el magistrado don Juan Bosque.

Consintió al fin porque éste le dijo que no infringiría la ley:

"Que dispone que la comandancia general sea ejercida por el gobierno, puesto que el señor Barrios era uno de sus ministros".

Así le dijo el magistrado, a sabiendas de que la comandancia general, según la ley, reside esencialmente en el Supremo Poder Ejecutivo.

El Supremo Poder Ejecutivo se ejerce, dice la Constitución vigente, por un Presidente, a quien por esa época y mucho después llamaban "gobierno" la generalidad de los ciudadanos.

De modo que el magistrado Bosque cometió el delito de prevaricato con abuso de la confianza puesta en él tan ingenuamente por el Presidente.

Curiosamente, poco tiempo después, cuando el señor Santín del Castillo quiso frenar al señor Barrios, éste argumentó que el "gobierno" no tenía facultades para intervenir en las decisiones de la comandancia general.

El mismo señor Santín del Castillo dijo posteriormente que, hallándose el señor Barrios en ese puesto y disponiendo a su arbitrio de las quintas mandadas a levantar en todo el Estado, hizo que la votación para representantes de las cámaras recayese en personas manejables, con el fin de hacerlas obrar más tarde en el sentido que mejor conviniese a sus miras políticas.

Logró en efecto que la mayoría de los representantes de la legislatura de 1859 permaneciesen ciegamente adictos a su persona cuando llegó el caso.

Días después del regreso del señor Santín del Castillo, el señor Barrios manifestó (22 de septiembre de 1858):

"Dos meses y días he ejercido el Poder Ejecutivo, durante los cuales he tenido la fortuna de haber podido fijar por algún tiempo la paz de la República y tal vez asegurarla para siempre si la marcha de los negocios se verifica por el camino que dejo trazado...".

"El Presidente se sirvió nombrarme ayer Ministro de Relaciones Exteriores e Interiores, encomendándome al mismo tiempo el mando de las armas de la República. No he vacilado en aceptar aquellos destinos, porque pienso que en las actuales circunstancias pueden ser útiles mis servicios a la patria y porque tengo la seguridad de que el señor Presidente seguirá ese camino que yo he podido trazar a costa de sacrificios y enemistades".

El manifiesto lanzado con fecha posterior a la de habérsele confiado las armas, no debió de haber gustado al señor Santín del Castillo ni a sus amigos, por ser altamente vanidoso.

El señor Santín del Castillo (10 de noviembre de 1858), se trasladó a San Miguel en temporada de placer, según se dijo, llevándose a su ministro Cayetano Bosque, quien se fue contra prescripción médica, pues padecía de angina de pecho.

Poco después los siguió el señor Barrios.

Bosque murió (16 de noviembre de 1858) en aquella ciudad.

El señor Barrios comunicó (18 de noviembre de 1858) a don Félix Quiroz que había sido nombrado por el Presidente Ministro de lo Interior, encargándolo además de los otros ramos anexos a aquella Secretaría. Quiroz aceptó.

Asimismo (fecha ut supra), lo comunicó a Trinidad Cabañas el nombramiento de Ministro de Hacienda. Cabañas aceptó.

Muere en Ahuachapán (3 de diciembre de 1858), atacado por el cólera, el presbítero Isidro Menéndez, ilustre jurista, maestro de bondad. Vientos huracanados no habían podido abatir este roble señero, orgulloso de su fortaleza, soberbio en su soledad y en su silencio. Habían pasado ya las tormentas en medio de las cuales mantuvo en alto, con brazo firme, su hacha luminosa; Y, de pronto, en la paz de su espíritu, invisible como un mal demonio, el virus del Ganges lo minó a galope y lo botó sin los ecos rumorosos de los héroes griegos.

Apenas el murmullo de un "requiescat in pace" de la humildad cristiana.

Los lebreles de las pasiones humanas se habían soltado nuevamente y aullaban en la llanura cubierta de malezas espinosas.

Había mucho ruido en el mundo.

Llega a San Salvador (20 de diciembre de 1858) el Presidente Santín del Castillo, procedente de San Miguel, en compañía del ministro Quiroz.

Muchas personas ensillaron sus bestias para ir a encontrarlos. Llegó la movida y airosa cabalgata a San Martín.

Llega el señor Barrios (23 de diciembre de 1858), también procedente de San Miguel.

Ruidoso recibimiento popular se produjo. La comitiva, quizás más numerosa y bullente, lo dejó a las puertas de la hermosa casa que se le tenía preparada para su alojamiento.

Un día después de su llegada, el señor Barrios se dirigió (24 de diciembre de 1858) al señor José Ávila, residente en Guatemala, para decirle, entre otras cosas, que:

"El señor Santín ha seguido cada vez peor conmigo; enteramente se ha entregado a aspiraciones maléficas... Yo no tengo la culpa de que su candor lo conduzca a errores peligrosos y buscaré mi salvación y la del orden existente como sea posible".

Volvió a escribir al señor Ávila (27 de diciembre de 1858) y esta vez le dijo que:

"Las cámaras están para reunirse y sería muy bueno que usted decididamente aconsejara a Santín que renunciara. Es una criatura que no puede gobernar. Si por una fatalidad no renunciara Santín, tendríamos que convocar una Constituyente y organizar un gobierno provisional...".

Ávila dio al señor Barrios el consejo de que más le valdría retirarse a la vida privada, porque:

"¿Qué honor es para usted, amigo", le dijo, "gobernar con la infamante nota de traición y del más escandaloso abuso de amistad y de confianza? ¿No ve usted que sus mismos amigos lo despreciarían por tan infame conducta?".

Al señor Santín del Castillo le advirtieron, luego de regresar de San Miguel, que el señor Barrios estaba conspirando porque quería separarlo de la presidencia para colocarse en su lugar.

En cuya empresa estaba siendo apoyado por los ricos y muchos vecinos de San Salvador, cuyos intereses había favorecido con el traslado de la capital.

Le dijeron que había reuniones particulares en casa del señor Barrios, a las cuales asistían varios diputados y otras personas interesadas en el éxito del plan subversivo.

Y que se disponían a acusarlo con cualquier pretexto -que no había ningún delito-, ante la Cámara de Diputados, a fin de que el Senado lo suspendiera en el ejercicio de sus funciones.

Una persona distinguida, diputado también, declaró algunos años más tarde, que el señor Barrios había hecho forjar unas cartas como dirigidas por personas principales de Cojutepeque, en las cuales se le daba aviso de trastornos fraguados por el señor Santín y sus partidarios para perderlo.

Algo alcanzaron a saber de esto los señores Félix Quiroz y Trinidad Cabañas, y renunciaron el primero (8 de marzo de 1859) al Ministerio del Interior y el segundo (el 10) al de Hacienda y Guerra.

El señor Santín del Castillo, posiblemente asesorado, se apresuró a pedir al señor Barrios que renunciara a la comandancia general de las armas, pues se hallaba asistiendo a las juntas preparatorias del cuerpo legislativo como senador, cargo con el cual aquel era incompatible. En seguida, el señor Santín del Castillo nombró Ministro del Interior a don Francisco Dueñas en sustitución del señor Quiroz.

El señor Barrios se alarmó y se exaltó. No entregó la renuncia que se le pedía. Se dirigió al cuartel a poner en alarma a la guarnición, diciendo a sus subordinados que el señor Santín del Castillo, por consejo de sus enemigos, quería retirarlo del mando de las armas; y obtenida la adhesión de los milites, ordenó la captura de los licenciados Francisco Dueñas y José María Zelaya y los expulsó del territorio nacional (10 de enero de 1859) por la noche, enviándolos con una escolta a Chiquimula. Luego, el señor Dueñas, reconcentrado en la ciudad de Guatemala, inició actividad revolucionaria y alguna tentativa de invasión al territorio salvadoreño se produjo. El señor Carrera manifestó al señor Dueñas que le convenía por entonces guardar las buenas relaciones con El Salvador, por lo que desaprobó sus actividades. El señor Dueñas se trasladó a Nicaragua, en espera, según parece, de mejor oportunidad.

Diputados y senadores, en juntas preparatorias, viendo tan de cerca la horrible anarquía a cuyos soplos de muerte se agitaban, determinaron (11 de enero de 1859) llamar al señor Guzmán para que se hiciese cargo del Poder Ejecutivo y remediar las dificultades en que se hallaban todos. Le suplicaron encarecidamente que, sin pérdida de tiempo, "vuele a esta capital a cooperar con todos los hombres influyentes y empeñados en el mantenimiento del orden... Confían en que no trepidará un instante, con sacrificio de sus intereses, en acudir sin demora al llamamiento que se le hace". Firmaron la carta Gerardo Barrios, Mariano Hernández, Ignacio Gómez, Manuel Gallardo, etc.

El señor Santín del Castillo expidió un acuerdo llamando al mismo señor Guzmán para encargarlo del ejercicio de la presidencia y poder ausentarse temporalmente, pues se hallaba enfermo, según dijo.

La Municipalidad de Sonsonate, en pleno, (13 de enero de 1859), celebró una sesión y levantó un acta en que se hizo constar que las dificultades surgidas dentro del gobierno no pueden tener otro origen que la negativa del señor Barrios a devolver la comandancia general de las armas del Estado, que el señor Santín del Castillo le confiara en contravención a lo prevenido por la ley 2, título 1°, libro 9 de la Recopilación salvadoreña; y que, aunque no se declara terminantemente el objeto con que se llama al señor Vicepresidente, "esta municipalidad presiente ser con la mira de hacerlo encargarse del gobierno obligando al actual Presidente a consentir en un depósito indebido", por lo cual protestó solemnemente.

Después de haber hecho el depósito de la Presidencia en el señor Guzmán, el señor Santín del Castillo autorizó la publicación del acta de la municipalidad de Sonsonate con esta palabra: "tírese". Y el señor Barrios arrebató el ejemplar de la imprenta para impedir su publicación y ordenó al gobernador de allá la captura y destierro de los miembros de la municipalidad presidida por el señor Sebastián Sicilia.

La emisión enviada por las juntas preparatorias encontró al Vicepresidente en la hacienda Umaña, allende el Lempa, que venía ya, porque alguien lo había llamado antes. Viajó de día y de noche para no detenerse y llegó a San Salvador a las 8 de la mañana del 18 de enero (1859). Lo llamaron en esa ocasión el héroe del 2 de enero de 1845 y le manifestaron la esperanza de que, con su patriotismo a toda prueba, su energía y su prudencia acreditadas, preservaría a El Salvador "de los trastornos que las malas pasiones están empeñadas en llevar a cabo". Se hospedó en casa de su yerno, el señor Barrios.

Un día antes (17 de enero de 1859) se había instalado la Asamblea General (Senado y Cámara de Diputados), con el señor Manuel Gallardo como Presidente del Senado y como Presidente de la Cámara de Diputados don Eugenio Aguilar.

El señor Guzmán tomó posesión de la Presidencia (19 de enero de 1859) en cumplimiento del acuerdo del 13 del mismo mes del señor Santín del Castillo. En la misma fecha, el señor Barrios hizo dimisión de la comandancia general de las armas, que asumió por el mismo hecho el señor Guzmán. En el acto de recepción ante la Asamblea General, el señor Guzmán pronunció una breve alocución para manifestar, a grandes rasgos, el sacrificio que se le imponía –y hablaba sinceramente–, el cual aceptaba por creer que con su presencia salvaría al país de la anarquía; y, hombre sin pasiones políticas, agradeció la atención que había prestado el Poder Legislativo e hizo la apología del señor Santín del Castillo, diciendo que no era "menos digno de consideración y alabanza la conducta del Jefe del Estado que ha resignado el poder supremo en vuestras manos: el hombre que en momentos dados sabe sobreponerse a los consejos del amor propio, posponiéndolos al bien común, merece elevarse por sobre el nivel de sus conciudadanos, y éstos están obligados a rendir el homenaje debido a la virtud".

Pero como de cualquier modo se conspirase contra el señor Santín del Castillo para que renunciase, lo visitaron los señores Barrios y Guzmán con ese objeto y posteriormente el segundo de ellos le hizo por escrito el mismo ruego (22 de enero de 1859). Se dirige a su amigo, compadre y deudo. "Compadre", le dice, "mi expresión es la de la amistad y la sangre, óigala; y tan grande como el señor Cañas, dé un paso que en nuestra historia sea considerado como aquel, para honor de los héroes que arrastraron todo sacrificio". Lo conmina en la post data. "El tiempo es estrecho", le dice, "dentro de dos horas no habrá disyuntiva".

Como el señor Santín del Castillo no diera el paso que se le pedía porque ante todo quería salvar su honra, ese mismo día (22 de enero de 1859), la Cámara de Diputados acogió una acusación de varios de sus miembros contra él por el hecho de haber mandado o autorizado la impresión del acta de la Municipalidad de Sonsonate, desconociendo la autoridad del Vicepresidente.

El señor Santín del Castillo se había presentado ya a la misma Cámara de Diputados acusando al señor Barrios (21 de enero de 1859) por la violencia ejercida contra los magistrados de la Suprema Corte de Justicia, que había resistido el traslado de Cojutepeque a San Salvador; su negativa a hacer entrega de la comandancia general de las armas que le había confiado; la expulsión de los señores Dueñas y Zelaya y el atropello a la Municipalidad de Sonsonate. Y no fue sino venciendo resistencias y dificultades de todo género que consiguió que se diese cuenta con ella en la sesión de ese mismo día, es decir, la acusación del señor Santín del Castillo.

Dos días después pasó la acusación contra el señor Santín del Castillo al Senado, en donde el mismo señor Barrios, que era su verdadero autor, abrió dictamen sobre ella como miembro de la comisión y la apoyó vigorosamente. El señor don Eugenio Aguilar, con igual énfasis, defendió al señor Santín del Castillo y, con la Carta Constitutiva en la mano, demostró la injusticia del procedimiento. Pero como la mayoría estaban preparados para acogerlo ciegamente, dijo el señor Santín del Castillo, "se declaró en el acto mi suspensión en el ejercicio del Poder Ejecutivo, sin proceder en seguida a juzgarme para absolverme o condenarme, porque lo único que se quería era separarme del gobierno para que Barrios lo ocupase". El señor Barrios pidió certificación de lo actuado.

Con respecto a la violencia ejercida contra los miembros de la Corte Suprema de Justicia, dice la comisión que ese tribunal le negó al Presidente la facultad de emitir el acuerdo de su traslación: "Se hizo esto en términos descomedidos e impropios, siendo palpable la resistencia a los pueblos y se temió con justicia una nueva perturbación del orden. En semejante delicado caso, el señor Presidente don Gerardo Barrios, que sabía el puesto que ocupaba y los deberes que le imponía, no vaciló un momento en hacer cumplir la ley y asegurar la tranquilidad pública, obligaciones esenciales de todo gobierno".

Al referirse al extrañamiento de los señores Dueñas y Zelaya, confiesa la comisión que este procedimiento no es legal, pero excusa al señor Barrios. "Dueñas y Zelaya, jefes de un partido de desorden que siempre habían estado conspirando para apoderarse de la administración pública, habían estado en los colegios electorales procurando extraviar la opinión pública; en las cámaras, perturbando el buen sentido de los representantes; en la Corte de Justicia, promoviendo el cisma judicial; en la imprenta, desprestigiando y calumniando a la autoridad del gobierno en cualquier mano que estuviese, etc. Su último esfuerzo para obtener un triunfo tan costoso como deseado, lo acaban de hacer directamente contra el Presidente Santín, a quien hallaron muy propio para su objeto por el candor y sencillez que lo caracterizan. Le infundieron desconfianzas con una habilidad satánica que solo poseen los malvados contra sus verdaderos amigos, contra sus honrados ministros, licenciado Quiroz y general Cabañas, hasta el punto de obligarlos a renunciar a sus destinos y hacerse nombrar en subrogación del señor Quiroz al licenciado Dueñas, quien previamente exigía que el señor Santín despojase al señor Barrios de la comandancia general de las armas para poseer tranquilamente ese objeto tan ansiado por los anarquistas: el manejo de la administración pública. La expulsión de los dos licenciados ha sido bien recibida en todas partes".

El señor Gallardo adoptó completamente el espíritu del anterior dictamen en cuanto hace a la defensa del señor Barrios, "pero me separo de él en todo aquello que parece ofensivo del señor Presidente don Miguel Santín".

No todos los hombres buenos son aptos para el mando. Además de buenos deben ser instruidos, audaces y serenos, con algo en ellos de Proteo para actuar de conformidad con las circunstancias sin atropellar la ley. El señor Santín del Castillo era un hombre bueno, pero además de haber llegado a la Presidencia sin ambición y casi con disgusto, y como forzado por el voto de sus conciudadanos, no supo o no pudo manejar la exaltada pasión en unos, la inteligencia cautelosa en otros, todos con ambición de poder.

El señor Santín del Castillo se retiró de San Salvador con su entristecida familia, y lo acompañaron para despedirlo en el camino solo dos personas: don Manuel Gallardo y don Eugenio Aguilar.

El señor Gallardo juzgó al señor Barrios con la serenidad de un hombre justo y desapasionado. "Bien que sin instrucción fundamental en ninguna materia", dijo, "tenía un talento despejado y una asombrosa facilidad para hablar y escribir de un modo persuasivo. Hombre decente y sin vicio alguno, buen hijo y buen esposo, sabía en lo privado cautivar el afecto de las personas que lo trataban. Tenía gran ambición; pero demostró, en todo el curso de su vida borrascosa, que no propendía a enriquecerse a expensas del honor en los altos puestos a que su ambición lo guiaba. Tenía grandes dotes para el mando, clara percepción de los negocios, honradez en el manejo de los caudales públicos, energía y valor para emprender reformas en la administración, pero sin contemplaciones de ningún género. Su gran defecto para representar el papel a que la naturaleza lo destinaba, era la tendencia a la arbitrariedad, pero esta mala tendencia no era en él incorregible del todo.

Recuerdo con este motivo que, por consecuencia de un desacuerdo o desagrado con un Juez de Paz, se le metió en la cabeza la triste idea de suprimir a estos funcionarios, y ya se disponía a hacer que su ministro Bosque redactara el correspondiente decreto, cuando éste me llamó en su auxilio. Yo intervine manifestando a Barrios: 1° que no estaba en sus facultades el introducir tal cambio en la organización del Poder Judicial; 2° que la institución de los Jueces de Paz era una rueda importantísima en la maquinaria administrativa, cuyos defectos, si los había, podría corregir el cuerpo legislativo. Desarrollé lo mejor que pude ambas tesis y él quedó persuasivo y satisfecho de mi parecer y prescindió por completo de su intento.

Este y otros hechos análogos me dieron siempre a entender que, con buenos consejeros, el general Barrios hubiera quedado un tiempo perdurable en el poder, pues sus buenas cualidades le abrieron mucho campo en la opinión. Desgraciadamente, su desmesurada ambición y los extraviados consejos de sus afines políticos, imbuidos en la más perversa idea revolucionaria, lo condujeron a grandes desaciertos y, consiguientemente, al patíbulo".

La Asamblea General (8 de febrero de 1859) declara que El Salvador reasume su soberanía externa y se declara República.

El Presidente de la República será elegido para un período de seis años y para uno de cuatro los diputados.

Se convoca a los pueblos a elección de Presidente para el período de 1860 a 1865.

Se faculta a la Corte Suprema de Justicia para retirar el título y suspender a los abogados cuya conducta no corresponda a su dignidad de profesionales.

El Presidente de la Asamblea General, doctor Manuel Gallardo (16 de febrero de 1859), al pronunciar el discurso de clausura, alude al decreto por el cual se le da el grado de General de División al senador Gerardo Barrios, "demostrándose de este modo que la representación nacional ha comprendido cuánta distinción se debe al hombre que se consagra al engrandecimiento y prosperidad de su patria2.

CAMBIO DE SITUACIÓN

Don Joaquín Eufrasio Guzmán, el Vicepresidente en ejercicio emergente del Supremo Poder Ejecutivo, como viera que la tempestad se había calmado y se navegaba en aguas tranquilas, dispuso retirarse e hizo depósito de él en el llamado por la ley, don José María Peralta.

Poco después de eso (por la noche del 3 de marzo de 1859), hubo una sublevación en el cuartel para asesinar al comandante Eusebio Bracamonte. Este pudo escapar y huir. De pronto no se supo de su paradero; pero apareció cuando Santiago González, después hombre de mucha figuración, que en San Salvador se hallaba por casualidad, se hacía cargo de la situación de modo espontáneo. Los sublevados – músicos de la guarnición, según se dijo– fueron prontamente dominados; pero pudieron, sin embargo, huir a las 6 de la mañana del 4. Nunca se supo –secretos de Estado– qué había llevado a los músicos a querer asesinar a su comandante. Algo de podrido había allí sin duda alguna. Don José María Peralta, el hombre de letras que poco o nada entendía de las armas, llamó, por ser garantía de paz, al señor

Barrios, que se hallaba en San Miguel, y le entregó la Presidencia (12 de marzo de 1859).

Este lanzó un manifiesto para restablecer la tranquilidad. "Ya me conocéis", dijo en esa ocasión a sus conciudadanos; y en seguida, quizás olvidando el incidente, se dedicó a una tarea intensa de gobernante laborioso. De marzo a diciembre hizo muchas cosas buenas en el ramo de la instrucción, abrió las primeras escuelas públicas para niñas, mejoró la Universidad, dio a la nación el Código Civil que, con el de lo Penal reformado, fueron enviados a don Antonio José de Irisarri, Encargado de Negocios de El Salvador en Washington, para su impresión y encuadernación; organizó el ejército, abrió caminos, mejoró los existentes, etc., todo valiéndose de los recursos a mano que creyó suficientes y no pidió más dinero.

Desde el momento en que fue desterrado don Francisco Dueñas, se colgó una amenaza de un cabello. Quizás no fue un indicio la sublevación de elementos de la guarnición de San Salvador, pero de cualquier modo reveló descontento. Estos elementos no fueron perseguidos por imposibilidad material, capturados y juzgados. Pudieron dirigirse hacia Honduras, donde recibieron apoyo de parte de Santos Guardiola, según dijo el señor Barrios, e invadieron el país por el lado de Sensuntepeque, donde cometieron actos depredatorios. No pudieron seguir adelante y regresaron a Honduras; y como allá se les alentase, las relaciones entre aquel país y El Salvador se pusieron tan tirantes que hubo de intervenir Guatemala para apaciguar a Barrios y a Guardiola, que se hallaban ya al borde de insensata lucha. Para ello envió a Comayagua a don Vicente Cerna.

El señor Barrios acusó al señor Santín del Castillo de hallarse en relación con las actividades de los emigrados, los cuales, como aquel, después de lo de Sensuntepeque y de un tratado celebrado con Honduras, se dirigieron a Nicaragua para solicitar auxilios. No los obtuvieron. Así, desengañados muchos de ellos, abandonaron su causa y regresaron al patrio suelo.

¿EL COMUNISMO?

El Obispo y el Presidente convinieron un día en la necesidad de traer una misión de capuchinos para corregir y mejorar las costumbres de los pueblos y afianzar más la religión. Se eligió Santa Ana como el primer lugar para sus prédicas y allá fueron (diciembre de 1859), y empezaron usando un lenguaje rudo, procaz, según se dijo, desnudo de conveniencias. En seguida, pidieron al gobernador una lista de los amancebados, que eran muchos, para casarlos por la fuerza u obligarlos a separarse, así fuese con grave perjuicio de la prole. El gobernador consultó el caso con el señor Barrios y éste lo autorizó para decir a los capuchinos que se limitasen a predicar las buenas costumbres, la moral de Jesucristo y las obligaciones de buen cristiano.

Mientras tanto, los capuchinos siguieron predicando con su lenguaje acostumbrado, crudo para el oído escrupuloso de las beatas; y el día de Pascua por la noche, mientras uno de los capuchinos pronunciaba un sermón, oyó rumores de música a poca distancia de allí, pues se representaba al mismo tiempo una comedia. El predicador se exaltó con aquello, dijo que se estaban burlando de él e hizo intento de bajarse del púlpito, pero, como si lo considerase mejor, siguió predicando. Al terminar el sermón, la multitud salió aullando y se dirigieron hombres y mujeres al teatro armados de piedras para frustrar la representación. Una riña colectiva empezó en el interior del teatro y el gobernador acudió en seguida con fuerzas armadas para restablecer el orden.

Los padres fueron al día siguiente adonde el gobernador para saber si se hallaban detenidos algunos de los que habían atacado. El gobernador les dijo que no. "Me alegro", comentó uno de los capuchinos, "porque eso podría dar malos resultados. El pueblo está furioso porque ama su religión. Es preciso", añadió, "que los ricos de esta ciudad no sigan defraudando su jornal a los pobres y que las autoridades hagan a éstos justicia, porque hasta ahora no se les ha hecho ninguna mediante la influencia del rico. Predicaremos sobre esto".

El gobernador se alarmó al conocer este propósito, se aprestó a comunicarlo al señor Barrios. El señor Barrios envió a Santa Ana una escolta con instrucciones de que se intimase a los capuchinos a salir del territorio nacional. Así lo hicieron. Se habló sorda y temerosamente del comunismo al divulgarse los propósitos de los capuchinos, de conseguir que la riqueza fuera mejor repartida mediante la justicia social y que no se siguiese en la explotación del hombre por el hombre.

El Poder Legislativo concede al señor Barrios (24 de enero de 1860) el grado y honores de Capitán General.

Hácese como Presidente electo de la República (28 de enero de 1860) al Capitán General Gerardo Barrios y como Vicepresidente a don Félix Quiroz, para el período de 1860 a 1865.

El señor Barrios tomó posesión de la Presidencia (1° de febrero de 1860), de gran uniforme, en el salón de sesiones de la Asamblea y allí, puesto de rodillas, prestó el juramento de ley. En seguida, frente a vistosa y numerosa concurrencia, pronunció su discurso. "¡Terrible y delicado encargo, señores representantes, que me abruma!", dijo, "porque mido mis capacidades respecto del ejercicio del gobierno. ¡La felicidad de todo un pueblo querido desearía verla encomendada a mano más diestra y más propia para que la realizara indefectiblemente!".

Sin embargo, confesó en esa ocasión que había deseado el poder supremo –que ya había ejercido dos veces en forma interina– impulsado por su amor a la República, lo cual significaba que creía que podía hacer el bien por ella, a pesar de que veía bien un abismo "a cuya orilla se encontraba incesantemente el hombre que está en el poder".

Este discurso recuerda el de Malespín, porque ambos tuvieron conciencia de ese abismo.

ÚLTIMAS PALABRAS DE WILLIAM WALKER

Pocos días después de haber tomado posesión de la Presidencia el señor Barrios, apareció en la Gaceta Oficial (8 de febrero de 1860) una advertencia en relación a descuidos de los curas. "Hemos observado", se dijo, "con no poca pena, que los señores curas, los primeramente interesados en la conservación y ornato de las iglesias de sus respectivos pueblos, no dedican a esto todo el esmero que sería de desearse y que forma una parte muy principal de sus obligaciones, muy recomendada por los cánones".

Se representó un panorama de absoluto descuido de las iglesias del país, de desnudas paredes, sin ornamentos, de locales fríos, sin reparaciones necesarias, sucios y resquebrajados, como para desalentar y matar la fe.

El Poder Legislativo obliga al Poder Ejecutivo (8 de febrero de 1860) a que haga establecer el Cabildo Eclesiástico conforme a la bula de Gregorio XVI, removiendo todos los obstáculos que se le opongan y dictando todas las disposiciones necesarias o convenientes, a fin de que las rentas eclesiásticas se inviertan en su objeto y para que se reparen o edifiquen las iglesias de los pueblos y se proteja de la manera más eficaz el culto. Esta ley se dio porque "corresponde a la nación el patronato eclesiástico, a que está anexo el derecho económico y también para el arreglo de la disciplina externa, conforme a la ley única, título 1°, libro 7° de la Recopilación".

El obispo monseñor Pineda y Saldaña protestó (15 de junio de 1860) por ese decreto y pidió que se reconsiderase para precaver, dijo, "cualesquiera perjuicios o menoscabos de la autoridad, doctrina y derechos de la Iglesia, cuya autoridad he jurado mantener". Se le contestó (16 de junio de 1860), nota firmada por el Ministro Irungaray, remitiéndolo al contenido del título 1°, libro 7° aludidos de la Recopilación, ley única (1831), que dice que "corresponde a la nación el patronato eclesiástico, a que es anexo el derecho económico y también para el arreglo de la disciplina externa"; y que "por ahora (artículo 2°) y mientras se celebra con la Silla Apostólica el concordato que corresponde, el Presidente de la República ejercerá el patronato en los mismos términos que lo ejercían los Reyes de España".

Se le recordó que él había prestado juramento de acatar las leyes del Estado, etc., lo que dio como resultado que se acentuase el distanciamiento ya existente desde cuando fueron expulsados los padres capuchinos de Santa Ana, por su intento de predicar sobre un equitativo reparto de la riqueza, a lo que se dio un tinte comunista.

La reparación de las iglesias se hacía en muchas partes por cuenta de las municipalidades y con la ayuda de alguno o varios vecinos. "Las poblaciones se reforman", decía un comentario, "los particulares levantan hermosos edificios en San Salvador. Sólo los templos permanecen en ruinas. Si las iglesias de los barrios de esta ciudad se han reparado en parte, ello se ha debido a los esfuerzos del General Barrios, que sin embargo se ve detenido por la inercia de los vecinos".

Advertíase la inercia de los párrocos y de los feligreses, los primeros por no disponer de fondos para ese objeto y los segundos por no querer darlos a los primeros, llevados de legítima desconfianza en su empleo; de modo que la administración civil o municipal ha tenido que intervenir siempre en la construcción y reparación de los templos católicos, como sucede actualmente, de lo contrario no los habría o los habría pobres y deslucidos. Porque los hombres se desorientan y se pierden en un laberinto de preocupaciones y afanes y no tienen tiempo de ponerse a pensar para qué han nacido, que es buscar a Dios dentro de sí mismos mediante el conocimiento y tratar de ser de Él dignos.

Paréntesis

1) Se da a Usulután el título de ciudad (7 de febrero de 1860).

2) Se alientan y fortifican las simpatías entre El Salvador y Guatemala.

e) El cuerpo legislativo votó un presupuesto de gastos para el bienio de 1860 a 1861 que ascendió a 268,782 pesos anuales. El sueldo del Presidente era en ese entonces de 500 pesos mensuales y al Obispo se le asignó la suma de 250. Los senadores ganaban 3 pesos diarios por dieta y los diputados 2.84. Los magistrados tenían 125, los gobernadores 60, los oficiales mayores 35 y 25 los escribientes. De conformidad a esa pauta, se hallaba regulado el sueldo de los demás servidores de la administración pública.

Cortó el señor Barrios la hondamente acentuada por entonces inmoralidad administrativa por falta de freno en el manejo de los bienes nacionales. Se hizo evidente que los empleados de Hacienda aceptaban como efectivo, por pago de derechos, los bonos de los empréstitos forzosos y reconocimiento de pérdidas que andaban en circulación, pero no los amortizaban, a modo de negociar con ellos con provecho propio. En ese juego bajaba el valor de los bonos o subía según la demanda entre particulares y volvían a entrar en la Tesorería por su valor nominal para volver a salir clandestinamente.

Los informes y cuadros representaban un aspecto consolador en cuanto a la cancelación de la deuda interna con saldos deudores bastante bajos; pero ocurría que con el paso del tiempo, de 1852 a 1859, se mantuvieron en su nivel, por absurdo que fuese; y se veía a los empleados de Hacienda negociar con los bonos sin preocuparse mucho de hacerlo en público. Se había organizado desde 1852 una Junta de Crédito Público para atender reclamaciones por perjuicios sufridos con motivo de las actividades bélicas pasadas, "y no hizo más que desmoralizar el país al autorizar a presencia del gobierno y del público los más escandalosos latrocinios".

En esa época se multiplicaron al infinito los perjurios para probar pérdidas imaginarias y se puso en planta el más impúdico agiotaje. Algunos vocales de la Junta fueron, sin hacer misterio, agentes, apoderados y cesionarios de los reclamantes y se constituyeron en monopolistas de bonos que vendían o cambiaban a cualquier precio a quien los necesitara; y desde entonces quedaron en cierto modo habituados los empleados superiores de Hacienda al tráfico de documentos de crédito público, con perjuicio del erario.

Y como quiera que se propendiese a castigar a quienes se habían enriquecido con los beneficios de un negocio tan sucio como ese, se hicieron investigaciones que guiaron hacia los culpables, uno de ellos, por ejemplo, un señor Manuel Fortis, administrador de rentas de San Vicente, quien vivía con harta holgura que solo con su sueldo no podría sufragar; y cuando personas demasiado curiosas alababan su bonanza, decía a éstas que se había hallado una botija.

Se comprobó que el señor Fortis era audaz y despreocupado negociante de bonos; fue capturado, convicto y enviado a San Salvador (24 de febrero de 1861), pero se fugó en el camino al llegar al punto denominado Lomas de Jiboa. A consecuencia de esta fuga, fue destituido el gobernador de San Vicente, que descuidó la seguridad del reo al ser remitido, y el capitán de su custodia fue degradado.

Al ascender al poder, el general Barrios manifestó enfáticamente su empeño en que no haya diversas banderas y colores políticos, que consideraba ser símbolo de la anarquía. Se tenía la convicción de que los partidos convierten a las naciones en dos o más mandos antagonistas que luchan y se despedazan para hacer triunfar su sistema de gobierno, que cada uno de ellos considera como el mejor. Por lo tanto, no se buscaría a los colaboradores dentro de una parcialidad determinada, sino entre los hombres bien intencionados y competentes, según se dijo.

Se crea una Escuela Normal en San Vicente (21 de abril de 1860) y se nombra director de ella a don Alejandro Arrué Jiménez con 80 mensuales y como su ayudante a don Nicolás Aguilar con 30. A esa escuela deberían concurrir todos los maestros de escuela del departamento.

En primaria se enseñaría lectura, escritura, ortografía, aritmética y doctrina cristiana; y en secundaria, moral, matemáticas puras, francés, inglés, castellano, latín, geografía, dibujo lineal y natural, e historia sagrada y profana. Se suprimirían las escuelas de todos los municipios del departamento, inclusive la cabecera, temporalmente, a menos que las municipalidades quisieran, de sus fondos o por contribución de los padres de familia, mantenerlas.

TERCERA Y ÚLTIMA SALIDA DE WALKER

Este señor fue siempre la espada de Damocles suspendida sobre los países centroamericanos mientras no apareció por última vez equipado y financiado por los Vanderbilt y otros que soñaban con un imperio esclavista para la explotación de grandes empresas, desautorizado superficialmente, pero consentido de hecho, así se tratase de una invasión armada. El Presidente Buchanan habló, por lo menos una vez, de la colonización pacífica de Centroamérica.

En estos momentos los amigos de Centroamérica eran los ingleses, a quienes los norteamericanos quitaron la oportunidad de capturar a Walker cuando éste hizo su segunda salida, como ya se ha visto.

Siempre se estuvo hablando, mientras tanto, de esa amenaza pendiente. A eso se debió que Nicaragua y Costa Rica se pusiesen bajo la protección de potencias europeas, pero los gobiernos de estos países, con excepción de Guatemala, no pensaron en mantener, por su propia cuenta, guarniciones en sus costas, compuestas de soldados instruidos en la defensa y el ataque, lo que es altamente censurable, por lo cual merecieron el cognomento de incapaces e indignos.

Por lo contrario, lo mismo que Guatemala, Belice permaneció siempre alerta y lista para prestar su cooperación en caso de peligro, a pesar de que esa colonia inglesa no tenía razón alguna para sentirse amenazada.

El primer indicio que se tuvo de que Walker había permanecido siempre con el pie en el estribo, como buen caballero andante de rifle y cañón, fue la noticia del naufragio de la goleta Susan en el arrecife llamado Glowers, cerca de Belice (fines de diciembre de 1858), en que venía Walker con 150 filibusteros; y el superintendente de Belice pudo, al instante, despachar un vapor de guerra a perseguirlos y capturarlos. Que no hubo captura, sin duda, por haber logrado un anterior rescate.

Posteriormente, con mucho a ese suceso, que pudo haber sido una noticia con fundamento equivocado, se dijo que Walker había sido invitado por los habitantes de la isla de Roatán, lo cual tiene bastante verosimilitud, en vista de que por esos días se preparaba el traspaso de las Islas de la Bahía a Honduras y quedaban en ellas elementos que siempre habían visto con disgusto esa operación, por considerar que el gobierno de ese país era indigno de gobernarlos.

Pero la fecha del traspaso fue pospuesta precisamente por la misma amenaza de Walker; y éste, embarcado en New Orleans con otros aventureros, si bien llegó a Roatán (21 de julio de 1859), se embarcó el día siguiente con 50 hombres en la goleta J. A. Taylor y, juntamente con otro buque mayor que se le reunió, se dirigieron hacia los Cayos Cochinos, por lo que se creyó que la expedición iba dirigida a Omoa o Trujillo.

Le llegó poco después la goleta Decodrap con hombres, armas, municiones y un saco de viaje para su uso. Esta goleta llevaba a remolque dos botes grandes balleneros y dos guías sacados de Roatán que conocían bien toda la costa de Honduras.

Total: 67 hombres. Prueba esto que los americanos del pueblo ya no querían más aventuras y peligros con Walker; pero prueba además que los capitalistas se hallaban dispuestos a financiarlo y equiparlo, con lo cual corrían el azar de perder un puñado de dólares o de ganar el ciento por uno, regado con sangre y lágrimas.

Poco tiempo después de estos movimientos, se divulgó (25 de julio de 1860) un comunicado del cónsul británico en Comayagua –el cónsul obraba quizás de buena fe–, en que decía que se había propalado en las Islas de la Bahía –posiblemente treta del propio Walker– el rumor de que, tan pronto éste, con quien el General Trinidad Cabañas se suponía estaba de acuerdo, se presentase en Omoa, se operaría en dicho puerto un movimiento en favor del último, merced a la desafección que se decía existía en aquel lugar hacia el gobierno de Guardiola.

Cabañas se hallaba por esos días en Los Encuentros, cerca de San Miguel, ocupado en la extracción de algún metal.

Después de alguna vacilación, Walker desembarcó en Trujillo (6 de agosto de 1860) a las 4 de la mañana, con 94 hombres. Se le hizo una ruda resistencia, pero al fin se posesionó del puerto; y el comandante, Norberto Martínez, se retiró a las montañas con la guarnición para esperar allí los refuerzos del interior, sin antes haber tenido tiempo de poner a salvo los intereses nacionales, de tal manera que Walker, al practicar un registro en la aduana, halló algunos valores y se los apropió.

El cónsul inglés se alejó de Trujillo y un señor Melhado se encargó de los intereses británicos y de ir de una parte a otra para proteger a la población hasta donde le fuese posible.

Al tener conocimiento del desembarco antes que ningún otro funcionario estatal, el Comandante de Izabal se movilizó rápidamente y envió un contingente a Omoa; y el gobierno de Guatemala se apresuró a pedir la cooperación del Superintendente de Belice ya para bloquear a Walker o para alejarlo de Trujillo.

Santos Guardiola dictó medidas de defensa nacional, llamó a filas a hombres de los 15 a los 60 años y decretó un empréstito forzoso mensual de 9,000 pesos para atender los gastos de la campaña, que con razón supuso larga y azarosa.

El comandante de Izabal, mientras tanto, se dirigió a Omoa para revisar sus efectivos enviados allí y en seguida se trasladó a Belice, donde compró la goleta Velocity para armarla con 6 piezas de artillería y equiparla con una tripulación de 100 hombres.

Hacia el 20 de ese mes de agosto, Walker aún se hallaba en Trujillo en espera de auxilios que debían llegarle según la combinación hecha con quienes lo habilitaban y se entretenía en saquear los establecimientos comerciales de los españoles.

"Aparentaba hallarse convencido de ser el encargado por la divina providencia, de una misión que llamaba santa, consistente en el exterminio de la raza de los hombres degradados que poblaban esta parte del globo, la más bella y ventajosamente colocada, raza de monos que no merecen sino, a lo más, la esclavitud, etc.".

El General Mariano Álvarez partió de Yoro con 400 hombres al mismo tiempo que se preparaba Guardiola para salir de Comayagua hacia la costa.

No tardó en aparecer frente a Trujillo un vapor inglés (20 de agosto de 1860), el Icarus, del capitán Norval Salmon, y el encargado del consulado británico, señor Melhado, saltó a bordo para presentarle un esquema de la situación. Entre otras cosas, le dijo que las rentas del puerto se hallaban hipotecadas y que Walker había saqueado la aduana, apoderándose de 2,025 pesos en plata y 1,390 en documentos fiduciarios.

Las autoridades del puerto apoyaron lo dicho por el señor Melhado y Salmon pudo intervenir entonces y reclamar a Walker esos valores. Le dijo además que, a causa de su presencia en aquel puerto, los comerciantes de Belice sufrían perjuicios y había estorbado el cumplimiento de un tratado entre la Gran Bretaña y Honduras, por el cual ésta tomaría posesión de las Islas de la Bahía.

Agregó Mr. Salmon que había resuelto restablecer en Trujillo las autoridades hondureñas y que él, Walker y su gente tendrían la protección inglesa si deponían las armas y se embarcaban en el Icarus.

Las condiciones de su psique no eran favorables a Walker, por lo menos en aquel momento de "misión santa". En efecto, hay una carta de él al capitán Salmon que revela un estado crítico de su mente, pues dice que su presencia en Trujillo, que Salmon califica de desautorizada, es debida enteramente a compromisos que en honor había contraído con algunas personas deseosas de vivir en Centroamérica, con quienes lo ligaban intereses comunes, bajo las instituciones del Código Alfredo.

Salmon le contestó que no aparece de una proclama del gobierno de Honduras que dicho gobierno tuviese deseos de que el Código del Rey Alfredo fuese introducido en el país de la manera que él (Walker) propone, y que las autoridades locales y habitantes de Trujillo parecían ser de la misma opinión, a juzgar por las numerosas peticiones de auxilio que había recibido, inclusive una de Omoa en que figuraba la firma del cónsul americano.

Bloqueado ya como se hallaba por el Icarus y perdida sin duda la esperanza que tenía de recibir armas, vituallas y hombres, Walker decidió abandonar por la noche de ese día 20 el puerto, con 84 hombres, sin llevar más cada uno que su propio equipo, con el propósito de irse por las montañas a León.

Prefirió así una loca y dilatada travesía hacia aquel punto, con todas las probabilidades de ser combatido y deshecho, a entregarse a los ingleses por muy honorablemente que lo tratasen, pues siempre le causarían su ruina y la pérdida, además, de su fama y de su crédito, que consideraba como valiosos trofeos de su insensata lucha.

Quedaron abandonados en Trujillo el corresponsal de The New York Herald, un cirujano y un asistente de hospital, los elementos de guerra y vituallas.

Entonces se mandó aviso al Comandante Norberto Ramírez de que los filibusteros se habían ido, para que regresase al puerto.

Walker fue perseguido por don Mariano Álvarez con 200 hombres en el buque Correo, a lo largo de la costa, de común acuerdo con el comandante del Icarus, que partió en seguida; y como los filibusteros llevaban ya perdida la moral, se entregaron a discreción en manos de sus perseguidores al llegar a pie y a través de una región selvática infestada de reptiles y de zancudos, a la desembocadura del río Tinto en la Mosquitia.

El Icarus pudo hallarse frente a aquel punto sin pérdida de tiempo, para recibir a los filibusteros, y los condujo a Trujillo, adonde llegó poco después de haber arribado allí el Correo.

Leandro Godoy, con fuerzas de Guatemala, se hallaba recién llegado a ese mismo puerto cuando se vio aparecer el Icarus.

Al desembarcar, había en el puerto una multitud y los filibusteros avanzaron en medio de dos filas de soldados que se cerraron detrás de ellos, pálidos, famélicos y sucios, y Walker marchó al compás del tambor, vestido con mucha sencillez, hombre de mediana estatura, enjuto, que llamó la atención por su mirada encendida.

Al ponerlo en prisión, se le engrilló y se le preguntó si deseaba alguna cosa. Pidió agua. En seguida llamó al capellán y se arrodilló a su lado frente a un altar elemental en que, a la escasa luz de dos candelas, se distinguía la imagen de Jesús.

"Estoy resignado a morir", dijo al capellán, "mi carrera política ha concluido".

Se le notificó la sentencia de muerte (11 de septiembre de 1860), a las 7 a. m., y preguntó a qué hora se ejecutaría y si tendría tiempo de escribir.

El 12, a las 8 a. m., marchó al lugar de la ejecución en la antigua plaza de armas, que se comunica con la calzada del desembarcadero. Llevaba un crucifijo y avanzaba sin ver hacia los lados, al parecer oyendo con mucha atención los salmos que rezaba el sacerdote.

Al entrar al cuadro dijo: "Soy católico romano. Es injusta la guerra que he hecho a Honduras por sugestiones de algunos roateños. Recibo con resignación la muerte, si ella es un bien para la sociedad".

En seguida se oyeron voces de mando y resonó en el ambiente tenso una descarga de fusilería. William Walker había muerto.

Su segundo, F. A. Rudler, fue sentenciado a cuatro años de cárcel, y como había temido, con muchas probabilidades, que lo fusilarían también, tuvo poderosa reacción al leérsele la sentencia y no pudo contener, sino difícilmente, las manifestaciones de su alegría.

Los demás hombres de Walker, acuartelados y desarmados, eran atendidos por las principales damas de Trujillo, quienes recibían a su vez satisfacción de hacerlo con hombres necesitados de sus servicios, tan jóvenes algunos y tan hermosos, metidos en aventuras tan peligrosas como aquella; y quizás con sentimiento los vieron un día próximo partir con la consigna de no volver a pisar el territorio centroamericano.

Charles F. Henningsen no acompañó a Walker en esa ocasión y, según afirman quienes lo conocieron, era éste quien tenía las habilidades militares que a aquel le hacían falta. Lamentó mucho la muerte de Walker y prometió continuar su obra para vindicar su nombre.

Publicó un largo artículo en un periódico de los Estados Unidos y, entre otras cosas, a modo de amenaza, dijo que "muy lejos de creer que el filibusterismo ha quedado muerto en la tumba de William Walker, se puede predecir con toda seguridad que saldrá otro ardiente filibustero de cada gota de sangre de las mortales heridas que recibió, según nos han informado en medio de los bravos de los naturales, a quienes fue entregado por la infamia del Coronel Norval Salmon".

Pero esa que es infamia de Norval Salmon para un aventurero con instintos de pirata como Henningsen, es realmente cooperación no sólo de aquel marino, sino de Inglaterra, que la había prestado antes y que borra generosamente, con nobleza de gran señora, las ofensas del pasado, para tornarse en objeto de una gratitud bien nacida en todo centroamericano de siempre, porque sin la actitud de esa nación no seríamos posiblemente desde entonces un pueblo libre, o lo seríamos como Estado de los Estados Unidos, de favorecernos el destino.

El término filibustero deriva del holandés vrijbuiter, que designa a un individuo que se enzarza en batalla no autorizada contra un país cualquiera, sin otro objeto que el pillaje.

Pero ocurrió que, poco después de eso, se separaron los Estados esclavistas de los Estados Unidos para formar una confederación, cuando se preparaba para tomar posesión de la Presidencia Abraham Lincoln, aquel que dijo que, como él no era amo, tampoco quería ser esclavo, palabras que vivirán mientras haya hombres en la tierra y por las que ese otro apóstol de la igualdad humana fue sacrificado.

Luego de eso, empezó la guerra de secesión en que se vio envuelto Henningsen.

SIN ARMAS

Se ve, pues, que al ocurrir la invasión última de Walker, Guatemala se hallaba preparada para acudir a cualquier punto de la

América Central en que ocurriese, lo que acusa una mayor previsión. Honduras no lo estaba, a pesar de ser la más amenazada por su extenso litoral atlántico. El Salvador se hallaba prácticamente desarmado y Nicaragua no estaba en mejores condiciones.

De modo que, a pesar de esa previsión de Guatemala, la expulsión de Walker habría sido operación dilatada y difícil sin la cooperación inglesa, dispuesta a aislar a los filibusteros y capturarlos. Inglaterra sabía lo que ocurría y sus barcos se hallaban patrullando el litoral atlántico de la América Central cuando el acontecimiento se produjo.

Si bien El Salvador se apresuró a manifestar que daría su cooperación, no tomó ninguna medida que lo indicase, sino con alguna posterioridad al conocimiento que tuvo del desembarco de Walker en Trujillo, cuando pidió (26 de agosto de 1860) a Costa Rica rifles para ser empleados contra el filibustero y los pagaría o devolvería, según como se prefiriese, al recibir el armamento de un pedido hecho a Europa.

El señor Barrios supo días después que Walker había abandonado aquel puerto el 20 del mes indicado.

Se hallaba en El Salvador el caído Presidente de Costa Rica don Juan Rafael Mora, su hermano don José Joaquín y su cuñado don José María Cañas, quien había asistido a la anterior legislatura salvadoreña como diputado.

Los señores Mora, después de algunos días de permanencia en la capital, se trasladaron a Santa Tecla, seducidos por la bondad climatérica y la excelencia de los terrenos de ese lugar.

Don Juan Rafael Mora era un hombre de espíritu práctico y emprendedor y pensó seriamente en fundar en Santa Tecla una vasta empresa sobre el cultivo del café, como lo había hecho en Costa Rica. "Es increíble el entusiasmo que despertó", dice el Dr. Manuel Gallardo, "en todos los alrededores de Santa Tecla y aún a lo lejos, ese proyecto del señor Mora, quien por su parte, lo mismo que por la de otros miembros de su familia, dieron principio a la ejecución de sus empresas, desarrollando en esta población una actividad desconocida y un cierto bienestar en las clases obreras que no ha desaparecido después de más de 30 años".

Pero como estuviera recibiendo don Juan Rafael sugestiones muchas, reiteradas una y otra vez, para que se aventurase a volver y arreglase las cosas malas producidas bajo el régimen de su cuñado José María Montealegre, abandonó todos sus hermosos planes para atender esos llamamientos que creía tan dignos por llenos de buena fe y convencido de que el pueblo se levantaría en masa al solo pisar él las playas costarricenses.

Así lo comunicó a don José Joaquín, su hermano, y a don José María Cañas. Lo comunicó al señor Barrios y le pidió ayuda.

Esos hombres visitaban frecuentemente al señor Barrios y hablaban animados por el recuerdo de las cosas pasadas que tenían el sabor de los vinos añejos en la intimidad de un ambiente distinguido.

Pero el señor Barrios vacilaba durante esas instancias, hacía objeciones y trató, según parece, de resistirse, temiendo que habría sido más ventajoso para él evitar una lucha sangrienta.

El señor Barrios, siempre que pudo, habló a Juan Rafael; pero Cañas no podía dejar de hacerlo y había comprometido ya su palabra con el señor Mora.

Así, pues, don Juan Rafael Mora se fue, con las pocas armas que le diera el señor Barrios. Se embarcó en el puerto de La Libertad (12 de septiembre de 1860), a bordo del vapor Columbus, con don José Joaquín, su hermano, según se dice; don José María Cañas; don Manuel y don Napoleón Aguilar, sus sobrinos; los señores Argüellos; el teniente coronel Francisco Sáenz y Clodomiro Montoya.

El 17 de ese mes desembarcaron en Puntarenas. Allí se les reunieron como 200 hombres; y José María Cañas, al mando de esa fuerza, se atrincheró en las inmediaciones del puerto para resistir el ataque de 1,500 costarricenses al mando de un señor Blanco, que organizados ya, parecían hallarse en espera del señor Mora para atacarlo.

Parte de los hombres de Cañas huyeron en seguida, según se dijo, y solo quedaron a éste 80, con los cuales resistió por algún tiempo el fuego de Blanco, pero poco después fue atacado de modo sorpresivo por la retaguardia y deshecho.

Cañas se mezcló con el enemigo y buscó un refugio. Al conocer este desastre, el señor Mora y un señor Arancibia se ocultaron también donde pudieron, chapoteando en una densa masa de lodo, situación que resistieron durante unas treinta horas antes de preferir entregarse.

310

Cuando esto ocurrió, lo había hecho ya el señor Cañas y una despiadada matanza había dado comienzo.

Desde su refugio, el señor Cañas había podido oír (26 de septiembre de 1860) los tiros de las ejecuciones de don Manuel Aguilar, don Salvador Guevara, don Frutos Mora, don Ramón Pasos y otros muchos individuos.

Mientras tanto, la casa de su hermano Manuel Cañas era saqueada y asesinados quienes allí se hallaban, entre ellos don Manuel Gollenaga y don Francisco Iraheta.

Don Juan Rafael Mora fue ejecutado después (30 de septiembre de 1860) y se tuvo esperanza de que el momento con los que formaban el Consejo de Guerra determinara otro destino, pero esto no ocurrió.

José María Montealegre, ahora viudo, Presidente de Costa Rica, se casó con la viuda del señor Juan Rafael Mora, la que le dejara al morir nueve hijos; y la esposa del señor Mora, doña Inés Aguilar, era prima hermana de los Montealegre, de modo que el parentesco era doble; y en esa numerosa familia había hallado cabida don José María Cañas, por haberse casado con otra de las hermanas de los señores Mora y era, por tanto, concuño del asesino.

Pero ocurre y siempre ha ocurrido en estos países que el instinto prevalece, en cuyo campo no hay nobleza.

Esa carnicería odiosa fue vista con profundo desagrado en el mundo entero y criticada con acerbos tonos la saña con que el señor Montealegre se cebó en elementos de su propia familia; no lo hizo vacilar ni el mérito de las víctimas, ni la reputación de su pueblo, que hizo arrastrar sobre el lodo amasado con sangre; pero "del agua mansa, líbranos, Señor", dicho que parece fundarse en una atenta observación psicológica, comprobado por muchos hechos colectivos e individuales producidos de repente sin distinción de raza ni de sitio.

Porque los ticos han sido tenidos siempre como honestos, pacíficos y discretos, a grado de considerárseles con grande alabanza y como paradigma de hombres sensatos.

Entonces fue cuando se atacó al señor Barrios, al decirse allá en Costa Rica que había pedido armas al señor Montealegre, pues no las tenía en la oportunidad de la tercera salida de Walker; y se las haya dado o no, se supuso, haciendo conjeturas, que su objeto no era el de prepararse contra el aventurero, sino el de ponerlas en manos de don Juan Rafael Mora.

Pudo ser que las pidiera para reponer las que diera a éste y hallarse a cubierto si ocurría una emergencia cualquiera que fuese.

El señor Barrios negó haberle dado armas al señor Mora. Dijo, en cambio, que éste las había adquirido en Panamá, lo cual es evidentemente falso.

El señor Mora y su escasa gente se embarcaron en La Libertad el 12 de septiembre (1860) y desembarcaron en Puntarenas el 17; no es probable, pues, que hayan podido ir a Panamá y volver a Puntarenas en tan corto tiempo –seis días–, dada la calidad de los transportes.

Es lógico pensar que las armas con las cuales el señor Mora llegó a Costa Rica le habían sido suministradas por el señor Barrios, aunque éste aseguró, al negar el hecho, que en caso de habérselas dado, no lo habría hecho tan pobremente.

Se tributan solemnes honras fúnebres (2 de noviembre de 1860) a la memoria del General José María Cañas, en San Salvador, Suchitoto, Santa Ana y Cojutepeque.

Un poco después de ese evento, murió en Santa Tecla (17 de diciembre de 1860) el ex jefe de los ejércitos centroamericanos en Nicaragua, General José Joaquín Mora, a la edad de 43 años, quien, si bien acompañara a su hermano a Puntarenas, no tomó parte en aquel desastre, por lo cual pudo volver a El Salvador, dominado posiblemente por la tristeza de ver a su ilustre hermano sacrificado por una torpe pasión política.

Por lo tanto, había desaparecido un grupo de tres adalides que prestigiaron por entonces el nombre de Centroamérica en aquella funesta lucha provocada por aventureros y que dieron de ese modo un significado a su vida. ¡Que su memoria viva para siempre!

Aparece por primera vez (22 de noviembre de 1860), usada aunque en forma tímida y experimental, en una cuenta de la administración pública, la relación de pesos y centavos; sin embargo, continuó por algún tiempo más usándose la nominación de pesos, reales, medios y cuartillos.

El señor Fernando Chamorro, general nicaragüense, posiblemente por encargo del Presidente de Nicaragua, el también General Tomás Martínez, había escrito al señor Barrios para proponerle un plan de unificación, porque de nuevo se tenía encima la amenaza de William Walker y volvía a sentirse la debilidad de la separación de los Estados y a buscarse la fortaleza de la unidad; y más la sentía Nicaragua, tan sangrientamente escarmentada.

(El señor Barrios había de decir poco después a Santos Guardiola que los nicaragüenses sólo cuando se sentían amenazados pensaban en la unidad nacional, lo que Guardiola debe de haber puesto en conocimiento de Tomás Martínez y con eso toda buena intención oportuna se venía por los suelos).

Cuando esa carta fue escrita, si Walker había sido ya fusilado en Trujillo (12 de septiembre de 1860), no por eso desaparecía la amenaza, tomando en consideración las palabras vertidas por Henningsen en un periódico de los Estados Unidos, como se ha visto.

El señor Barrios dijo a Chamorro que una República de tres Estados sería más cómoda que una de cinco. Uno de ellos sería Guatemala y parte de Honduras, otro, la parte restante de Honduras, El Salvador y Nicaragua, y el tercero, Costa Rica.

Chamorro puso esta carta en conocimiento del General Martínez y una copia de ella le fue enviada por éste a Guardiola.

Cuando el señor Barrios escribió a Guardiola hablándole de sus proyectos de nacionalidad "con exclusión de las balas porque su elemento es la razón, y si ésta no alcanza a tener lugar, que siga la danza de las soberanías", Guardiola no contestó.

El señor Barrios volvió a escribir a Guardiola poco después (17 de noviembre de 1860) para decirle que había aprehendido a los señores Francisco Lope y al padre Terreros por haber estado proyectando en El Salvador una invasión a Honduras contra el propio Guardiola, y a significar que debía en él tener confianza y que se hallaba bien dispuesto a prestarle una tal cooperación en el mantenimiento de su estabilidad.

Esta vez contestó Guardiola (30 de noviembre de 1860), pero le expresó francamente su resentimiento por su proyecto, que consideró hostil, de dividir en dos a Honduras "de cuyo plan hasta ahora comienzo a apercibirme lo mismo que el Estado".

No negó la concepción de ese plan el señor Barrios (14 de diciembre de 1860).

"Si mi proyecto es bueno, póngase en práctica", le dijo, "y si no lo es, deséchese o bien retórneme V. E. el argumento diciéndome que Honduras y Nicaragua desde Metapán, siguiendo el río Lempa hasta su desembocadura en Jiquilisco, hagan una nación, y que Guatemala hasta el mismo Lempa sea otra República, quedando El Salvador dividido, para demostrar que era una equivocación y un mal cálculo matar una soberanía potente para incrustarla en otras débiles".

Concluye rogando a Guardiola que se calme "y que calme a esa gente de Honduras que ya tomaron la prensa para agredirme y levantar el espíritu público contra el conquistador".

Esos conceptos eran ofensivos para Guardiola y para Honduras, así los dos hayan sido débiles; pero al mismo tiempo dijo que "si yo deseara la conquista de Honduras, procuraría mover a los elementos de anarquía y en lugar de detener a Lope, lo hubiera auxiliado en sus dos tentativas contra la paz de la República".

Señaló, además, el hecho de "haber dado órdenes de que no se impriman papeles públicos contra el gobierno de V. E., habiendo manifestado mi desaprobación al Ilmo. Señor Obispo por haberse interesado en la publicación de la pastoral del Vicario de ese Obispado; y no me limité a eso sólo, sino que oficialmente ataqué en una carta al señor obispo por los conceptos de la pastoral e hice una defensa enérgica del gobierno de Honduras.

V. E. tendrá ya copia de mi carta citada y se habrá arrepentido a estas horas de tratarme con la desconfianza de un conquistador, a pesar de que no ignoro que en V. E. no han encontrado mala acogida ciertas sugestiones y oficios de los anarquistas de Nicaragua; pero yo, cerrando los ojos a todo y mirando no más que al bien de los pueblos lo mismo que mis obligaciones como vecino, me he limitado a satisfacer los instintos de mi franqueza y lealtad".

Luego advierte que si lo seducen sus enemigos nicaragüenses para lanzarse contra él (Barrios), debe Guardiola hallarse seguro de que no se dejará sacrificar impunemente; todo lo contrario, los resultados serán funestos para sus atacantes.

El señor Barrios (15 de diciembre de 1860) llama al ejercicio del Poder Ejecutivo a don José María Peralta. Va a Guatemala en arreglo de asuntos de interés público, según dijo. No llamó al Vicepresidente don Félix Quiroz, dice, porque éste se hallaba muy ocupado en San Miguel manejando sus propios negocios.

Parte acompañado por su señora, una hermana, una sobrina, un vistoso cuerpo de oficiales y la banda militar. Llegó a Guatemala el 23 y Carrera lo recibe con todos los honores debidos a un Jefe de Estado, y toda la sociedad chapina se moviliza para atenderlo.

Hay banquetes, serenatas, bailes, paradas militares, discursos, brindis y la banda de El Salvador compite con la chapina. Brillan los entorchados, retumban los cañones, se multiplican las genuflexiones y los apretones de mano, las damas lucen sus mejores galas con el encanto de su coquetería y la pobre gente del pueblo, descalza, palúdica, hambrienta, se queda lela.

El señor Barrios es visitado por los elementos más distinguidos e influyentes; pero de pronto esa cálida atmósfera de simpatía se desvanece. La frialdad llegó a hacerse demasiado sensible.

¿Qué habría disgustado del señor Barrios, tan franco, tan vanidoso? Ordena el regreso. La hace por San José-Acajutla.

Su llegada a Sonsonate coincidió con la del obispo Pineda y Saldaña, y esa ciudad mostró hacia el Presidente cierta frialdad, justificada si se recuerda el atropello a su municipalidad en enero de 1859; mientras que al obispo le tributó cálido recibimiento.

Se dijo que esto "mortificó cruelmente el amor propio tan sensible del señor Barrios y que se había expresado en términos muy duros contra el prelado"; y su herida dignidad debía influir en las relaciones posteriores entre la potestad civil y la eclesiástica.

Llegó a San Salvador (7 de febrero de 1861) y apenas si habló en privado con algunas personas de su confianza de su visita a Guatemala.

Posteriormente manifestó que la frialdad se había producido cuando se negó a la destitución de su ministro Irungaray, que se le pidiera; y se le dijo por cartas particulares, según afirmó, que lo hiciera si quería conservar sus buenas relaciones con Guatemala.

Esto lo llenó de pesar, dijo, "porque comprendí que después de esta exigencia vendrían otras y que el gobierno de Guatemala procuraba también gobernar en El Salvador, interviniendo en los detalles de su administración".

Añadió que "debe estar entendido el gobierno de Guatemala que, desde el río Paz hasta el golfo de Conchagua, es el gobierno de El Salvador quien manda. Sepa también Guatemala que jamás consentiré que se viole el territorio con invasiones inicuas. Sé por experiencia que no habrá un solo soldado que no se arme en defensa de su patria. La guerra entonces no será como las anteriores. O Guatemala o El Salvador desaparecerán".

Ciertamente, Carrera expresó resentimiento por tener el señor Barrios de Ministro al señor Irungaray, decidido enemigo de la administración de Guatemala; y en altos puestos militares a otros emigrados, entre ellos a uno que consideraba traidor y asesino, lo mismo que a "un tal Carrascosa que, por donde quiera, aunque insignificante e impotente, ha procurado sin descanso los medios de causar males a Guatemala, su patria".

Manuel Carrascosa había sido uno de los jefes militares del señor Vasconcelos y, posteriormente, Ministro de Hacienda y Crédito Público de William Walker en Nicaragua.

El regreso del señor Barrios de Guatemala causó en mucha gente un sentimiento jubiloso de bienestar y seguridad, como después de haber salido de gravísimos e ingentes peligros; y se desvanecieron por ese solo hecho los mil rumores malignos circulantes de sangrientas revoluciones, y las municipalidades levantaron actas de felicitación y regocijo.

Lo felicitaron también las milicias y los particulares por aquel regreso feliz.

"Por muy complacientes", dijeron las milicias de San Vicente (18 de febrero de 1861), "que os fueran humildes palabras en estos momentos, ¿qué pueden valer en vuestra alma inmediatamente después de haber gozado el dulce placer de haber estrechado la mano de un amigo grande, afectuoso y leal, al frente de una esposa como la que tenéis; de haber disfrutado y recibido las más relevantes pruebas de estimación de la capital de una República culta y llena de talentos; y lo que es más, después de haber afianzado con ella, los mil vínculos que la unen a esta patria a la que habéis consagrado vuestros afectos personales?".

Simultáneamente en Honduras se produjo una agitación al disponerse el gobierno de aquel país a tomar posesión de las Islas de la Bahía por medio de dos delegados suyos, de conformidad con los términos de la Convención Cruz-Lennox Whyke.

A pesar de que la Convención había sido firmada, ratificada y canjeada por lo menos un año antes, el vicario capitular, José Miguel del Cid, protestó hasta entonces contra ella, fundándose en que, de conformidad con el Artículo 1°, se había aceptado por el gobierno de Honduras la libertad de cultos en las islas; y publicó una pastoral en que denunciaba la Convención como atentatoria a los derechos de la Iglesia.

Se produjo, especialmente en Comayagua y Tegucigalpa, extraordinaria agitación desde ese momento y continuó alimentada por una serie de hechos concurrentes.

El gobierno de Guardiola expidió seguidamente un decreto que declaraba subversiva la pastoral y ordenó recogerla para impedir su divulgación; y como del Cid lo excomulgara conjuntamente con todos aquellos que habían intervenido en la expedición del decreto y previniese a los curas para que saliesen del territorio del Estado bajo pena de suspensión para quienes no lo hiciesen así, Guardiola prohibió la publicación del edicto de excomunión, mandó extrañar al Vicario y dispuso excitar al Cabildo Eclesiástico para que revocase el nombramiento de Vicario hecho en del Cid.

Así que éste se vio en la necesidad de emigrar (14 de enero de 1861) y con él lo hicieron 13 sacerdotes.

Llegaron a Suchitoto. Allí residía por entonces el Vicepresidente de Honduras, don Victoriano Castellanos, muy amigo del señor Barrios, por lo cual Guardiola volvió a éste su mirada, con inquietud, y, conciliador, dispuso proveer (16 de enero de 1861) el regreso de los curas con tal que lo hiciesen en forma pacífica para dedicarse al ejercicio de su sagrado ministerio.

Pero los curas, lejos de acogerse a lo proveído por Guardiola, empezaron a conspirar y alguna fuerza compuesta por emigrados, bajo el estandarte del Vicario, invadió el territorio hondureño.

Se efectuaron varios encuentros en Langue y otros lugares; y más o menos por las mismas fechas hubo un alzamiento en la villa de Ocotepeque en favor de aquel.

La plaza de Nacaome fue ocupada (1° de abril de 1861) "por sediciosos acaudillados por algunos clérigos procedentes de El

Salvador" (según se informó por alguna prensa hondureña), "con la mira de derrocar la administración para llamar intrusamente al poder al Vicepresidente don Victoriano Castellanos", se añadió.

Para develar el alzamiento de la villa de Ocotepeque, llegó allí Eusebio Toro con 40 ó 50 hombres y los comprometidos en el alzamiento emigraron a Citalá.

Entonces se dijo que los curas habían sido auxiliados por el señor Barrios y hubo cambio de expresiones alteradas a este respecto.

Para evitar impugnaciones, se dio orden a las autoridades salvadoreñas de que se efectuase una concentración de emigrados y, con eso, la revolución en Honduras se apagó.

Al contestar las recriminaciones hechas, se dijo que la revolución había sido sofocada debido a que los alcaldes de los pueblos de El Salvador hicieron más que los generales de Honduras.

"El restablecimiento de la paz de Honduras", se dijo en la Gaceta Oficial con marcado sarcasmo, "se debe al Coronel Pineda, que concurrió a auxiliar a los vecinos de Guarita, quien logró aprehender (sin pelea, se entiende) a seis de los reputados como facciosos, a los cuales hizo pasar por las armas en virtud de encontrarlos culpables y no hizo lo propio con los otros por haber averiguado que se hallaban inocentes; y no poco se debe aquel resultado también al jefe expedicionario del Sur, don Manuel Cáceres, quien ejecutó la heroica y portentosa hazaña de dar en Langue, yendo de retirada, 500 palos al alcalde de Goascorán e igual cantidad al comandante del mismo, por principio, según se dice, como castigo de su traición, que consistió en haber transmitido un parte calificado de inexacto sobre la posición del enemigo, a lo que Cáceres atribuyó su retirada, como él la llama. ¿Por qué no decir derrota?".

El arzobispo de Guatemala (12 de abril de 1861) conmina al Vicario del Cid "para que dentro de seis días contados desde la notificación de esta providencia, delegue sus facultades para el gobierno de la Diócesis, y si en el mismo término no restablece a los padres curas que quedaron en Honduras en el libre ejercicio de sus licencias y facultades, procederá con todo el rigor de derecho, en uso de la facultad que en estos casos compete, etc.".

Carrera, al dar cuenta de sus actos ante la cámara de representantes, dijo que, a solicitud del gobernante hondureño, "recomendó a nuestro respetable prelado metropolitano, se sirviese adoptar las medidas que su celo le sugiriese y fuesen capaces de poner término a aquellas disidencias tan perjudiciales a la Iglesia como al Estado.

Las que dictó el muy reverendo arzobispo, cortaron en efecto esas cuestiones y devolvieron la tranquilidad a las conciencias de los habitantes de aquella República.

La Santa Sede ha aprobado estas medidas y provisto la Diócesis de Honduras de un prelado cuyas virtudes y carácter hacen esperar que se conciliará el respeto y el amor de aquellos pueblos y que no volverá a alterarse la armonía que debe existir entre la autoridad eclesiástica y la civil; que por su parte ha atendido las justas recomendaciones de la justicia.

Esos acontecimientos y algunos movimientos revolucionarios que ellos organizaron en pueblos de Honduras, fronterizos con El Salvador, dieron lugar a algunas dificultades entre los gobernantes de aquellas dos repúblicas por el asilo que los fugitivos de la primera", declaró, "buscaron en territorio de la segunda, y auxilios que procuraban proporcionarse a pesar de las medidas dictadas por el gobierno de El Salvador para evitar tales abusos. Habiéndose llevado a debido efecto esas providencias, el gobierno de Honduras pacificó aquellas poblaciones y la buena armonía quedó restablecida entre él y el del Salvador, para lo cual interpuse también mi amistosa mediación, que fue atendida".

Se inaugura (10 de febrero de 1861) el nuevo edificio de la Universidad.

Se establece (21 de marzo de 1861) la pena de prisión por deudas. El señor Barrios tenía facultades legislativas.

Un día de noviembre (1861) iba Rafael Osorio para San Miguel y se detuvo en Jiquilisco. Allí vio una mujer presa, asomada a la reja de la cárcel local. Su belleza lo sedujo. Se acercó a ella para preguntarle cuál era la causa de su deshonrosa situación y vio allá, en el fondo de la misma cárcel, a tres hombres de aspecto patibulario.

Horrorizado, preguntó a las autoridades locales por qué se degradaba a aquella mujer poniéndola en la misma celda que los hombres.

Contestaron que la mujer era reo por la deuda de tres arrobas de sal y que solo una celda había.

El señor Osorio inició una contribución que montó en pocos momentos a más de lo que la señora debía y ésta fue puesta en libertad.

De marzo a agosto de 1861, copias del retrato del señor Barrios estuvieron llegando de San Salvador a varias localidades: Zacatecoluca, San Miguel, San Vicente, Suchitoto, etc.

El enviado a Zacatecoluca recibió honores a su llegada, como si se hubiesen tributado al señor Barrios en persona, organizados por el gobernador Rafael Osorio, uno de los coquimbos.

Entre lo preparado, fuera de las salvas de artillería y otros actos, hubo una representación teatral.

Al llegar el retrato a Santa Rosa de Lima, el comisionado visitador Camilo Galván, que se hallaba incidentalmente en esa población, pronunció un discurso alusivo.

"El motivo de vuestra alegría", comenzó diciendo, "no es otro que la posesión de ese simulacro que tenéis a la vista, etc.".

El retrato destinado a Santa Ana –y no hubo noticia si llegó o no– fue solicitado por Coatepeque y Chalchuapa, para darle, a su paso, la ofrenda de su devota simpatía y admirar esa imagen del señor Barrios en vistoso uniforme de gala.

Toda esa efervescencia fue registrada en las páginas del diario oficial, manejado por don Manuel Irungaray y controlado por el señor Barrios.

Se reglamenta la instrucción primaria (5 de noviembre de 1861).

Habría una escuela en cada una de las poblaciones de 500 habitantes arriba, sostenida con los fondos de instrucción pública.

Las habría en poblaciones de menos de 500 habitantes, siempre que fuesen sostenidas por los vecinos de cada una de ellas.

Don Juan Lindo había decretado en 1841, como se ha visto, la enseñanza de primeras letras en todas las poblaciones de 150 almas arriba.

Como notara el Presidente la frialdad con que era recibido en los templos, sin el ceremonial a que creía tener derecho y por las personas del clero que debían hacerlo durante las festividades religiosas, dio instrucciones a su ministro Manuel Irungaray para que dijese al

Obispo (6 de agosto de 1861) que se abstendría de asistir a las funciones religiosas determinadas por la ley, si el Venerable Cabildo Eclesiástico, con el diocesano a la cabeza, no salía a recibirlo a la puerta del templo.

Según parece, el Obispo apeló a lo de antiguo establecido para tales casos, a fin de dar a entender que no era él precisamente quien debía recibirlo.

Entonces el Ministro Irungaray manifestó que el Presidente haría que las funciones religiosas a que debía asistir se celebrasen en otra iglesia cualquiera por la Vicaría General del Ejército y que el próximo aniversario de la independencia se solemnizaría desde luego en la iglesia de San Francisco, para salvar todas las diferencias.

El Presidente se quejó del desdén y esquivez del Obispo hacia él, porque las demostraciones de consideración que le hiciera y las atenciones y homenajes no comunes dispensados no habían sido correspondidos en todas las ocasiones en que, para ello, debieron serlo.

Cuando como senador se hizo cargo del Poder Ejecutivo, cuando trasladó el gobierno de Cojutepeque a San Salvador, cuando fue elegido por el pueblo, cuando, en fin, tomó posesión del poder, el señor Obispo no se dignó dirigirle una línea de felicitación.

¿Por qué, en fin, se ha recibido de la manera más desairada en catedral al Presidente y demás autoridades en los días de función religiosa —se comentaba después— y cuando se han hecho observaciones comedidas sobre esto, se han dado contestaciones que envuelven conceptos hasta humillantes?

¿No será porque se anhela un trastorno?

El Licenciado Manuel Suárez, Jefe de Sección del Ministerio, al celebrarse la fecha de independencia, pronunció un discurso en el edificio de la Universidad (15 de septiembre de 1861) y atacó a la Iglesia al relacionarla con la potestad civil, calificándola de fraudulenta por haber falseado los sagrados textos; por lo tanto, agregó, es falsa su infalibilidad en lo relativo al dogma y, por eso mismo, no era el catolicismo la religión verdadera.

El señor Barrios, inquieto, se removió en su asiento y tomó la palabra para desvanecer la impresión que hubiesen causado en el público "las especies arrojadas contra la conducta de la Iglesia en épocas lejanas, aunque ellas se refieran al participio político que tomó en aquellos tiempos, porque, a más de pensar que en el discurso no era del caso una reminiscencia semejante, creo que, siendo la Iglesia el santuario de la religión católica, no conviene desvirtuar su influjo en la conciencia de los católicos, tan necesario para la mejora de las sociedades".

Después de eso, invitó a don Pablo Buitrago para que refutase la doctrina del Licenciado Suárez y así lo hizo éste, de modo que se pudo borrar toda impresión desfavorable que hubiese surgido en el auditorio con respecto al señor Barrios como insinuador de aquel discurso, inapropiado para la hora y para el caso.

Protestó, sin embargo, el Obispo (17 de septiembre de 1861) y pidió que se recogiese el discurso de Suárez, porque el orador era Jefe de la Sección de Hacienda y Guerra del Ministerio y había blasfemado solemnemente contra la religión.

Ofendido por las doctrinas que contiene el venenoso discurso por ser anticatólicas, calumniantes al romano pontífice y ofensivas al clero católico, pide además que en lo sucesivo, ni en discursos públicos ni por la prensa, se insulte a la Iglesia católica y que al apóstata se le apliquen las penas asignadas de conformidad con los artículos 141 y 142 del Código.

El Ministro Manuel Irungaray pone en conocimiento del Presidente la protesta del Obispo y el señor Barrios vuelve a leer el discurso de Suárez y no halla nada, dice, que lo incline a proceder contra éste, porque no hizo otra cosa que reseñar algunos abusos que testifica la historia y que tanto mal causaron a la religión; y eso se le contesta al Obispo.

Se agrega que no puede tenerse como apóstata a Suárez (18 de septiembre de 1861) por haber reproducido especies que ilustres a la par que virtuosos prelados de la Iglesia y sabios sacerdotes han estampado antes de ahora, deplorando la fragilidad humana, susceptible de desvirtuar las cosas más santas.

"¿No parece bello", pregunta el ministro al Obispo, "a V. S. Ilma. lo siguiente?".

Y copia un párrafo del discurso de Suárez:

"Cuando empezaban a notarse los primeros síntomas de la decadencia del poder romano, se verificó el mayor acontecimiento de la historia. De un establo de Galilea y de la casa humilde de un artesano, sale una nueva doctrina, pura, sublime, con la cual nada tienen de comparable los sistemas filosóficos ni las diferentes legislaciones de los pueblos, puestos así en el camino del verdadero progreso moral. Los apóstoles del Evangelio levantan la palabra en presencia de los ricos y poderosos, quienes, al escuchar máximas tan desusadas en aquel tiempo de corrupción y tan contrarias a su conducta, los persiguen encarnizadamente y los envían a millares a los suplicios donde sucumben con incontrastable heroísmo; pero nada fue bastante a contener la nueva doctrina: ella, a manera de luz, se propaga por todas partes y llega hasta el mismo trono. El gran Constantino empuñaba dignamente el cetro del mundo y sus cualidades personales derramaban algún esplendor sobre el caduco imperio romano; este príncipe, comprendiendo en su elevada inteligencia la sublimidad del Evangelio, proscribe su persecución y lo protege públicamente, etc.".

El Obispo se quejó en seguida de que, en lugar de sancionar a Suárez, se había hecho su defensa, por lo cual supuso que se le contestó sin conocimiento del Presidente.

Este le dijo que no se hacía nada en el Ministerio que él ignorase y agregó que había corregido el borrador de la nota antes de ponerse en limpio.

El señor Barrios envió a don Eugenio Aguilar al Obispo para aplacarlo, porque la indignación parecía ser mucha en él, deseoso de que cesase el conflicto, ya que sus consecuencias podían trascender fuera de los límites de la prudencia, e hizo al mismo tiempo que Suárez le diese al prelado explicaciones.

Éste, al dárselas, censuró al mismo tiempo el poder temporal de los papas, al decir, citando a César Cantú, que "cuando oyó el Papa Bonifacio VIII que, sin su anuencia, Alberto de Austria se había declarado emperador, se colocó la corona en la cabeza, tomó la espada y exclamó: 'yo soy César, yo soy emperador, yo defenderé los derechos del imperio'.

El mismo pontífice, en la bula Unam Sanctam, declaró, entre otras cosas, que el poder temporal debe estar sujeto al eclesiástico como el cuerpo al alma, que toda criatura humana está sujeta al pontífice, y quien crea otra cosa no se salvará; siendo tal la voluntad de Nos que, Dios mediante, mandamos a todo el universo".

Luego supe, dice el señor Barrios, que se habían impartido órdenes a los vicarios para publicar en el púlpito que era apóstata el señor Suárez; que su discurso era impío, etc., y que se había ordenado a los fieles recogerlo y presentarlo a los párrocos para que no fuese leído so pena de incurrir en excomunión mayor.

Seguidamente apareció impresa, de orden del Obispo, la comunicación en forma de protesta dirigida al Ministerio, donde se consigna el nombre del señor Suárez y su empleo de Jefe de Sección en tal despacho del gobierno.

En efecto (22 de septiembre de 1861), el cura párroco de San Salvador, José Nereo Marín, profirió contra Suárez en su sermón pronunciado durante los oficios divinos injurias y calumnias, según se dijo, y excitó contra él la indignación y el odio del pueblo; y el Presidente expidió un decreto (23 de septiembre de 1861), historiando brevemente el hecho y restableciendo los artículos 229, 230 y 322 del Código Penal de la Recopilación, por los cuales se establece que:

"El Presidente, en el modo y forma que previene la Constitución (Art. 229), podrá detener el curso de decretos conciliares, bulas pontificias e instrucciones; recoger las pastorales, instrucciones, títulos, órdenes, edictos y demás providencias oficiales que los prelados y jueces eclesiásticos dirijan a sus súbditos en el ejercicio de su ministerio, si se creyere que contienen cosas contrarias a la Constitución del Estado y nación; y mandar formar causa contra el que las introduzca o contra el autor si fuere súbdito del Estado, y aún mandarlos prender, en caso necesario, para entregarlos dentro de cuarenta y ocho horas al juez competente, si hubiere mérito para ello.

Los gobernadores, en sus respectivos departamentos, deberán recoger bajo su responsabilidad los decretos conciliares, bulas pontificias, pastorales, instrucciones, títulos, órdenes, edictos y demás providencias oficiales que los prelados y jueces eclesiásticos dirijan a sus súbditos y no hayan obtenido el paso del gobierno, y podrán impedir la publicación y circulación; y en el caso de que algún ministro desobedezca, procederán en los mismos términos del artículo anterior, dirigiendo al gobierno los decretos, bulas, etc., con su informe de todo lo ocurrido.

Los alcaldes de todo pueblo o los que sus veces hagan, tendrán la misma facultad en los respectivos territorios de su jurisdicción, debiendo éstos dirigir los decretos, bulas, etc., al gobernador, con el informe, en el término de dieciocho horas, y el gobernador lo elevará al gobierno en el mismo término.

El eclesiástico secular (Art. 230) o regular, de cualquier clase y dignidad que sea, que, sin embargo de saber que ha sido detenida o que no ha obtenido el pase del gobierno alguna disposición conciliar, bula, breve, rescripto, etc., la predicare o publicare, a pesar de ello, o procediere con arreglo a ella en el ejercicio de su ministerio, será extrañado del Estado para siempre y se le ocuparán sus temporalidades.

Podrá el Presidente del Estado (Art. 322), como ha podido legalmente antes de la promulgación de este Código, usar gubernativamente de la facultad de extrañar del Estado para siempre y ocupar las temporalidades a todo eclesiástico secular o regular, de cualquier clase y dignidad, que rehúse reconocer la legítima y suprema autoridad del gobierno y obedecer las disposiciones o providencias de éste o conformarse con las leyes del Estado".

Los curas, en sus sermones, durante los oficios divinos, habían empezado a atacar al señor Barrios, como lo hizo el de Ilobasco y el presbítero Ignacio Hernández de Atiquizaya, diciendo de él que era tan católico como Rousseau, Voltaire y Dantón.

El 3 de octubre (1861), día del cumpleaños del señor Barrios, el Obispo comunicó al gobierno que ha sido y siempre será sumiso y obediente a la autoridad suprema, a la Constitución y demás leyes del Estado.

Ese día hubo una reunión en casa presidencial en que se hallaron todos los de la élite, por tanto, allí estuvo el Obispo, el señor Suárez y don Victoriano Castellanos, que tanta participación tuvo, según se dijo, como efectivo mediador; y en un ambiente de sincera cordialidad, el Presidente, el señor Suárez y el Obispo se pusieron en contacto entre sí.

El último aseguró que se sometería a la potestad civil y consiguió la reforma del decreto del 23 de septiembre anterior, mediante la cual quedó suprimida la parte que confería a los gobernadores y alcaldes la facultad de capturar sin previa orden y someter a juicio a los eclesiásticos que incurriesen en los abusos de que hablan los artículos del Código Penal de la Recopilación.

Al saberse en la capital que la concordia entre el Obispo y el Presidente se había restablecido, los vecinos celebraron el acontecimiento detonando cohetes.

Pero pocos días después de la concordia tan alegre y de tantos plácemes, se expidió un decreto (11 de octubre de 1861) prescribiendo el juramento de sumisión del clero a la Constitución y leyes y fidelidad al gobierno; y como quiera que hubiese una mala inteligencia en su observancia, por lo que la mayoría de los párrocos no se presentaron ante el señor Presidente, se expidió otro fijando para hacerlo:

- 12 días a los de San Miguel,
- 10 días a los de San Vicente,
- 8 días a los de La Paz, Cuscatlán, Chalatenango, Sonsonate y Santa Ana.
- Los de San Salvador y Santa Tecla debían hacerlo en el término de la distancia.

Por medio de otro decreto se dispuso que, como "algunos eclesiásticos del exterior que, sin estar ligados por ningún vínculo a sus habitantes, explotan el país prevalidos de su carácter sacerdotal; y que además no pocas veces, por su conducta inmoral, corrompen las costumbres de los pueblos, cuya dirección espiritual se les confía, con el pernicioso ejemplo que dan", éstos deberían presentarse al supremo gobierno para acreditar su buena conducta anterior, etc., so pena de ser expulsados.

La concordia se rompió de nuevo y rota quedó más allá de la muerte; porque el Obispo objetó la fórmula del juramento y, como añadiera después que lo consultaría con el Metropolitano, se supuso que deseaba evadirlo para sus clérigos, a pesar de que él lo había prestado más o menos igual (18 de agosto de 1856).

El señor Barrios hizo buscar el acta en que consta y vio que la fórmula de ese día era tal, que la escogió y desechó la suya para el juramento de los eclesiásticos, según lo afirmó su Ministro (17 de noviembre de 1861) al prelado, en contestación a las comunicaciones de éste.

Pero cuando esta aclaración se hizo, el prosecretario del Obispo, presbítero Juan Bertis, y el cura José Nereo Marín, como se negasen a prestar el juramento dicho, habían sido ya expulsados (12 de noviembre de 1861); el presbítero Narciso Monterrey, santo varón de la Iglesia, lo fue el 14; y el prelado hondureño José Miguel del Cid y el presbítero Juan Miguel Bustillo, el 16, "todos por haberse manifestado recalcitrantes".

El Obispo entonces ordenó el abandono de las parroquias y la emigración de los sacerdotes.

Así lo hicieron Royo de Nahuizalco, Segurado de Perulapán, Flores de San Vicente y Cardona de Izalco, quienes, según se dijo, se llevaron los fondos de enterramientos y las alhajas de las iglesias.

Por el mismo tiempo se fueron los curas de Santa Tecla y otras parroquias: Federico Juan Bautista y Miguel Pérez, Luis García, Pérez Bejumeda, Ignacio Moreno, presbítero Morales, José María Duarte, Felipe Novales, José Vicente Orellana, Jesús Castro, León Taboada y otros.

Según se dijo, el Obispo había permanecido recluido por enfermedad desde el 12 de noviembre de 1861 y salió ocultamente por la noche del 19, pasó por Santa Tecla y apareció el 21 a las 8 de la mañana en casa de los Pilongos, lugar llamado Potrero de los Calzontes, volcán de Santa Ana.

Allí erigió un altar que se adornó con flores de Pascua, para hacer oración.

Después repartió parte de las flores entre las mujeres y el resto las mandó a varias personas de Santa Ana.

Uno de los curas expulsos había llevado a su familia y llegaron a Coatepeque.

Allí dispuso pasar a pie por Santa Ana para despertar la conmiseración de los vecinos, por lo que rechazó los auxilios que se le ofrecieron.

Y Pérez Bejumeda, antes de partir de Cojutepeque, había llamado a los alcaldes auxiliares indígenas (12 de noviembre de 1861) para decirles que el gobierno los extrañaba porque, de acuerdo con los ricos, pretendía hacer desaparecer la religión.

Algunos sacerdotes se asilaron en Honduras, otros tomaron el camino de Guatemala conjuntamente con el Obispo.

José María Medina, Jefe Político de Gracias, reconcentra (3 de enero de 1862) a los sacerdotes salvadoreños que se hallaban cerca de la línea fronteriza.

EL ASESINATO DE GUARDIOLA

Se inaugura (12 de diciembre de 1861) la iglesia de Santa Lucía, a la que asistió el señor Barrios, su esposa y una sobrina, los ministros y empleados civiles. Hubo un sermón relativo al acontecimiento.

Se dijo que los señores Ignacio e Indalecio Pérez y el Licenciado Rafael Pino, Rector que había sido de la Universidad en 1858, habían en cierto momento concebido el proyecto de asesinar al Presidente (29 de diciembre de 1861) y encargado a Manuel Payés la búsqueda de asesinos.

Este último, se dijo, llevó a casa de los Pérez al oficial Sotero Esquivel, que consideraron apropiado por hallarse descontento debido al hecho de habérsele dado de baja como veterano y dejándolo como oficial de las milicias; pero cuando el Licenciado Pino le confió que se trataba de asesinar al Presidente y le ofreció 5,000 pesos, contestó que él llevaba con honor su espada y no la mancharía con la sangre de un crimen nefando como el que se le prometía cometer.

Los conspiradores no se desanimaron por eso. Continuaron buscando asesinos y dieron con un joven de San Miguel cuyo padre había recibido favores del señor Barrios y denunció la conspiración; y así se llegó el momento en que los conspiradores se vieron obligados a huir a Guatemala, según se dijo, donde se mezclaron libremente con los demás elementos que allí conspiraban contra el señor Barrios.

Cuando se pidió su extradición, se dijo que su constante ir y venir de un lugar a otro había hecho imposible la captura y se agregó que últimamente habían salido del país; y es raro que en la lista de emigrados que se dio a conocer en enero de 1863 no figuraran los nombres de los conspiradores Licenciado Rafael Pino y los señores Ignacio e Indalecio Pérez, pues lo más natural es que hubieran vuelto a Guatemala para prestar su cooperación en el movimiento armado que se organizó contra el señor Barrios en aquel país.

Por lo que respecta a Manuel Payés, cuando ese movimiento armado se produjo, se hallaba preso o había estado guardando prisión en San Salvador, próximo a sucumbir si no había sucumbido ya, según se reveló más tarde.

Al morir el señor Pino en San Salvador (11 de marzo de 1864), se dijo de él que había sido médico ilustre y patriota.

Pero esta supuesta conspiración contra la vida del Presidente derivó bien pronto en perjuicio de don Francisco Dueñas, que se hallaba en San Salvador.

Había venido de Nicaragua para atender sus asuntos personales y fue, cuando menos lo esperaba, sorprendido en su casa, capturado, cargado de grillos y recluido en una celda donde se le confundió con los peores criminales, con desprecio de su calidad de ex Jefe de Estado; y se le incoó proceso por atribuírsele la dirección del plan de asesinato del Presidente.

Al tomársele declaración, el señor Dueñas puso en ridículo al juez y fue absuelto por no haber hallado mérito contra su persona; sin embargo, escoltado y aherrojado, fue llevado al puerto de La Libertad (24 de febrero de 1862) y expulsado nuevamente.

Esta vez, como la primera, se vio en Guatemala y, lejos de impedírsele actividades contra el señor Barrios, sería apoyado.

Del complot contra la vida del Presidente se habló muy poco y en una forma rara, sólo cuando las coincidencias hicieron necesario aludir al asunto, como si se quisiese evitar ensuciarse las manos; pero más raro es todavía que se hiciese el intento de relacionar el hecho con el asesinato de Santos Guardiola de Honduras (11 de enero de 1862), cuando no podía haber ningún vínculo posible entre la comedia y el drama.

A principios de 1860, El Salvador tenía crédito, dijo el señor Barrios, y se hallaba en la miseria.

Había habido hasta allí, quizás con ligeras pausas, un profundo despilfarro e inmoralidad que mantenían en estado raquítico el producto de las rentas.

No halló elementos de progreso. Tuvo que improvisar mucho.

Entonces cortó el latrocinio y todos los infinitos males que de él se nutrían se desvanecieron; y por ese mismo hecho las rentas se sanearon.

El señor Barrios pagó deudas, continuó la apertura de caminos, construyó edificios, organizó la enseñanza, equipó el ejército, fomentó la agricultura, etc.

Don Lorenzo Montúfar, Embajador de El Salvador en Washington en misión especial, presentó allá un cuadro de bonanzas sorprendente, tan digno de alientos y alabanzas.

El propio señor Barrios manifestó a principios de 1862, ante la asamblea general, que había dado vigor, crédito y confianza al país y que, si él desapareciera en ese instante, conservaría la satisfacción y la honra de haber hecho más en dos años "que en los 40 que llevamos de independencia hicieron mis antecesores".

Añadió que se encontraba rodeado de enemigos innobles "que de todos modos han querido desacreditar mi administración y mi persona y han conspirado contra el orden para ver si les era posible verificar un cambio, con el fin de caer como buitres sobre las rentas públicas que les he arrancado de sus garras y, últimamente, no encontrando apoyo en los pueblos, han maquinado contra mi vida y afilado el puñal".

Uno de esos enemigos era don Luciano Hernández, quien dijo posteriormente que había dejado el Estado comprometido con una inmensa deuda interior y exterior "y esto sin más provecho que las muchas orgías en que él y los suyos iban a ostentar el inusitado lujo que había puesto a la orden del día".

En esa misma ocasión, el señor Barrios manifestó que había acordado algunas franquicias para estimular el cultivo del café, sin decir cuáles; pero, en efecto –lo que había hecho ya don Eugenio Aguilar–, disminuyó en una cuarta parte los derechos de importación de efectos comprados en el exterior con el producto del café, divisas como dirían hoy.

Por otra parte, se dijo de él que había hecho que se repartiesen los ejidos de varios lugares apropiados para el cultivo forzoso de ese arbusto.

Por sí, el señor Barrios compró varias chacras en las cercanías de la capital para unirlas y hacer un cafetal extenso e importó la primera máquina despulpadora; y en Chachaguatique sembró también café y poseyó allí una de las fincas por entonces más extensas del país.

MAGNICIDIO

A las 6 a. m. del 13 de enero de 1862 fue asesinado en Comayagua el Presidente de Honduras, Santos Guardiola, por el mayor de plaza Pablo Agurcia con la complicidad de su hermano Wenceslao y otros: Juan Antonio Pantoja (a) Machuca, Nicolás Romero, Cesáreo

Aparicio, Lucio Mónico, Pedro Amador, Miguel Juárez y Justo Torres.

La noticia fue enviada al Presidente Barrios por José María Medina, Jefe Político de Gracias, y llegó, según se dice, el 18.

Sorprende que, tal como maquinaron el hecho, no hubiesen sido sorprendidos.

El Comandante de Armas, Vicente Vaquero, aparece ser así un hombre sin visos y amedrentado en el momento anterior al hecho.

Sin embargo, alguien había prevenido a Guardiola contra Agurcia el día anterior, pero el gobernante tenía en él tanta confianza, que creyó ser la advertencia un intento de perjudicar a aquel.

El primer paso de los asesinos fue retirar al oficial de confianza del Presidente, Hipólito Valladares (a) Chapetón, para lo cual se simuló una riña en la que éste resultó herido.

Pasó entonces a ocupar su puesto, con disgusto de la esposa del Presidente, doña Dolores Arbizú, Juan Antonio Pantoja (a) Machuca.

El segundo paso lo dio este mismo Pantoja sacando a los reos de la cárcel y llevándolos a la casa de gobierno, donde era esperado por los Agurcias y otros.

Aquí Pablo Agurcia le dio a cada uno un trago de aguardiente y en seguida se dirigió con ellos al cuartel principal, los armó y municionó y les declaró su proyecto, que aceptaron algunos, otros callaron y uno de ellos se negó a entrar en la conspiración.

Este fue vuelto a la cárcel.

A medianoche llegó Pablo Agurcia a la casa del Presidente, dispuso de la guardia para distintas comisiones, inclusive para capturar al heridor de Valladares, y la sustituyó con una de su confianza, entre cuyos elementos se mezclaron los asesinos.

Ese fue el tercer paso.

El cuarto fue el de la culminación.

Cuando a las 5 a. m., Hipólito Guardiola, hijo del Presidente, abrió la puerta de su cuarto, fue asaltado por sorpresa, llevado al cuartel y puesto en el cepo, un vergonzoso instrumento de seguridad para los reos de delitos monstruosos.

Entraron en el cuarto los asesinos y esperaron que el Presidente abriese la puerta interior que comunicaba el suyo con el del hijo; pero, como notaran que el Presidente tardaba en levantarse, llamaron a la puerta, dándole voces de que había novedad.

El Presidente apareció entonces a medio vestirse y, a su presencia, huyeron los asesinos, menos Cesáreo Aparicio, que se hallaba parado a la opuesta puerta.

Este lo enfrentó y le hizo fuego con su fusil, cuya detonación alentó a los fuyentes y éstos volvieron.

Guardiola, lejos de escudarse, avanzó hacia Aparicio y alcanzó su ánimo a quitarle la bayoneta antes de que otros disparos acabaran con él.

La esposa del Presidente salió despavorida, medio desnuda y descalza, para pedir socorro por las calles; pero no halló más que estupor en los mudos vecinos.

Se dijo que en seguida hubo música en las calles, alegres repiques de campanas y salvas de artillería, lo que no es probable, aunque posible.

El senador don Francisco Montes se hizo cargo del poder y pidió ayuda a los departamentos; pero, como desgraciadamente se sospechase de todos por esa circunstancia, nadie atendió por de pronto su llamamiento.

Pablo Agurcia continuó por algún tiempo dominando la situación y así pudo deshacerse de algunos de sus cómplices.

Lucio Mónico fue, a los tres días, fusilado sin formación alguna de juicio; Cesáreo Aparicio pereció una semana después, cosido a puñaladas en una finca que había sido del finado Francisco Ferrera, inmediata a Comayagua, y Justo Torres murió en el camino de Omoa, adonde fue remitido por haber atentado contra la persona del Ministro de la Guerra.

Pero como esa situación no podía prolongarse en virtud de su propia naturaleza y se viese, por otra parte, que José María Medina se estaba preparando para sacar provecho de ella, Agurcia, según dicen, intimó al señor Montes para que viese la manera de contrarrestar sus planes y amenazó con hacer volar la capital dándole fuego al almacén de pólvora, situado cerca de la catedral, donde había más de 60 barriles de pólvora y gran número de bombas de artillería.

Y, en efecto, Agurcia ordenó que se abriera el almacén y se hicieran los preparativos necesarios para operar la explosión en el momento de la llegada de Medina con sus 500 gracianos.

Entonces el señor Montes ideó un plan para la captura de los asesinos, que fue llamarlos a su casa para conferenciar con ellos y llegar a un acuerdo que frustrase el movimiento de Medina.

Llegaron aquellos y, cuando se hallaban platicando con el Presidente, el General Casto Alvarado irrumpió con la guardia de honor y los prendió.

Se salvó mediante la fuga uno de ellos, J. A. Pantoja, pero al día siguiente, por la mañana, se presentó por sí mismo al cuartel, asegurando que, durante la noche, un hombre obeso, jugando con dos bolas de fuego en sus manos, no lo había dejado pasar por el camino que llevaba para alejarse del peligro.

José María Medina, de quien hemos hablado ya, jefe político del departamento de Gracias, vio, pues, su oportunidad, porque en reposición de los señores Montes y Victoriano Castellanos, podía él ocupar el puesto de Guardiola, como senador designado.

Escribió al señor Barrios (14 de enero de 1862) y volvió a escribirle dos días después, para decirle que el señor Castellanos era un valetudinario.

"Con el apoyo suyo y el poder con que cuento en este departamento", le dijo, "se hará lo que se quiera"; y le envió el texto de una proclama para que ordenase su impresión.

El señor Barrios vio con desprecio esta insinuación.

Medina comprendió que no debía insistir y así determinó seguir adelante, volviéndose hacia el señor Carrera de Guatemala.

Reunió 500 hombres gracianos y corrió a Comayagua para disputarle la escuálida Presidencia a don Francisco Montes.

No obstante que éste era el gobernante constitucional, que tenía la gloria y el orgullo de haber capturado a los asesinos de Guardiola y contaba con fuerzas suficientes para sostenerse, desechó toda consideración personal y sólo pensó en salvar el país de los horrores de la anarquía.

Le entregó, pues, a José María Medina el mando que le disputaba, y éste fusiló por la espalda (11 de febrero de 1862) a Pablo y

Wenceslao Agurcia, Nicolás Romero, Juan Antonio Pantoja, Pedro Amador y Miguel Juárez.

En esa oportunidad llegó a Comayagua Pedro Zeledón de Nicaragua para tratar de ver si mantenía el mismo ambiente sostenido por Guardiola.

Pugnó por mantener la división interna, reconociendo en notas oficiales el poder intruso de José María Medina y por inculcar la idea de que el cuerpo legislativo se hallaba habilitado para elegir Presidente al señor Castellanos y Vicepresidente a otra persona, que sería para el caso Florencio Xatruch.

Se susurró en Comayagua que uno de los hermanos Agurcia había recibido 14,000 pesos, sin decirse de quién, para la comisión del delito que pagó con la vida; pero se dijo también que éste había perpetrado un robo en la Tesorería General de El Salvador, por lo cual había estado preso hacía dos años en dicho Estado, con lo cual parece que se pretende desfigurar la verdad.

También se dijo de César Aparicio que, como reo rematado, había estado en las cárceles de Zacatecoluca cumpliendo una condena, de donde saliera con la comisión de agregarse a los asesinos de Guardiola, por lo cual quedó flotando la duda sobre si se le habría facilitado la fuga con tal propósito.

El cura retirado Antonio Vallejo -de quien se decía en Tegucigalpa que, por renegado, había sido condenado a la pena de comer zacate, pegado a un poste de la plaza de Comayagua-, hombre muy ilustrado y observador, al reflexionar sobre los motivos del asesinato del Presidente, dicen que murmuró que eso significaba guerra entre El Salvador y Guatemala.

Posteriormente (enero de 1863), los emigrados salvadoreños en Guatemala lanzaron un manifiesto en los momentos en que se preparaba, con fuerzas de ese país, para invadir El Salvador y derrocar al señor Barrios, en el que, entre otras cosas, hicieron constar que:

"En Honduras gobernaba pacíficamente aquellos pueblos el señor general don Santos Guardiola, pero el genio maléfico de Barrios lo perseguía constantemente por ser (Guardiola) un aliado fiel de Guatemala y un óbice para el desarrollo de sus planes (los de Barrios); y derrocarlo a todo trance fue el objeto de sus trabajos. Unas veces quiso que Honduras desapareciera como cuerpo independiente, repartiendo su territorio; otras intentó invadirlo y siempre sopló el fuego de las pasiones favoreciéndolas encubiertamente y se mantuvo en acecho siempre con el mismo objeto. Al fin el General Guardiola fue asesinado... La opinión pública designa la mano que impulsó su muerte y la opinión general raras veces se equivoca. Quitarle un aliado en Honduras (a Carrera) era para él lo más urgente como parte importante de sus proyectos".

El manifiesto fue firmado por Rafael Padilla Durán, Ciriaco Choto, Francisco Dueñas, Felipe Barrientos y otros.

Mucho tiempo después, a fines de los mil ochocientos, Juan Martínez Aybar, originario de Comayagua y avecindado en Sonsonate, defensor que había sido de José María Medina en el juicio que a éste mandó a instruir Marco Aurelio Soto para fusilarlo, dijo que Santos Guardiola había sido muerto por asesinos salvadoreños "enviados por el Presidente de uno de estos Estados de Centro América, cuyo nombre no debo ni quiero mentar...".

Nadie se atrevió a pronunciar el nombre de ese gobernante de una manera más explícita y directa en relación con la muerte de Santos Guardiola, el asesino de por lo menos tres coquimbos como fueron Joaquín Rivera, Miguel Álvarez Castro y Máximo Orellana.

Pero ya el señor Barrios había alentado al Vicepresidente don Victoriano Castellanos, su maestro en Santa Rosa de Copán, a quien debía su primera educación, el cual vivía en Suchitoto.

Lo instó para que partiese urgentemente a hacerse cargo del poder y le envió, para que le sirviese de escolta, al gobernador de Chalatenango.

Así que el señor Castellanos salió para Honduras y llegó a Guarita; y no siguió adelante, según dijo, porque Comayagua se hallaba presa de los asesinos (Montes no había logrado todavía dominar el caos que se produjo).

En Guarita, pues, prestó el juramento (4 de febrero de 1862), de rodillas frente a un crucifijo, al alcalde Damián Choto, con la asistencia del diputado Domingo López, el magistrado don José María Selva y el gobernador de Chalatenango y comitiva de éste.

"Y si por desgracia", manifestó al señor Barrios, "no lograse establecer el orden, contaré con la eficaz y poderosa protección del gobierno de esa República".

Carrera se había dirigido al Presidente de El Salvador (31 de enero de 1862), indicándole la manera con la cual deseaba que se considerase la situación hondureña para obrar de acuerdo con los gobiernos de Centroamérica, a fin de restablecer el orden gravemente comprometido, porque a Comayagua habían llegado ya una turba de ambiciosos, y Teodoro Aguiluz, ministro, según apareció, de don Francisco Montes, objetó al señor Castellanos por haberse hecho cargo del poder en un lugar que no era la capital del país.

El señor Barrios contestó a éste que no reconocía más ministros que los que habían sido nombrados por el señor Castellanos; y por lo demás, parece que vio con indiferencia las insinuaciones hechas por el señor Carrera.

Como todo indicaba dificultades de restablecimiento del orden con la presencia de José María Medina en Comayagua, por los indicios que había dado de sí, la cámara de senadores de El Salvador facultó ampliamente al señor Barrios para que obrase en el Estado de Honduras de la manera más pronta y eficaz, a efecto de proteger la autoridad constitucional o cooperar para el establecimiento de ésta por el voto libre y espontáneo del pueblo hondureño, pudiendo pasar el Presidente a Honduras si a su juicio lo consideraba necesario.

Se fundó la cámara de senadores en que se hallaban coligados los anarquistas emigrados de El Salvador y el plan de asesinar al señor Barrios "es indudable que fue tramado de acuerdo con los facciosos de Honduras".

"Al partir el señor Castellanos", dice el señor Barrios, "me creí colocado en el estricto deber de ofrecerle todos los recursos de este gobierno para dar paz y orden a aquel Estado, convencido de que los trastornos de un país vecino siempre trascienden, tanto más que, habiendo sido los centroamericanos una sola familia y hallándose en tanto contacto, no es posible dividir nuestros intereses y mirarlos como extranjeros".

Viendo, pues, la disposición en que se hallaba colocado El Salvador, José María Medina renunció a su ambición por consejo del de Guatemala y se dirigió a Santa Rosa para reconocer al señor Castellanos (3 de marzo de 1862) como la autoridad legítima del país y rendir a él las armas.

Con esa oportunidad, puso en claro su conducta, manifestando al señor Castellanos "que si había aceptado el poder que en él resignara el señor Montes, sólo fue debido a su deseo de restablecer el orden y hacer justicia".

Guardiola había sido constantemente combatido y no es posible que, viviendo en una interminable inquietud, los habitantes de ese infortunado país tuviesen tiempo de ver por su propia subsistencia; por lo que no es extraño que, descartando la forma de su supresión, se sintiese alivio a la hora de su muerte y se tuviese la esperanza de mejores días con el ascenso de elementos liberales.

Cuando un peso ominoso se quita de encima, el espíritu humano salta como un resorte y suele ir más allá de la ponderación que le es natural; por lo cual se vio, durante el verano de 1863, según lo afirma Juan Vicente Martínez Aybar, que algunos hombres y mujeres se daban cita en algún lugar de Comayagua para ir de allí, cantando una especie de marsellesa, a orinarse unos y otras, por turno, sobre la tumba de Guardiola en el cementerio de San Sebastián.

De tal manera que cuando el señor Castellanos inauguró su administración, si es que había quedado algo que administrar, el pueblo estaba muriéndose de hambre y tuvo necesidad de acudir a inusitadas disposiciones, en las que cabía no poca vergüenza y humillación, como cuando se dirigió al Obispo pidiéndole autorizara a los párrocos para que, de acuerdo con las municipalidades, tomasen los fondos de las fábricas de las iglesias y cofradías para establecer matanza de ganado y dar un poco de carne al pueblo; y por fábrica se entiende el producto de bautizos, matrimonios, etc., y no otra cosa alguna.

De Santa Rosa, el señor Castellanos se dirigió a Comayagua y después a Tegucigalpa; y hallándose en esta última ciudad, ocurrió una insensata demostración con el intento de sublevar al pueblo y botar a aquel gobernante, como si con eso brotaran las tortillas por todas partes, en lo cual no podía caber reivindicación posible de nada.

Un grupo de descontentos (7 de agosto de 1862) tomó con osadía y descaro a doña Dolores Arbizú, viuda de Guardiola, supérstite del Presidente asesinado, y con ella por delante, nueva Némesis, entraron gritando a las cuatro de la tarde de ese día en Tegucigalpa, procedentes de Comayagüela, después de haber recorrido varias calles para excitar a la rebelión, y se arrojaron sobre el cuartel haciendo tiros.

Pero se alzó contra esa ridícula tropa el vecindario y los ahuyentó, por lo que tuvieron necesidad de retirarse a la casa de la viuda donde creyeron encontrar seguridad, y de allí fueron sacados y llevados a la prisión.

Entre ellos se hallaba un sacerdote de nombre Juan Miguel Bustillos.

El oculto resorte de esos movimientos es el hambre, que ciega y reduce la conciencia al estómago.

Se producen la insensatez y el crimen.

Por lo mismo, no permite ver que su remedio se halla en la industria y que, al fortalecerse ésta y ensancharse, proveerá a todo bienestar y arrojará luz sobre esas sangrientas mascaradas en que la miseria, los instintos de destrucción que se apoderan de un hombre y lo convierten en bestia, han venido vistiéndose con los ropajes robados a la inteligencia y el valor.

Hombres de ese modo ciegos, a veces cubiertos de entorchados, ni siquiera han podido advertir que el vecino que los mira o se ríe de ellos o los compadece.

Como se creyese que el movimiento pudiese tener resonancias y complicaciones, el señor Barrios situó fuerzas en la frontera y el señor Castellanos insinuó que pasasen las estacionadas en El Sauce a la población de Goascorán, situada a la margen izquierda del río del mismo nombre, para que fuesen agasajadas por las autoridades y población del departamento de Choluteca, triste reconocimiento a su cooperación.

El señor Castellanos volvió poco después de eso a Comayagua y allí resignó el mando (28 de septiembre de 1862) en don Francisco Montes, porque se hallaba muy enfermo para seguir gobernando.

Murió poco después (11 de diciembre de 1862) y con él desapareció un sincero aliado del señor Barrios.

Éste volvió a verse solo, como en extensa planicie desolada, frente a Carrera y con enemigos no despreciables que alzaban su cabeza sobre esa superficie batida por vientos hostiles.

(Los hechos indiferentes aquí consignados se mueven a su tiempo dentro de este conjunto para presentar la faceta que los relaciona y formar el todo).

PRELIMINARES

En Guatemala se atacó al Presidente de El Salvador por las facultades omnímodas, se dice, que le fueron concedidas (21 de febrero de 1862). En efecto, la legislatura se las dio a este respecto bastante amplias como para poder legislar en muchas materias.

Se dijo que esas no eran facultades omnímodas sino extraordinarias y hubo una velada queja contra Guatemala (26 de marzo de 1862), porque se permitían la publicación de especies injuriosas contra el Presidente de El Salvador.

Se aseguró poco después que habían estado reconcentrándose los emigrados en la región de Ocotepeque (11 de abril de 1862) con el propósito de invadir, sin duda en combinación con los que lo hicieron en Santa Ana, encabezados por Sáenz; pero luego se desvaneció ese propósito, quizás por haber tenido conocimiento de lo infructuoso de la expedición.

Sin embargo, el señor Barrios decretó que desde el momento de la invasión se tendrían en estado de sitio los departamentos afectados, lo mismo que el de la capital, y declaró ley perpetua de la República el decreto de 11 de abril de 1859, que lo establece en cualquier departamento invadido por emigrados o facciosos, o en que estalle alguna conspiración, tumulto o sedición; y se juzgaría a todos los actores y cómplices en los crímenes que se cometiesen militarmente como en campaña, quedando las sentencias sometidas tan sólo a la aprobación o reforma de la comandancia general.

También declaró que, de conformidad con el artículo 2° de ese decreto, los bienes pertenecientes a emigrados, facciosos, conspiradores, sediciosos, motineros y sus cómplices serían ocupados desde el momento en que perpetraran cualquiera de esos crímenes, para invertirlos en los gastos extraordinarios que ocasionaren al erario y en la indemnización de perjuicios que causaren a los particulares y a las corporaciones, sin que en tiempo alguno sean resarcidos por el erario los bienes que en esos objetos se inviertan.

El Poder Legislativo había concedido ya facultades extraordinarias al señor Barrios para que expidiese leyes y reglamentos muy útiles en los varios ramos de la administración pública; pero se dijo que se necesitaban otras varias conducentes a su perfeccionamiento; y como había acreditado prudencia y acierto, le amplió aquellas facultades (21 de febrero de 1862), las cuales cesarían al reunirse nuevamente el cuerpo legislativo, por asumirlas éste, entre otras, para reformar y ampliar las leyes de hacienda y aumentar o disminuir los impuestos fiscales; para suprimir los empleos de cualquier clase que juzgare innecesarios y crear otros para el más exacto servicio público; para aumentar o disminuir los sueldos de todos los empleados públicos que a su juicio entendiere que no compensan el trabajo o sean excesivos; para introducir en la instrucción pública inferior las reformas que creyere útiles; para expedir una ley sobre medidas agrarias con el objeto de cortar los pleitos costosos que arruinan a las familias, etc.; para que, revisado el Código de Procedimientos por la comisión respectiva, lo apruebe, reforme o deseche y que en los dos primeros casos lo mande guardar o publicar como ley; para que dicte el Reglamento Interno de la Corte Suprema de Justicia determinando especialmente las horas en que los magistrados deben ocuparse del despacho; para indultar o conmutar la pena de muerte o cualesquiera otras de las designadas en el Código Penal, sin atender a ninguna restricción establecida por la ley; para disponer de los fondos de la hacienda pública, de la universidad, de los propios y arbitrios municipales o de cualquiera otra corporación o establecimiento destinados a un objeto público, para hacer cumplir las disposiciones que dicte en virtud de las facultades que se le confieren, etc.

De modo que cada decreto del señor Barrios, en el amplio campo que se le abría, venía a ser como un úkase de los zares, los cuales podían ser derogados, ampliados o modificados el mismo día, según como se moviesen en torno a él las diferentes influencias a que podía hallarse expuesto.

Así que un reo condenado a muerte por delitos atroces podía verse libre un día antes de la ejecución de la sentencia por la sola voluntad omnímoda del señor Barrios; y lo que es más grave todavía, sus adversarios políticos, en caso de oposición armada, se verían despojados de sus bienes por una incautación para ser puestos en subasta, como ocurrió a los señores Ciriaco y Juan Choto, Ignacio Pérez, Francisco Dueñas, José Landívar y otros.

El gobierno del señor Dueñas, como es natural, mediante decreto legislativo, se apresuró (17 de marzo de 1864) a declarar nulos y sin ningún valor los decretos sobre confiscación de bienes, lo mismo que las ventas y confiscaciones hechas de conformidad con los decretos mencionados.

Se dio aviso al señor Barrios de que en Guatemala se estaba incubando una invasión a territorio salvadoreño, por lo que ordenó al gobernador de Santa Ana que permaneciera alerta contra esa eventualidad y se dirigió al gobierno de ese país (11 de marzo de 1862) para informarle que tenía conocimiento de que se estaba preparando una agresión contra el suyo y pidió autorización de penetrar en territorio guatemalteco en caso de persecución de los agresores.

Ese permiso se le concedió posteriormente al hecho de que se hablara para que sus fuerzas pudiesen penetrar hasta cuatro leguas en aquella jurisdicción.

Procedentes de Jutiapa, Guatemala, Francisco Sáenz—que acompañara a Costa Rica a don Juan Rafael Mora—, José María Quezada, Clodomiro Montoya y Antonio Blanco irrumpieron por la frontera, en Santa Ana, a las 3 a. m. (1° de abril de 1862), al frente de una tropa de 50 hombres, armados con fusiles del ejército de Guatemala, y trataron de levantar al vecindario a favor de su causa, la de defensores de la religión.

El gobernador se trasladó a Coatepeque.

Como vieran que el vecindario permanecía indiferente a sus intenciones y hasta hostil, trataron de inducir a los reos a que se les unieran en la empresa.

Tampoco hallaron en ellos favor, por lo cual el señor Barrios les rebajó las penas.

Un poco más tarde se retiraron los incursionistas al notar que el vecindario se preparaba para atacarlos y regresaron a Jutiapa perseguidos por el coronel Pedro Escalón y otros hasta el punto llamado Singüil.

Se llevaron a don Pedro Carranza, el cual pudo, después, fugarse de ellos.

Después, ese mismo día, hubo en Santa Ana una afluencia de fuerzas procedentes de varios puntos del país; y como los de la incursión abandonaran algunos papeles, se halló entre ellos una proclama de Sáenz, en la que aparece declarando que el señor Barrios lo había lanzado contra la República de Honduras en perjuicio de Guardiola, a su vuelta de Costa Rica.

Sáenz había estado sirviendo en la secretaría del corregimiento de Escuintla y en ese punto dejó a un sustituto al ser llamado (6 de marzo de 1862) de Guatemala, de donde poco después se trasladó a Jutiapa y allí fue armado por el corregidor.

Sin embargo, el señor Carrera manifestó que no había tenido conocimiento alguno de los preparativos que se hicieron en ese caso.

Los señores Barrios, Lorenzo Montúfar y Máximo Jerez se reúnen (14 de julio de 1862) en San Miguel y son festejados. Se da un banquete y se organiza un baile en honor de ellos. Un cronista informó que se habían gastado más de 1,500 pesos en esas atenciones.

El señor Jerez informó que había llegado allí como delegado personal del Presidente de Nicaragua para tratar con el señor Barrios sobre un sistema federativo de El Salvador, Nicaragua y Honduras, de conformidad con un plan ideado por este último, según el cual habría seis provincias y se reservaría el departamento de San Miguel para distrito del gobierno nacional.

LA HOJA PEGADA CON ENGRUDO

El proyecto no prosperó y poco después se desanimó el señor Barrios, quien quería llevarlo a la práctica arrebatadamente, así que cuando llegaron a San Salvador (8 de agosto de 1862), los señores Fernando Chamorro y Máximo Jerez, encargados por el gobierno de Nicaragua para tratar con él de ese mismo asunto pero sobre un plan diferente, lo hallaron frío.

El señor Barrios opinaba por el sistema centralista; pero eso aparte, había sospechado que el señor Martínez (Tomás), el Presidente de aquel país, no era sincero y únicamente se sentía movido por las circunstancias de estar pugnando para hacerse mayormente grato a sus conciudadanos con la intención de reelegirse.

En efecto, ocurrió a su debido tiempo que el señor Martínez fue reelegido por escasa mayoría de votos. Este hecho lo comentó el señor Barrios abiertamente hostil cuando de la reelección de Martínez tuvo conocimiento.

La situación de ánimo del señor Barrios se reveló al contestar (24 de octubre de 1862) el ministro Irungaray —recuérdese que nada se hacía en el Ministerio sin previo conocimiento y que el señor Barrios corregía las notas expedidas en ese despacho— al Ministro de Relaciones Exteriores de Nicaragua, don Pedro Zeledón, con respecto a la proposición (27 de septiembre de 1862) de un pacto nacional, ya fuese central, federal o confederal, sujeto a ratificación.

"Hasta anoche que llegó a esta capital la correspondencia que traía el vapor Salvador, tuve la honra de recibir", se le dijo, "el despacho de U. S., fechado el 27 de septiembre próximo pasado, constante de tres fojas, una de ellas pegada con engrudo, etc.".

En seguida dice que el señor Presidente le ordenó contestar que solamente en el caso de adoptarse el régimen centralista, entrará El Salvador en la unión nacional; de lo contrario, prefería continuar en la danza en que hemos estado de representar pequeñas soberanías que han dado margen a que la Estrella de Panamá, de 15 del corriente, diga:

"Después de muchas idas y venidas de comisionados y de muchos banquetes y brindis, el proyecto de la reconstrucción de la nacionalidad centroamericana ha quedado reducido a cero, como tendrá que suceder cada vez que se suscite esa cuestión mientras duren los gobiernos de caciques que hoy dominan aquellas repúblicas".

El señor Barrios no reparó en que con eso se hacía de un enemigo más: el señor Martínez.

b) Después de esto, el Ministro Plenipotenciario de la Gran Bretaña, con asiento en Guatemala, Mr. George B. Mathew, en nota muy cortés y de claros términos, al referirse a la propuesta nicaragüense, dice que en su opinión:

"Cualesquiera pasos determinados de asimilación y unión entre los Estados serían ventajosos y deseables, por muy limitados que fuesen".

Se le contestó en la misma forma cortés, que se enviaría a un representante al lugar que se eligiese cuando Costa Rica hubiera expuesto su proyecto de unión.

EL RUIDO QUE PRECEDE A LA TORMENTA

El gobierno de Guatemala (4 de noviembre de 1862) suprime el periódico El Noticiero de Guatemala "por haber hecho apreciaciones inconvenientes respecto de asuntos políticos de otros países y alusiones impropias en orden a algunos asuntos de economía y de política interior".

Lo que motivó la suspensión fue un artículo honroso para El Salvador a la par que deprimente para Guatemala:

"Continúa", dice, "presentando su penoso y melancólico aspecto. La cosecha de la cochinilla será este año muy escasa, la penuria de recursos y el bajo precio que ha tenido este fruto en los mercados extranjeros han introducido tal pánico en el ánimo de nuestros agricultores, que las fincas han estado en el mayor abandono".

Al comentar el hecho de la supresión de ese periódico (20 de noviembre de 1862), se dijo que muchos datos revelaban la mala voluntad, siempre en aumento, que en las altas regiones gubernamentales se alimentaba contra El Salvador desde fines de 1861.

Antes, El Noticiero de Guatemala había merecido la protección gubernativa, al extremo de haber obtenido una subvención de 400 pesos para que hostilizara la administración de El Salvador, y al suprimírsela, se pensó que lo dejaban libre por el mismo hecho para hablar en favor de quien quisiese.

Al mismo tiempo se pensó que podría ser acreedora a la subvención la Hoja de Avisos, con el mismo fin con que se le había estado dando a aquella publicación.

Apenas surgió la cuestión promovida por el señor obispo diocesano con el pretexto del discurso pronunciado por el Licenciado Suárez (15 de septiembre de 1861), se expresaron en la Gaceta de Guatemala de 9 de octubre siguiente, conceptos en forma agresiva y amenazante contra el gobierno de El Salvador.

Al emigrar el obispo para Guatemala, el mismo periódico dirigió a este país otro ataque.

Se rehusó entregar a los cabecillas del complot para asesinar al Presidente Barrios, que habían huido a Guatemala —se afirmó en esa ocasión— y se les permitió que, unidos a otros emigrados, reclutasen fuerzas e invadiesen Santa Ana el 1° de abril, con violación de los tratados vigentes.

Se permitió a los emigrados salvadoreños que viniesen a la frontera, maquinasen libremente por todas partes, enviasen cartas subversivas a los empleados del gobierno del señor Barrios y a uno de ellos "que ha ido a prostituirse vilmente a sus enemigos sin respetarse a sí mismo por haber sido Presidente de El Salvador (Dueñas), se le promete en un brindis en Amatitlán (discurso pronunciado por Carrera) que se le volverá a colocar en ese puesto".

Mas la animosidad extrema llenó su medida cuando se consideró que las cartas privadas escritas por el señor Barrios al mismo Carrera y a hombres influyentes de Guatemala sobre cuestiones que prefirió tratar en privado "con la mira de evitar que se llegase a un rompimiento", eran amenazantes al gobierno y principalmente al gobernante y ministros, en sumo grado.

Las cartas, pues, provocaron precisamente lo que el señor Barrios había querido evitar; y al hacerse una publicación relativa al asunto (Gaceta Oficial de 20 de noviembre de 1862), el gobierno de Guatemala se sintió tan ofendido que comunicó a los gobiernos centroamericanos (6 de diciembre de 1862) que había decidido cortar sus relaciones con el gobierno de El Salvador; y el señor Barrios, en vista de eso, dirigió extenso manifiesto (18 de diciembre de 1862) a los salvadoreños para explicarles su conducta con respecto a Guatemala y la del gobierno de Guatemala con respecto a El Salvador.

Cuando las relaciones entre Guatemala y El Salvador iban a romperse por parte de la primera, don Victoriano Castellanos, aunque ya postrado, quiso mediar. Carrera no aceptó la mediación.

Después, ya rotas, don León Alvarado de Comayagua, anciano muy conocido, respetable y muy ilustrado, tomó la mediación por sí mismo. Al hacerlo, dijo al señor Barrios (12 de diciembre de 1862), que su gran principio era:

"Dios y la humanidad, Dios y el Pueblo. ¿Se trata de los intereses positivos del pueblo? Yo estoy en mi puesto. Así que no extrañe al Excelentísimo Presidente de El Salvador que me tome la confianza de venir a hacer oír mi débil voz ante él sin tener poderes de ninguna clase en casos como ese. O'Connell decía: '¿Irlanda? Soy yo mismo'".

El señor Barrios le contestó en la misma fecha, aceptando sus buenos oficios.

Don León Alvarado se dirigió a James R. Partridge, el representante de los Estados Unidos, invitándolo para que prestase su mediación. Partridge le contestó diciéndole que no tenía embarazo alguno para hacerlo.

Como el señor Alvarado se dirigiese también al señor Carrera, este le contestó (5 de enero de 1863), diciéndole que:

"Pendientes los pasos amistosos que usted ha iniciado espontáneamente, el señor General Barrios ha creído poder lanzar y permitir que se lancen nuevas e incalificables provocaciones públicas a Guatemala y su gobierno. No es posible, pues, que el actual Presidente de El Salvador pueda ser ya amigo leal y sincero de Guatemala".

Como el gobierno de Guatemala comunicara al Cuerpo Diplomático el hecho de la ruptura de relaciones con El Salvador y enviase los documentos en que se fundaba, los ministros de los Estados Unidos, Mr. E. Crosby (2 de febrero de 1863), y el de Inglaterra, Mr. G. B. Mathew (8 del mismo mes), desaprobaron ese grave paso.

El lenguaje de este último es particularmente interesante por su franqueza. Dijo a don Pedro de Aycinena, Ministro de Relaciones de Guatemala, que:

"Faltaría a sus deberes como representante de la Reina, su augusta soberana, en las repúblicas de Centro América, y se desviaría de la senda de la desinteresada amistad que siempre ha guiado a su gobierno respecto de Guatemala y las vecinas repúblicas, si se detuviera en vituperar enérgicamente una medida tan extrema y en recomendar a la seria consideración del señor don Pedro de Aycinena y su gobierno, las calamitosas consecuencias y complicaciones peligrosas a que un paso semejante puede conducir... Cualquier gobierno que detuviese la marcha de los benéficos resultados de la paz, sumergiendo estos Estados en los horrores de la guerra civil, en tanto que medidas conciliatorias bastarían a remover todas las causas justificables de la guerra, se expondría a la más grave responsabilidad y la represión, tanto de parte de sus conciudadanos cuanto de todas las naciones civilizadas".

El señor Mathew analiza todos los documentos que se le han enviado y los refuta, y dice del General Barrios que no ha encontrado el más mínimo dato para creerlo animado por motivos de ambición personal en su adhesión a una política que ha seguido toda su vida y "ni el más mínimo motivo para creer que el General Barrios abrigue la intención de agredir a Guatemala y el informe que he solicitado y obtenido ha sido corroborado recientemente por el Ministro de los Estados Unidos en la República de El Salvador durante su última visita a esta capital, esto es: que hasta el momento de alarma, el gobierno de aquel Estado no había hecho preparativo alguno de cualquiera naturaleza o clase que sea para la guerra".

Las cámaras convocadas extraordinariamente se instalaron el 16 de enero (1863).

El señor Barrios dio cuenta de la situación con Guatemala y al referirse al señor Carrera dice que:

"Él piensa en la guerra porque contrarió el sentimiento público de los salvadoreños, pero la quiere calculando que ella puede darle lo que le niega la paz y aspira a destruir el progreso de El Salvador por medio de los males consiguientes a la guerra".

Las cámaras facultaron ampliamente (20 de enero de 1863) al Supremo Poder Ejecutivo para que hiciese la defensa de la República en caso de ser invadida y para que pudiese contratar empréstitos.

El Presidente Tomás Martínez de Nicaragua rompió sus relaciones con el gobierno de El Salvador y armó a Florencio Xatruch, a sueldo de Guatemala, para lanzarlo contra el de Honduras, presidido por don Francisco Montes, e impedir los auxilios que pudieran prestarse al primero en el conflicto armado inminente y fatal con el de Guatemala.

Florencio Xatruch provocó la sublevación de algunos pueblos del departamento de Olancho y distrajo la atención de aquel gobierno. Hubo, por lo tanto, una intensa y sangrienta labor de pacificación.

El señor Barrios, por su parte, preparaba una expedición contra Nicaragua que sería comandada por don Máximo Jerez, cuando se hizo evidente la aproximación a la frontera de un ejército guatemalteco al mando del señor Carrera, en el que venían 23 salvadoreños:

- Rafael Padilla Durán
- Ciriaco Choto
- Rafael Campo
- Francisco Sáenz
- Francisco Iraheta
- Pedro Ugalde
- Leandro Prado
- Nicolás Estupinián
- Juan Choto
- Clodomiro Montoya
- José Zaldívar
- Francisco Dueñas
- Manuel Olivares
- Felipe Barrientos
- Vicente Castro
- Lorenzo López
- Carlos Villacorta
- Heliodoro Castillo
- Pedro Pino
- Buenaventura Monroy
- Ramón Marín
- Marcelo Zaldívar
- Otro.

EL COMBATE DE COATEPEQUE

Para entonces, San Salvador presenciaba una concentración de 5 divisiones de aproximadamente 1,000 hombres cada una de ellas.

De pronto se efectuó la salida de la primera división (6 de febrero de 1863) hacia Santa Ana al mando de Santiago González.

El 7 y el 9 lo siguieron las que se detendrían en Coatepeque. El 10 cerró la marcha el General Barrios hacia este último punto. Allí había ya inusitada actividad en la construcción de trincheras.

Al revisarlas, el General Barrios descubrió un punto débil por donde podría meterse el enemigo y ordenó fortificarlo.

Concurrió el General Máximo Jerez y varios nicaragüenses desembarcaron en La Libertad y corrieron hacia Coatepeque para incorporarse.

El General Carrera (15 de febrero de 1863) situó un destacamento de 500 hombres en Ahuachapán y el 19 se situó en Chalchuapa; el 21 ocupó Santa Ana y Santiago González se retiró a Coatepeque abandonando 20 fusiles y 20 lanzas.

Se le preguntó después por qué había dejado esas armas y contestó que no servían.

El General Carrera apareció frente a Coatepeque el 22 y se inició la batalla por la posesión del Cerro de San Pedro, defendido por Eusebio Bracamonte con la división vicentina.

El cerro había sido rozado para la siembra de una milpa y la yerba se hallaba seca. Había al pie una fuente.

Los fuegos se suspendieron a las 11 de la noche y a esa hora el cerro continuaba en poder de los salvadoreños.

Se reanudó el combate el 23. Los batallones guatemaltecos, el uno vestido de camisas rojas y el otro de azules, tomaron el cerro ese día, pero entonces fueron atacados con fuego de artillería desde una altura cercana.

Sin embargo, hubieran resistido. El agua era vital. Pero apareció a su lado un enemigo temible.

Se dijo que los tacos encendidos de los cañones de la propia artillería chapina habían dado fuego a la roza y los guatemaltecos tuvieron que abandonar esa posición.

Por otra parte, la división de Vicente Cerna entró a la plaza de Coatepeque ese día.

El General Barrios, viendo tan seriamente comprometida la situación, dio una cargada a la bayoneta y Vicente Cerna se retiró por no haber sido apoyado oportunamente por los suyos.

Se dijo que después de eso se había retirado sin unirse a la fuerza guatemalteca.

La pugna por tomarse el cerro de San Pedro tiene una explicación: la posesión del agua.

El ejército guatemalteco tenía más de 24 horas de no beber y al perder la posesión de ese cerro empezó a desbandarse, según se dijo, en busca de tal elemento.

Santiago González juzgó al General Carrera al dar ese informe.

Dijo que: "Había perdido torpemente las mejores de sus tropas sin dar a conocer ninguna pericia militar. Los ataques se produjeron bruscamente sacrificando hombres sin economía para obtener una derrota vergonzosa y estúpida".

Al desbandarse las tropas atacantes en busca de agua, la batalla flaqueó y a eso de la una de la tarde del 24, el ejército empezó a retirarse con dirección a Santa Ana.

Santiago González se encargó de perseguir al enemigo con 200 hombres; pero al iniciar la persecución, quizás por algo premonitorio que despertó en él, volvió los ojos y vio muy cerca al General Carrera que quedaba atrás y lo observaba, quien se había detenido para ver que se levantase una pieza de artillería atascada en un zanjón.

Santiago González volvió grupas entonces por propia seguridad y para reforzar su tropa.

Se dijo, con esa ocasión, que el General Barrios había colocado en las trincheras de mayor peligro a los prisioneros Licenciado José Ciriaco López, Ramón Montoya, Ascensio García y a otros, todos de Santa Tecla, a quienes consideraba como enemigos de su persona.

No se habló de ninguna disposición, ni del General Barrios ni de ningún otro jefe, para un movimiento combinado del ejército en la persecución del enemigo.

La persecución fue floja, comentó más tarde el propio General Carrera, y se encargó de ella, por propia determinación, Santiago González, quien no fue más allá de Santa Ana.

El propio General González dijo que había habido 1,000 muertos y 1,500 heridos de parte de las fuerzas guatemaltecas.

El hospital de sangre dio atención a muchos de éstos y aquellos que cayeron prisioneros viéronse libres poco después para regresar a su país.

Entre ellos se hallaba el vicario Valdés, cura de Jutiapa.

Agregó el informante que en el ejército salvadoreño, sólo había habido 50 muertos y 200 heridos, "en lo que se ve el favor especial del cielo".

El General Barrios hizo en Coatepeque lo que antes había hecho el General Carrera en La Arada.

Sorprende que este último haya podido creer que destrozaría a un enemigo fortificado, en unas pocas horas —no se proveyó de agua— y seguiría su marcha triunfal hacia la capital del país.

Equivocación fatal.

También equivocación la del General Barrios, que creyó que el General Carrera había sido escarmentado a grado tal que tendría con eso para 10 años y regresó a San Salvador dando por terminada la campaña, donde fue recibido con larga y delirante ovación.

Alegría desbordante. Un solo grito de júbilo.

Inspiración de los poetas que se derramó en versos grandilocuentes.

En Comayagua irrumpió y se derramó en torrentes una alegría semejante, al tenerse noticia de la victoria de las armas salvadoreñas en Coatepeque.

Se saludó la victoria con veintiún cañonazos.

Hubo una misa en acción de gracias.

Después, una gran recepción en que aparecieron los generales vestidos de gala y cubiertos de entorchados.

El discurso oficial se encomendó al Jefe de la Sección de Relaciones Exteriores del ministerio.

El Enviado Extraordinario de Costa Rica dice (24 de febrero de 1863) que tiene conocimiento, por los rumores circulares, de que el gobierno de El Salvador intenta bloquear el puerto de Corinto y desembarcar tropas en Nicaragua, para agredir al de este país, por considerarlo aliado de Guatemala o bien para auxiliar al General Jerez, que encabeza la causa de oposición contra el mismo.

Advierte que Costa Rica tiene formal compromiso con Nicaragua para auxiliarla material y moralmente al ser invadida o atacada sin justa causa.

Se le contesta al Enviado Extraordinario que solamente se halla acreditado como mediador para cortar la mala inteligencia entre El Salvador y Guatemala, por lo cual nada se le dice en relación con esa agresión a Nicaragua por él mencionada.

Entonces este diplomático entró en el campo de la hermenéutica; pero como en él se le dejara solo, determinó regresar a su país y así lo hizo sin despedirse.

Un barco salvadoreño, El Experimento, bombardea el puerto de San José de Guatemala (1° de marzo de 1863), al tener la noticia de la batalla de Coatepeque; y un segundo bombardeo efectuó al saber la incursión de una fuerza chapina al valle de Santiago.

Una tropa chapina, compuesta de 200 hombres (12 de marzo de 1863), invadió, al amanecer, Metapán.

Algunas personas tuvieron tiempo de huir, hombres y mujeres que se vistieron arrebatadamente; otros fueron sorprendidos todavía en sus camas, se les quitaron las cobijas y quedaron desnudos.

En seguida, los invasores, ebrios, según se dijo, y procedentes de Santa Rosa, Mataquescuintla, Mita y los valles de la región, se entregaron al pillaje.

Saquearon la administración de rentas, destruyeron los archivos de las autoridades locales y, por último, se metieron en la iglesia, rompiendo sus puertas para ver qué hallaban en el interior.

Luego de eso, se retiraron por el camino de Jutiapa.

La villa de Ahuachapán fue invadida (28 de marzo de 1863) por Leandro Navas, que se presentó al frente de 500 hombres y batió a la pequeña guarnición de 50 que allí había, desprevenida y confiada.

Los partes que se dieron de esa incursión consignan una serie de actos de pillaje; y como parece que su objeto fue el de hostilizar al enemigo, Navas regresó a su país llevándose a 20 vecinos de dicha villa en calidad de prisioneros.

Al llegar a Guatemala, el señor Carrera los puso en libertad, les dio un peso a cada uno para su regreso y les pidió que fuesen a darle las gracias al obispo Saldaña y al Licenciado Dueñas por su intercesión.

Cuando se presentaron al obispo, éste les dio un rosario a cada uno y lloró con ellos, según se dijo por correspondencia de aquella época.

El General Barrios salió para La Unión (29 de marzo de 1863) para conferenciar con Máximo Jerez y los comisionados de Tomás Martínez de Nicaragua: Pedro Cardenal, Pedro Argüello y Mariano Montealegre, en busca de paz.

Había en La Unión una división y dos brigadas de artillería salvadoreñas; anclados en la rada se hallaban dos buques con tropas, listos contra Nicaragua.

Otra división marchaba por tierra hacia aquel país, la cual se agregaría a una hondureña que estaba aproximándose a Choluteca.

En La Unión se convino (3 de abril de 1863) que Tomás Martínez debía hacer depósito en uno de los senadores y retirarse a la vida privada.

Se quedó en espera de la ratificación del convenio por parte de aquel, pero como no fuese ratificado, sin duda porque Martínez recibiría la cooperación de Costa Rica en caso de conflicto, el General Barrios lanzó el manifiesto que ya tenía preparado (25 de marzo de 1863) contra Martínez para alentar a los nicaragüenses.

En él se consigna que, de tiempo atrás, "viene maquinando contra El Salvador de acuerdo con Carrera" y que "a principios de este año terminaba el período presidencial de Tomás Martínez y se le hacía el favor de no creer que una ambición tan descarada como estúpida le hiciese conculcar la Constitución de Nicaragua para continuar otro período en la Presidencia contra la terminante prohibición que ella contiene".

Máximo Jerez se puso a manejar (20 de abril de 1863) esos elementos que El Salvador y Honduras pusieron en sus manos, confiando en que sería hábil en tal empresa.

Al situarse en Somotillo se le presentaron algunos desertores y, por éstos, supo que Martínez había dejado en León a Florencio Xatruch al mando de alguna fuerza y partió hacia Managua, de donde saldría a sofocar un pronunciamiento en Granada, el cual estaba extendiéndose hacia Rivas.

Pero la verdad es que había ido al campamento de su ejército y vuelto a León para despachar dos destacamentos destinados a impedir su marcha (la de Jerez), los cuales, por falta de coordinación, fueron fácilmente derrotados en El Bosque.

Estos se presentaron a Martínez y, frente a él, se hicieron inculpaciones mutuas y se trataron de traidores.

Jerez dio parte de que había derrotado a un ejército de 1,000 hombres (28 de abril de 1863), después de dos horas de combate, al chocar con su vanguardia, compuesta de dos compañías del Coronel Galarza y una brigada de artillería del Comandante Gazel.

En seguida, se efectuó el avance sobre León (día 29).

Jerez atacó con un ejército desplegado y se notó su tendencia a situarse en Subtiaba.

Martínez se le opuso con una compañía, según se aseguró, pero a eso de las 10 a. m. el fuego se hizo tan nutrido que vaciló y pidió refuerzos.

A las 12, los aliados perdieron un cañón rayado y un cargamento de parque.

Este suceso animó tanto a los leoneses que corrieron todos a tomar las armas.

Al verse tan estrechados en sus posiciones, Jerez hizo un supremo esfuerzo para parapetarse en San Felipe, pero siempre con la tendencia de pasar a Subtiaba; y así sus fuerzas fueron rechazadas en Pretil Liso.

Al verse atacado por el frente y los flancos, retrocedió a San Felipe y allí fue embestido y derrotado con pérdida de su armamento.

Más tarde, se dijo que la derrota había ocurrido porque uno de sus generales, hondureño, cuyo nombre no quiso mencionarse, huyó frente al enemigo; y otro de los suyos, dándole voces, corrió a él para detenerlo y su gente creyó que huía también, lo siguió en desorden y se desbandó.

DESASTRE Y LAMENTOS

No hubo más que lamentos en El Salvador y Honduras por ese desastre.

Costa Rica abandonó a Nicaragua, con quien se hallaba comprometida, a su solo esfuerzo.

No le envió ni un fusil ni un soldado, porque temió las represalias de El Salvador con hombres como los vencedores de Coatepeque.

De tal modo que, en ese momento de prueba, Martínez se vio solo frente a sus enemigos.

El gobierno de Honduras se desconcertó con ese desastre y, aunque sin fondos y sin armas, procuró situar penosamente algunas fuerzas en la frontera con Nicaragua y otros puntos del país, recurriendo para su sostén a los consabidos empréstitos forzosos.

Se dijo que, al cabo de algunos días, habían podido salir esas tropas (20 de mayo de 1863) para Choluteca, Tegucigalpa y Talgua, las cuales serían seguidas por las de Santa Bárbara y Yoro.

Florencio Xatruch se situó en Somoto (27 de mayo de 1863) para alistar allí a su gente e invadir Honduras, lo cual efectuó un día del mes siguiente.

Luego se aproximó, en compañía de un General Bonilla, a Choluteca, defendida por fuerzas del gobierno, sostenidas por el bolsillo del General Fernando Chamorro, de quien hemos hablado ya, y al mando del mismo y de Dionisio Pinel.

Pero no hubo un combate regular, porque se convino entre ambas fuerzas beligerantes una capitulación, por la cual Chamorro y Pinel se retirarían con su fuerza y elementos de guerra a Nacaome o Goascorán, y seguidamente Xatruch y Bonilla ocuparían la plaza abandonada por aquellos.

Sin embargo, al salir las fuerzas de Choluteca, según los términos de la capitulación (21 de julio de 1863), Xatruch atacó inesperadamente las fuerzas en retirada en un punto en que éstas no podían defenderse y las desbandó.

Fernando Chamorro, sorprendido, se bajó de la bestia para entregarse en paz a sus enemigos.

En ese momento se acercó a él Domingo Armijo y lo hirió, y los sobrinos de Xatruch, Salvador Estrada y Ramón Xatruch, lo remataron a lanzazos. Se hallaban ebrios.

El cadáver de Fernando Chamorro fue llevado a Managua para tributarle honras fúnebres y ser inhumado, pues era miembro ilustrado y joven de una distinguida familia, hijo de don Frutos Chamorro, supremo director de Nicaragua que había sido muerto en acción a los comienzos de una azarosa y enconada guerra civil, que alentó la venida de William Walker a Centroamérica.

Por lo cual, el asesinato de Fernando Chamorro causó honda lamentación en aquel país; y sus asesinos se defendieron diciendo que le habían dado muerte sus propios soldados.

Dionisio Pinel llegó horrorizado a El Sauce, República de El Salvador, y desde allí dio cuenta de ese hecho incalificable.

Los habitantes de la región fronteriza a Guatemala vieron por esos días siempre amenazados sus intereses y sus vidas por bandas de tropas chapinas desprendidas de sus bases.

Un día de esos (1° de mayo de 1863), el oficial Darío Lorenzana, con 50 hombres, llegó a la hacienda y valle de Candelaria, en el departamento de Santa Ana, y capturó al alcalde auxiliar Manuel Puquir, a Vicente Ramírez y a Antonio Ramos, los desnudó para aprovechar sus ropas y los fusiló.

También desnudó a la anciana madre del alcalde auxiliar con el mismo objeto.

Después, desaparecieron esos hombres tomando el camino que allí los había llevado.

El General Barrios llama al pueblo a las armas y manifiesta (28 de mayo de 1863) la amenaza de Carrera de anexar a Guatemala, dice, los departamentos de Santa Ana y Sonsonate, y exigir el reconocimiento de los gastos de guerra de más de 200,000 pesos para su bolsillo particular, fundado en ofertas de don Francisco Dueñas.

Un día después (el 29), hace lo mismo el General Carrera, y éste dice que Guatemala y Nicaragua se hallan amenazadas "por el ambicioso y turbulento General Barrios, el único obstáculo para que se restablezca la paz", a quien hay que remover para poder llegar a aquel objeto.

Ese mismo día de la proclama del General Carrera, llegó a Ocotepeque, indefensa, una banda de chapines, quienes capturaron la escasa guarnición y se entregaron al saqueo.

Pareció ser una avanzada del General Vicente Cerna.

Este apareció con José María Medina en ese punto, dos días después (2 de junio de 1863), comandando una tropa de 800 hombres y llevando dos cañones y dos cajas de parque para los mismos.

Después de haber hecho incursiones a La Palma y Sensenti, esa expedición se dirigió a Santa Rosa (16 de junio de 1863), defendida por los generales Luis Bográn y Lucio Alvarado, que tenían 600 hombres a su mando.

Estos se pusieron a gastar las escasas municiones con que contaban, haciendo fuego al aire con fusiles de corto alcance, mientras los sitiadores, equipados con rifles eficientes, según se dijo, alcanzaban al enemigo.

Al acabarse las municiones, el mentado Bográn, Lucio Alvarado y el Jefe Político J. Joaquín Madrid abandonaron la plaza con los que pudieron seguirlos y se dispersaron, en lugar de reagruparse para continuar haciendo la defensa del gobierno constituido que presidía don Francisco Montes.

Madrid llegó poco después a Chalatenango con algunos jefes y oficiales, Lucio Alvarado apareció en Santa Ana y Luis Bográn en San Salvador.

Individuos sin responsabilidad alguna, pero uno de ellos ambicioso.

José María Medina se había declarado Presidente en Gracias y nombrado ministro a Ignacio Morales de Sensuntepeque.

Después, se vio abandonado por Vicente Cerna, que le dejó, en atención a reiteradas súplicas, 50 soldados y 300 fusiles al crédito, y situó 34 hombres en Talgua de aquel departamento, al mando de un oficial de apellido Cordón, antes de regresar a Guatemala.

Estimó con razón el señor Cerna que, al hallarse plantado José María Medina en Gracias, su conservación y fortalecimiento correrían por cuenta del interesado, según sus habilidades y prestigios; y a pesar de que ese ambicioso sin escrúpulos se echó encima la execración pública y se le declaró oficialmente traidor a su patria, inhábil por lo tanto para ocupar ningún cargo público, pudo sostenerse con varia suerte; y, tras la derrota del señor Montes en Jesús de Otoro, se instaló en Comayagua.

Con lo cual, el señor Barrios de El Salvador perdió a un aliado, aunque éste se hallaba en el último grado de la postración, y lo ganó, por el mismo hecho, en José María Medina, el señor Carrera de Guatemala.

Mientras aquellos hombres abandonaban el gobierno en el desastre, el General Barrios (14 de junio de 1863) enviaba a Honduras una división para ampararlo, al mando de Eusebio Bracamonte, la cual no pudo cumplir con su misión por extemporánea.

El General Barrios envió a Santa Ana un batallón (12 de junio de 1863) y, cuatro días después, marchó hacia aquella ciudad con buena parte de su ejército, para atrincherarse en espera de una batalla definitiva y total.

Al hacerlo, llevaba el convencimiento de que no volvería antes de tal evento y se despidió de los habitantes de la capital encomendándoles la defensa del honor de sus esposas, hijas e intereses, para lo cual les dejaba una guarnición de las mejores tropas del ejército con buenos jefes -entre ellos, el principal, Mariano Hernández- y los almacenes llenos de armas y pertrechos.

"No consintáis", les dijo, "que la planta del salvaje" -se refería al General Carrera- "pise las sagradas cenizas de nuestros padres, etc.".

El General Carrera invadió el territorio salvadoreño el 20 de junio de 1863.

El 21, él y J. Víctor Zavala se situaron en Chalchuapa y se atrincheraron allí.

Simultáneamente, el General Serapio Cruz llegó con 1,000 hombres a Atiquizaya.

Poco después, Zavala avanzó hacia Sonsonate sin resistencia. La ciudad se hallaba indefensa.

El gobernador Lic. Miguel Saizar, de Sonsonate, se había trasladado a Izalco y pensó dirigirse a Armenia -Guaimoco, como decían entonces- al tener conocimiento de que se acercaba una fuerza enemiga a dicha localidad; y como personas dignas de confianza y además amigas suyas le asegurasen que la fuerza no era contraria, sino un destacamento del cuartel general establecido en Santa Ana, abandonó su intento y se entregó, confiado, al despacho de los asuntos de su cargo en el cabildo donde había establecido la gobernación.

Hasta había sobre la mesa una cantidad de dinero que sería enviada a la tesorería.

De pronto, a las 3 de la tarde (27 de junio de 1863), apareció el enemigo y se vio rodeado.

Hizo desesperada, como inútil, resistencia con los pocos soldados que tenía a su mando. Hubo heridos.

Encabezaban esa fuerza el señor Rafael Campo, Presidente que había sido del Estado de El Salvador no mucho tiempo antes; Juan Choto, un señor Ipina, Agustín Velado, Licenciado José Zaldívar y otros.

El señor Spier fue hecho prisionero, atado y abofeteado por Zaldívar y luego enviado a Sonsonate, en cuya cárcel fue puesto por orden de Zaldívar.

Un día después de ese hecho (28 de junio de 1863), el Licenciado Francisco Dueñas fue proclamado en Sonsonate como Presidente de la República de El Salvador.

LA DEBACLE

Cuando el señor Dueñas se proclamó Presidente en Sonsonate, lo hizo por lo menos con alguna seguridad de que, simultáneamente, habría pronunciamientos en varias partes importantes del país, mientras el General Barrios llamaba la atención del General Carrera en Santa Ana para ser atacado allí.

Los amigos del señor Dueñas, en el interior del país, le habrían dado esa seguridad y éstos no habían permanecido inactivos, aún dentro del círculo íntimo del General Barrios, aparentando a éste mayor afección; y no es del todo sorprendente que el General Barrios lo ignorase y confiase en todos los que lo rodeaban, pues era un hombre que se fiaba mucho de las apariencias y, sobre todo, porque se hallaba lleno por la satisfacción y el orgullo de haber alzado su país, como en peso, a una posición que creía ser envidiada por todos sus vecinos.

Sin embargo, en el propio ambiente había algo de podrido: el fermento de todos los enconos y los resentimientos que había hecho surgir la violencia de su carácter, su franqueza y, sobre todo, la sobreestimación de sí mismo y la subestimación hacia los demás, a tal grado de no quedar en él lugar para una reconsideración de su modo de actuar como político.

De no, cabría la seguridad de que toda la inteligencia del señor Dueñas no habría podido ser capaz de mover en su contra una tal masa de elementos, como lo hizo, en la cual el General Carrera no era más que el brazo armado de la guerra civil.

El General Barrios tuvo el primer soplo de la tormenta que se avecinaba a precipitados pasos como para un súbito desbordamiento, cuando se hallaba en Santa Ana dando los últimos toques a lo que sería el escenario de una gran batalla.

Esto lo movió a San Salvador, porque precisamente los soplos le llegaron de esa dirección y es muy natural que lo haya comunicado a los jefes principales del ejército de la defensa, generales Trinidad Cabañas y Santiago González, que así como confiaba en el primero como en la perennidad de una roca, confiaba en el segundo porque no había tenido la precaución de sondearlo.

El 28 de junio de 1863 llovía torrencialmente en San Salvador.

En esa situación, se tuvo, de pronto, la noticia de que el General Barrios había llegado a Mejicanos con su guardia de honor, sin ser esperado.

Ese día era precisamente el señalado para el pronunciamiento en San Salvador a favor del señor Dueñas y todo se hallaba preparado para eso.

Incluso el señor Zavala se movería rápidamente para tomar posesión de la plaza.

El señor José Antonio González, hermano de Santiago, el general, nunca antes de entonces se había molestado en atender al General Barrios cuantas veces se iba éste o regresaba a la capital de cualquiera parte que fuese, como lo hacían muchos; pero ese día lo hizo en compañía de un hijo y varios de sus yernos, como para enmascarar una culpa, siendo que ningún otro se movió como él a causa de la tormenta.

El General Barrios recibió a González con simpatía, lo sentó en su coche al lado de él y, de ese modo, atravesaron varias calles de San Salvador y llegaron a la mansión presidencial.

González -un hombre prominente que manejaba negocios en San Salvador por más de 200,000 pesos- esperaba saber, de ese modo, qué había movido al General Barrios a abandonar Santa Ana y cuál era la situación general de los acontecimientos.

Desde luego, la sola presencia del General Barrios impidió el proyectado pronunciamiento en que se hallaban comprometidos el propio José Antonio González, que había estado trabajando por medio de parientes, allegados y cómplices; Manuel Meléndez; Lic. Manuel Suárez, Presidente de la Corte Suprema de Justicia -el que agravara el conflicto entre el obispo y el presidente-; Emeterio Ruano; Antonio Quiroz; Lic. Irineo Chacón; Mariano Pinto y aquel a quien el General Barrios encomendara sus armas para la defensa de San Salvador, General Mariano Hernández.

Este último se negó a suponerlo traidor para no hacerle esa ofensa, a pesar de los avisos que le dieron y de los indicios existentes.

Todos huyeron esa noche y el General Barrios se vio obligado a operar una completa reorganización de los elementos defensores de la plaza.

Mas, como circulara el rumor (20 de junio de 1863) de que J. Víctor Zavala marchaba sobre San Salvador, el General Barrios demoró su regreso a Santa Ana.

El General Carrera escribió a don Pedro de Aycinena, su Ministro de Relaciones (30 de junio de 1863), comunicándole que "esta noche debe pronunciarse el General González con los demás generales que se hallan en Santa Ana, desconociendo a Barrios. Lo mismo se hará en San Salvador, esto es, si no se ha hecho, pues todo lo tengo arreglado de antemano, ya que los agentes que he puesto son tan activos y tan bien pagados, o por lo menos esperanza de serlo, pues las sumas de que yo he podido disponer son muy cortas para un negocio de tanta importancia... mas creo que sin mayores sacrificios se puede lograr todo con un pequeño gasto de 8 a 10,000 pesos".

Mariano Hernández se unió a Vicente Cerna en Suchitoto y allí fue atacado, vio dispersa su tropa y él escapó huyendo a pie; y lo mismo hizo Manuel García Prieto con mayor desventaja, pues se vio obligado a arrojarse a un barranco por tener así mayores probabilidades de salvar la vida que entregándose a sus enemigos.

El General Santiago González y un grupo de oficiales procedieron rápidamente a reunir el ejército en la plaza de Santa Ana (30 de junio de 1863), de conformidad con su plan de insurrección previamente estudiado de acuerdo con todos los elementos que operaban en diversos puntos del país, para lo cual previamente habían insinuado al General Cabañas una inspección al campamento del General Osorio, con el objeto de alejarlo.

Al hallarse reunidos, en ausencia del General Cabañas, Santiago González arengó al ejército para decir que el General Barrios había sido desconocido en San Salvador; y como la República se hallaba en tal caso acéfala, se veía él precisado a asumir el poder, para evitar los males de la anarquía, como el senador designado por el cuerpo legislativo, para lo cual esperaba tener el apoyo del ejército.

Tomó esa especie tan desprevenidos a los soldados que, en su mayor parte, como petrificados, guardaron silencio; pero los oficiales cómplices se mezclaron entre ellos para convencerlos de que debían dar su apoyo al llamado por la ley para ocupar el sitio del Presidente depuesto y evitar la guerra con Guatemala, que no se hacía a El Salvador sino al señor Barrios.

Tanta fue su elocuencia y actividad que, cuando el General Cabañas regresó de hacer su inspección, una gran parte del ejército se había pronunciado ya en favor de González.

Cabañas comprendió de inmediato la traición de éste y se le enfrentó pistola en mano para afear su actitud, y lo hizo a pesar de verse en peligro de ser asesinado.

Pensó primero llamar a los elementos no corrompidos para reducir a González; pero luego advirtió que un combate entre ellos mismos sería el espectáculo más regocijante que podía darse al General Carrera.

Llamó, por lo tanto, a quienes quisieran seguirlo y, sea que tomara esa decisión precipitadamente o no, antes de escoger una mejor -que siempre la habría habido-, se retiró de Santa Ana con Eusebio Bracamonte, Lucio Alvarado, señores Mejía y Espinosa, Manuel Lasala, Luis Beteta y otros.

Antes que ellos había salido el auditor de guerra Adolfo Zúniga, y éste dio la primera noticia en San Salvador; y por último lo hicieron el teniente coronel Wenceslao Matamoros con el batallón de San Salvador y el General Osorio con su gente. Fue una desbandada.

Esa gente abandonó a González todo el armamento allí acumulado, nuevo y eficiente, pedido a Europa, y con él quedaron además 1,400 hombres de combate.

Se ve, pues, con harta evidencia, que González había sido, como otros, comprado por Carrera para desconocer al Presidente Barrios; pero después de haberse vendido, reaccionó en su favor, como cosa que se cayera por su propio peso, se proclamó Presidente y se esforzó en cautivar la inteligencia de aquel que lo había lanzado a la empresa, para lo cual le envió como comisionado al Licenciado Vicente Loucel.

"Entró en relaciones conmigo", dice Carrera, "solicitando que el ejército no pasase de Chalchuapa; pero las cosas quedaban en lo mismo, pues la administración Barrios siguió existente; yo le contesté que los pueblos eligiesen libremente un gobernante y que marcharía a la capital hasta que esto tuviera efecto, ofreciendo garantías a las personas y propiedades; pero éste, en vez de aceptarlas, trataba de retirarse a El Salvador con el tren de guerra, para lo cual pidió una suspensión de hostilidades, a la cual accedí dándole cuatro días de término; pero esto era con la mira de dejar burlado el ejército de mi mando; y en tal virtud, el día que se cumplía y en el que él debía retirarse, resolví atacarlo".

Se movilizó a las 3 a. m. y, a las 8 a. m., se avistó con el enemigo.

Simón Vides fue enviado para tratar con J. Víctor Zavala y éste lo apresó en la creencia de que González trataba de adormecerlo. Al confirmarse la rebelión de Santa Ana, puso en libertad al señor Vides y lo devolvió a González para sugerirle que no admitía otra base que la adhesión al acta de Sonsonate.

Así que, como González recibiera el parte de que el enemigo se hallaba avanzando hacia Santa Ana, no lo creyó posible hasta que lo vio él mismo, lo que induce por lo menos a sospechar que la subversión fue arreglada y convenida secretamente con el General Carrera por medio de los agentes de éste o los del señor Dueñas y no por un impulso súbitamente inspirado en el espíritu de Alcibíades que llevaba en el cuerpo ese traidor, aunque no limpiamente; tanto más cuanto que él no sería en ese momento el único que se vendía por sumas que ahora parecerían ridículas.

Se inició, pues, el ataque a Santa Ana (3 de julio de 1863) por las tropas guatemaltecas. Las salvadoreñas, reducidas a 700 hombres, resistieron muy bien durante todo el día, si bien los fuegos fueron suspendidos temporalmente por una tormenta, pero se reanudaron al pasar ésta, con igual energía que al principio, a pesar de haberse notado que entre los defensores de la plaza había ocurrido una deserción.

Sin embargo, a las 2 a. m. se dio a los combatientes la inesperada noticia, casi increíble, de que Santiago González, herido de una mano, se había fugado a las once de la noche y que Pedro Escalón y Juan Antonio Chico desaparecieron aproximadamente a la misma hora.

Por lo tanto, se hallaban sin jefes.

Los soldados, en grupos, empezaron a abandonar las líneas de defensa y los artilleros, como notaran la disminución del fuego de sus propias líneas, clavaron los cañones, inutilizaron el parque y se retiraron.

Al evacuar la plaza sus rezagados defensores, entraron las fuerzas guatemaltecas.

El armamento y las banderas abandonadas fueron enviados como trofeos de una victoria a Guatemala y, al levantarse el monumento en la garita, al lado de los cañones, se tendieron las banderas de El Salvador en el suelo y se hizo desfilar repetidamente las tropas sobre ellas, frente a una multitud frenética.

Al General Barrios, en San Salvador, se le dijo que González se había proclamado Presidente en Santa Ana y derrotado a Carrera. Se alegró por ello.

"Entonces hemos ganado", dijo.

Cuantos se hallaban con él -Cabañas, Milla, Álvarez, Dr. Antonio Grimaldi y otros- se vieron entre sí, en silencio; y el último, respetuosamente, le pidió que se sirviese decir de qué modo habían ganado.

"Carrera es el enemigo común", contestó, "yo me arreglo con González, le dejo el mando y me retiro a mi casa".

Trataba, seguramente, con toda energía, de ocultar su terrible impresión; pero toda su fortaleza física y toda su presencia de ánimo no bastaron para sostenerlo en pie y cayó.

Permaneció postrado casi todo el mes de julio y empezó a recobrarse a fines de ese mes, de manera que en agosto se hallaba ya restablecido.

Se puso empeño en que no se conociese la alteración de su salud, si bien no seriamente comprometida.

Después de haber abandonado Santa Ana, González se ocultó, pero con las posibilidades a mano de enviar correos al General Carrera; de tal manera que, previa una inteligencia con éste, pudo regresar a la ciudad que había abandonado y presentársele.

El General Carrera lo recibió con benevolencia, según se dijo, y lo recomendó a su médico para que lo curase.

Menos de un año después de esos sucesos (mayo de 1864), el gobierno de Guatemala concedía al General de División Santiago González el grado de Mariscal de Campo del Ejército de Guatemala y cuantos se referían a él posteriormente decían: el Mariscal.

Al mismo tiempo se reconoció allá con el grado de Brigadier a Ciriaco Choto.

El señor Dueñas dispuso trasladarse de Sonsonate a Santa Ana (10 de julio de 1863) e inauguró allí su gobierno, de lo cual se levantó el acta que fue suscrita por numerosas y distinguidas personas, entre ellas el Licenciado Manuel Suárez, por entonces Presidente de la Corte Suprema de Justicia.

También nombró Ministro de Relaciones a don Rafael Campo y de Hacienda y Guerra al Licenciado Juan Delgado.

Posteriormente se presentaron al señor Dueñas Pedro Escalón, Mariano Lara, Juan Bonilla, Carlos Anzueto y los licenciados Irineo Chacón y Luis Fernández.

La mayor parte de esos elementos eran abogados de quienes el señor Barrios había hablado en términos deprimentes allá por 1858, por lo cual la ofensa se hallaba en ellos viva todavía.

Al saber la traición de González, el General Barrios había decretado (2 de julio de 1863) que todo jefe, oficial, sargento, cabo o soldado de los que por sorpresa habían sostenido la tarde del 30 de junio la sublevación promovida y acaudillada por Santiago González, que abandonaran las filas de este desleal caudillo dentro de tres días y se presentasen a la comandancia general de San Salvador, quedaban por el mismo hecho exentos de toda responsabilidad por la parte que hubiesen tomado en la sublevación y continuarían sirviendo en la misma clase o grado que antes.

Los que no lo hicieran así serían juzgados y condenados como traidores.

Los coroneles Daniel Castellanos y Patricio Zepeda tuvieron la imprudencia de presentarse acogiéndose a ese decreto y fueron fusilados en la plaza de Santo Domingo, que fue después el parque Barrios, frente al Palacio Nacional.

No se presentó nadie más para correr igual destino; por lo cual se presume que el General Barrios no se hallaba estimulado por el interés de recobrar los numerosos elementos extraviados y dispersos, seguro de su victoria aún sin ellos, lo cual le hubiera producido mucho bien -por lo menos habría suavizado y atemperado la desesperada situación en que muy pronto se vería envuelto-.

Sino que lo movía un sentimiento enconado de castigar a sus traidores y cómplices; y de este modo fueron seguidos los pasos por lo menos de algunos de ellos.

Así, el General Mariano Hernández se vio en el peligro de ser capturado; pero por menos prudente que éste, lo fue el Licenciado Manuel Suárez, hombre que había desarrollado en contra del señor Barrios gran actividad, primero encubierta, y después de haber huido de San Salvador, desembozado juntamente con otros conspiradores.

Fue fusilado.

Por la inteligencia y actividad de sus enemigos, el señor Barrios vio que, como flores malditas, brotaban por todas partes la desafección y animosidad contra su persona. Así se produjo en Cojutepeque una sublevación de indígenas, sofocada a sangre y fuego. En San Vicente hubo agitación promovida por agentes del señor Dueñas y, después, con un cambio de situación, apareció allí una hoja periódica llamada Boletín Vicentino.

Horacio Parker apareció como comandante del departamento de Chalatenango poco después de la labor realizada allí por el Licenciado Manuel Suárez y en seguida, conjuntamente con el gobernador José María Parrillas, puso el departamento a la orden del gobierno de Santa Ana.

Más o menos, por las mismas fechas, el juez de primera instancia de La Paz, Licenciado José Antonio Cevallos, sacó a los reos de las cárceles de Zacatecoluca y se dirigió con ellos a revolucionar por los pueblos de los Nonualcos.

De modo que el señor Barrios, después de haber recibido en San Salvador (19 de julio de 1863) una división mixta compuesta de salvadoreños de San Miguel y hondureños al mando del General Manuel Antonio Milla y mayor Sebastián Lara, no volvió a recibir más auxilios, cortados por la presencia en la región oriental de un ejército nicaragüense.

Solo se pensó en resistir al enemigo en San Salvador, perdidos los intentos de arreglo por dos veces con Carrera, a quien ofreció el señor Barrios resignar el mando en uno de los designados por la ley y expatriarse, ya que su eliminación era el propósito de la guerra civil, siempre que el señor Carrera se retirara con sus fuerzas fuera del territorio nacional.

Como es obvio, el General Carrera no podía retirar sus fuerzas sin más garantía que la palabra del General Barrios, hallándose como garante del señor Dueñas y no de otro cualquiera, proclamado ya bajo sus banderas como Presidente de la República.

Por eso le contestó que no bastaba que dejase el poder y se expatriase; que era indispensable que ocupase la Presidencia el señor Dueñas.

Vicente Cerna llegó a Cojutepeque (24 de julio de 1863) con una columna, donde era esperado por Manuel González, sobrino de Santiago del mismo apellido.

El 11 de agosto, el General Carrera apareció en Quezaltepeque con los generales Zavala y Cruz.

El 10 de septiembre se situó en Santa Tecla y Cerna avanzó hasta Soyapango.

Al mismo tiempo don Lorenzo Montúfar escribía comentarios para ridiculizar a la élite chapina causante de tantos males en Centroamérica y decía que:

"La suavidad del clima de Guatemala tiene una acción enervante en los que cultivan las letras, así es que los hombres ilustrados son allí en general débiles, tímidos y pusilánimes; incapaces de gobernar a aquellos pueblos por la fuerza de las armas, recurren, como las mujeres, al influjo del fanatismo. Guatemala, vista desde una altura, es un grupo de iglesias, y registrada por dentro, es un nido de eclesiásticos, teniendo de éstos, en proporción, mayor número que cualquiera de las ciudades de Italia. ¿Cuál será la suerte de Guatemala cuando crezca la presente juventud que, educada bajo la dirección de los jesuitas, pasa los días y las noches rezando padres nuestros y avemarías y leyendo y oyendo historias de espantos, apariciones y condenados, etc.?".

Don Lorenzo Montúfar pugnaba por alentar al soldado salvadoreño y lo hacía de ese modo.

Por entonces, Máximo Jerez, ineficaz, pero siempre ilusionado y persistente, se hallaba con un grupo de los suyos, todos ellos fracasados, a bordo de la nave salvadoreña El Experimento y presenció el transbordo de esa nave al vapor Guatemala de doña Adelaida de Barrios, que se dirigía a Costa Rica.

Con este motivo, Doroteo José de Arriola, guatemalteco, acogido por el señor Barrios y desempleado cuando se supo que era instigador del obispo Saldaña, ido a Costa Rica y después pasado a Nicaragua, donde ejercía de periodista, lanzó lodo sobre la clara reputación de esa honesta señora, digna de muchos respetos, diciendo que llevaba a aquel país 373 bultos de mercaderías confiscadas a don José Antonio González.

El capitán del vapor Guatemala, John M. Dow, afeó a Doroteo José de Arriola y dignificó a doña Adelaida por ser merecedora de serlo públicamente, limpiándola de toda mancha al afirmar que nada aparecía de lo dicho en sus papeles.

Ocho días después de situado en Santa Tecla el General Carrera y cuando San Salvador se hallaba rodeada por el enemigo, se le pidió al General Barrios la rendición incondicional.

Fue el segundo jefe del ejército guatemalteco quien se encargó de hacerlo.

Zavala. 18 de septiembre de 1863.

"Con los elementos de que pudiéramos tener necesidad para tomar a viva fuerza la ciudad de San Salvador, procederíamos desde luego a verificarlo; pero con el deseo al mismo tiempo de evitar males incalculables, tanto a la ciudad como a muchos de sus inocentes moradores, el General Carrera me dice que intime la rendición de la plaza dentro de 48 horas, etc. De lo contrario, se hará responsable a usted ante Dios y los hombres de todos los males que se originen, en cuyo caso usted hará salir de su recinto a los extranjeros, ancianos, mujeres y niños, etc. No puede figurarse que quepa en el corazón de un verdadero salvadoreño la idea de ocasionar tan grandes como inevitables desgracias a cambio de unas cuantas horas más de mando nominal. Usted considerará esta intimación como una tabla de salvación que tengo mucho gusto de proporcionarle, tanto en beneficio del pueblo salvadoreño como en el de usted mismo, a quien siempre he profesado amistad",

Barrios.

Mi amigo, me alegro mucho de observar que usted está siempre de buen humor inventando bromas para darle expansión a su genio y que ni los trabajos de la campaña le quitan sus travesuras. Usted me ha dirigido su citada carta en forma oficial creyendo espantarme para vengarse del susto que le dieron los duendes al ejército guatemalteco con las bombas de cartón.

Por lo que a mí toca, ha llevado chasco completo porque conozco su genio travieso; pero por lo que respecta a las viejas a quienes ha trascendido su broma, no se la perdonarán, pues noto en este momento que corren con sus bordones por las calles pidiendo a gritos que las dejen salir de las trincheras para que no las maten y quemen las bombas de Carrera. Son sus propias palabras.

Mi amigo, respete otra vez la ancianidad. No le perdonarán jamás las viejas el susto que les ha dado usted y antes que lo maldigan rogando a Dios que se le seque la mano derecha, procure reconciliarse con ellas, volviéndolas a la tranquilidad, declarando en el Boletín que todo lo del ataque a la plaza y bombardeo ha sido para dar motivo de reír.

Cuanto le he dicho lo creo de buena fe, pues no puedo pensar que usted sea considerado por el General Carrera como el órgano para comunicarse directamente con el Presidente legítimo de esta República y si he abierto el pliego a que me refiero, ha sido en la inteligencia de ser una carta particular.

Si fuese un asunto serio la intimación que se hace de rendir las armas, estaría yo muy contento por ser usted quien me comunica la voluntad y deseos del General Carrera. Recuerdo que usted, en el mes de febrero de este año, se dirigió desde Chingo al Ministro de

Relaciones Exteriores de esta República notificándole que en derechura venía para esta capital que ocuparía irremisiblemente con su división de vanguardia; y según noticias, mudó de parecer el General Carrera y regresó de Coatepeque hasta Guatemala.

Ahora es usted el mismo y por cuyo conducto se comunica que quiere el General Carrera ocupar esta plaza. Es consiguiente que yo espere que se arrepienta en las rondas de esta ciudad y se marche a la de Guatemala, por lo cual no he creído oportuno fijarme en la proposición, no sea que me quede esperando a los huéspedes.

Zavala.

Hablemos claro. Yo creo que usted no está bien al cabo de su verdadera situación; y yo quiero que usted lo esté antes de que las cosas se pongan en un estado del cual ya no nos fuera posible hacerlas regresar.

Bien conoce usted la desmoralización de sus tropas en la ciudad, sin más que unas pequeñísimas excepciones; y a medida que nos aproximamos es claro que aumentará de un modo exorbitante.

Por nuestro lado, al contrario, le aseguro a usted que nos atormenta la afluencia de gente de todas partes, el entusiasmo, la desesperación porque llegue el día de ocupar la ciudad, pero de ocuparla a sangre y fuego.

Estos son los ardientes deseos de todos, no quiero decir mis soldados, que como usted sabe son subordinados. Hablo de los salvadoreños, sobre todo de los indios.

Yo he visto ya a los de Cojutepeque, cuyo empeño por la destrucción de usted, de Bracamonte y de algunos otros, me repugnaba verdaderamente, pareciéndome más bien perros con rabia; pero, amigo, se han quedado muy atrás de los cojutepeques en comparación con los de Santiago Nonualco y otros, según me aseguraron testigos oculares.

El General Cerna está atormentado por la afluencia que le llega y que le parece enjambre de chapulines. ¿Cree usted que alcanzarán mis mejores deseos para poder contener la rabia de esos bárbaros si tenemos que quemar un solo cartucho?

Yo bien veo que no; y conozco que, aunque yo me haga matar para evitar los horrores que con usted se hagan, no haré más que sacrificarme inútilmente.

Ni crea usted que todo su riesgo está en los que asedian y tomen la capital. No lo corre usted poco con los que adentro están.

Abra usted los ojos y deme el gusto de poder salvarlo a usted y a otras personas cuya vida está en el mayor peligro.

Barrios.

Son exagerados los informes que usted tiene sobre mi verdadera posición y el resultado se lo probará; pero aunque fuera la más desesperada, mi honor y mi deber me exigen sepultarme con gloria y ésta será mayor mientras más obstáculos y dificultades se crucen.

Jamás, nunca capitularé y se lo digo bajo la palabra de caballero.

No doblaré mi cabeza ante mis enemigos. Estos tienen que batirse conmigo hasta matarme, etc.

Al salir de este territorio los soldados guatemaltecos, caería Dueñas, porque el pueblo de la capital no perderá de vista al representante de Guatemala, ni a ninguno de los traidores por cuya causa corre su sangre y pierde sus hijos...

Llamo mucho la atención de usted sobre los hombres que rodean a Dueñas y sobre los traidores, y dígame francamente, ¿quién de ellos no merece su desprecio?

El mejor será un cobarde, etc.

El señor Dueñas (18 de septiembre de 1863), dio un decreto intimando al ex Presidente Barrios para que dentro de 48 horas se sometiese al Gobierno provisional de la República y pusiese a su disposición el ejército existente en la plaza de la capital; de lo contrario, se le declararía faccioso y como tal sería juzgado, lo mismo que los empleados civiles y militares "que continúan al servicio del expresado Barrios".

En esos momentos fuerzas nicaragüenses invadían los departamentos de San Miguel y San Vicente, y parte o el todo de ellas avanzaron al mando de don Juan José Samayoa -doctor y general- (22 de septiembre de 1863) y llegaron a Huizúcar.

La situación ya no podía ser dudosa para nadie.

El General Barrios se hallaba rodeado y tenía que sucumbir.

Mas, él no admitía ni la duda que quebrantase su fe.

"Yo triunfaré", decía (25 de septiembre de 1863), "aunque por una fatalidad fuera derrotado aquí. Yo triunfaré, te he dicho, y siento no poder escribirte lo que deseara para que te convencieras de la verdad. Todo el plazo que te pongo es el de un mes y no creas que estoy soñando; pero te prometo verte antes del día de la paz. Hagan paciencia por unos días y tengan prudencia entre tanto para no recibir ultrajes, tanto más que tengo por seguro el triunfo aunque fuera derrotado en esta plaza".

Así decía a su hermana María.

Al regresar a Guatemala el señor Carrera, se llevó a los oficiales Vazelle, General Olaffen e hijo, Gallinier, Quinat y Maggins, todos ellos de nacionalidad francesa, quienes habían estado al servicio del General Barrios y fueron expulsados por el puerto de Izabal.

El General Barrios (febrero de 1865) es acusado por el fusilamiento de Manuel Suárez, los militares Patricio Zepeda, Daniel Castellanos y Justo Herrera, sin forma de juicio; por la coacción y destierro de don Francisco Dueñas y muchos otros ciudadanos; por la confiscación de bienes y robos de la hacienda pública, con justicia o sin ella.

Los señores Manuel Gallardo y Victoriano Rodríguez, nombrados para instruir la causa, lo emplazaron para que se presentase a contestar cargos dentro de 30 días.

I) Por decreto legislativo se declaran nulos y sin ningún valor (17 de marzo de 1864), los decretos de 25 de abril de 1862 y 4 de febrero de 1863 sobre confiscación de bienes, lo mismo que las ventas y enajenaciones hechas de conformidad con esos decretos.

II) El Poder Legislativo declara (18 de marzo de 1864) reo de alta traición al General Barrios y ordena que se le juzgue de conformidad con esa declaración.

Se promulga la Constitución dada el 19 (22 de marzo de 1864).

El Salvador rompe sus relaciones con Costa Rica (3 de marzo de 1865) por haberle dado asilo al General Barrios. En seguida lo hacen Honduras y Nicaragua; Guatemala procede en la misma forma, por el mismo hecho.

Muere el General Carrera, Presidente vitalicio de Guatemala (14 de abril de 1865) y es elegido por la asamblea para sustituirlo el General Vicente Cerna.

EL FIN

Trasladado de Nueva York a Costa Rica, el General Barrios se puso en inmediata relación con sus partidarios y logró de esta manera que el General Cabañas se pronunciara contra el gobierno del señor Dueñas -así lo dice un escritor contemporáneo-.

El General Cabañas operó, pues, sobre ese entendimiento y así atacó y tomó los cuarteles de San Miguel (16 de mayo de 1865), por sorpresa y sin disparar un tiro, con el objeto de favorecer la vuelta del General Barrios.

Tan pronto como la plaza quedó en su poder, el General Cabañas procedió a proclamar la restauración; pero si bien logró que acudiesen algunos hombres a tomar las armas que tenía disponibles, a la proclama no respondió ningún ciudadano ni pueblo del interior y, a lo que parece, la propia ciudad de San Miguel permaneció a la expectativa de aquel acontecimiento, pues no era prudente para nadie comprometerse sin mayores probabilidades de éxito.

En un día se tuvo en la capital la noticia de ese hecho inesperado; y el señor Dueñas puso en estado de sitio el país (17 de mayo de 1865) y reprodujo el decreto dado por el señor Barrios el 26 de abril de 1862, aquel que declara que los bienes pertenecientes a emigrados, facciosos, conspiradores, motineros y sus cómplices, serían ocupados desde el momento en que se perpetrara cualquiera de sus crímenes, etc., a pesar de que ese decreto había sido declarado nulo y sin ningún valor por otro expedido (17 de marzo de 1864) por el Poder Legislativo.

En seguida se movilizó el General Santiago González; y el Ministro de Guerra, a nombre del gobierno, lo autorizó para que intimase a Cabañas la rendición y la deposición de las armas; y en caso contrario lo atacase y disolviese, proveyendo a los gastos de la campaña con los recursos de los comprometidos.

Indalecio Miranda, a la cabeza de un batallón vicentino, batió y disolvió en la hacienda Umaña (25 de mayo de 1865) una fuerza revolucionaria de 200 hombres al mando de Eusebio Sevilla.

Al tener noticia de su derrota, el General Cabañas se dirigió a La Unión con 600 hombres, puerto en el que desembarcaría el General Barrios; pero éste salió de Panamá en la goleta Manuela Planas hasta el 17 de junio, por lo que se cree que el General Cabañas adelantó con mucho la fecha en que debió haberse alzado contra el gobierno.

Acusaron a Cabañas de torpeza y atolondramiento, sin razón, con ocasión de ese hecho.

Cabañas no tardó en ser atacado y derrotado por Santiago González y Florencio Xatruch.

A pesar de todo, él y otros pudieron embarcarse en un vapor de guerra, el Watersea, afortunadamente anclado en La Unión, es decir, Cabañas, su secretario, el orador Álvaro Contreras, Felipe Pedro y Manuel Espinosa, hermanos del señor Barrios y 40 individuos más, quienes se dirigieron hacia el Sur.

Cabañas iba herido, porque según se dijo, en la inminencia de la derrota, tuvo la audacia de ir al campamento enemigo para matar a Florencio Xatruch, a quien no hirió, tan ciego iba, pero fue herido por él en un cambio de tiros de revólver; y si escapó, fue por magnanimidad de su contendiente y así pudo tomar un bote y ganar el Watersea.

La asamblea decretó (30 de junio de 1865) una espada de honor por esa jornada para los generales Santiago González y Florencio Xatruch, en reconocimiento por los servicios prestados; y se infiere, por lo tanto, que sería mucha la conmoción causada y el miedo a una subversión, con motivo de la cual no pocos perderían su posición, para que los padres conscriptos, como se llamaba a los diputados y senadores, diesen ese paso que demuestra su íntima satisfacción; y el señor Presidente y otros altos funcionarios se movilizaron para ir al encuentro de los vencedores.

El General Barrios llegó a la isla de Meanguera y allí recibió el parte de la derrota de Cabañas, por lo que se vio obligado a regresar.

Frente a Cosigüina, le cayó un rayo a la goleta y le dañó uno de los palos, pero el buque quedó ileso y en capacidad de continuar su viaje a Panamá y aún ir más lejos; y lo habría conseguido si el general no hubiera tomado el mayor empeño, cuando pasaban frente a la isla del Cordón, en que el capitán Cristóbal de Lozada fuese a Corinto a comprar víveres, no porque careciesen de ellos absolutamente, pues llevaban de cámara en abundancia, sino porque no quería comprometerse a pagar el mayor precio que valían éstos, declaró el capitán.

Este le hizo observaciones sobre la informalidad de sus papeles, a lo que el General Barrios le dijo que fuera sin temor porque allí no había más que brutos que apenas sabían leer.

Al llegar Lozada en su bote a Corinto, le pidieron los papeles. A requerimientos hechos, se confirmó lo que ya se sospechaba: que en la Manuela Planas se encontraba el General Barrios; y desde ese momento las autoridades dieron providencias para el abordaje y captura de éste.

Así que, a las cuatro de la tarde, salió con ese objeto una flotilla de pequeños botes hacia la goleta anclada frente a la isla del Cordón. Se produjo, mientras navegaban, una furiosa tempestad que averió varias casas del puerto y volcó uno de los botes, a causa de lo cual se mojaron algunas armas, pero no pereció ninguna persona.

En esto los alcanzó la noche.

En la Manuela Planas se encendió un faro para guiar a Lozada, en la creencia de que era él quien volvía; pero lo que se consiguió fue guiar a los enemigos.

El abordaje se produjo a las siete de la noche y no hubo resistencia, porque a primera vista el señor Barrios fue engañado por las apariencias (30 de junio de 1865), de lo contrario, dijo, se habría ido sin capitán.

El señor Barrios fue llevado a León y puesto en el cuartel principal en calidad de detenido, mientras Lozada era procesado por contrabando.

La detención fue rápidamente conocida en todo el país de Nicaragua y se produjo alguna agitación basada en que el señor Barrios no podía ser reo político y, como exiliado, si es que tal cosa se le concedía, debía hallarse en libertad relativa, a menos que se probase, de modo previo, que era reo de delitos comunes y su prisión se debiese, por el mismo hecho, a trámites para lograr su extradición.

La agitación se agravó en el pueblo leonés a consecuencia de que el Presidente Martínez había negado asilo al General Cabañas y a los que con él se hallaban; y como la municipalidad considerase y temiese complicaciones por ese hecho con la permanencia allí del señor

Barrios, sesionó y pidió que se decidiese prontamente lo que con éste debía hacerse.

Consecuencia de estos sucesos fue el gravísimo atentado de que se hizo víctima al señor Enrique Palacios, Ministro que era de Guatemala, por haber intervenido, según se dijo, en la situación del señor Barrios, para que éste fuese entregado a las autoridades de El Salvador.

El señor Palacios se hallaba escribiendo, según su costumbre, frente a la puerta abierta que daba a la calle, cuando, a eso de las once de la noche, fue agredido con arma de fuego por persona desconocida.

La bala le destrozó el lado derecho de la mandíbula inferior y le salió bajo el hombro del mismo lado.

Fue atendido sin demora, pero murió poco después del suceso de que fue víctima.

El gobierno de El Salvador pidió (5 de julio de 1865) y envió a recibir y traer al General Barrios.

Para esto fue nombrada una comisión especial encabezada por el Ministro de Relaciones Exteriores, Licenciado Gregorio Arbizú.

Consintió el Presidente Tomás Martínez en la extradición y la entrega del prisionero a bordo de la nave salvadoreña El Experimento, con la condición de que se le garantizase la vida y quedase libre de pena de muerte en el juicio que se le seguía; para lo cual se celebró un convenio (14 de julio de 1865) con los representantes de El Salvador.

Además, nombró al señor Pablo Buitrago, Ministro Plenipotenciario de El Salvador en Nicaragua, como comisionado especial (20 de julio de 1865) para que velara por el cumplimiento del contrato.

Pero como la entrega se hizo antes de que el convenio fuese aceptado por el señor Dueñas y ratificado, con modificaciones o sin ellas, quedó éste en libertad de acción y el señor Martínez —debe de haberlo supuesto así— con las manos limpias.

El Experimento llegó a La Libertad con el reo a bordo, el cual fue conducido a lomo de mula hasta el punto llamado El Cimarrón y de allí en diligencia traído a San Salvador bajo la custodia de don Luciano Hernández.

Fue puesto en seguridad bajo estricta vigilancia en el Principal, cárcel del cabildo, y el gobierno no tuvo inconveniente en aprobar el convenio celebrado en Nicaragua, pero dejó a salvo el coartar la libertad de los tribunales comunes o de justicia, porque sería, dijo el Sr. Dueñas, atentar contra la independencia de los poderes del Estado, lo que equivalía a burlarse del señor Martínez, si es que burla podía caber en un juego en que los resultados se conocían de antemano.

Este protestó por medio de su comisionado especial, por lo que ya sabía que no podía menos que suceder, y se le explicó el caso diciendo que no podía admitirse al señor Buitrago en el carácter que se le daba por ser empleado público del gobierno de El Salvador.

Si hubiese habido buena fe en el señor Martínez, habría perdonado a su ofensor en el campo de la política y su nombre se habría salvado de la execración.

El Consejo de Guerra encargado de juzgar y sentenciar al General Barrios por haber promovido el movimiento militar que estallara en San Miguel, lo compusieron: como Presidente, Santiago González; como vocales: Ciriaco Choto, Ciriaco Bran, Indalecio Miranda, Juan Villaseca, Leandro Prado, Luis Cruz, Francisco Iraheta, Manuel Fernández, Rafael Lara, Francisco Avilés, José Dolores Molina; Fiscal, Doroteo José de Arriola; Auditor, Pedro N. Arrasola; y defensor, Domingo Pagoaga.

Al fin, vemos al señor Dueñas con el destino de su contendiente en sus manos.

Había una mujer entre esos dos hombres.

Doña Teresa Dárdano viuda de Orellana, capitalista e influyente, después esposa del señor Dueñas, procuró ponerse en relación con el señor Barrios por medio de un intermediario que permaneció de incógnito, para decirle que se hallaba luchando desesperadamente por su vida y darle así esperanza.

Al mismo tiempo, alentó a doña Adelaida Guzmán de Barrios, que había llegado hasta Guatemala y no pasado de allí por impedírselo el gobierno ahora presidido por el General Vicente Cerna.

Doña Teresa remitía con escoteros a doña Adelaida las cartas del señor Barrios, que no fueron muchas.

Los correos iban en tres días entre San Salvador y Guatemala sin perder tiempo; y la primera, conmovida y piadosa, envió a la segunda una encomienda de sí misma, que era como un presente de conmiseración, y doña Adelaida se la devolvió por no haber querido aceptarla por ir de quien iba.

"Recibí", le dice doña Teresa (24 de agosto de 1865), "la encomienda que me devolvió con Félix. Hizo mal en eso. Todavía confío en la salvación de su esposo. Adiós. La abrazo con mis pelones. Suya".

Más tarde (3 de septiembre de 1865), le dijo que "si fuere posible satisfacer mis deseos, ya estaría cerca de usted para llorar solamente, mi pobre amiga, porque hay desgracias crueles que enmudecen a uno y yo sólo lágrimas podría ofrecerle".

El día de la vista (28 de agosto de 1865), el señor Barrios habló durante varias horas con elocuencia para desvanecer los cargos por los que se le procesó, relativos a la revolución acaudillada por el General Cabañas en Oriente, los cuales negó con énfasis y se esforzó en convencer al tribunal de su aserto, a pesar de que en el alzamiento habían tomado parte elementos que le eran adictos y algunos se hallaban a él ligados hasta por la sangre, como sus hermanos Felipe, Pedro y Manuel Espinosa, quienes, colocados siempre en un segundo plano, jamás habrían operado por su propia cuenta, inclusive el General Cabañas, un hombre sin ambiciones propias, retirado de la cosa pública desde cuando el señor Santín del Castillo fue obligado a eclipsarse por una conspiración palaciega.

Pero que tomó las armas posteriormente para prestar su apoyo al señor Barrios.

Este último había ejercido siempre sobre el General Cabañas, a lo largo de muchos años, una influencia decisiva y utilizándolo en el desarrollo de muchos proyectos; pero, a las cansadas, en hora extemporánea, después de todas esas cosas, se adueñó de él un hondo y perdurable resentimiento que con él murió y se manifestó en su silencio con respecto a doña Adelaida, a quien no escribió ni para condolerse por la pérdida de un elemento de su familia que había sido tan querido.

El señor Barrios negó además los cargos de ladrón que injustamente se le hicieron con hechos que estaban a la vista de todos, por lo cual, entre otras cosas, se vio obligado a declarar que, cuando llegó al servicio de la Presidencia de la República, tenía un caudal considerable adquirido con su propio trabajo y que lo había perdido casi enteramente por haber prestado su crédito particular al gobierno, pues para hacer pagos en Europa por cuenta del mismo, mandaba frutos del país que le originaron pérdidas y él solamente cobraba el capital antes de averiguarlas; de manera que su esposa quedó reducida a sus alhajas, que no valían gran cosa, y una casa situada en San Miguel que, desde que la compró en más de 3,000 pesos, en época de su mayor prosperidad, se la obsequió, por cuya causa no la incluyó en la hipoteca que hizo de sus bienes al señor Kerferd de Inglaterra.

Los fondos que sirvieron para habilitar las operaciones del desgraciado movimiento que costó la vida al General Barrios habían sido adquiridos con la garantía del capital de la esposa de don Lorenzo Montúfar, de modo que éste quedó obligado a valerse de sus propias habilidades después para poder subsistir; y en cierta ocasión prestó servicios diplomáticos a don Francisco Dueñas en la América Meridional.

Esto da la medida de la condición benévola del señor Dueñas, cuyo carácter jamás se ha tratado de sondear.

El señor Dueñas, a quien se daba cuenta minuto a minuto de lo que ocurría en el seno del Consejo de Guerra que juzgaba al señor Barrios, temió que no se aplicase la pena que, en su concepto, merecía el reo o que se le absolviese.

Procuró, por lo tanto, hacer saber al Consejo —lo afirma don Antonio Grimaldi— que si no lo condenaban a muerte, él por su propia mano lo mataría.

Luego, como si temiese, sin embargo, que no bastasen razones, fuera de sí, echó mano de una espada de que disponía y se caló el sombrero, un hombre por lo regular calmoso, despreciativo y de suave amaneramiento, pero luego una comisión del Consejo le llevó el juicio con la sentencia de muerte al pie y se calmó.

El Consejo había tomado votación y condenado al señor Barrios a muerte, con la excepción de un solo voto.

El Presidente (11 de la noche del 28 de agosto de 1865) aprobó la sentencia y decretó la ejecución del reo para dentro de seis horas, calculando que fuese a las cinco de la mañana.

El señor Barrios fue sacado a las 4:30 de la mañana (29 de agosto de 1865) del Principal, donde había permanecido durante seis horas en capilla, y conducido al cementerio general, para cuyo paso se movilizaron todas las fuerzas disponibles en previsión de cualesquiera manifestaciones hostiles que pudieran suscitarse.

Marchó con el obispo, el presbítero Juan Bertis, Santiago González y Luis Ansaldo, este último su pariente político, bajo fina llovizna que a veces arreciaba; otros, gente de servicio, alumbraban la calle con vacilantes faroles de triste luz.

El señor Barrios platicó con sus acompañantes durante la marcha, sin alteración alguna en la voz que denotase que huían de él los últimos minutos de su vida.

Cuando llegaron al pie del muro del cementerio, se publicó un bando militar y se leyó de nuevo la sentencia; y después el señor Barrios, de rodillas, oyó las exhortaciones del obispo que, con un crucifijo en la diestra y auxiliado por el sacerdote presbítero Bertis, leyó el Salmo 25 de David y, al llegar al versículo 11 que dice: "Por amor de tu nombre, oh Señor, perdonarás también mi pecado; porque es grande", según la Biblia católica, el sentenciado a muerte, general Barrios, lo corrigió diciendo: "mi iniquidad", según la Biblia del rey Jacobo, que en efecto dice: "For thy name's sake, oh Lord, pardon my iniquity; for it is great".

Lo que debe de haber sorprendido en gran manera al obispo y demás circunstantes en un momento tan solemne, pues reveló así un alto conocimiento de la Biblia que no se alcanza sino tras atento y largo estudio.

En seguida manifestó su deseo de dar un abrazo de despedida a Santiago González y a Ansaldo.

Al primero pidió que se encargase de su entierro y al obispo una misa sin pompa a beneficio de su alma.

En seguida abrazó a Luis Ansaldo y le dijo:

"Amigo, no se aflija, piense en mí. Este pañuelo a la Adela, sea su hermano".

Luego se sentó en el taburetillo que le pusieron e instantes después sonó una descarga de fusilería.

Al hacérsela, se irguió contra el muro y se desplomó luego, sin vida ya.

En seguida aparecieron grupos frente al cementerio y, poco después, había allí una multitud consternada que presenció la conducción del cadáver a la capilla del Calvario en un ataúd negro con cintas anchas, amarillas.

Los hombres dispusieron arrebatar el ataúd porque a ellos correspondía llevarlo y así lo hicieron, y unas mujeres calvareñas arrancaron las cintas al ataúd y se las tiraron a la cara a Santiago González, diciéndole que lo que acababa de suceder era el fruto de su traición.

Al dar cumplimiento a su designio, chocaron con las fuerzas armadas al mando del general Ciriaco Choto.

Este ordenó a los calvareños soltar el ataúd y dispersarse en seguida, y amenazó con hacer fuego en caso contrario.

Los soldados prepararon sus armas, pero luego Choto se distrajo en presencia de un señor Viel, a quien se dirigió para apartarlo y darle muerte, a lo cual se agarró fuertemente a Viel una niña de ocho años, hija suya, para protegerlo y le salvó la vida.

Simultáneamente, los calvareños se arremolinaron y rugían; y quizás, por prudencia, hubieran cedido al peligro de una espantosa masacre.

Mas en eso apareció una calvareña, Anita Martínez, la cual les dio mayor decisión frente a la fusilería tendida hacia ellos; y aquella mujer desafió la amenaza, y el pueblo cedía o avanzaba, pero sin soltar el ataúd.

Así transcurrió un corto tiempo, el necesario para que el destino se pronunciase en contra de la masacre, pues llegó ad interim un oficial enviado por el señor Dueñas con orden apremiante de que el jefe Choto se reconcentrase.

Hubo una víctima con motivo de estos sucesos, cuyo nombre se hundió rápidamente en el olvido.

Así pudieron los calvareños rendir su tributo al general Barrios.

Su cadáver fue sepultado por ellos en la iglesia del Calvario, en cumplimiento del deseo de la víctima, de donde fue exhumado (14 de agosto de 1887) para colocar sus restos en un mausoleo al lado del que el propio general Barrios había erigido al general Morazán.

Habían precedido al general Barrios a esa hora sangrienta y definitiva: Joaquín Rivera, Miguel Álvarez Castro y Máximo Orellana, asesinados por Guardiola en Choluteca; Isidoro Saget,

Isidro Menéndez, José María Cañas, Manuel Irungaray, este último asesinado por Carrera en Santa Ana, etc.

Doña Adelaida, con quien el general Barrios lamentó no haber tenido descendencia, regresó a Costa Rica y, algún tiempo después (1867), se quejó de verse abandonada y olvidada hasta de Cabañas y sin medios para poder regresar a El Salvador.

Sin embargo, volvió y pudo subsistir modestamente mediante una pensión del Estado, concedida durante la administración de Santiago González, que sucedió al señor Dueñas en el poder.

San Salvador,
30 de mayo de 1959.

BIBLIOGRAFÍA

1. Miguel Ángel Gallardo. Papeles históricos.

2. Periódico oficial de El Salvador, años de 1847 a 1864.

3. Francisco Monterrey. Historia de El Salvador.

4. Revista del Departamento de Historia, 1939.

5. M. A. García, Diccionario Histórico.

6. El Cometa, 1881.

7. Juan Vicente Martínez Aybar. Correspondencia de los Presidentes y otros personajes de Centro América.

8. William Walker. La guerra de Nicaragua.

9. J. Antonio Cevallos. Recuerdos salvadoreños.

10. Diego Rodríguez. Biografía del Dr. Francisco Dueñas.

11. Lorenzo Montúfar. Historia de Centro América.

CONTENIDO